史记

中国历史上第一部纪传体通史

〔汉〕司马迁 著

郑晨 注译

民主与建设出版社
·北京·

© 民主与建设出版社，2018

图书在版编目（CIP）数据

史记 /（汉）司马迁著；郑晨注译 . -- 北京：民主与建设出版社，2018.8（2022.10重印）
ISBN 978-7-5139-2258-6

Ⅰ. ①史… Ⅱ. ①司… ②郑… Ⅲ ①中国历史 – 古代史 – 纪传体 ②《史记》– 注释 ③《史记》– 译文 Ⅳ. ① K204.2

中国版本图书馆 CIP 数据核字（2018）第 183212 号

史 记
SHI JI

出 版 人	李声笑
著　　者	（汉）司马迁
注　　译	郑　晨
责任编辑	刘树民
封面设计	几　木
出版发行	民主与建设出版社有限责任公司
电　　话	（010）59417747　59419778
社　　址	北京市海淀区西三环中路 10 号望海楼 E 座 7 层
邮　　编	100142
印　　刷	湖南凌宇纸品有限公司
版　　次	2018 年 11 月第 1 版
印　　次	2022 年 11 月第 3 次印刷
开　　本	889 毫米 ×1194 毫米　1/32
印　　张	15
字　　数	450 千字
书　　号	ISBN 978-7-5139-2258-6
定　　价	48.00 元

注：如发现质量问题，请联系调换。电话 0731-84252551

前言

《史记》是我国古代第一部通史。它保存、整理了自史前传说的五帝时代到西汉中叶三千年间丰富的历史资料,为中国历史学奠定了最初的坚实而宏伟的基础。无论是过去、现在,还是将来,我们若要从原典上学习和研究中国历史,就不能不读《史记》。

《史记》告诉我们:中国是具有五千年辉煌文明的古国,中华文明是世界上唯一没有中断过的文明,她不仅博大精深,而且神奇瑰丽,历久弥新。《史记》详实、严谨而生动地记述了中华文明的起源、发展,记述了我们祖先在创造文明过程中那些感人至深的故事。读《史记》,会使我们对祖国以往的历史、悠久的文明和伟大的祖先,怀有一种深深的温情与敬意。

《史记》还告诉我们:历史发展是有规律的,司马迁著《史记》,其目的就是要"究天人之际,通古今之变,成一家之言"。读《史记》,我们可以学到许多历史的智慧。它会帮助我们了解中国历史的过程与特点,使我们明了其兴盛、中衰、复兴的奥秘,让我们知晓中华文明具有无与伦比的包容和再生力,让我们充满自信:中华文明完全可以与时俱进,实现自身的创新和发展,并推动世界文明的整体进程。鉴往知今,我们如果懂得了历史,自然就会尊重历史,并懂得如何选择前进的正确途径,以创造更加美好的明天。

《史记》不仅是一部伟大的史学巨著,它还是一部伟大的文学巨著。司马迁运用高瞻远瞩的卓越思想、准确而又敏锐深刻的观察力和独具匠心的艺术手法,于书中记述、描写了一个个栩栩如生、风采各异的历史人物,开创了我国传记文学的伟大传统。这些生动的文学形象永恒地给人以思想的启迪和美的享受，他们中有政治家、军事家、经济家、哲学家、文学家，有贵族、官僚、策士、隐士、商人、医士，也有刺客、游侠、占卜者、伶优，可以说遍及社会的各个阶层，甚至还有一些外国人。他们当中那些英雄和杰出人物的优秀品质，如项羽的英雄气概、张良的超人智慧、李广的勇气与机智等，早已融入了我们民族的血液，对后来中国人的精神世界产生了深远影响。所以，鲁迅先生称赞《史记》为"史家之绝唱，无韵之离骚"。

《史记》在世界史学史上也占有重要地位，因为它保存了许多丰富的史料。司马迁十分重视生产活动、学术思想以及普通人的生活，这种对历史活动记述的全面性，与同时期的希腊史学名著只重视政治军事相比，显然更加具有合理性和进步性。全世界都瞩目《史记》的成就，它的主要篇章被译成了俄、法、英、德等文字，产生了极其广泛而深远的影响。

《史记》的作者司马迁，字子长，诞生在今天陕西省韩城县的龙门，公元前145年至公元前90年左右在世。他生活在西汉王朝最强盛的时代，是我国古代伟大的思想家、史学家和文学家。《史记》倾注了司马迁的毕生精力，全书共130篇，526500余字，包括十二本纪、十表、八书、三十世家和七十列传。"本纪"实质上是各朝代的编年大事记，是《史记》的总纲；"世家"记述了各封国的王侯、开国功臣和重要地位、巨大影响的人物；"列传"是各种杰出人物的传记，并有关于少数民族和国外的记载；"表"以谱列的体例简要记载了历史大事；"书"则概述了政治、经济、文化等方面的成就。

《史记》的写作方法、文章风格、语言技巧，一直是历代作家学习的典范。汉代学者就称赞《史记》说："百代以下，史官不能易其法，学者不能舍其书。"唐宋以来的散文家没有不熟读《史记》的。号称"文起八代之衰"的韩愈十分推崇司马迁，他的雄健文风即学自《史记》。宋代文坛领袖欧阳修的文章简明、流畅、生动，也是深得《史记》的神韵。清代的《聊斋志异》以及后世各类小说戏剧，或在创作上学习《史记》，或取材于《史记》，更是不胜枚举。所以，我们今天学习语言和写作，选读《史记》的重要篇章依然十分必要。

本书整理选编了《史记》最有代表性的篇章，综合了历代研究《史记》的学者的学术成果，对原文作了详细而准确的注释，并且对照以明白浅近的译文，使读者阅读《史记》的时候毫无障碍。相信读者从这个选本中获得多方面的收获。

目 录

本纪

五帝本纪 / 003

秦本纪 / 028

秦始皇本纪 / 048

项羽本纪 / 067

高祖本纪 / 077

吕太后本纪 / 084

孝景本纪 / 091

世家

齐太公世家 / 103

鲁周公世家 / 113

宋微子世家 / 126

楚世家 / 137

越王句践世家 / 148

赵世家 / 155

孔子世家 / 170

陈涉世家 / 202

外戚世家 / 207

列传

老子韩非列传 / 217

伍子胥列传 / 232

仲尼弟子列传 / 243

商君列传 / 253

苏秦列传 / 268

张仪列传 / 278

白起王翦列传 / 293

孟子荀卿列传 / 307

孟尝君列传 / 318

平原君虞卿列传 / 327

魏公子列传 / 343

范雎蔡泽列传 / 351

廉颇蔺相如列传 / 357

屈原贾生列传 / 366

吕不韦列传 / 376

李斯列传 / 386

蒙恬列传 / 398

淮阴侯列传 / 409

韩信卢绾列传 / 418

扁鹊仓公列传 / 424

李将军列传 / 433

司马相如列传 / 448

儒林列传 / 455

游侠列传 / 466

本纪

上至五帝,下至有汉,溯本求源;论帝王之得失,继往开来,为后来者鉴。

五帝本纪

【导读】

人们所说的"三皇"是史前传说时代创世神话中的创世伟人;而"五帝",实际上就是原始社会的大氏族部落的杰出首领。关于"三皇",有人说是天皇、地皇、人皇,也有人说是燧人、伏羲、神农,还有人说是伏羲、女娲、神农。关于"五帝",有人说是太昊、炎帝、黄帝、少昊、颛顼;司马迁则认为是黄帝、颛顼、帝喾、尧、虞舜。

司马迁在撰《五帝本纪》时,明确指出"百家言黄帝,其文不雅驯",即多夸张之辞。他只是根据传世文献,综合而成自己认为合理的记载而已。

黄　帝

【原文】

黄帝者①,少典之子②,姓公孙,名曰轩辕。生而神灵,弱而能言③,幼而徇齐④,长而敦敏⑤,成而聪明⑥。

轩辕之时,神农氏世衰⑦。诸侯相侵伐,暴虐百姓,而神农氏弗能征。于是轩辕乃习用干戈,以征不享⑧,诸侯咸来宾从⑨。而蚩尤最为暴⑩,莫能伐。炎帝欲侵陵诸侯⑪,诸侯咸归轩辕。轩辕乃修德振兵⑫,治五气⑬,蓺五种,抚万民⑭,度四方⑮,教熊罴貔貅貙虎⑯,以与炎帝战于阪泉之野⑰。三战,然后得其志。蚩尤作乱,不用帝命。于是黄帝乃征师诸侯,与蚩尤战于涿鹿之野⑱,遂禽杀蚩尤。而诸侯咸尊轩辕为天子,代神农氏,是为黄帝。天下有不顺者,黄帝从而征之,平者去之。

【注释】

①黄帝:《五帝本纪》以黄帝、颛顼、帝喾、尧、舜为五帝。黄帝传说为中原各民族的共同祖先。他是有熊部族(住在今河南省新郑县一带)的首领,故号有熊氏;后来,他成为中原各部族联盟的共同领袖,号称黄帝。②少典:国名。当时的所谓"国",实际上只是一个部族集团。③弱:年幼。④徇齐:通"迅疾",机灵的意思。⑤敦:诚实。敏:勤劳敏捷。⑥聪明:见闻广博,明辨是非。⑦神农氏:传说中的古代帝王之一,因他教民耕种,故称神农氏。一说神农氏即炎帝。世衰:指神农氏的后代衰败了。⑧不享:不朝贡的诸侯。⑨咸:都。宾从:归顺。⑩蚩尤:传说中上古时代九黎族部落酋长。⑪炎帝:传说中的古代帝王之一。⑫振兵:训练军队。⑬五气:五行之气。古代以五行配四时,春为木,夏为火,季夏为土,秋为金,冬为水。⑭艺:种植。五种:指黍(黄米)、稷(小米)、稻、麦、菽(豆)等谷物。⑮度(duó)四方:规划丈量四方的土地。⑯罴(pí):熊的一种。貔(pí)貅(xiū):虎一类的猛兽。䝙(chū):比狸猫大而凶猛的野兽。⑰阪泉:地名。在今河北省涿鹿县东。⑱涿(zhuō)鹿之野:涿鹿山前的原野。涿鹿山在今河北涿鹿东南。

【译文】

　　黄帝是少典氏的后代,姓公孙,名轩辕。他生出来就特别神异,在襁褓中便会说话,幼小时就很伶俐懂礼,长大了诚实勤敏,成年后睿智通达,明辨是非。

　　轩辕的时候,神农氏后代已经衰弱。诸侯间互相侵伐,侵犯和欺凌百姓,而神农氏无力征讨他们。于是,黄帝便操练士兵,征讨不来朝贡的诸侯,诸侯都归附服从。蚩尤最为残暴,没有谁能征服他。炎帝想欺凌诸侯,诸侯全都归附轩辕。轩辕于是实行德政,整顿军队;研究季节气候,教民种植五谷;安抚百姓,丈量规划四方的土地。他训练了一批如熊、罴、貔、貅、䝙、虎等猛兽一般凶猛的士兵,跟炎帝在阪泉的原野上展开战斗,经过多次交战,取得最后胜利。蚩尤又发动战乱,不顺从黄帝的命令。这时黄帝便向诸侯征调军队,跟蚩尤在涿鹿山前决战,活捉蚩尤,并把他杀死。各地诸侯都尊奉轩辕为天子,取代了神农氏,这就是黄帝。天下有不归顺的,黄帝便去征讨;平服了地方,黄帝便带兵离开。

【原文】

披山通道①，未尝宁居。东至于海，登丸山②，及岱宗③。西至于空桐④，登鸡头⑤。南至于江，登熊、湘⑥。北逐荤粥⑦，合符釜山⑧，而邑于涿鹿之阿⑨。迁徙往来无常处，以师兵为营卫⑩。官名皆以云命，为云师⑪。置左右大监⑫，监于万国。万国和，而鬼神山川封禅与为多焉⑬。获宝鼎、迎日推筴⑭。举风后、力牧、常先、大鸿以治民⑮。顺天地之纪⑯，幽明之占⑰，死生之说⑱，存亡之难⑲。时播百谷草木⑳，淳化鸟兽虫蛾㉑，旁罗日月星辰水波土石金玉㉒，劳勤心力耳目，节用水火材物。有土德之瑞，故号黄帝。

【注释】

①披山：开山。②丸山：山名，在今山东省昌乐县西南、临朐县东北一带。③岱宗：泰山。④空桐：山名，即"崆峒"，在今甘肃平凉西北。⑤鸡头：山名。有人说就是崆峒山。⑥熊：熊耳山。在今河南卢氏县南。湘：湘山，即今湖南岳阳洞庭湖中的君山。⑦荤（xūn）粥（yù）：部族名，即秦、汉时的匈奴。⑧合符：验证符契。釜山：在今河北怀来北。⑨邑：都市。此处用作动词，指建立都邑。阿：山脚。⑩以师兵为营卫：叫军队在驻地周围筑营守卫。⑪官名皆以云命：黄帝以云来任命官职。⑫大监：官名。负责监察各地诸侯。⑬封禅：古代帝王登名山，封土为坛曰封，扫地而祭曰禅。⑭迎日：预先推算日、月、朔、望等未来的时辰。筴：指蓍（shì）草，古人用它的茎占卜吉凶。⑮风后、力牧、常先、大鸿：都是黄帝的大臣名。⑯天地之纪：天地四季运行的程序或规律。⑰幽明之占：对于阴阳变化的占卜。幽，指阴；明，指阳。⑱死生之说：养生送死的仪制。⑲存亡之难：国家存亡的道理。⑳时播：按季节播种。㉑淳化：驯养。虫蛾：指蚕。传说黄帝的正妃嫘祖教民养蚕缫丝。㉒旁罗：广泛观察。

【译文】

黄帝开辟高山，凿通道路，从没有安逸地生活过。他向东达到大海，登上丸山和泰山；向西到达空桐，登上了鸡头山；向南到达长江，登上了熊耳山和湘山；往北驱逐了荤粥，在釜山与诸侯核验符契；在涿鹿山下的平原上，建立了都邑。黄帝率领部下迁徙往来没有固定的居处，驻地让士兵筑起营垒来自卫。百官都用云来命名，军队也称云师。他设立左右大监，监督各地诸侯。各方诸国和顺，在祭祀鬼神山川的大典中，参加黄帝主持盛典的非常多。黄帝又获得了宝鼎和能预先推算节气日辰的蓍草。他拔举风后、力牧、常先、大鸿来治理民众。他顺应天地四季运行的规律，预测阴阳的变化，研究养生送死的制度，考究国家存亡的道理。他按季节种植百谷草木，驯养鸟兽蚕蛾，广泛地研究日月星辰的变化以及水流、土石、金玉的性能。他勤思考，勤实践，多观察，多倾听，有节度地使用山林川泽的物产。他即位时有象征土德的瑞兆，所以称为黄帝。

【原文】

黄帝二十五子，其得姓者十四人。

黄帝居轩辕之丘，而娶于西陵之女①，是为嫘祖。嫘祖为黄帝正妃，生二子，其后皆有天下：其一曰玄嚣②，是为青阳，青阳降居江水③；其二曰昌意，降居若水④。昌意娶蜀山氏女⑤，曰昌仆，生高阳，高阳有圣德焉。黄帝崩，葬桥山⑥。其孙昌意之子高阳立，是为帝颛顼也。

【注释】

① 西陵：部族名。② 玄嚣（xiāo）：黄帝长子，号青阳。③ 降居：下封为诸侯。江水：江国。在今河南安阳。④ 若水：地名。在今四川省。⑤ 蜀山氏：部族名。⑥ 桥山：山名。在今陕西省黄陵县西北。

【译文】

黄帝有二十五个儿子，单独建立姓氏的有十四个。

黄帝居住在轩辕丘，娶了西陵氏的女儿，她就是嫘祖。嫘祖是黄帝的正妃，生了两个儿子，他们的后代都据有天下：第一个儿子叫玄嚣，就是青阳，青阳下封为江国诸侯；第二个儿子叫昌意，下封为若水诸侯。昌意娶了蜀山氏名叫昌仆的女儿，生了高阳，高阳有高尚的德行。黄帝死后，葬在桥山。他的孙子，也就是昌意的儿子高阳继承帝位，这就是帝颛顼。

颛顼与帝喾

【原文】

帝颛顼高阳者①，黄帝之孙而昌意之子也。静渊以有谋②，疏通而知事③；养材以任地④，载时以象天⑤，依鬼神以制义⑥，治气以教化，絜诚以祭祀⑦。北至于幽陵⑧，南至于交阯⑨，西至于流沙⑩，东至于蟠木⑪。动静之物⑫，大小之神，日月所照，莫不砥属⑬。

帝颛顼生子曰穷蝉。颛顼崩，而玄嚣之孙高辛立，是为帝喾。

【注释】

① 颛（zhuān）顼（xū）：传说中的古代部族首领名，号高阳氏。② 静渊：镇定深沉。③ 疏通：通达，有远见。④ 养材：养育材物，如栽培五谷、树木。任地：发挥土地的作用。⑤ 载时以象天：按季节行事来顺应自然。⑥ 制义：制定礼义。⑦ 絜：同"洁"。⑧ 幽陵：幽州。今河北省北部与辽宁省西部一带。⑨ 交阯：古地区名，泛指今五岭以南和越南北部地区。⑩ 流沙：古流沙泽。⑪ 蟠（pán）木：生长之地不详。⑫ 动静之物：指动物与植物。⑬ 砥（dǐ）：平定。

【译文】

帝颛顼高阳，是黄帝的孙子，昌意的儿子。他镇静深沉而有智谋，明白通达而知事理；种植各种作物以尽地力，按时行事，顺应自然，调理五行之气，教化民众，斋戒沐浴，虔诚地祭祀天地神灵。他向北达到幽陵，向南达到交阯，向西达到流沙，向东达到蟠木。各种动物植物，各处山岳河流的神，凡是太阳所照临的地方，没有谁不服，没有谁不归附他的。

帝颛顼生的儿子叫穷蝉。颛顼逝世，玄嚣的孙子高辛登位，他就是帝喾。

【原文】

帝喾高辛者①，黄帝之曾孙也。高辛父曰蟜极②，蟜极父曰玄嚣,玄嚣父曰黄帝。自玄嚣与蛲极皆不得在位,至高辛即帝位。高辛于颛顼为族子③。

高辛生而神灵,自言其名④。普施利物,不于其身。聪以知远,明以察微。顺天之义,知民之急。仁而威,惠而信,修身而天下服。取地之财而节用之,抚教万民而利诲之⑤,历日月而迎送之,明鬼神而敬事之。其色郁郁⑥,其德嶷嶷⑦。其动也时,其服也士⑧。帝喾溉执中而遍天下⑨。日月所照,风雨所至,莫不从服。

帝喾娶陈锋氏女⑩,生放勋。娶娵訾氏女⑪,生挚。帝喾崩,而挚代立。帝挚立,不善,而弟放勋立,是为帝尧。

【注释】

①帝喾(kù)高辛:喾是名,高辛是他兴起的地方(部族所在地),得天下后用作号。②蛲(jiǎo):一本作"桥"。③族子:侄子。④自言其名:生下来便叫出自己的名字。《帝王世纪》:"帝喾高辛,姬姓也。其母生见其神异,自言其名曰夋。"⑤诲:引导。⑥郁郁:通"穆穆"。端庄和悦的样子。⑦嶷嶷(yí):高峻的样子。指品德高尚。⑧其服也士:衣着俭朴,像一般士人一样。⑨溉:灌溉。一说同"概",本义指量粮食时用来刮平升斗的工具,引申为公平。⑩陈锋氏:部族名。⑪娵(jū)訾(zī):部族名。

【译文】

帝喾高辛是黄帝的曾孙。高辛的父亲叫蛲极,蛲极的父亲叫玄嚣,玄嚣的父亲便是黄帝。从玄嚣到蛲极都没有登上帝位,到了高辛氏才登上帝位。高辛氏是颛顼的堂侄。

高辛氏生下来就神奇灵异,自己说出了自己的名字。他广施恩德,惠及万物,却一点也不为自己打算。他明辨是非,能洞察远方的情况;审事细微,能烛照隐幽。顺从上天的旨意,了解民众的疾苦。仁爱而有威严,慈惠而有信义,修养德行而天下归服。他获取土地的物产而节制使用,安抚教育民众而因势利导。制定历法以掌握日月运行、季节变化的规律,了解鬼神而恭敬地侍奉他们。他神态庄重,德行高尚,举止合乎时宜,衣着如同普通士人。这位帝喾,真像水灌溉大地一样,恩德不偏不倚而遍及天下。因此,凡日月照耀、风雨所及的地方,没有不归附他的。

帝喾娶了陈锋氏的女儿,生了放勋。又娶了娵訾氏的女儿,生了挚。帝喾逝世后,由挚继位。帝挚登位后,治理得不好,他弟弟放勋继位,放勋就是帝尧。

尧 帝

【原文】

帝尧者①,放勋。其仁如天,其知如神②。就之如日,望之如云。富而不骄,贵而不舒③。黄收纯衣④,彤车乘白马⑤,能明驯德⑥,以亲九族。九族既睦,便章百姓⑦。百姓昭明,合和万国。

乃命羲、和⑧,敬顺昊天⑨,数法日月星辰⑩,敬授民时⑪。分命羲仲,居郁夷⑫,曰旸谷⑬。敬道日出⑭,便程东作。日中,星鸟,以殷中春⑮。其民析⑯,鸟兽字微⑰。申命羲叔,居南交⑱。便程南为⑲,敬致。日永,星火,以正中夏⑳。其民因㉑,鸟兽希革㉒。申命和仲,居西土,曰昧谷㉓。敬道日入,便程西成。夜中㉔,星虚,以正中秋。其民夷易㉕,鸟兽毛毨㉖。申命和叔,居北方,曰幽都㉗。便在伏物㉘。日短,星昴,以正中冬㉙。其民燠㉚,鸟兽氄毛㉛。岁三百六十六日,以闰月正四时。信饬百官㉜,众功皆兴。

【注释】

①尧:古代传说中的帝王。名放勋,号陶唐氏。②知:同"智"。③舒:松懈;傲慢。④黄收:黄色的帽子。收,古代帽子名。纯衣:深黄色衣服。⑤彤(tóng):红色。⑥驯德:恭顺高尚的品德。⑦便(pián)

章：辨别彰明。百姓：百官。⑧羲、和：羲氏、和氏。羲、和是世代掌管季节时令的两个部族。⑨昊(hào)：深远广大。⑩数法日月星辰：观察日月星辰的运行来制定历数。⑪敬授民时：慎重地教给民众农事季节。⑫郁夷：极东的地方（指山东东部滨海地区）。⑬旸(yáng)谷：传说是太阳升起之处。⑭敬道日出：恭敬地迎接朝阳升起。⑮日中，星鸟，以殷中春：指确定中（仲）春的节候（春分）。日中，春分时昼夜一般长（中指昼夜平分）。星鸟，观察鸟星。鸟指春分黄昏时刻见于中天的朱鸟七宿中的第四星——星宿。古人在初昏时刻观察中天星座以确定节候。殷，正，推定。⑯析：分散，分工。⑰字：产子。微：通"尾"，鸟兽虫鱼交配。⑱南交：南方最远的边境。⑲便程：分别次第，使做事有步骤。"便"通"辨"，别。⑳日永，星火，以正中夏：指确定中（仲）夏的节候（夏至）。日永：夏至白昼最长。火：夏至黄昏时刻，见于中天的苍龙七宿中的"心宿"，特指其中的主星"大火"，又名商星。㉑因：沿袭，指继续在田野里干农活。㉒希革：指夏季炎热，鸟兽换毛，皮上羽毛稀少。希，同"稀"。㉓昧谷：西方日落的地方。㉔夜中：秋分时昼夜一般长。㉕夷易：安适怡悦。㉖毨(xiǎn)：鸟兽更生新毛。㉗幽都：北方地名。《山海经》："北海之内有山名幽都。"㉘便在伏物：注意安排好冬天积蓄储藏的事。㉙日短，星昴(mǎo)，以正中冬：指确定中（仲）冬的节候（冬至）。日短：冬至白昼最短。昴：冬至黄昏时刻见于中天的有白虎七宿，星昴指其中第四星"昴宿"。㉚燠(yù)：暖和。指人们穿上冬装，在屋子里避寒。㉛氄(yǒng)：细软的毛。指寒冬鸟兽都密密地生长出细软的毛。㉜信饬(chì)百官：按时命令主管各种事务的官员。

【译文】

帝尧就是放勋。他的仁德像天一样浩大无边，他的智慧像神一样深广莫测；接近他能感受到太阳般的温暖，仰望他就好像望着高洁云朵。他富有而不骄纵，尊贵而不傲慢。他戴着黄帽子，穿着深黄色的衣服，乘坐红色的车子，驾着白色的马，他能修明自己恭顺的德行，把各个部族团结得亲密无间；各个部族已经亲密无间了，再明确百官的职责；百官各尽其职，各地诸侯无不融洽和睦。

尧于是命令羲氏、和氏，恭敬地顺应上天的意志，依据日月星辰的行迹来制定历法，慎重地教导民众耕种的时间。他对羲氏、和氏分别做了任命：羲仲住在叫旸谷的郁夷之地，恭敬地迎接朝阳的升起，审慎地预报春季耕种的时日。根据春分黄昏时中天鸟星的出现，来确定仲春的季节。这时人们分散到田野破土耕种，鸟兽交尾生育。又命令羲叔住在南交，审慎地预报夏季耕耘的时日。根据夏至黄昏时中天大火星的出现来确定仲夏的季节。这时，民众继续干活，鸟兽也换上稀疏的羽毛。再命令和仲住在名叫昧谷的西方，恭敬地礼送太阳落土，审慎地预报收获的时日。根据秋分黄昏时中天虚星的出现，来确定仲秋的季节。这时，民众生活安适怡悦，鸟兽更换了新毛。再命令和叔住在名叫幽都的北方，审慎地预报储存谷物准备过冬的时日。根据冬至黄昏时中天昴星的出现，来确定仲冬的季节。这时，民众穿上冬装，进入屋内避寒，鸟兽也长出了又密又软的细毛。一年有三百六十六天，用闰月的办法来校正四季的节候。帝尧还按时诫饬百官，各项事业无不兴旺发达。

【原文】

尧曰："谁可顺此事①？"放齐曰："嗣子丹朱开明②。"尧曰："吁！顽凶，不用③。"尧又曰："谁可者？"讙兜曰："共工旁聚布功，可用④。"尧曰："共工善言，其用僻，似恭漫天，不可⑤。"尧又曰："嗟，四岳⑥，汤汤洪水滔天⑦，浩浩怀山襄陵⑧，下民其忧。有能使治者？"皆曰："鲧可⑨。"尧曰："鲧负命毁族，不可。"岳曰："异哉⑩，试不可用而已。"尧于是听岳用鲧。九岁，功用不成。

尧曰："嗟！四岳：朕在位七十载，汝能庸命，践朕位⑪？"岳应曰："鄙德忝帝位⑫。"尧曰："悉举贵戚及疏远隐匿者。"众皆言于尧曰："有矜在民间⑬，曰虞舜。"尧曰："然，朕闻之。其何如？"岳曰："盲者子。父顽，母嚚⑭，弟傲，能和以孝，烝烝治，不至奸⑮。"尧曰："吾其试哉。"于是尧妻之二女⑯，观其德于二女。舜饬下二女于妫汭⑰，如妇礼⑱。尧善之，乃使舜慎和五典⑲，五典能从。乃遍入百官，百官时序⑳。宾于四门㉑，四门穆穆㉒，诸侯远方宾客皆敬。尧使舜入山林川泽，暴风雷雨，舜行不迷㉓。尧以为圣，召舜曰："女谋事至而言可绩，三年矣。女登帝位。"舜让于德不怿。正月上日㉔，舜受终于文祖㉕。文祖者，尧大祖也㉖。

【注释】

① 顺：继承。此事：治理天下的大事。② 放齐：尧的大臣。嗣子：继承人。丹朱：尧的嫡长子。③ 顽凶：顽指不讲道德。凶，通"讼"，指好争辩。④ 讙（huān）兜（dōu）：尧的大臣。⑤ 共工：人名；担任工师。⑥ 四岳：分掌四方的诸侯首领。⑦ 汤汤（shāng）：即"荡荡"，水波奔腾的样子。⑧ 浩浩：水势盛大的样子。襄陵：淹没高地。⑨ 鲧（gǔn）：人名。夏禹的父亲。⑩ 异：奇异出众。⑪ 庸命：用命；执行命令，忠于职守。⑫ 忝：辱没。⑬ 矜（guān）：同"鳏"。无妻的男子。⑭ 嚚（yīn）：内心险恶，爱说坏话。⑮ 烝烝：上进，做好事。⑯ 妻（qì）：作动词用，以女嫁人。⑰ 妫（guī）：水名。黄河支流，源出于山西省历山，西流至蒲州入黄河。汭（ruì）：河道弯曲处或河流的北岸。⑱ 如妇礼：用媳妇的礼节来要求二女。⑲ 五典：五教，指父义、母慈、兄友、弟恭、子孝等伦理道德。⑳ 遍入百官：总领百官职事。㉑ 四门：明堂（天子朝会诸侯的地方）的四方之门。㉒ 穆穆：庄敬和穆的样子。㉓ 不迷：不误事。㉔ 上日：朔日，初一。㉕ 文祖：帝尧的祖庙。㉖ 大祖：即太祖，开国始祖。

【译文】

　　尧说："谁可以继承我的事业？"放齐说："继承人丹朱聪明通达。"尧说："唉！他不讲道德又好争讼，不能用。"尧又问："哪一个可以当此重任呢？"讙兜说："共工广泛地聚集民众，做了不少事情，可以用。"尧说："共工言辞巧辩，实际行动却违背正道；外表好似恭敬，内心却对上天轻慢不恭，不可用。"尧又问："唉，四岳，洪水滔天，浩浩荡荡，包围山岭，淹没高地，百姓忧心忡忡，谁有能力去治理？"都说鲧可以。尧说："鲧违反命令，危害同族，不可任用。"四岳说："他才能突出啊，试一下吧！果真不行再停止。"尧于是听从四岳的意见，任用了鲧。鲧治水九年，毫无成效。

　　尧说："唉！四岳，我在位已经七十年，你们都能执行命令，接替我的位置吧！"四岳回答说："我们德行浅薄，恐怕玷辱了帝王的职位。"尧说："那就请你们推举所有有名望的贵族以及在遥远处隐居的人。"大家都对尧说："民间有个尚未娶妻的人，名叫虞舜。"尧说："对，我听说过。他究竟怎样？"四岳说："他是个盲人的儿子。父亲不讲道德，后母爱说他坏话，弟弟骄纵凶狠，但是他能够用孝行与他们和睦相处，使他们人心向善，免于邪恶。"尧说："让我考验一下他吧。"在这种情况下，尧把两个女儿嫁给舜，通过她们来观察舜的德行。舜将她们安置在沩水北岸，遵守做媳妇的礼节。尧很赞赏他这样做，于是让舜担任司徒慎重地推行五教，人民都遵从五教。尧又让他总领百官的职事，各种职事都处理得井井有条。让他到四门主持接待各方宾客，四门充满了庄重和睦的气氛，来朝贡的诸侯和远方客人都敬重他。尧又让舜进入密林大泽办事，遇上暴风雷雨，舜仍能前行，不迷失方向。尧认为舜德行伟大，召见他说："你考虑事情周到，说过的事能办得有成效，已经过了三年了。你登上帝位吧。"舜一再推让，认为自己的德行不足以胜任帝位，心中十分不安。正月初一，舜在文祖庙接受尧的禅让。文祖是尧的始祖。

【原文】

于是帝尧老，命舜摄行天子之政①，以观天命。舜乃在璇玑玉衡②，以齐七政③。遂类于上帝④，禋于六宗⑤，望于山川⑥，辩于群神⑦。揖五瑞⑧，择吉月日，见四岳诸牧，班瑞⑨。岁二月，东巡狩⑩，至于岱宗，祡⑪，望秩于山川⑫。遂见东方君长，合时月⑬，正日，同律度量衡⑭，修五礼⑮，五玉、三帛、二生、一死为挚⑯，如五器⑰，卒乃复⑱。五月，南巡狩；八月，西巡狩；十一月，北巡狩：皆如初。归，至于祖祢庙⑲，用特牛礼。五岁一巡狩，群后四朝。遍告以言，明试以功，车服以庸⑳。肇十有二州㉑，决川㉒。象以典刑㉓，流宥五刑㉔，鞭作官刑㉕，扑作教刑㉖，金作赎刑。眚灾过㉗，赦；怙终贼㉘，刑。钦哉㉙，钦哉，惟刑之静哉㉚！讙兜进言共工㉛，尧曰"不可"，而试之工师㉜，共工果淫辟。四岳举鲧治鸿水，尧以为不可，岳强请试之，试之而无功，故百姓不便。三苗在江淮、荆州数为乱㉝。于是舜归而言于帝，请流共工于幽陵，以变北狄㉞；放讙兜于崇山㉟，以变南蛮；迁三苗于三危㊱，以变西戎；殛鲧于羽山㊲，以变东夷：四罪而天下咸服。

【注释】

①摄：代理。②在：专注地观察。璇（xuán）玑玉衡：用玉装饰的观察天文的仪器。一说"璇玑玉衡"即北斗七星。③齐七政：即观察日月星辰来校正历法。或认为"七政"指下面讲的祭祀、班瑞、东巡、南巡、西巡、北巡、归祖等七件政事。齐，整齐，校正。七政，指日月五星（金、木、水、火、土）。④类于上帝：举行特殊祭礼，把事类报告上天。类，祭祀名。⑤禋（yīn）：祭祀名。升烟祭天以求福。⑥望：祭祀名，遥望名山大川举行祭祀。⑦辩：同"遍"。普遍地祭祀。⑧揖：同"辑"，收集。五瑞：公、侯、伯、子、男五等爵位的诸侯所执的瑞信（即形状上圆下方的玉圭，是表示诸侯等级的符信）。⑨见：召见。诸牧：各地诸侯。⑩巡狩（shòu）：帝王巡察各地，检查诸侯政绩。⑪柴（chái）：一作"柴"，祭祀名，焚柴以祭祀天神。⑫望秩：按次序遥祭。⑬合时月：统一协调季节、月份。⑭同律：统一音律。⑮五礼：指吉礼（用于祭祀）、凶礼（用于丧葬）、宾礼（用于礼宾）、军礼（用于军事）和嘉礼（用于冠婚）。修明五礼是为了统一全国的风俗习惯。⑯五玉：即"五瑞"。三帛：荐玉的丝织品，有三种不同颜色。二生：指活的羔羊与雁。卿与大夫用作进见的礼物。一死：指死雉（野鸡），士进见的礼物。挚：通"贽"。拜见时的礼物。⑰五器：即五玉。⑱复：交还。⑲祢（nī）：奉祀死父的宗庙。⑳车服以庸：对于政绩卓著的诸侯，则用车服作赏赐。庸，功劳。㉑肇（zhào）：开始，此指建立。㉒川：疏通河道。㉓象：刻画。典：常。㉔宥（yòu）：宽恕，从宽发落。五刑：墨（刺字）、劓（割鼻）、刖（fèi，断足）、宫（阉割）、大辟（杀头）。㉕鞭：皮鞭。㉖扑：戒尺。㉗眚（shěng）：灾过。㉘怙（hù）：倚仗。㉙钦：慎重。㉚惟刑之静：静刑，希望减少用刑。㉛进言：推荐。㉜工师：管理工程建筑的官。㉝三苗：南方的一个部族，散居于今湘、鄂、赣、皖毗邻地区，

可能是苗族的祖先。㉞以变北狄：叫他改变北狄的风俗。㉟崇山：在今湖南大庸西南。㊱三危：山名。在今甘肃敦煌东。㊲殛（jí）：这里是流放的意思。羽山：在今山东省蓬莱县东南。一说在今江苏连云港一带。

【译文】

　　这时帝尧已经年迈，让舜代行天子之政，以观察天意。舜便使用璇玑玉衡来观测天象，定准日月五星的位置。他祭祀上帝，祭祀六类神祇，举行望礼遥祭名山大川，遍祭群神。他收集五种玉制瑞信，选择吉月吉日，召见四岳诸侯，再给他们颁发瑞信。二月，他到东方巡察，到达泰山，烧柴祭天，又举行望礼遥祭名山大川。这时他召见了东方的诸侯，校正历法，同他们核对季节、月份，定准了一天的时刻，统一了音律和度量衡。制定了五类礼仪。规定诸侯用五玉三帛，卿大夫用二牲，士用野鸡为相见所执的礼物；对于五玉，会见结束后便退还给诸侯。五月，他到南方视察；八月，到西方视察；十一月，到北方视察，都像开始视察东方一样。回来后，到祖庙和父庙里祭祀，举行隆重的特牲之礼。舜每五年到各方视察一次，各地诸侯每四年来京师朝见一次。对于每个诸侯，舜都告诉他们治理国家的方法，公开地考察他们的政绩，对政绩突出的赏赐车骑、衣服。舜开始在全国设立十二个州，疏通河道。他把正常的刑律刻在器物上，用流放的办法来减免五刑；用鞭子作为官府的刑罚，学校中用戒尺处罚学生，不是故意犯罪的人可以用金钱赎罪。无心或灾害造成的过失予以赦免；只有作恶不改的人才及时惩处。"慎重啊，慎重啊，努力做到不用刑罚啊！"讙兜向尧推荐共工，尧说："不可以。"但还是试用他做工师；共工果然放纵邪僻。四岳推荐鲧治洪水，尧认为不行，四岳坚决请求试用；结果毫无成绩，百官都认为鲧不恰当。三苗在江淮流域荆州一带屡次作乱。这时，舜正视察回来，便向尧报告，请求把共工流放到幽陵，让他治理北方的狄族；把讙兜流放到崇山，让他治理南方的蛮族；把三苗驱逐到三危，让他治理西方的戎族；把鲧远远地贬到羽山，让他治理东方的夷族：惩处这四个罪人，天下的人都心悦诚服。

【原文】

　　尧立七十年得舜，二十年而老，令舜摄行天子之政，荐之于天。尧辟位凡二十八年而崩①。百姓悲哀，如丧父母。三年，四方莫举乐，以思尧。尧知子丹朱之不肖，不足授天下，于是乃权授舜。授舜，则天下得其利而丹朱病；授丹朱，则天下病而丹朱得其利。尧曰："终不以天下之病而利一人。"而卒授舜以天下。尧崩，三年之丧毕，舜让辟丹朱于南河之南②。诸侯朝觐者不之丹朱而之舜③，狱讼者不之丹朱而之舜，讴歌者不讴歌丹朱而讴歌舜。舜曰："天也！"夫而后之中国践天子位焉④，是为帝舜。

【注释】

① 辟位：退位。辟，通"避"。② 南河：指黄河自潼关以下西东流向的一段。③ 朝觐（jìn）：诸侯在春、秋两季拜见天子。春曰朝，秋曰觐。④ 中国：这里指国都之中。

【译文】

尧在位七十年得到舜，又过了二十年告老，让舜代理天子的政务，并向上天荐举舜。尧让位二十八年后就去世了。百姓很悲痛，好像失去了生身父母一样。尧死后的三年中，天下都停止奏乐以表示对帝尧的悼念。当初，尧知道儿子丹朱不成器，不能授天下给他，于是尧采取权变措施禅位给舜。禅位给舜，天下人得到好处，只有丹朱不称意；传给丹朱，便使天下人受害，只有丹朱得利。尧说："绝对不能使天下人受害而让一人得利。"他终于把天下传给了舜。帝尧去世，三年的丧期结束后，舜把帝位让给丹朱，自己退避到南河的南岸。但朝见天子的诸侯不到丹朱那里去，却来朝见舜；争讼告状的人不到丹朱那里去，却来找舜；歌颂功德的人不歌颂丹朱，却歌颂舜。舜说："这是天意啊！"这以后，他才去了都城，登上天子之位。这就是帝舜。

虞 舜

【原文】

　　虞舜者，名曰重华①。重华父曰瞽叟②，瞽叟父曰桥牛，桥牛父曰句望，句望父曰敬康，敬康父曰穷蝉，穷蝉父曰帝颛顼，颛顼父曰昌意：以至舜七世矣。自从穷蝉以至帝舜，皆微为庶人。

　　舜父瞽叟盲，而舜母死，瞽叟更娶妻而生象，象傲。瞽叟爱后妻子，常欲杀舜，舜避逃；及有小过，则受罪。顺事父及后母与弟，日以笃谨，匪有解。

　　舜，冀州之人也③。舜耕历山，渔雷泽④，陶河滨，作什器于寿丘⑤，就时于负夏⑥。舜父瞽叟顽，母嚚，弟象傲，皆欲杀舜。舜顺适不失子道，兄弟孝慈。欲杀，不可得；即求，尝在侧。

　　舜年二十以孝闻。三十而帝尧问可用者，四岳咸荐虞舜，曰可。于是尧乃以二女妻舜以观其内，使九男与处以观其外。舜居妫汭，内行弥谨⑦。尧二女不敢以贵骄事舜亲戚，甚有妇道。尧九男皆益笃⑧。舜耕历山，历山之人皆让畔⑨；渔雷泽，雷泽上人皆让居；陶河滨，河滨器皆不苦窳⑩。一年而所居成聚，二年成邑，三年成都。尧乃赐舜絺衣，与琴⑪，为筑仓廪，予牛羊。瞽叟尚复欲杀之，使舜上涂廪，瞽叟从下纵火焚廪。舜乃以两笠自扞而下，去，得不死。后瞽叟又使舜穿井，舜穿井为匿空⑫，旁出⑬。舜既入深，瞽叟与象共下土实井，舜从匿空出，去。瞽叟、象喜，以舜为已死。象曰："本谋者象。"象与其父母分，于是曰："舜妻尧二女与琴，象取之。牛羊、仓廪予父母。"象乃止舜宫居，鼓其琴。舜往见之。象鄂不怿⑭，曰："我思舜正郁陶⑮！"舜曰："然，尔其庶矣！"舜复事瞽叟爱弟弥谨。于是尧乃试舜五典、百官，皆治。

【注释】

①虞：重华，舜名。据说舜目为重瞳子，故名重华。②瞽（gǔ）叟：舜父名。瞽，瞎眼。③冀州：古九州之一。相当于今山西、河南北部、河北省大部及辽宁西部一带。④雷泽：一名雷水。古泽名。在今山西永济南。或说即雷夏泽，在今山东省菏泽市东北。《括地志》："雷夏泽在濮州雷泽县郭外西北。"⑤什器：饮食器皿。寿丘：在今山东省曲阜市东北。⑥就时：乘时。负夏：邑名。在今山东省兖州北。⑦内行：家内的行为。⑧笃：真诚，纯朴。⑨畔：田地的边界。⑩苦窳（yǔ）：粗劣。⑪绔（chī）：用葛纤维制成的细布。⑫匿空：在井壁上打的洞。⑬旁出：从井壁旁通向外面。⑭鄂：同"愕"。吃惊。⑮郁陶：愁闷痛苦。

【译文】

　　虞舜名叫重华。重华的父亲叫瞽叟，瞽叟的父亲叫桥牛，桥牛的父亲叫句望，句望的父亲叫敬康，敬康的父亲叫穷蝉，穷蝉的父亲叫颛顼，颛顼的父亲叫昌意：到舜已是七代。从穷蝉到帝舜，都是地位低微的普通百姓。

　　舜的父亲瞽叟眼瞎了，舜的母亲死后，瞽叟又娶了继室，生了个儿子名叫象，象骄纵凶狠。瞽叟溺爱后妻的儿子，常常想杀掉舜，舜都躲过了；遇到自己有小过失，舜便接受惩罚。他恭顺地侍奉父亲、后母和弟弟，对待他们诚恳谨慎，日日如一，没有懈怠过。

　　舜是冀州人，他曾在历山种过田，在雷泽捕过鱼，在黄河边上烧制过陶器，在寿丘做过各种生产工具和生活用具，在负夏做过生意。舜的父亲瞽叟不讲道德，后母爱说坏话，弟弟象骄纵凶狠，都要杀掉舜。舜总是很恭顺，不放弃作为儿子的职责，对弟弟尽兄道，对父母尽孝道。父母想要杀他，总是办不到；如果有事找他，却常在身边。

　　舜二十岁时，因为孝顺而闻名。三十岁时，帝尧询问可以重用的人，四岳都推荐舜，说他可以。于是，尧便把两个女儿嫁给舜，来观察他怎样治家，又派了九个男儿与舜相处，来观察他于家庭之外怎样待人接物。舜住到妫水北岸，在家里行为越发谨严。尧的两个女儿不敢因为出身高贵而以傲慢的态度对待舜的亲属，严格遵守做媳妇的礼节。尧派去的九个男儿更加淳朴厚道了。舜在历山种田，历山的人都互让田地边界；在雷泽捕鱼，雷泽四周的人都互让居住的地方；在黄河边制作陶器，生产的陶器没有粗制滥造的。他住过一年的地方，便形成了村落；住过两年的地方，便形成了集镇；住过三年的地方，便形成了都市。尧于是赐给舜细葛布做的衣服，又赠给他琴，还给他修筑仓库，送他牛羊。瞽叟还是想杀掉舜，他叫舜上屋顶用泥涂抹谷仓，自己却在屋下纵火烧仓，舜就拿着两顶斗笠护住自己向下跳，脱了险，没被烧死。后来，瞽叟又让舜凿井，舜在井壁上另凿了一个可以藏身和外出的空洞。舜凿到深处，瞽叟和象一同倾土填井，舜从藏身的空洞中走出，又脱了险。瞽叟和象很高兴，认为舜已经死了。象说："原来出主意的是我。"象与父母分舜的财物，这时他说："舜的妻子——尧的两个女儿，还有那张琴，我收取了；牛羊、仓廪留给父母。"于是象留在舜的居室中住下，弹着舜的琴。舜前去见他。象愕然失色，装作伤心的样子说："我想念你，正想得伤心难过！"舜说："是这样，对于兄弟情义，你还差不多！"舜以后侍奉瞽叟，友爱弟弟，越发恭谨了。于是尧便试用舜，让他推行五教，到各个官府去工作，舜都处理得很妥善。

【原文】

　　昔高阳氏有才子八人①，世得其利，谓之"八恺"。高辛氏有才子八人②，世谓之"八元"。此十六族者③，世济其美，不陨其名④。至于尧，尧未能举。舜举八恺，使主后土⑤，以揆百事⑥，莫不时序。举八元，使布五教于四方⑦，父义，母慈，兄友，弟恭，子孝：内平外成⑧。

　　昔帝鸿氏有不才子⑨，掩义隐贼，好行凶慝⑩，天下谓之"浑沌"⑪。少暤氏有不才子⑫，毁信恶忠，崇饰恶言⑬，天下谓之"穷奇"。颛顼氏有不才子，不可教训，不知话言，天下谓之梼杌⑭。此三族世忧之。至于尧，尧未能去。缙云氏有不才子⑮，贪于饮食，冒于货贿⑯，天下谓之"饕饕"⑰。天下恶之，比之三凶。舜宾于四门，乃流四凶族，迁于四裔⑱，以御螭魅⑲，于是四门辟，言毋凶人也。

【注释】

①高阳氏：指颛顼的后代。②高辛氏：指帝喾的后代。③十六族：指上述十六人的后代繁衍，形成十六个家族。④不陨（yǔn）其名：没有损伤过他们祖先的美好名声。⑤后土：掌管水土的官。⑥揆（kuí）：管理，计划安排。⑦布五教：传布五伦之教。⑧内平：指诸侯各族（国内）团结安定。外成：指边境外族向往教化，亲善华夏。⑨帝鸿氏：即黄帝。⑩凶慝（tè）：凶暴、邪恶。⑪浑沌：不开化，野蛮无知。⑫少暤（háo）氏：黄帝以后的一位帝王，又称金天氏。⑬崇饰恶言：宣扬和粉饰各种恶言恶语。饰，粉饰。⑭梼（táo）杌（wù）：顽凶无比的样子。⑮缙云氏：炎帝的后代。⑯冒于货贿：贪爱财物。冒，贪。⑰饕（tāo）餮（tiè）：贪婪无厌的样子。⑱裔：指边远的地方。⑲螭（chī）魅（mèi）：传说中山林里害人的怪物。

【译文】

以前，高阳氏出了八个有才能的子孙，世人得其利，都称他们为"八恺"；高辛氏出了八个有才能的子孙，世人称他们作"八元"。这十六个家族，世世代代都能增益他们的美德，没有毁损他们祖先的名声。在尧的时代，尧没有起用他们。舜任用八恺，让他们掌管水土，他们安排各种事务，没有不处理得井井有条的。舜任用八元，指派他们到四方传布教化，他们使得父亲威严，母亲慈爱，哥哥友善，弟弟恭敬，儿子孝顺，族内太平，外族向往。

从前，帝鸿氏有一个不成器的后代，不行仁义，阴毒残忍，专好行凶作恶，天下人称他为"浑沌"。少暤氏有个不成器的后代，毁弃诚信，憎恶忠直，爱讲邪恶的话，天下人称他为"穷奇"。颛顼氏有个不成器的后代，不可教训，不懂得好话坏话，天下的人称他为梼杌。对于这三个家族，世人都感到忧虑。在尧的时代，尧没能除掉他们。缙云氏有个不成器的后代，沉溺酒食，贪图财物，天下人称他为"饕餮"。天下人都讨厌他，把他同上面的三凶并列。舜在四门主持接待宾客时，放逐了这四个凶恶的家族，把他们迁徙到四方最偏远的地方，用以警戒恶人。于是四门畅通，都说再也没有恶人了。

【原文】

舜入于大麓①,烈风雷雨不迷,尧乃知舜之足授天下。尧老,使舜摄行天子政,巡狩。舜得举用事二十年,而尧使摄政。摄政八年而尧崩。三年丧毕,让丹朱,天下归舜。而禹、皋陶、契、后稷、伯夷、夔、龙、倕、益、彭祖,自尧时而皆举用,未有分职。于是舜乃至于文祖,谋于四岳,辟四门,明通四方耳目,命十二牧论帝德行厚德,远佞人,则蛮夷率服。舜谓四岳曰:"有能奋庸美尧之事者③,使居官相事?"皆曰:"伯禹为司空④,可美帝功。"舜曰:"嗟,然!禹,汝平水土,维是勉哉。"禹拜稽首⑤,让于稷、契与皋陶。舜曰:"然,往矣!"舜曰:"弃,黎民始饥,汝后稷播时百谷⑥。"舜曰:"契,百姓不亲,五品不驯⑦,汝为司徒,而敬敷五教⑧,在宽。"舜曰:"皋陶,蛮夷猾夏⑨,寇贼奸轨⑩,汝作士,五刑有服,五服三就⑪;五流有度⑫,五度三居⑬:维明能信⑭。"舜曰:"谁能驯予工⑮?"皆曰垂可。于是以垂为共工⑯。舜曰:"谁能驯予上下草木鸟兽⑰?"皆曰益可。于是以益为朕虞⑱。益拜稽首,让于诸臣朱虎、熊罴⑲。舜曰:"往矣,汝谐⑳。"遂以朱虎、熊罴为佐。舜曰:"嗟!四岳,有能典朕三礼㉑?"皆曰伯夷可。舜曰:"嗟!伯夷,以汝为秩宗㉒,夙夜维敬㉓,直哉维静絜㉔。"伯夷让夔、龙。舜曰:"然。以夔为典乐㉕,教稚子,直而温,宽而栗,刚而毋虐,简而毋傲㉖;诗言意,歌长言㉗,声依永,律和声,八音能谐㉘,毋相夺伦,神人以和。"夔曰:"於!予击石拊石,百兽率舞。"舜曰:"龙,朕畏忌谗说殄伪,振惊朕,命汝为纳言,夙夜出入朕命,惟信。"舜曰:"嗟!女二十有二人，敬哉㉙，惟时相天事。"三岁一考功，三考绌陟㉚，远近众功咸兴。分北三苗㉛。

此二十二人咸成厥功㉜：皋陶为大理㉝，平，民各伏得其实㉞；伯夷主礼，上下咸让；垂主工师㉟，百工致功；益主虞，山泽辟；弃主稷㊱，百谷时茂；契主司徒，百姓亲和；龙主宾客，远人至；十二牧行而九州莫敢辟违；唯禹之功为大，披九山，通九泽，决九河，定九州，各以其职来贡，不失厥宜。方五千里，至于荒服㊲。南抚交阯、北发㊳，西戎、析枝、渠廋、氐、羌㊴，北山戎、发、息慎㊵，东长、鸟夷㊶，四海之内咸戴帝舜之功。于是禹乃兴《九招》之乐㊷，致异物㊸，凤皇来翔。天下明德皆自虞帝始。

【注释】

①大麓：管理山林的官。②十二牧：十二州的长官。③庸：用，用命。④司空：主管水利土木工程的官员。⑤稽首：叩头致敬。⑥时：通"蒔（shì）"，种植。⑦五品：即五伦，指君臣、父子、夫妇、兄弟、朋友等五种伦常关系。驯：和顺。⑧五教：即君臣有义、父子有亲、夫妇有别、长幼有序、朋友有信五种伦理道德。⑨猾：扰乱，侵略。⑩轨：通"宄"，在外作恶。⑪三就：往三处地方执行。⑫五流：五刑改为流放，仍分五等。⑬度：指流放处所。三居：三等流放区。⑭维明能信：明白宣布罪行，便能使人信服。⑮工：百工，如金工、木工、石工、陶工等。⑯共工：管理百工的官名。⑰上：指高原山林。下：指低地川泽。⑱虞：管理山林川泽的官。⑲朱虎、熊罴：人名。⑳谐：合适。㉑典：主管。三礼：祭天神、祭地祇（qí）、祭鬼的三种礼仪。㉒秩宗：主管祭祀的礼官。㉓夙夜：朝夕，日夜。㉔静絜：肃静而清洁。㉕典乐：掌管音乐的官。㉖简而毋傲：简略而不放纵。㉗长言：拖长节拍。㉘八音：指金、石、丝、竹、匏、土、革、木八类乐器。㉙二十有二人：指此次任命的禹、后稷、契、皋陶、倕、益、朱虎、熊罴、伯夷、夔、龙、彭祖等十人与十二牧。㉚三考绌陟：根据三次考察的优劣而贬降或提升。绌，通"黜"，贬退与撤换。陟，

提升。㉛北：同"背"。㉜厥：其。㉝大理：主管刑法的官。㉞伏：拜伏，信服。得其实：断狱符合实际情况。㉟工师：官名。㊱稷：这里以稷借代农业生产。㊲荒服：指距王畿最荒远的地方。㊳北发：地名。�439戎、析枝、渠廋（sōu）、氐（dī）、羌（qiāng）：皆西方部族名。㊵山戎、发、息慎：皆北方部族名。㊶长夷、鸟夷：东方部族名，一说鸟夷指今日本。"鸟"一作"岛"。㊷《九招》：乐曲名。招，或作"韶"。㊸致异物：招致珍奇的动植物。

【译文】

　　舜担任管理山林的官，遇到暴风雷雨，也从不误事。尧于是知道舜是足以传授天下的。尧老了，叫舜代替他处理天子的政务，到四方视察。舜被推荐担任职务二十年，尧便让他代行天子职事。又过了八年，尧去世了。服丧三年以后，舜让位给丹朱，天下的人都归服于舜。大禹、皋陶、契、后稷、伯夷、夔、龙、倕、益、彭祖这班人，从尧在的时候起便被推举任事了，但没有分配给专门的职务。这时，舜来到文祖庙，征询四岳的意见，并大开四门，畅通言路。他命令十二州的长官讨论帝王应有的德行，他认为只要广施恩德，疏远诡佞的小人，那么，即使外族也会相率归服的。舜对四岳说："有谁能奋发用命，光大帝尧的事业，我将任命他官职，辅佐我治理天下？"他们都说："伯禹担任司空，可以光大帝尧的事业。"舜说："嗯！禹，你负责平治水土吧，你可要努力办好这件事啊。"禹跪地拜谢，要推让给稷、契和皋陶。舜说："虽说如此，还是你去吧！"舜又对后稷说："弃！百姓开始闹饥荒了，你这位农官，应教他们播种各种粮食作物。"对契说："契！百官不相亲睦，君臣、父子、夫妇、长幼、朋友五者相处尚未达到和顺的程度，你担任司徒，认真施行五教，慢慢去感化他们。"舜对皋陶说："皋陶！外族侵扰，内外贼寇作恶闹事，你去做主管刑罚的长官，执行五刑要轻重适中，判刑后要在三个不同的场所执行；五刑改用流放，须有流放的地点，五种流放处所按远近分为三等：只有刑罚公正严明，才能取信于民。"舜说："谁能为我管教各种工匠？"大家都说倕可以。于是任命倕作共工。舜说："谁管理山泽中的草木鸟兽？"大家都说益可以。于是任用益作虞官。益拜谢，要让给朱虎、熊罴等大臣。舜说："还是你去吧！你合适。"便任用朱虎、熊罴做益的助手。舜说："唉，四岳！有谁能为我主持三种祭祀？"大家都说伯夷可以。舜说："喂，伯夷！命你担任秩宗，每天从早到晚都要恭谨,内心要纯净、安静、公正无私。"伯夷让给夔和龙。舜说:"好,我任命夔主管音乐,教导贵族子弟。你要正直而温和,宽厚而严格,刚强而不暴虐,简约而不傲慢。用诗表达思想,用歌咏来延长诗的音节,依照歌来制定乐曲,用音律使乐曲和协。八种乐器的声音都能和谐,互不干扰,这样,神灵与世人听了才会安宁和睦啊。"夔说:"啊!我敲打起各种石制乐器来,大家随着我的节拍跳狩猎舞吧。"舜说:"龙,我痛恨诬害别人的坏话和伤天害理的行为,它蛊惑惊扰我的人民。我任命你为纳言,你每天传达我的旨意,收集民众的意见,可一定要坚守信用。"舜说:"啊!你们这二十二个人,认真办事吧,希望及时辅佐我处理好天下的大事。"舜每三年考察一次大家的工作成绩,根据三次考察的成绩分别给予贬降或提升。于是,无论远近,各种事都兴办起来。又把三苗部族分别隔离开来。

这二十二位大臣,都取得了各自的成就。皋陶担任法官,判断公平,实事求是,百姓信服;伯夷主持礼仪,上上下下的人都谦恭礼让;倕管理工匠,各种工匠都有所成就;益管理山泽,山泽都开发了;弃管理农事,各种谷物都长得茂盛;契主管教化,百官都团结和睦;龙主管迎宾送客的礼仪,远方的诸侯和外族都来朝贡;十二个地区的地方长官出巡,全国各地的百姓没有一个敢逃避和违抗的。尤其是禹的功劳最大,他开辟了九条山脉,治理了九个湖泽,疏通了九条大河,划定了九州地界。各地都把自己的特产拿来进贡,没有不符合规定的。疆域方圆五千里,延伸到辽远的不毛之地。向南安抚了交阯、北发;向西安抚了戎族、析枝、渠廋、氐族、羌族;向北安抚了山戎、发族、息慎;向东安抚了长夷、鸟夷。四海之内,都感念帝舜的功德。于是,禹创作《九招》乐曲,招来了珍奇异物,凤凰飞到国都上空盘旋。天下的文明德政都始自虞帝时代。

【原文】

舜年二十以孝闻,年三十尧举之,年五十摄行天子事,年五十八尧崩,年六十一代尧践帝位。践帝位三十九年,南巡狩,崩于苍梧之野①。葬于江南九疑,是为零陵②。

舜之践帝位,载天子旗,往朝父瞽叟,夔夔唯谨③,如子道。封弟象为诸侯。舜子商均亦不肖,舜乃豫荐禹于天④。十七年而崩。三年丧毕，禹亦乃让舜子，如舜让尧子。诸侯归之，然后禹践天子位。尧子丹朱，舜子商均，皆有疆土，以奉先祀⑤。服其服，礼乐如之。以客见天子，天子弗臣⑥，示不敢专也。

自黄帝至舜、禹，皆同姓而异其国号，以章明德⑦。故黄帝为有熊，帝颛顼为高阳，帝喾为高辛，帝尧为陶唐，帝舜为有虞。帝禹为夏后而别氏⑧，姓姒氏。契为商⑨，姓子氏。弃为周⑩，姓姬氏。

【注释】

①苍梧：地区名。指今湖南省南部、广西壮族自治区东北部和广东省西北部一带。②零陵：古地名。在今湖南省宁远县南。③夔夔：和顺恭敬的样子。④豫：通"预"，事先。⑤奉先祀：奉行祖先的祭祀。⑥弗臣：不把他们当臣下看待。⑦章：彰明。明德：光明的德行。⑧夏后：禹的国号。⑨契为商：契的国号是商。其后代子孙灭夏后建立商朝。⑩弃为周：弃（后稷）的国号是周。其后代子孙灭商而建立周朝。

【译文】

舜二十岁的时候以孝顺而闻名于世，三十岁的时候尧推举他，五十岁的时候代天子行政事，五十八岁的时候尧帝驾崩，六十一岁的时候舜继承尧帝登上天子之位。舜做帝王做了三十九年，去南方巡游狩猎，在苍梧的郊野去世。人们把他安葬在江南的九疑，安葬之地即零陵。

舜登上帝位时，车上插着天子的旗帜去拜见父亲瞽叟，舜态度和悦恭敬，很合乎做儿子的礼节。封弟弟象为诸侯。舜的儿子商均也不成才，舜预先向上天推荐禹。以后十七年，舜去世了。服丧三年后，禹把帝位让给舜的儿子，像舜让位给尧的儿子一样。但诸侯都归附禹，然后禹才登上天子之位。尧的儿子丹朱、舜的儿子商均都有封地，用来祭祀他们的祖先；他们的服饰都保持着本部族的传统，礼乐制度也照旧。他们以宾客的身份拜见天子，天子也不把他们当臣下看待，以表示自己不敢独占天子的威严。

从黄帝到舜、禹,都同出一姓,但国号不同,以显示各自光明的德行。所以黄帝号有熊,帝颛顼号高阳,帝喾号高辛,帝尧号陶唐,帝舜号有虞。帝禹号夏后而另有姓氏,姓姒。契是商代祖先,姓子;弃是周代祖先,姓姬。

【原文】

太史公曰[1]:学者多称五帝,尚矣[2]。然《尚书》独载尧以来;而百家言黄帝,其文不雅驯[3],荐绅先生难言之。孔子所传《宰予问五帝德》及《帝系姓》,儒者或不传。余尝西至空桐,北过涿鹿[4],东渐于海,南浮江淮矣,至长老皆各往往称黄帝、尧、舜之处,风教固殊焉。总之,不离古文者近是[5]。予观《春秋》《国语》,其发明《五帝德》《帝系姓》章矣,顾弟弗深考,其所表见皆不虚。《书》缺有间矣,其轶乃时时见于他说。非好学深思,心知其意,固难为浅见寡闻道也。余并论次,择其言尤雅者,故著为本纪书首。

【注释】

[1]太史公:司马迁自称。[2]尚:通"上",久远之意。[3]雅驯:正确可信。[4]涿鹿:山名,在今河北涿鹿东南。[5]古文:汉代称以先秦文字写成的经书为古文经。近是:比较正确。

【译文】

太史公说:读书的人常常称道五帝,这由来已久了。但是,《尚书》只记载了尧以后的事情,诸子百家虽然都提到了黄帝,但他们的记述往往并不准确,文辞也不优美,所以士大夫们也很难说清楚。孔子传下来的《宰予问五帝德》和《帝系姓》,儒生中有人认为并非出自圣人之手而不加传习。我曾经西到空桐山,北过涿鹿山,东至大海,南渡长江和淮河,每到一个地方,年长的人往往都各自称说那里是黄帝、尧、舜曾经居住过的地方,这些地方的风俗教化自与其他地方不同。总体来说,那些不背离古代文字记录的说法比较接近史实。

我看《春秋》《国语》，它们对《五帝德》和《帝系姓》的阐发是很明白的，只不过是儒生们没有深入研究罢了，那《五帝德》和《帝系姓》中反映的情况其实都是真实的。《尚书》早就残缺不全了，可是它散失的内容却常常能在其他著作中见到。除非好学深思，从内心领悟书中的意思，这实在是难以对见识浅薄、孤陋寡闻的人说清楚。我把五帝的资料综合起来，加以论定编排，选择其中记载正确的内容，写成《五帝本纪》，作为全书的开头。

秦本纪（节选）

【导读】

　　秦最初是处在西部地区的部落，它的远祖擅长驯兽驾车，从虞舜时期一直到周代，屡立战功：五帝时代，其先祖柏翳辅佐大禹治水，舜帝赐他嬴姓；夏末商初，费昌为汤驾车，在鸣条击败桀；中潏在西戎保护殷商的西部边境；造父为周缪王驾车，日驱千里解救周朝的内乱。周宣王时，秦襄公救周难，又率兵护送周平王东迁洛邑，被封为诸侯，建立了秦国。

　　《秦本纪》主要取材于《左传》《国语》和《战国策》。本篇节录了秦国历史上三位重要君王（即缪公、孝公、惠文王）的事迹。

秦缪公争霸

【原文】

　　缪公任好元年①，自将伐茅津②，胜之。四年，迎妇于晋③，晋太子申生姊也。其岁，齐桓公伐楚，至邵陵④。

　　五年，晋献公灭虞、虢，虏虞君与其大夫百里奚，以璧马赂于虞故也⑤。既虏百里奚，以为秦缪公夫人媵于秦⑥。百里奚亡秦走宛⑦，楚鄙人执之⑧。缪公闻百里奚贤，欲重赎之，恐楚人不与，乃使人谓楚曰："吾媵臣百里奚在焉，请以五羖羊皮赎之⑨。"楚人遂许，与之。当是时，百里奚年已七十馀。缪公释其囚，与语国事。谢曰："臣亡国之臣，何足问！"缪公曰："虞君不用子，故亡，非子罪也。"固问，语三日，缪公大说，授之国政，号曰五羖大夫。百里奚让曰："臣不及臣友蹇叔，蹇叔贤而世莫知。臣尝游⑩困于齐而乞食铚人⑪，蹇叔收臣。臣因而欲事齐君无知，蹇叔止臣，臣得脱齐难⑫，遂之周，周王子颓好牛，臣以养牛干之⑬。及颓欲用臣，蹇叔止臣，臣去，得不诛；事虞君，蹇叔止臣。臣知虞君不用臣，臣诚私利禄爵，且留。再用其言⑭，得脱；一不用，及虞君难：是以知其贤。"于是缪公使人厚币迎蹇叔⑮，以为上大夫。

【注释】

① 任好：缪公的名字。② 自将：亲自带兵。茅津：地名，今名茅津渡。在今山西省平陆县西南。③ 迎：迎亲。④ 邵陵：地名。在今河南郾城东。⑤ 赂：赠送（财物）。⑥ 媵：古代指随嫁或陪嫁的人。⑦ 亡：逃亡。宛：地名。在今河南省南阳市境内。⑧ 鄙：边境。⑨ 羖羊：黑色的公羊。⑩ 尝：通"尝"，曾经。游：外出求学，求官。⑪ 铚：地名。在今安徽宿县西南。⑫ 齐难：指雍廪等杀无知而立齐桓公事。⑬ 干：求见。⑭ 再：两次。⑮ 厚币：重币，厚礼。币，用作礼物的玉、马、皮、帛等。

【译文】

秦缪公任好元年，缪公率军攻打茅津，取得胜利。四年，迎娶晋国的女子，她是晋太子申生的姐姐。在同一年，齐桓公讨伐楚国，一直打到了邵陵。

五年，晋献公灭掉虞国和虢国，俘虏了虞国君主和大夫百里奚，这是晋献公先用璧玉和良驹贿赂虞君（使其麻痹）的缘故。晋献公俘虏百里奚之后，把他作为秦缪公夫人的陪嫁奴隶送到秦国。百里奚逃出秦国去往宛地，在楚国边境被人抓住。秦缪公听说百里奚有圣贤之才，想用重金赎买他，但是又怕楚人不放他，就派人与楚国交涉说："我国的陪嫁奴隶百里奚在你们楚国，我们想用五张黑羊皮赎回他。"楚人答应了，将百里奚交给秦国。当时，百里奚已经七十多岁。秦缪公释放他，还和他一起讨论国家大事。百里奚推辞说："我是亡国之臣，有什么值得询问的呢？"缪公说："虞君不重用你，所以导致国家灭亡。这并非你的过错。"缪公坚持向他请教。两人谈了三天，缪公十分高兴，将国家的政事托付给百里奚，还称他为"五羖大夫"。百里奚辞让说："我比不上我的好朋友蹇叔，蹇叔贤明但世人却不知道。我曾经在外游历，在齐国陷入困境，向铚地的人讨饭，蹇叔收留了我。我想侍奉齐君无知，蹇叔阻止我，我离开了，这才在齐国的灾祸中幸免。我到了周廷，周王子颓喜欢牛，我就凭借自己高明的养牛术求见他。子颓打算用我的时候，蹇叔劝阻我，我又离开了，这样才免于被诛杀的命运。我侍奉虞君，蹇叔劝阻我。我了解到虞君不能重用我，但私心贪恋薪俸和官职，就留了下来。我两次听了蹇叔的劝阻，得以逃脱灾难；一次没有采纳他的意见，就赶上了虞君的灾祸。所以我知道蹇叔是很有才能的。"于是秦缪公派人以重礼聘请蹇叔，任命他为上大夫。

【原文】

秋，缪公自将伐晋，战于河曲①。晋骊姬作乱②，太子申生死新城③，重耳、夷吾出奔。

九年，齐桓公会诸侯于葵丘④。

晋献公卒。立骊姬子奚齐，其臣里克杀奚齐。荀息立卓子，克又杀卓子及荀息。夷吾使人请秦，求入晋⑤。于是缪公许之，使百里奚将兵送夷吾。夷吾谓曰："诚得立，请割晋之河西八城与秦⑥。"及至，已立，而使丕郑谢秦⑦，背约不与河西城，而杀里克。丕郑闻之，恐，因与缪公谋曰："晋人不欲夷吾，实欲重耳。今背秦约而杀里克，皆吕甥、郤芮之计也。愿君以利急召吕、郤，吕、郤至，则更入重耳便。"缪公许之，使人与丕郑归，召吕、郤。吕、郤等疑丕郑有间⑧，乃言夷吾杀丕郑。丕郑子丕豹奔秦，说缪公曰："晋君无道，百姓不亲，可伐也。"缪公曰："百姓苟不便⑨，何故能诛其大臣？能诛其大臣，此其调也⑩。"不听，而阴用豹。

【注释】

①河曲：地名。在今山西省永济县。②骊姬作乱：指骊姬害死太子申生，迫使公子重耳、夷吾出走。③新城：晋国为太子筑的新城。④葵丘：宋国地名。在今河南省兰考县东北。⑤求入晋：请求秦派兵送他回晋国即位。⑥河西八城：指同州、华州等地。⑦谢：道歉。⑧间：离间，这里指诡谋。⑨不便：认为不合适。⑩调：协调。

【译文】

这年秋天，缪公亲自率兵讨伐晋国，双方在河曲交战。晋国正赶上骊姬作乱，太子申生在新城自杀，公子重耳和夷吾逃离晋国。

九年，齐桓公在葵丘与诸侯会盟。

晋献公去世。立骊姬的儿子奚齐为君，晋国的大臣里克杀死奚齐。荀息拥立卓子为晋君，里克又杀死卓子和荀息。夷吾派人请求秦国助他回到晋国。秦缪公答应了夷吾的请求，派百里奚率兵护送夷吾。夷吾许诺缪公说："如果我真能回到晋国登上君位，我就割让晋国河西地区的八座城池给秦国。"等他回到晋国，当了晋君之后，派丕郑去秦国拜谢，但是却违背诺言不把河西的城池割给秦国，还杀了大臣里克。丕郑听说之后，十分害怕，就与秦缪公商量道："晋人不想让夷吾为君，而是想立重耳为君主。现在夷吾违背与秦国的约定，还杀了里克，这些都是吕甥、郤芮的主意。希望您能用重利将吕甥、郤芮招揽到秦国，吕、郤两人投靠秦国，再让重耳回到晋国争夺君位便容易多了。"缪公表示赞成，派人跟随丕郑回到晋国，召唤吕甥、郤芮到秦国。吕、郤两人怀疑丕郑有什么阴谋，就进言夷吾杀掉丕郑。丕郑的儿子丕豹逃往秦国，游说缪公道："晋君昏庸暴虐，百姓都不亲附，您可以讨伐他。"缪公说："百姓如果真不拥护夷吾，又怎么能够随便诛杀大臣呢！能够诛杀自己的大臣，这正表示晋国还是可以协调的。"没有听从丕豹的话，但是却暗地里重用丕豹。

【原文】

十二年，齐管仲、隰朋死。

晋旱，来请粟。丕豹说缪公勿与，因其饥而伐之①。缪公问公孙支，支曰："饥穰更事耳②，不可不与。"问百里奚，奚曰："夷吾得罪于君，其百姓何罪？"于是用百里奚、公孙支言，卒与之粟。以船漕车转③，自雍相望至绛④。

十四年，秦饥，请粟于晋。晋君谋之群臣。虢射曰："因其饥伐之，可有大功。"晋君从之。十五年，兴兵将攻秦。缪公发兵，使丕豹将，自往击之。九月壬戌，与晋惠公夷吾合战于韩地。晋君弃其军⑤，与秦争利，还而马骜⑥。缪公与麾下驰追之⑦，不能得晋君，反为晋军所围。晋击缪公，缪公伤。于是岐下食善马者三百人驰冒晋军⑧，晋军解围，遂脱缪公而反生得晋君。初，缪公亡善马⑨，岐下野人共得而食之者三百馀人⑩，吏逐得，欲法之⑪。缪公曰："君子不以畜产害人⑫。吾闻食善马肉不饮酒，伤人。"乃皆赐酒而赦之。三百人者闻秦击晋，皆求从。从而见缪公窘，亦皆推锋争死⑬，以报食马之德。于是缪公虏晋君以归，令于国："齐宿⑭，吾将以晋君祠上帝。"周天子闻之，曰"晋我同姓⑮"，为请晋君⑯。夷吾姊亦为缪公夫人，夫人闻之，乃衰绖跣⑰，曰："妾兄弟不能相救，以辱君命⑱。"缪公曰："我得晋君以为功，今天子为请，夫人是忧⑲。"乃与晋君盟，许归之，更舍上舍⑳，而馈之七牢㉑。十一月，归晋君夷吾，夷吾献其河西地，使太子圉为质于秦㉒。秦妻子圉以宗女㉓。是时，秦地东至河。

【注释】

①因：趁。饥：饥荒，年成不好。②穰：丰收。更事：交替出现的事。③漕：水运。④雍：秦国国都。绛：晋国国都。相望：相互望见。这里指车船阵势浩大。⑤弃其军：指甩下部队独自向前冲。⑥还：通"旋"。骜：车马陷于泥中。⑦麾下：部下。⑧冒：不顾险恶。⑨亡：丢失。⑩野人：乡下人。⑪法之：法办他们。⑫畜产：牲畜。⑬推锋：指兵刃。争死：争着为缪公而献身。⑭齐宿：斋戒独宿。齐，通

"斋"。⑮同姓：周与晋同为姬姓。⑯为请晋君：因此为晋君请，替晋君求情。⑰衰绖：泛指丧服。衰，古代用粗麻布制成的毛边的丧服。绖，古代服丧期间结在头上或腰间的葛麻布带。跣：赤脚。⑱辱君命：委屈您下命令。⑲是忧："忧是"，为这事忧虑。⑳更舍：改住。上舍：上等房舍。㉑七牢：牛、羊、猪各一头叫做一牢。七牢是指规格很高的饮食。㉒为质：做人质。㉓妻：以女嫁人。宗女：同宗族的女儿。

【译文】

十二年，齐国管仲、隰朋去世。

晋国遇上大旱，于是向秦国借粮食。丕豹劝说秦缪公不要借给晋国粮食，应当趁晋国闹饥荒而去攻打他们。秦缪公向公孙支征求意见，公孙支说："饥荒和丰收是交替出现的，不能不救济它。"又去询问百里奚，百里奚说："夷吾确实得罪了您，但是晋国的百姓又有什么过错呢？"缪公就采纳了百里奚和公孙支的意见，将粮粟送到晋国。用船漕运，用车转运，从秦国的雍城直到晋国的绛城，一路络绎不绝。

十四年，秦国遭遇饥荒，请求晋国接济粮粟。晋君与大臣们商量此事，虢射说："趁这个机会攻打秦国，可以取得很大的成功。"晋君听从了他的意见。十五年，晋国兴兵攻打秦国。缪公立即派兵迎击，以丕豹为大将，亲自前去迎战。九月壬戌，与晋惠公夷吾在韩地交战。晋君脱离他的军队，与秦军争战，结果车马深陷泥沼。缪公和部下奔驰追来，未能捉到晋君，反被晋军包围。晋军攻击缪公，缪公受了伤。就在这时，曾在岐下偷吃良马的那三百个人赶来迎战晋军，冲破了晋军的包围，缪公得以解围，而晋惠公被抓住了。当初，秦缪公曾丢失了良马，被岐山下的三百个乡野之人捉来吃掉了，秦国官吏抓捕他们，打算依法处置。缪公说："君子是不会因为畜生而伤害人的。我听说，吃了良马的肉而不喝酒，对身体会有害的。"于是赐酒给他们喝，还赦免了他们。这三百个人听说缪公迎击晋军，都请求随军参战。后来看到缪公被围困，就争相冲锋陷阵，不畏生死，以此报答吃马肉被赦免的恩德。秦缪公虏获晋惠公还朝，向全国宣布："大家都斋戒独宿，我打算用晋国的君主为上天祭祀。"周天子听说此事，说"晋君和我同姓"，为晋君求情。夷吾的姐姐是秦缪公的夫人，夫人听说此事，披着麻衣黑巾赤着脚对缪公说："我不能救我的兄弟，救了他就辱没了你的命令。"缪公说："我以俘获晋君作为大功一件，现在周天子为他求情，夫人也为此事忧虑。"于是与晋君订立盟约，同意放他回去，还把他安置在上好的宾馆住宿，供给他牛羊猪各七头。十一月，把夷吾送回晋国，夷吾将河西之地献出，派太子圉去秦国当人质。缪公把宗族里的女子嫁给太子圉为妻。这时，秦国的领土东边已经到达黄河了。

【原文】

十八年，齐桓公卒。二十年，秦灭梁、芮。

二十二年，晋公子圉闻晋君病，曰："梁，我母家也①，而秦灭之。我兄弟多，即君百岁后②，秦必留我，而晋轻，亦更立他子。"子圉乃亡归晋。二十三年，晋惠公卒，子圉立为君。秦怨圉亡去，乃迎晋公子重耳于楚，而妻以故子圉妻。重耳初谢，后乃受。缪公益礼，厚遇之③。二十四年春，秦使人告晋大臣，欲入重耳。晋许之，于是使人送重耳。二月，重耳立为晋君，是为文公。文公使人杀子圉。子圉是为怀公。

【注释】

①母家：子圉的母亲是梁伯的女儿。②即：如果。百岁后：死的委婉说法。③遇：待。

【译文】

十八年，齐桓公去世。二十一年，秦国灭了梁国、芮国。

二十二年，晋公子圉听说晋惠公患病，心里想："梁国，那是我母亲的家，而秦国却灭了它。我的兄弟很多，倘若国君去世了，秦国一定会让我留下不让我走，这样晋国就会轻视我，也一定会改立其他人为太子的。"于是太子圉逃回晋国。二十三年，晋惠公去世，太子圉即位。秦怨恨太子圉逃离秦国，便把晋公子重耳从楚国迎接过来，又把太子圉原先的妻子嫁给重耳为妻。重耳最初推辞，后来便接受了。缪公对重耳更加以礼相待。二十四年春天，秦国派人告诉晋国的大臣，想让重耳回晋国。晋人答应了，缪公派人送重耳回晋国。二月，重耳被立为晋君，他就是晋文公。晋文公派人杀了太子圉。太子围也就是晋怀公。

【原文】

其秋，周襄王弟带以翟伐王①，王出居郑。二十五年，周王使人告难于晋、秦。秦缪公将兵助晋文公入襄王，杀王弟带。二十八年，晋文公败楚于城濮。三十年，缪公助晋文公围郑。郑使人言缪公曰："亡郑厚晋②，于晋而得矣，而秦未有利。晋之强，秦之忧也。"缪公乃罢兵归。晋亦罢。三十二年冬，晋文公卒。

【注释】

① 翟：指狄人。② 厚晋：使晋厚，意思是加强了晋国的实力。

【译文】

这年秋天，周襄王的弟弟姬带率领翟国攻打周王，周襄王逃出周都，居住在郑国。二十五年，周王派人到晋国和秦国通报祸乱。秦缪公派兵帮助晋文公护送周襄王回周都，杀死周襄王的弟弟姬带。二十八年，晋文公在城濮击败楚国。三十年，秦缪公帮助晋文公围攻郑国。郑国派人对缪公说："灭亡郑国而使晋国的实力加强，晋国是得利的，而秦国却没有一点好处；晋国的强大，这是秦国的忧患啊。"缪公罢兵而回。晋国也撤了军。三十二年冬，晋文公去世。

【原文】

郑人有卖郑于秦曰："我主其城门，郑可袭也。"缪公问蹇叔、百里奚，对曰："径数国千里而袭人①，希有得利者②。且人卖郑，庸知我国人不有以我情告郑者乎？不可。"缪公曰："子不知也，吾已决矣。"遂发兵，使百里奚子孟明视，蹇叔子西乞术及白乙丙将兵。行日，百里奚、蹇叔二人哭之。缪公闻，怒曰："孤发兵，而子沮哭吾军③，何也？"二老曰："臣非敢沮君军。军行，臣子与往；臣老，迟还恐不相见，故哭耳。"二老退，谓其子曰："汝军即败，必于殽厄矣④。"三十三年春，秦兵遂东，更晋地⑤，过周北门。周王孙满曰⑥："秦师无礼，不败何待！"兵至滑，郑贩卖贾人弦高，持十二牛将卖之周，见秦兵，恐死虏，因献其牛，曰："闻大国将诛郑，郑君谨修守御备，使臣以牛十二劳军士。"秦三将军相谓曰："将袭郑，郑今已觉之，往无及已⑦。"灭滑。滑，晋之边邑也。

当是时，晋文公丧尚未葬。太子襄公怒曰："秦侮我孤⑧，因丧破我滑。"遂墨衰绖⑨，发兵遮秦兵于殽，击之，大破秦军，无一人得脱者。虏秦三将以归。文公夫人⑩，秦女也，为秦三囚将请曰："缪公之怨此三人入于骨髓，愿令此三人归，令我君得自快烹之。"晋君许之，归秦三将。三将至，缪公素服郊迎，向三人哭曰："孤以不用百里奚、蹇叔言，以辱三子，三子何罪乎？子其悉心雪耻，毋怠。"遂复三人官秩如故⑪，愈益厚之。

三十四年，楚太子商臣弑其父成王代立。

缪公于是复使孟明视等将兵伐晋，战于彭衙⑫。秦不利，引兵归。

【注释】

①径：经过，穿行。②希：通"稀"，少。③沮：败坏、阻止。④殽厄：崤山险要的地方。⑤更：经过。⑥王孙满：周大夫。过天子门不卷甲束兵，是为无礼。⑦及：赶不上。⑧孤：丧父。⑨墨衰绖：染黑丧服。丧服是白色的，不利行军作战，所以染成黑色。⑩文公夫人：文嬴，晋文公在秦时所娶的秦国宗女，晋襄公的嫡母。⑪官秩：官爵与俸禄。⑫彭衙：古邑名。

【译文】

郑国有人向秦国出卖郑国说："我守着郑国的城门，秦国可以前来偷袭。"缪公向蹇叔和百里奚征询意见,他们回答说:"经过几个国家、几千里的路程去袭击他国,很少有得到益处的。况且有人出卖郑国,又怎么能知道秦国没有人把我们的情况告诉郑国呢?不可以这么做。"缪公说:"你们不知道,这事我已经决定了。"于是发兵攻打郑国,派百里奚的儿子孟明视、蹇叔的儿子西乞术以及白乙丙统领大军。出发那天,百里奚和蹇叔二人大哭起来。缪公听见了,生气地说:"我马上就要出兵,然而你们却号啕大哭影响军队士气,这是为什么呢?"二人说:"我们并不敢破坏军队士气。大军出发时,我们的儿子也一同出征;我们已经老了,恐怕他们回来得太晚,没法再见到他们,所以才哭泣的。"二人告退之后回来对儿子说:"你们的军队如果战败,一定是败在崤山的险要之处。"三十三年春,秦军向东面进发,经过晋国的疆域,路过周都的北门,周廷的大臣王孙满说:"秦国军队太无礼了,不失败还等什么呢!"秦军到达滑邑时,郑国的商贩弦高正赶着十二头牛到周都的市集上去卖,他看到秦国的大军,担心自己被捉去或被杀掉,于是把牛献给秦军,说:"听说秦国讨伐郑国,郑君很恭谨地准备防务,还派我送来十二头牛犒劳贵军将士。"秦国的三位将军相互说:"我们偷袭郑国,而郑国已经觉察到了,再往前也不会有什么好结果了。"于是灭掉滑邑。滑邑是晋国的边邑。

这个时候,晋文公刚刚去世,还没有安葬。太子襄公生气地说:"秦国欺负我父君刚去世,趁大丧之际攻占了我国的滑邑。"于是染黑丧服,发兵在崤山阻击秦军,晋军发动攻势,大败秦军,秦军没有一个能够逃脱的。晋军俘虏秦国的三位将军而还。晋文公的夫人是秦国的宗室之女,她为秦国的三位将军求情道:"缪公对这三个人恨之入骨,希望让这三个人回去,使秦王亲自烹杀他们。"晋襄公同意了,将秦军三将送回秦国。三位将军回到秦国,缪公穿着丧服到郊外去迎接他们,向三人哭泣说:"我由于没听百里奚、蹇叔的话以致三位将军受辱,你们三位又有什么过错呢?你们应当尽心准备一雪前耻,千万不要松劲泄气。"于是恢复三人的官职,更加优待他们。

三十四年,楚国太子商臣杀其父楚成王而自立为王。

这时缪公再派孟明视等将领率兵讨伐晋国,双方交战于彭衙。秦军形势不利,孟明视等人引兵回国。

【原文】

戎王使由余于秦。由余，其先晋人也，亡入戎，能晋言。闻缪公贤，故使由余观秦。秦缪公示以宫室、积聚。由余曰："使鬼为之，则劳神矣①。使人为之，亦苦民矣。"缪公怪之，问曰："中国以诗书礼乐法度为政，然尚时乱②，今戎夷无此，何以为治，不亦难乎？"由余笑曰："此乃中国所以乱也。夫自上圣黄帝作为礼乐法度，身以先之③，仅以小治。及其后世，日以骄淫。阻法度之威④，以责督于下⑤，下罢极则以仁义怨望于上⑥，上下交争怨而相篡弑，至于灭宗，皆以此类也。夫戎夷不然。上含淳德以遇其下，下怀忠信以事其上，一国之政犹一身之治，不知所以治⑦，此真圣人之治也。"于是缪公退而问内史廖曰："孤闻邻国有圣人，敌国之忧也。今由余贤，寡人之害，将奈之何？"内史廖曰："戎王处辟匿⑧，未闻中国之声⑨。君试遗其女乐⑩，以夺其志⑪；为由余请，以疏其间；留而莫遣，以失其期。戎王怪之，必疑由余。君臣有间，乃可虏也。且戎王好乐，必怠于政。"缪公曰："善。"因与由余曲席而坐，传器而食，问其地形与其兵势尽詧。而后令内史廖以女乐二八遗戎王。戎王受而说之，终年不还⑫。于是秦乃归由余。由余数谏不听，缪公又数使人间要由余⑬，由余遂去降秦。缪公以客礼礼之，问伐戎之形。

【注释】

①"使鬼"二句：这些宫室积蓄，如果是叫鬼神建造，就会使鬼神感到劳累。②时：时常，常常。③身以先之：等于说"以身先之"，意思是亲自带头去实行。④阻：恃，凭仗。⑤责督：责备和监督。⑥罢

极:罢,通"疲"。以仁义怨望其上:怨恨上面不行仁义。⑦所以治:治理得好的原因。⑧辟匿:指偏僻之地。⑨声:指音乐。⑩遗:赠送。女乐:歌舞伎女。⑪夺其志:意思是丧失他的心志。⑫不还:乐而不返。⑬间:暗中,秘密。要:通"邀",邀请。

【译文】

戎王派由余出使秦国。由余,祖先为晋国人,后来逃到戎地,但是依旧会说晋语。戎王听说缪公贤明,所以派由余到秦国朝见。秦缪公向由余炫耀宫室和积聚的财物。由余说:"(这些东西)若是让鬼创造出来,那就太劳烦鬼神了。若是让人创造出来,那就太劳苦百姓了。"缪公听了他的话,觉得很奇怪,便问:"中原各国以诗书礼乐法度来施行政事,即便这样还时常发生祸乱。现在戎夷之地没有这些东西,你们的国君依靠什么治理国家呢?这不是很困难吗?"由余笑着回答说:"这正是中原各国之所以发生祸乱的原因。上古的圣人黄帝制作了礼乐制度,他亲身实践,也仅仅是使天下达到小治的地步。到了后世,天下的君主日益骄奢淫逸。他们倚仗着法度的威严责罚监督下面的臣民,下面的臣民处在极度疲困之中,便会责骂主上不行仁义,上下相互埋怨相互屠杀,甚至到了诛灭全族的地步,都是这个的缘故啊。戎夷不是这样的。居上位的人心怀淳朴之德对待他的臣民,居下位的人心怀忠信之德侍奉主上,一个国家的政事好比治理一个人的事情,却不知道治理得好的原因,这才是圣人的治国之道啊。"于是缪公回去对内史廖说:"我听说邻国有圣人,这是与它敌对的国家的忧患。现在由余贤明,他是我的心腹大患啊,我该怎么对付他呢?"内史廖说:"戎王处在偏僻之所,不曾听到中原的音乐,您不妨送他一些歌伎,以改变他的心志;然后我们再为由余请功,以离间疏远他们君臣之间的关系;我们留下由余不让他回国,使由余延误归期,戎王感到奇怪,一定会怀疑由余。他们君臣有了间隙,那样他们就会成为我们的俘虏。况且戎王喜好音乐,一定会对政事有所懈怠。"缪公悦:"很好。"于是缪公和由余挨着坐,彼此传递菜肴而进餐,缪公询问戎国的地势与兵力分布,一切都问得清清楚楚。然后命令内史廖将十六名歌姬送给戎王。戎王接受,并且非常喜欢,整整一年乐而不返。这时候,秦国才让由余回国。由余多次向戎王进谏,戎王都不听,缪公又多次派人私密邀请由余,由余于是离开戎王,投靠了秦国。缪公以宾客之礼相待,对他非常尊敬,向他询问在什么样的形势下应该讨伐戎族。

【原文】

三十六年,缪公复益厚孟明等,使将兵伐晋,渡河焚船①,大败晋人,取王官及鄗②,以报殽之役。晋人皆城守不敢出③。于是缪公乃自茅津渡河,封殽中尸④,为发丧,哭之三日。乃誓于军曰:"嗟,士卒!听无哗,馀誓告汝。古之人谋黄发番番⑤,则无所过。"以申思不用蹇叔、百里奚之谋⑥,故作此誓,令后世以记馀过。君子闻之,皆为垂涕⑦,曰:"嗟呼!秦缪公之与人周也⑧,卒得孟明之庆。"

【注释】

①焚船:表示死战的决心。②王官:在今山西闻喜东南。鄗:在今山西永济。③城守:在城墙上守卫。④封:筑坟,给坟添土。⑤黄发番番:指老年人。黄发,老年人的头发白了以后还会变黄。番番,白发苍苍的样子。⑥申思:反复思考。申,重复。⑦涕:眼泪。⑧与人:成全人。

【译文】

三十六年,缪公更加厚待孟明视等人,派他们去讨伐晋国,渡过黄河后就焚烧了船只,大败晋军,夺取了王官和鄗地,报了崤山之役的仇。国人都守着城池不敢出来。于是缪公从茅津渡过黄河,埋葬了崤山之役中殉国的将士,并为他们发丧,全国百姓为他们哀悼三天。缪公向将士们发誓说:"唉!将士们,你们仔细听我说,不要喧哗,我告诉你们,古代的人向老年人虚心请教,便不会做错事情。"缪公再次检讨自己当初不听蹇叔、百里奚的建议(致使兵败的往事),故而写下这篇誓词,让后世记住自己的过错。君子听到这件事,都感动地流下眼泪,说:"唉!秦缪公对待人真是优厚周到啊,终于能够得到孟明视等人的报答。"

【原文】

三十七年,秦用由馀谋伐戎王,益国十二,开地千里,遂霸西戎。天子使召公过贺缪公以金鼓①。三十九年,缪公卒,葬雍。从死者百七十七人,秦之良臣子舆氏三人,名曰奄息、仲行、针虎，亦在从死之中。秦人哀之，为作歌《黄鸟》之诗。君子曰："秦缪公广地益国，东服强晋，西霸戎夷，然不为诸侯盟主，亦宜哉。死而弃民，收其良臣而从死。且先王崩，尚犹遗德垂法②，况夺之善人良臣百姓所哀者乎③？是以知秦不能复东征也。"

【注释】

① 金鼓：古代军队中用以指挥发信号的用具。金，指金属制成的钲，鸣金表示止兵；鼓是战鼓，擂鼓表示进击。② 先王：指远古有德之王。遗德垂法：留下来好的道德和法度。垂，流传，留下。③ 哀：同情。

【译文】

　　三十七年，秦缪公用由馀的计谋攻打戎国，兼并了十二个国家，拓展了千里的土地，于是秦国成为西戎地区的霸主。周天子派召公拿着金鼓向秦缪公表示祝贺。三十九年，缪公去世，埋葬在雍邑。跟随缪公一起殉死的有一百七十七人，秦国的良臣子舆氏三人，即奄息、仲行、针虎，也在陪葬者的行列之中。秦国人哀悼他们，为他们作了一首《黄鸟》诗。君子说："秦缪公使秦国地域广阔、国家强大，东边征服了强大的晋国，在西边成为戎夷的霸主，但他终究没能成为中原诸侯的盟主，这也是应该的啊。他死了之后就抛弃百姓，还让良臣为他殉葬。况且先王驾崩，还要留给后世道德和法度，何况是夺去了百姓同情的善良之人和贤良之臣呢？从这里就能够知道秦国不能向东继续发展了。"

孝、惠强国

【原文】

　　孝公元年，河山以东强国六①，与齐威、楚宣、魏惠、燕悼、韩哀、赵成侯并②。淮泗之间小国十馀③。楚、魏与秦接界。魏筑长城，自郑滨洛以北，有上郡④。楚自汉中，南有巴、黔中。周室微，诸侯力政⑤，争相并。秦僻在雍州，不与中国诸侯之会盟，夷翟遇之⑥。孝公于是布惠，振孤寡⑦，招战士，明功赏。下令国中曰："昔我缪公自岐雍之间，修德行武，东平晋乱，以河为界，西霸戎翟，广地千里，天子致伯，诸侯毕贺，为后世开业，甚光美。会往者厉、躁、简公、出子之不宁，国家内忧，未遑外事⑧，三晋攻夺我先君河西地，诸侯卑秦⑨，丑莫大焉⑩。献公即位，镇抚边境，徙治栎阳，且欲东伐，复缪公之故地，修缪公之政令。寡人思念先君之意，常痛于心。宾客群臣有能出奇计强秦者，吾且尊官⑪，与之分土⑫。"于是乃出兵东围陕城⑬，西斩戎之獂王⑭。

【注释】

①河山：黄河与崤山。②与……并：此处疑有脱衍。③小国十馀：指鲁、宋、卫、郑、薛等国。④自郑滨洛以北有上郡：从郑县开始，西北过渭河，沿洛河东岸，向北直抵上郡。⑤力政：以武力相征伐。政：通"征"。⑥夷翟遇之：像对待夷狄一样对待秦国。⑦振：通"赈"，救济。⑧未遑：无暇顾及。遑，闲暇。⑨卑秦：轻视秦国。⑩丑：耻。⑪尊官：提高他的官职。⑫分土：指赐给封地。分，通"颁"。⑬陕城：在今河南省陕县。⑭獂：地名。当时是戎族聚居的地方。

【译文】

孝公元年，黄河和崤山以东的强国有六个，秦孝公与齐威王、楚宣王、魏惠王、燕悼侯、韩哀侯、赵成侯并称于当世。淮河与泗水之间的小国有十多个。楚国、魏国与秦国接壤。魏国修筑长城，从郑县起，顺着洛河向北，直到上郡。楚国从汉中开始，往南有巴郡、黔中。周室衰微，诸侯相互以武力征伐，争相兼并。秦国处在偏僻的雍地，不参与中原诸侯的会盟，诸侯都视秦国为夷狄。孝公于是广布恩惠，救助孤寡，招募兵士，明确立战功受奖赏的法令。并对全国百姓下令说："当初先君缪公在岐山、雍邑一带，广布德惠，推行武功。在东面平定晋国的内乱，以黄河为疆界，在西面称霸戎翟之地，拓展疆土千里。周天子封他为伯，各国诸侯都来向他祝贺，为后世开创了基业，十分光辉美好。恰好之前的厉公、躁公、简公、出子接连几代不安宁，国家内有忧患，无暇顾及对外的事务，晋国攻取了先君留下来的河西之地，各国诸侯都轻视秦国，再没有比这更大的耻辱了。献公即位之后，镇抚边境之地，迁都栎阳，且有心东征，想恢复缪公时拥有的土地，重修缪公时施行的政令。我思念先君的心志，内心感到十分悲痛。宾客群臣之中有能献奇策使秦国强大的，我就封他做高官，并分封土地给他。"于是发兵向东围困陕城，向西斩杀戎国的獂王。

【原文】

卫鞅闻是令下，西入秦，因景监求见孝公①。

二年，天子致胙②。

三年，卫鞅说孝公变法修刑，内务耕稼，外劝战死之赏罚③，孝公善之④。甘龙、杜挚等弗然，相与争之。卒用鞅法，百姓苦之；居三年，百姓便之⑤。乃拜鞅为左庶长⑥。其事在《商君》语中⑦。

七年，与魏惠王会杜平⑧。八年，与魏战元里⑨，有功。十年，卫鞅为大良造⑩，将兵围魏安邑，降之。十二年，作为咸阳⑪，筑冀阙⑫，秦徙都之。并诸小乡聚⑬，集为大县，县一令，四十一县。为田开阡陌⑭。东地渡洛⑮。十四年，初为赋⑯。十九年，天子致伯。二十年，诸侯毕贺。秦使公子少官率师会诸侯逢泽⑰，朝天子。

二十一年，齐败魏马陵⑱。

二十二年，卫鞅击魏，虏魏公子卬。封鞅为列侯，号商君。

二十四年，与晋战雁门⑲，虏其将魏错。

【注释】

①因:通过。景监:名叫景的宦官。监,宦官。②致胙:送来祭肉。胙,祭肉。③劝:鼓励。④善:以为善,认为好。⑤便之:以之为便,认为它合适。⑥左庶长:秦爵第十级。⑦"其事"句:是说这件事记载于《商君列传》中。⑧杜平:邑名。在今陕西澄城东。⑨元里:邑名。在今陕西澄城南。⑩大良造:秦爵第十六级。⑪作为:建造。⑫冀阙:也叫象魏、象阙,古代廷外公布法令的门阙。⑬乡聚:乡邑和村落。乡,一万二千户为乡。⑭为田:意思是说开辟农田,废除纵横交错的路。⑮东地渡洛:东部地界过了洛水。⑯初为赋:开始制定新的赋税制度。⑰逢泽:地名。在今河南省开封市南。⑱马陵:地名,在今河南省范县西南。⑲晋:指魏。雁门:据《索隐》考证,雁门应为岸门。

【译文】

　　卫鞅听到孝公下的诏令,便向西进入秦国,借助景监的引荐来求见孝公。

　　孝公二年,周天子送给孝公祭肉。

　　三年,卫鞅劝说孝公变更法制,整饬刑罚,对内提倡农耕为本,对外鼓励力战效死的各种奖罚,孝公觉得很好。甘龙、杜挚等人则不以为然,与卫鞅相互争论。最终孝公采纳了卫鞅的新法,百姓感到很困苦;又过了三年,百姓感到新法很好。孝公就任命卫鞅为左庶长。这些事迹都记录在《商君列传》之中。

　　七年,孝公在杜平会见魏惠王。八年,与魏国大战于元里,取得很大的成功。十年,卫鞅做了大良造,率兵围攻魏国的安邑,使安邑投降了秦国。十二年,建造咸阳城,修筑高大的冀阙,秦国迁都咸阳。合并许多小乡村,把它们聚合为大县,每个县设一名县令,总共有四十一个县。开辟农田,废除纵横交错的道路。此时秦国的土地在东边已经过了洛水。十四年,开始征收赋税。十九年,天子封孝公为伯。二十年,诸侯都向孝公朝贺。秦国派公子少官率领军队在逢泽之地与诸侯会盟,朝见周天子。

　　二十一年,齐国在马陵击败魏国。

　　二十二年,卫鞅率兵进攻魏国,俘虏了魏公子卬。孝公封卫鞅为列侯,号商君。

　　二十四年,秦国与魏国战于雁门,俘虏了魏将魏错。

【原文】

孝公卒，子惠文君立。是岁，诛卫鞅。鞅之初为秦施法，法不行，太子犯禁。鞅曰："法之不行，自于贵戚①。君必欲行法，先于太子。太子不可黥②，黥其傅师。"于是法大用，秦人治。及孝公卒，太子立，宗室多怨鞅，鞅亡，因以为反，而卒车裂以徇秦国③。

【注释】

① 贵戚：与国君同姓的亲属。② 黥：墨刑，以刀刻面涂墨。③ 车裂：古代酷刑之一，把犯人绑在五辆车上，拖裂肢体。徇：示众。

【译文】

孝公去世，他的儿子惠文君即位。在同一年，惠王诛杀了卫鞅。卫鞅最初在秦国施行新法的时候，法令还不能顺利推行，太子违犯法令，卫鞅说："新法之所以不能施行，根源在于居上位的贵戚。倘若国君您真想施行新法，应当先实施用在太子身上。太子不能施刑，可以用墨刑来处罚太子的师傅。"于是新法大行，秦国大治。等孝公去世、太子即位以后，秦国的宗室中有很多怨恨卫鞅的，卫鞅逃走，秦君就判他反叛之罪，最终在都城以车裂之刑将他五马分尸示众。

【原文】

惠文君元年，楚、韩、赵、蜀人来朝。二年，天子贺。三年，王冠①。四年，天子致文武胙。齐、魏为王②。

五年，阴晋人犀首为大良造。六年，魏纳阴晋，阴晋更名宁秦。七年，公子卬与魏战，虏其将龙贾，斩首八万。八年，魏纳河西地。九年，渡河，取汾阴、皮氏③。与魏王会应④。围焦⑤，降之。十年，张仪相秦。魏纳上郡十五县。十一年，县义渠。归魏焦、曲沃⑥。义渠君为臣。更名少梁曰夏阳。十二年，初腊⑦。十三年四月戊午，魏君为王⑧，韩亦为王。使张仪伐取陕，出其人与魏。

【注释】

①冠：古代男子二十岁行加冠仪式，表示成年。②齐、魏为王：指齐威王、魏惠王。③汾阴：邑名，在今山西省万荣县西。皮氏：邑名，在今山西省河津县西。④会：会晤。应：邑名，在今河南省鲁山县东。⑤焦：邑名，在今河南省三门峡市西。⑥归：归还。曲沃：邑名，在今河南省陕县西南。⑦初腊：初次举行腊祭。腊，古代阴历十二月举行的一种祭祀。⑧魏君：魏襄王。

【译文】

惠文君元年，楚国、韩国、赵国、蜀国派使节朝见秦君。二年，天子朝贺秦君。三年，惠文君行冠礼。四年，天子赐给秦君祭祀文王、武王的祭肉。齐国、魏国称王。

五年，任命阴晋人犀首做大良造。六年，魏国将阴晋献给秦国，秦国把阴晋改名为宁秦。七年，公子卬和魏国交战，俘虏魏将龙贾，斩杀魏军将士八万。八年，魏国将河西地区献给秦国。九年，秦军横渡黄河，夺取汾阴、皮氏之地，与魏王会晤于应城。围攻焦城，焦城投降。十年，张仪做了秦相。魏国将上郡十五县献给秦国。十一年，将义渠划为县。归还焦城、曲沃给魏国。义渠君向秦国称臣。少梁改名为夏阳。十二年，开始行腊祭。十三年四月戊午，魏君称王，韩君也称王。秦君令张仪攻取陕县，把陕县的百姓驱逐到魏国。

【原文】

十四年，更为元年①。二年，张仪与齐、楚大臣会啮桑②。三年，韩、魏太子来朝。张仪相魏。五年，王游至北河③。七年，乐池相秦。韩、赵、魏、燕、齐帅匈奴共攻秦。秦使庶长疾与战修鱼④，虏其将申差，败赵公子渴、韩太子奂，斩首八万二千。八年，张仪复相秦。九年，司马错伐蜀，灭之。伐取赵中都、西阳。十年，韩太子苍来质。伐取韩石章。伐败赵将泥。伐取义渠二十五城。十一年，樗里疾攻魏焦⑤，降之。败韩岸门，斩首万，其将犀首走。公子通封于蜀。燕君让其臣子之⑥。十二年，王与梁王会临晋。

庶长疾攻赵，虏赵将庄。张仪相楚。十三年，庶长章击楚于丹阳，虏其将屈匄，斩首八万；又攻楚汉中，取地六百里，置汉中郡。楚围雍氏⑦，秦使庶长疾助韩而东攻齐，到满助魏攻燕⑧。十四年，伐楚，取召陵⑨。丹、犁臣⑩，蜀相壮杀蜀侯来降。

惠王卒，子武王立⑪。韩、魏、齐、楚、越皆宾从。

【注释】

① 元年：指后元元年。② 啮桑：魏地。③ 北河：指黄河以北的支流乌加河。④ 修鱼：地名，属韩国。⑤ 樗里疾：秦将名。⑥ 让：禅让。子之：人名。⑦ 雍氏：韩地。⑧ 到满：秦将名。⑨ 召陵：在今河南省郾城县东。⑩ 丹、犁：戎族中的两支。臣：称臣。⑪ 武王：名荡。

【译文】

十四年，又更改为后元元年。二年，张仪和齐国、楚国的大臣会盟于啮桑。三年，韩国、魏国的太子到秦国朝见秦王。张仪做了魏相。五年，惠王巡游至北河地区。七年，乐池出任秦相。韩国、赵国、魏国、燕国、齐国率领匈奴一起攻伐秦国。秦国派庶长疾与联军交战于修鱼之地，俘获了将军申差，击败了赵公子渴、韩太子奂，斩杀联军将士八万二千人。八年，张仪再次担任秦相。九年，司马错讨伐蜀国，并将蜀国灭掉。又夺取赵国的中都、西阳。十年，韩国派太子苍到秦国当人质。夺取韩国的石章。打败了赵国将军泥。攻取了义渠的二十五座城池。十一年，樗里疾进攻魏国的焦城，使焦城投降。于岸门大败韩军，斩杀敌军一万，韩将犀首逃走。公子通被分封在蜀国。燕王把自己的王位让给大臣子之。十二年，秦王与梁王相会于临晋。庶长疾攻打赵国，俘虏赵国将军庄。张仪做了楚相。十三年，庶长章在丹阳进攻楚军，俘虏楚将屈匄，斩杀楚军将士八万人。又进攻楚国的汉中之地，攻占土地六百里，在那里设置了汉中郡。楚国围攻雍氏之地，秦国派庶长疾协助韩国向东进攻齐国，又派到满协助魏国进攻燕国。十四年，讨伐楚国，攻取召陵之地。丹、犁两国向秦国称臣。蜀相陈壮将蜀侯杀死，并投降了秦国。

惠王去世，他的儿子武王即位。韩国、魏国、齐国、楚国、越国都归服秦国。

秦始皇本纪（节选）

【导读】

秦国在几代人的苦心经营下，逐渐形成了对山东六国的绝对优势。秦王嬴政顺应时事，奋发图强，终于兼并六国。统一天下后，嬴政在政治、经济、军事、文化诸方面实施了一系列措施，包括议帝号，改历法，定服色，分天下为三十六郡，统一法律、度量衡、文字，巡游刻石，南取陆梁地，北击匈奴，修筑长城，咸阳宫关于学古与师今的辩论，焚书坑儒等。这些记载，表现了秦始皇的卓越才能。同时，秦始皇滥用民力，横征暴敛，对百姓施严刑峻法，这也体现了他的暴虐凶残。秦二世继位后，延续了始皇帝的暴政，并且变本加厉。不久，天下诸侯纷纷起兵反秦，秦朝最终历三世而亡。

嬴政掌权

【原文】

秦始皇帝者，秦庄襄王子也①。庄襄王为秦质子于赵②，见吕不韦姬③，悦而取之④，生始皇。以秦昭王四十八年正月生于邯郸⑤。及生，名为政，姓赵氏。年十三岁，庄襄王死，政代立为秦王。当是之时，秦地已并巴、蜀、汉中⑥，越宛有郢⑦，置南郡矣；北收上郡以东⑧，有河东、太原、上党郡⑨；东至荥阳⑩，灭二周⑪，置三川郡⑫。吕不韦为相，封十万户，号曰文信侯。招致宾客游士，欲以并天下。李斯为舍人⑬。蒙骜、王齮、麃公等为将军。王年少，初即位，委国事大臣。

晋阳反⑭，元年，将军蒙骜击定之。二年，麃公将卒攻卷⑮，斩首三万。三年，蒙骜攻韩，取十三城。王齮死。十月，将军蒙骜攻魏氏畼、有诡⑯。岁大饥⑰。四年，拔畼、有诡⑱。三月，军罢。秦质子归自赵，赵太子出归国。十月庚寅，蝗虫从东方来，蔽天。天下疫。百姓内粟千石⑲，拜爵一级。五年，将军骜攻魏，定酸枣、燕、虚、长平、雍丘、山阳城⑳，皆拔之，取二十城。初置东郡㉑。冬雷。六年，韩、魏、赵、卫、楚共击秦，取寿陵㉒。秦出兵，五国兵罢。拔卫，迫东郡㉓，其君角率其支属徙居野王㉔，阻其山以保魏之河内㉕。七年，彗星先出东方，见北方，五月见西方。将军骜死。以攻龙、孤、庆都㉖，还兵攻汲。彗星复见西方十六日。夏太后死。八年，王弟长安君成蟜将军击赵，反，死屯留㉗，军吏皆斩死。迁其民于临洮㉘。将军壁死㉙，卒屯留、蒲鶮反，戮其尸。河鱼大上㉚，轻车重马东就食。

【注释】

①庄襄王：名子楚。公元前249年至公元前247年在位。②质子：被派到订约国作人质的国君的儿子或要人。③吕不韦：卫国人，后为秦相国。④取：通"娶"。⑤邯郸：今河北省邯郸市。⑥巴、蜀：国名。巴在今四川省东部，湖北省西北部。蜀在四川省中部偏西。汉中，郡名，在今陕西省汉中市东。⑦越：越过。宛：县名。有：占有。郢：春秋战国时，楚国国都。⑧上郡：在今陕西榆林东南。⑨河东：郡名，在今山西省夏县西北。太原：郡名，在今太原市西南。上党郡：在今山西省长治市北。⑩荥阳：县名，在今河南省荥阳市东北。⑪二周：指西周、东周两个小国。⑫三川郡：在今洛阳市东北。⑬舍人：古代豪门贵族家里的门客。⑭晋阳：邑名，公元前247年被秦攻取，在今山西省太原市。⑮将卒：率领兵士。卷：魏国邑名，在今河南省原阳

县西。⑯畼、有诡：都是魏国邑名。⑰岁：一年的收成。饥：庄稼收成不好。⑱拔：攻取。⑲内：通"纳"。⑳酸枣：邑名，在今河南省延津县西南。燕：邑名，在今河南延津北。长平：在今河南省西华县东北。雍丘：在今河南省杞县境内。山阳城：邑名，在今河南省焦作市东南。㉑东郡：在今河南濮阳西南。㉒寿陵：邑名，原属赵国。㉓迫：逼近。㉔野王：邑名。在今河南省沁阳县。㉕阻：依恃。河内：地区名，指黄河以北地区。㉖龙、孤、庆都：地名，三地相距较近。在今河北省行唐县、望都县一带。㉗屯留：在今山西省屯留县。㉘临洮：在今甘肃省岷县。㉙壁：军营。㉚河鱼大上：黄河的鱼大量涌上岸。

【译文】

秦始皇，秦庄襄王的儿子。庄襄王在赵国做人质的时候，见到吕不韦的一个姬妾，很喜欢便娶了她，还生下了始皇。秦始皇于秦昭王四十八年正月出生在邯郸。出生之后，取名为政，姓赵氏。他十三岁的时候，庄襄王去世，嬴政继位做了秦王。在这个时候，秦国已经兼并了巴、蜀和汉中，越过宛城占据郢都，设置了南郡；向北夺取上郡以东的地区，占据河东、太原、上党郡；向东到达荥阳，灭掉二周，设置三川郡。任命吕不韦为相国，封十万户，赐给他文信侯的封号。招揽天下的宾客游士，想凭借这些人兼并天下。李斯担任舍人，蒙骜、王齮、麃公等人担任将军之职。秦王年少，刚刚登位，将国家的政事交给大臣处理。

晋阳反叛，元年，将军蒙骜出兵平定了晋阳的叛乱。二年，麃公率领兵卒进攻卷邑，斩杀敌军三万人。三年，蒙骜进攻韩国，夺得十三座城池。王齮战死。十月，将军蒙骜进攻魏国的畼邑、有诡。这年发生了大饥荒。四年，攻下畼邑和有诡。三月，罢兵。秦国的质子从赵国回归秦国，赵国太子从秦国回归赵国。十月庚寅，蝗虫从东面飞来，把天都遮蔽了。天下发生了大瘟疫。老百姓只要向朝廷纳粟一千石，就能封爵一级。五年，将军蒙骜攻打魏国，攻下酸枣、燕、虚、长平、雍丘、山阳这些城邑，秦国夺取了二十座城池。开始设置东郡。这年冬天打雷。六年，韩、魏、赵、卫、楚等国一起讨伐秦国，攻下了寿陵。秦国出兵，五国这才罢兵。秦军攻占卫国，逼近东郡，卫国的君主角率领他的部属迁居到野王之地，凭借山险才保住了魏国的河内之地。七年，彗星出现，先是出现在东方，后来又出现在北方，五月又出现在西方。将军蒙骜死了。秦军进攻龙、孤、庆都等地，之后调回军队攻打汲县。彗星又出现在西方十六天。夏太后去世。八年，秦王弟长安君成蟜率军袭击赵国，图谋造反，死于屯留，手下的将军都被杀死，把那一带的百姓迁徙到临洮。将军壁死了之后，屯留的蒲鹖率领士兵谋反，鞭戮了将军壁的尸首。黄河中的鱼大量被冲到河岸的平地上来，秦国的百姓便轻车重马到东方寻觅食物。

【原文】

嫪毐封为长信侯①。予之山阳地，令毐居之。宫室车马衣服苑囿驰猎恣毐。事无小大皆决于毐。又以河西太原郡更为毐国。

九年，彗星见，或竟天②。攻魏垣、蒲阳③。四月，上宿雍。己酉，王冠④，带剑⑤。长信侯毐作乱而觉，矫王御玺及太后玺以发县卒及卫卒、官骑、戎翟君公、舍人⑥，将欲攻蕲年宫为乱⑦。王知之，令相国昌平君、昌文君发卒攻毐。战咸阳，斩首数百，皆拜爵，及宦者皆在战中，亦拜爵一级。毐等败走⑧。即令国中：有生得毐，赐钱百万；杀之，五十万。尽得毐等。卫尉竭、内史肆、佐弋竭、中大夫令齐等二十人皆枭首⑨。车裂以徇⑩，灭其宗⑪。及其舍人，轻者为鬼薪⑫。及夺爵迁蜀四千馀家，家房陵⑬。是月寒冻，有死者。杨端和攻衍氏⑭。彗星见西方，又见北方，从斗以南八十日⑮。

十年，相国吕不韦坐嫪毐免⑯。桓齮为将军。齐、赵来置酒。齐人茅焦说秦王曰："秦方以天下为事，而大王有迁母太后之名，恐诸侯闻之，由此倍秦也⑰。"秦王乃迎太后于雍而入咸阳，复居甘泉宫⑱。

【注释】

①嫪毐：吕不韦送进后宫的假宦官。②或竟天：有时划过整个天空。竟，从头至尾。③垣、蒲阳：邑名。垣在今山西省垣曲县东南。蒲阳在今河南省长垣县。④冠：古代贵族子弟到二十岁时举行加冠仪式，表示成年。⑤带剑：带剑以显威仪。⑥矫：假托，盗用。县：古代天子所管辖之地，在京都千里以内，即王畿。戎翟：少数民族部落。君公：首领。⑦蕲年官：当时为始皇住处。⑧走：逃跑。⑨卫尉：官廷卫队长官。内史：管理京城政事的长官。左弋：掌管皇帝射猎的副长官。枭首：古代酷刑之一，割下犯人的头，悬挂在木竿上。⑩车裂：古代酷刑之一，把犯人绑在五辆车上，拖裂肢体。徇：示众。⑪宗：同祖；同族。⑫鬼薪：拾柴以供王家宗庙之用，秦代的徒刑之一，刑期三年。⑬家：安家。房陵：县名，在今湖北省房县。⑭衍氏：魏邑名。在今河南省郑州市北。⑮斗：北斗星。⑯坐：因。免：免官。⑰倍：同"背"，违背，背叛。⑱甘泉宫：咸阳南宫。

【译文】

嫪毐被封为长信侯，秦王还赐予他山阳之地，让嫪毐居住在那里，所有的宫室、车马、衣服、花园、畜圈、围猎等都顺着嫪毐自己的意思置办。事情不论大小都由嫪毐自己决定。又以河西太原郡作为嫪毐的封国。

九年，彗星出现，有的时候光芒照遍整个天空。进攻魏国的垣和蒲阳。四月，秦王斋戒于雍城。己酉，秦王行冠礼，佩剑。长信侯嫪毐造反而被察觉，他假造皇帝和太后的印信，调集县里的士卒及卫队、官骑、戎狄族首领、家臣等等，打算进攻蕲年官。秦王知道了，命令相国昌平君、昌文君率军进攻嫪毐。与嫪毐大战于咸阳城，斩杀敌人数百人，参战功臣都授予爵位，参加这次战斗的宦官，也都获封爵位一级。嫪毐失败逃走。秦王立即通令全国：有活捉嫪毐的，赏赐钱财百万；有杀死嫪毐的，赏赐钱财五十万，结果嫪毐等人都被活捉。卫尉竭、内史肆、佐弋竭、中大夫令齐等二十人被斩首处死，还以车裂之刑示众，诛灭他们的宗族。嫪毐的门下宾客，罪行轻的为宗庙打柴三年，至于被剥夺官爵、迁徙到蜀地的有四千馀家，他们都住在房陵。这个月天气寒冷，有不少人被冷死。杨端和进攻衍氏。彗星在西方出现，又在北方出现，从北斗附近向南移动八十天。

十年，相国吕不韦因受嫪毐一案的牵连而被免职。封桓齮为将军。齐国和赵国的使节备酒向秦王祝贺。齐人茅焦对秦王说："秦国正要以天下为事业，而大王却有流放太后的罪名，恐怕诸侯听说之后，会因此而背叛秦国的。"秦王于是从雍地将太后接回咸阳，让她仍旧居住在甘泉宫。

废分封，行郡县

【原文】

秦初并天下，令丞相、御史曰①："异日韩王纳地效玺②，请为藩臣③，已而倍约，与赵、魏合从畔秦④，故兴兵诛之⑤，虏其王。寡人以为善，庶几息兵革⑥。赵王使其相李牧来约盟，故归其质子。已而倍盟，反我太原，故兴兵诛之，得其王。赵公子嘉乃自立为代王，故举兵击灭之。魏王始约服入秦，已而与韩、赵谋袭秦，秦兵吏诛，遂破之。荆王献青阳以西⑦，已而畔约，击我南郡⑧，故发兵诛，得其王，遂定其荆地。燕王昏乱，其太子丹乃阴令荆轲为贼⑨，兵吏诛，灭其国。齐王用后胜计，绝秦使，欲为乱，兵吏诛，虏其王，平齐地。寡人以眇眇之身⑩，兴兵诛暴乱，赖宗庙之灵，六王咸伏其辜⑪，天下大定。今名号不更，无以称成功⑫，传后世。其议帝号⑬。"丞相绾、御史大夫劫、廷尉斯等皆曰⑭："昔者五帝地方千里⑮，其外侯服夷服，诸侯或朝或否⑯，天子不能制。今陛下兴义兵，诛残贼，平定天下，海内为郡县⑰，法令由一统，自上古以来未尝有，五帝所不及。臣等谨与博士议曰：'古有天皇，有地皇，有泰皇⑱，泰皇最贵。'臣等昧死上尊号，王为'泰皇'。命为'制',令为'诏',天子自称曰'朕'。"王曰:"去'泰',著'皇',采上古'帝'位号,号曰'皇帝'。他如议。"制曰:"可。"追尊庄襄王为太上皇。制曰:"朕闻太古有号毋谥⑲,中古有号,死而以行为谥。如此,则子议父,臣议君也,甚无谓⑳,朕弗取焉。自今已来,除谥法。朕为始皇帝。后世以计数,二世三世至于万世,传之无穷。"

【注释】

①御史:御史大夫。掌管文书、记事。管监察、执法。②异日:往日,先前。效:献。③藩臣:为朝廷守边的属臣。④畔:通"叛"。⑤诛:讨伐。⑥庶几:也许,或许。息兵革:停止战争。兵革,本为兵器和甲胄,这里借指战争。⑦青阳:县名。在今湖南省长沙市境内。⑧南郡:在今湖北省江陵县东北。⑨阴:暗中。贼:杀人者,即刺客。⑩眇眇:渺小,微小。自谦之词。眇,同"渺"。⑪六王:指齐、楚、燕、韩、魏、赵等六国诸侯。咸:都。伏:受到(应有的惩罚)。辜:罪。⑫称:称扬,显扬。⑬其:表示祈使,命令。⑭御史大夫:为秦代最高的监察官。廷尉:九卿之一,掌管刑法。⑮五帝:《史记》所指的是:黄帝、颛顼、帝喾、尧、舜。⑯侯服、夷服:按照周制,天子所居京城以外直径一千里的地方为王畿,再往外分为九服,由近及远,每隔五百里为一服,依次是:侯服、甸服、男服、采服、卫服、蛮服、夷服、镇服、藩服。⑰郡县:古代两级行政区划,秦始皇统一中国后,分全国为三十六郡,郡下设县。⑱天皇,地皇,泰皇:即所谓"三皇",传说中的三个帝王。⑲毋:同"无"。谥:封建时代,皇帝和达官贵族死后,对其生前事迹评定,然后追认的称号。⑳无谓:没有意义。

【译文】

秦王刚刚吞并天下,便向丞相、御史下命令说:"前些时候韩王献出土地,交出传国之玺,请求作为秦国的藩臣,后来又违背诺言,和赵国、魏国联合起来一起对付秦国,所以兴兵讨伐韩国,俘虏了韩王。我认为这样就很好了,大概可以停止战争了。赵王派他的相国李牧前来缔结盟约,所以我归还了赵国的质子。不久之后赵王就违背盟约，在太原反叛我，所以我兴兵讨伐他，俘虏了赵王。赵公子嘉自立为代王，所以我发兵消灭了他。魏王当初立约臣服秦国，不久又与韩国和赵国一起图谋袭击秦国，秦国又兴兵讨伐魏国，将它消灭了。楚王献给我们青阳以西的地区，随后又背叛约定，进攻我国的南郡，所以我发兵诛灭楚国，俘虏了楚王，平定了荆楚之地。燕王昏庸无道，太子丹竟然暗中命令荆轲刺杀我，于是派兵讨伐燕国，并消灭了它。齐王用后胜的计策，断绝与秦国的邦交，想要作乱，我派兵讨伐齐国，俘虏了齐王，将齐地平定。我凭着这区区不足道的身躯，兴兵诛灭暴乱，仰赖祖先宗庙的威灵，六国的君王都向我臣服认罪，天下于是安定下来。如今若是不改变名号，就无法称颂我的功绩，流传后世，希望你们讨论一下帝王的称号。"丞相王绾、御史大夫劫、廷尉李斯等人说："当初五帝的疆土绵延千里，另外还有侯服、夷服等诸侯，他们有的称臣入贡，有的却不臣服，天子不能控制他们。如今陛下您兴正义之师，诛灭暴乱的贼子，平定天下，在全国设立郡县，法律政令统一，这是自上古以来不曾有过的功绩，连五帝都赶不上啊。我们与博士们商议说：'古代有天皇，有地皇，有泰皇，其中最尊贵的是泰皇。'我们冒死呈上尊号，王称为'泰皇'。天子之命称为'制'，天子之令称为'诏'，天子自称为'朕'。"秦王说："去掉'泰'字，留用'皇'字，再采用上古帝王的名号，称为'皇帝'。其他的就按照你们的建议执行吧。"于是即以天子之命说道："可以。"同时追赠庄襄王为太上皇。又颁布命令说："我听说上古的时候只有号没有谥，中古的时候有号，死了之后又根据生平的事迹追加一个谥。这样一来，做儿子的可以议论父亲，做臣子的可以议论君主，那就没意思了，我认为不能那么做。从现在开始，取消谥法。我就是始皇帝。后世就按照数目计算，从二世、三世，一直传到万世，传到无穷尽。"

【原文】

始皇推终始五德之传①，以为周得火德，秦代周德，从所不胜②。方今水德之始，改年始③，朝贺皆自十月朔④。衣服旄旌节旗皆上黑⑤。数以六为纪⑥，符、法冠皆六寸⑦，而舆六尺⑧，六尺为步⑨，乘六马⑩。更名河曰德水，以为水德之始。刚毅戾深⑪，事皆决于法，刻削毋仁恩和义⑫，然后合五德之数⑬。于是急法⑭,久者不赦⑮。

【注释】

①推:推求,推论。终始五德:战国时阴阳学家邹衍的学说。以水、火、木、金、土五种物质德性相生相克,终而复始地循环变化来说明王朝的兴废更替,就是所谓"终始五德"。传:次第。②从所不胜:取周德抵不过的属性,即水德。③改年始:也叫"改正朔"或"改正",即更改一年的岁首,以此表示受命于天。周以建子之月(夏历十一月)为岁首,秦以建亥之月(夏历十月)为岁首。④朔:阴历每月初一。⑤旄旌:用旄牛尾或五色羽毛装饰的旗。节:符节,使者所持的凭证。上黑:崇尚黑色。上:同"尚",崇尚。五行说以黑色象征水德。⑥纪,基础。⑦法冠:御史所戴之冠。本为楚王之冠,秦灭楚,以此赐给御史,称法冠。后来汉使节、执法者也戴此冠。⑧舆:车。六尺:指两轮间的距离。⑨步:古以两举足以步,即今所谓两步,作为长度单位,秦代以六尺为一步。⑩乘六马:一辆车驾六匹马。⑪戾深:严厉,狠毒。⑫刻削:刻薄。⑬合五德之数:这是说秦严法不讲仁才合于五行规律。秦以水德,水为阴,阴主杀。数,命数、规律。⑭急法:法令峻急。⑮久者不赦:犯了法久久不能宽赦。

【译文】

秦始皇又推演五行德性终始相次的顺序,认为周朝得到火德而统治天下,秦朝代替周的火德而取得天下,所以一定要采用周德不能胜过的德性。现在是水德的开始,于是更改每年的岁首,群臣入朝庆贺定在每年的十月初一。衣服、符节、旗帜均以黑色为贵。数目以六作为标准,符节和法冠都是六寸,车的宽度有六尺,六尺称为一步,每辆车用六匹马牵引。把黄河的名称更改为德水,用来表示水德的开始。刚强暴虐,一切事务都要依照法律处理,苛刻寡恩,缺少仁爱和道义,认为这样才符合五德的命数。于是致力于严刑峻法,犯罪的人久久不能得到宽恕。

【原文】

丞相绾等言:"诸侯初破,燕、齐、荆地远,不为置王,毋以填之①。请立诸子,唯上幸许②。"始皇下其议于群臣③,群臣皆以为便。廷尉李斯议曰:"周文武所封子弟同姓甚众，然后属疏远④，相攻击如仇雠⑤，诸侯更相诛伐，周天子弗能禁止。今海内赖陛下神灵一统，皆为郡县，诸子功臣以公赋税重赏赐之，甚足易制⑥。天下无异意，则安宁之术也⑦。置诸侯不便。"始皇曰："天下共苦战斗不休，以有侯王。赖宗庙，天下初定，又复立国，是树兵也⑧，而求其宁息，岂不难哉！廷尉议是⑨。"

分天下以为三十六郡，郡置守、尉、监⑩。更名民曰"黔首"⑪。大酺。收天下兵，聚之咸阳，销以为钟𫓧⑫，金人十二，重各千石⑬，置廷宫中。一法度衡石丈尺。车同轨⑭。书同文字。地东至海暨朝鲜⑮，西至临洮、羌中，南至北向户，北据河为塞，并阴山至辽东⑯。徙天下豪富于咸阳十二万户。诸庙及章台。上林皆在渭南⑰。秦每破诸侯，写放其宫室⑱，作之咸阳北阪上⑲，南临渭，自雍门以东至泾、渭，殿屋复道周阁相属⑳。所得诸侯美人钟鼓，以充入之㉑。

【注释】

①填：同"镇"。镇压，安定。②唯：希望，敬词。幸：也是表示希望的敬词。希望皇上同意。③下：交下。议：建议。④后属：后裔，后代。⑤仇雠：仇敌。⑥足：可以，能够。制：控制。⑦术：方法，手段。⑧树兵：制造战争。⑨是：对，正确。⑩守：郡守。郡的行政长官。尉：郡尉。郡的军事长官。监：监御史。监察长官。⑪黔首：也称"黎首"，指百姓。黔，黑色。⑫销：熔化（金属）。𫓧：如钟一类的乐器，夹置在钟旁，像猛兽形，由木或铜制成。⑬石：重量单位。一百二十斤为石。⑭同轨：指车辆两轮之间的距离都相同。⑮暨：和，同。⑯并：傍，沿着。⑰章台：秦故宫名，以宫内有章台而为名。上林：苑名。⑱写：描摹。放：通"仿"。⑲阪：山坡。⑳复道：阁道，天桥。周阁：四周装有窗户和栏杆可供远眺的楼阁。相属：相连。㉑充入：置入。放进去。

【译文】

丞相王绾对始皇说:"诸侯刚刚被消灭,燕国、齐国、楚国地方偏远,不在那里设置诸侯王,就很难震慑他们。请求让诸位皇子去担任诸侯王,希望皇上您能应允。"始皇与诸位大臣议论此事,诸位大臣均觉得很好。廷尉李斯却议论说:"周文王和周武王分封的子弟及同姓诸侯很多,然而到后来他们的关系疏远,相互攻击,就像仇家一样,诸侯之间互相攻伐,周天子都没有办法禁止他们。如今天下仰赖陛下的神灵而实现统一,全国都设置了郡县,诸子、功臣都用公家的赋税奖赏他们,这样很容易控制。天下没有二心,这是安定天下的方法。设置诸侯是不适当的。"始皇说:"天下困苦,战争不止,这是因为有诸侯王存在的缘故啊。现在仰赖祖宗的保佑,天下刚刚平定,如果再分封诸侯,那是制造战争啊!想使天下安宁,岂不是变得很困难了吗?廷尉说得很对啊!"

于是把天下分为三十六郡,每个郡都设置守、尉、监。把老百姓的名称改为"黔首"。赏赐百姓一起饮酒。没收天下的兵器,全部聚集到咸阳,把它们销毁熔化掉,铸成钟镰一类的乐器,还铸造成十二个铜人,每个有千石重,放置在宫廷之内。统一法律制度和测量长度、重量、容量的标准。车辆道路的大小也要统一。另外还统一文字。秦朝的领土东到大海及朝鲜,西到临洮和羌中,南到日南郡的北户,北方据守黄河作为要塞,依傍阴山一直延续到辽东。将天下十二万户豪富之家迁徙到咸阳。祖庙和章台宫、上林苑都在渭水的南岸。秦国每灭掉一个诸侯,便模仿该国的宫室,在咸阳北面的山坡上仿造,南面临靠渭水,从雍门向东一直到泾水和渭水交汇的地方,周围的宫殿和回廊彼此相连。从各国诸侯那里得到的美人和乐器,都放置在宫室之中。

焚天下之书

【原文】

始皇置酒咸阳宫,博士七十人前为寿①。仆射周青臣进颂曰②:"他时秦地不过千里,赖陛下神灵明圣,平定海内,放逐蛮夷，日月所照，莫不宾服。以诸侯为郡县，人人自安乐，无战争之患，传之万世。自上古不及陛下威德。"始皇悦。博士齐人淳于越进曰："臣闻殷周之王千馀岁，封子弟功臣，自为枝辅③。今陛下有海内，而子弟为匹夫，卒有田常、六卿之臣④，无辅拂⑤，何以相救哉?事不师古而能长久者，非所闻也。今青臣又面谀以重陛下之过，非忠臣。"始皇下其议。丞相李斯曰："五帝不相复，三代不相袭⑥，各以治，非其相反，时变异也。今陛下创大业，建万世之功，固非愚儒所知。且越言乃三代之事，何足法也?异时诸侯并争⑦，厚招游学。今天下已定，法令出一，百姓当家则力农工⑧，士则学习法令辟禁⑨。今诸生不师今而学古，以非当世，惑乱黔首。丞相臣斯昧死言：古者天下散乱，莫之能一，是以诸侯并作，语皆道古以害今，饰虚言以乱实，人善其所私学，以非上之所建立。今皇帝并有天下，别黑白而定一尊。私学而相与非法教，人闻令下，则各以其学议之，入则心非，出则巷议，夸主以为名⑩，异取以为高⑪，率群下以造谤。如此弗禁，则主势降乎上，党与成乎下⑫。禁之便。臣请史官非秦记皆烧之⑬。非博士官所职⑭，天下敢有藏《诗》《书》百家语者⑮，悉诣守、尉杂烧之⑯。有敢偶语《诗》《书》者弃市⑰。以古非今者族⑱。吏见知不举者与同罪。令下三十日不烧，黥为城旦⑲。所不去者，医药卜筮种树之书⑳。若欲有学法令，以吏为师。"制曰："可。"

【注释】

①为寿：饮酒时献祝辞。②仆射：某一类官员的首长。③枝辅：辅助。④卒：突然。田常：春秋时齐国大臣，杀简公，拥立平公，自

任相国,从此齐国之政尽归田氏。六卿:指春秋后期晋国的范氏、中行氏、知氏、韩氏、赵氏、魏氏六家。六卿互相争斗,晋君不能控制,最终韩、赵、魏三家瓜分了晋国。⑤辅拂:辅佐,帮助,拂,通"弼"。⑥袭:因袭。⑦异时:从前。⑧力:努力,致力于。⑨辟禁:刑法,禁令。⑩夸主:在君主面前夸耀自己。⑪异取:追求奇异。取,通"趣",趋向。⑫党与:即朋党。⑬记:典籍。⑭职:主宰,掌管。⑮百家语:诸子百家著作。⑯杂:共,全都。⑰偶语:相对私语。弃市:古代在闹市执行死刑,表示与众共弃,叫弃市。⑱族:灭族,满门抄斩。⑲黥:古代刑罚之一,脸上刺字、涂墨。城旦:秦汉时刑罚名。白天守边防寇,晚上筑长城,刑期四年。⑳卜筮:占卜。用龟甲称卜,用蓍草为筮。

【译文】

　　秦始皇在咸阳宫置备酒宴,有七十位博士前来向他祝贺,仆射周青臣颂扬说:"以前秦国土地不超过千里,仰赖陛下您的神灵和圣明,才能平定天下,驱逐蛮夷,日月所能光照的地方,没有不臣服的。把诸侯国变为郡县,百姓人人安居乐业,没有战争的祸患,这伟大的功业可以流传后世。上古以来的君主没有人比得上陛下的威德。"秦始皇非常高兴。博士齐人淳于越进言说:"我听说殷商和周朝的帝王统治天下一千多年,分封子弟和功臣,作为自己的枝辅。现在陛下您拥有整个天下,而子弟却是一群匹夫,万一突然出现像田常、六卿之类的大臣,没有人辅佐,怎么能挽救危局呢?处理事情不取法古制而能使国家长治久安的,我还没有听说过呢。现在青臣又当面奉承您,加重陛下您的罪过,这不是忠臣所为啊。"秦始皇把他们的议论说给群臣听,让群臣一起讨论。丞相李斯说:"五帝不相重复,三代也不相承袭,它们各自凭借自己的方法治理国家,这不是有意和前代相反,而是天下的形势变化了。现在陛下开创大的事业,建立万世不拔之功,这本来就不是愚蠢的儒生所能理解的。况且淳于越说的是三代的事,怎么能再取法呢?以前诸侯们互相争斗,用优厚的俸禄招徕天下的贤士。如今天下已经安定了,政令都出自陛下您一人之手,老百姓治家就得致力于农耕,士人则要学习法律政令。现在这些儒生不学习法律政令,而是学习古法,非议当世,蛊惑百姓。所以臣李斯冒死进言:古代天下离散混乱,没有人能统一天下,所以诸侯并起,说的都是道法古代、批评当世、粉饰虚诞的言语。扰乱名实,每个人都赞赏自己所学的学问，非议朝廷颁布的政令。如今皇上您统一了天下，辨别是非黑白，建立至高无上的威势。但是读书人依旧私人讲学，结群成党非议朝廷的法令，一听到朝廷的举措，就依靠自己所学的东西对朝政批评一番，入朝的时候心里觉得反感，退朝的时候就在巷里议论纷纷，他们以浮夸的言语欺骗陛下赚取美誉，做出奇怪的行为以骗取高名，率领下面的大臣和百姓妄造谤言，如果对此不能禁止，那么陛下的权威就会下降，而在朝堂之下就会形成朋党，因此应当禁止他们。我请求皇上您下令史官，把那些并非秦朝编著的典籍统统放火烧掉。除非是博士官掌握，天下有私自收藏《诗经》《书经》及诸子百家著作的，一律交给地方官焚毁。有敢相聚在一起谈论《诗》《书》的，就在市集上处死；他们推崇古代、诽谤当世的，诛灭全族。官吏有知道罪行而不检举的，以同罪论处。命令下达三十天后，依旧没有焚书的，就在脸上刺字，发配到边境充军，修筑长城。不必销毁的书籍，只有医药、卜筮、种植等类别。如果有谁想要学习文字法令，必须到官府里向官吏学习。"始皇下诏说："可以按照这个去做。"

广修宫室

【原文】

　　三十五年，除道①，道九原抵云阳②，堑山堙谷③，直通之。于是始皇以为咸阳人多，先王之宫廷小，吾闻周文王都丰，武王都镐，丰镐之间，帝王之都也。乃营作朝宫渭南上林苑中。先作前殿阿房，东西五百步，南北五十丈，上可以坐万人，下可以建五丈旗④。周驰为阁道⑤，自殿下直抵南山。表南山之颠以为阙⑥。为复道，自阿房渡渭，属之咸阳，以象天极阁道绝汉抵营室也⑦。阿房宫未成；成，欲更择令名名之⑧。作宫阿房，故天下谓之阿房宫。隐宫徒刑者七十馀万人⑨，乃分作阿房宫，或作丽山。发北山石椁⑩，乃写蜀、荆地材皆至⑪。关中计宫三百，关外四百馀。于是立石东海上朐界中⑫，以为秦东门。因徙三万家丽邑，五万家云阳，皆复不事十岁⑬。

【注释】

①除道：修路。除，治。②道：经过。③堑：挖。埋：填塞。④建：立，树立。⑤阁道：即"复道"，天桥。⑥表：标志。颠：通"巅"，顶。阙：古代宫殿、祠庙、陵墓间的高建筑物。通常左右各一座，建成高台，台上起楼观。⑦阁道：古星名。绝：横渡。汉：天河，银河。营室：古星名。这里把阿房宫比阁道，渭水比喻成天河，咸阳比喻成营室。⑧令名：美名。令，美好。⑨隐宫：指宫刑。⑩发：开。石椁：作椁的石材。椁，外棺。⑪写：输送。⑫朐：山名。在今江苏省连云港市西南。⑬不事：不服劳役。

【译文】

　　三十五年，开辟道路，自九原一直抵达云阳，挖山洞，填河谷，使这两个地方相互往来。在这个时候，秦始皇认为："咸阳的人太多，而咸阳修筑的宫殿太小。我听说周文王在丰这个地方建都，周武王在镐京建都，丰、镐两地之间才是帝王建都的地方。"于是在渭水南岸上林苑中营造朝宫。先盖了正殿阿房宫，东西有五百步宽，南北有五十丈长，殿中可以容纳万人，宫殿的下面可以竖立五丈高的大旗。四周架木为棚以方便车马行走，自阿房宫的殿下直达南山，在南山的山巅建造牌楼，又修建天桥，从阿房渡过渭水延续到咸阳，象征自北极星经过阁道星横渡天河抵达营室星的样子。这时阿房宫尚未筑成；建成之后，再另外找一个名字称呼它。由于宫殿建造在阿房，所以便称作阿房宫。当时受过宫刑的人有七十余万，都被分配去营造阿房宫或丽山。挖掘北山的石料，运输蜀国和荆楚的木材，都输送到这个地方来。关中之地一共营造了三百多个宫殿，关外也有宫殿四百多个。于是在东海之滨的朐县竖立石碑，作为秦朝的东大门，迁徙三万户人家到丽邑居住，再迁徙五万户人家到云阳居住，都免去十年的徭役。

坑杀方士

【原文】

卢生说始皇曰:"臣等求芝、奇药、仙者常弗遇,类物有害之者①。方中②,人主时为微行以辟恶鬼③,恶鬼辟,真人至④。人主所居而人臣知之,则害于神。真人者,入水不濡⑤,入火不爇⑥,陵云气⑦,与天地久长。今上治天下,未能恬倓⑧。愿上所居宫毋令人知,然后不死之药殆可得也⑨。"于是始皇曰:"吾慕真人,自谓'真人',不称'朕'。"乃令咸阳之旁二百里内宫观二百七十复道甬道相连,帷帐钟鼓美人充之,各案署不移徙⑩。行所幸⑪,有言其处者,罪死。始皇帝幸梁山宫⑫,从山上见丞相车骑众,弗善也⑬。中人或告丞相⑭,丞相后损车骑⑮。始皇怒曰:"此中人泄吾语。"案问莫服⑯。当是时,诏捕诸时在旁者,皆杀之。自是后莫知行之所在。听事⑰,群臣受决事,悉于咸阳宫。

侯生、卢生相与谋曰:"始皇为人,天性刚戾自用⑱,起诸侯,并天下,意得欲从⑲,以为自古莫及己。专任狱吏,狱吏得亲幸。博士虽七十人,特备员弗用⑳。丞相诸大臣皆受成事㉑,倚辨于上㉒。上乐以刑杀为威,天下畏罪持禄,莫敢尽忠。上不闻过而日骄,下慑伏谩欺以取容㉓。秦法,不得兼方㉔,不验,辄死。然候星气者至三百人㉕,皆良士,畏忌讳谀,不敢端言其过㉖。天下之事无小大皆决于上,上至以衡石量书㉗,日夜有呈㉘,不中呈不得休息㉙。贪于权势至如此,未可为求仙药。"于是乃亡去。始皇闻亡,乃大怒曰:"吾前收天下书不中用者尽去之。悉召文学方术士甚众㉚,

欲以兴太平，方士欲练以求奇药。今闻韩众去不报，徐市等费以巨万计，终不得药，徒奸利相告日闻[31]。卢生等吾尊赐之甚厚，今乃诽谤我，以重吾不德也。诸生在咸阳者，吾使人廉问[32]，或为妖言以乱黔首[33]。"于是使御史悉案问诸生，诸生传相告引[34]，乃自除。犯禁者四百六十馀人[35]，皆坑之咸阳，使天下知之，以惩后[36]。益发谪徙边。始皇长子扶苏谏曰："天下初定，远方黔首未集，诸生皆诵法孔子，今上皆重法绳之[37]，臣恐天下不安。唯上察之。"始皇怒，使扶苏北监蒙恬于上郡。

【注释】

① 类：好像。② 方中：方寸之中，指心里以为。③ 辟：避开。④ 真人：道家称修真得道的人为真人。⑤ 濡：沾湿。⑥ 爇：焚烧。⑦ 陵：驾，登。⑧ 恬倓：指清静无为。"恬""倓"都是安静的意思。⑨ 殆：大概。⑩ 案：通"按"。署：部署。⑪ 行：巡狩，巡视。幸：封建时代称皇帝亲临为幸。⑫ 梁山宫：秦宫名，在今陕西乾县东。⑬ 善：以为善，赞许，喜欢。⑭ 中人：皇宫中的人，这里指宦官或近臣。⑮ 损：减少。⑯ 案问：审问。⑰ 听事：处理政事。⑱ 自用：自以为是，凭自己的才力行事。⑲ 从：同"纵"。⑳ 特：只是。备员：虚设充数的人员。㉑ 成事：已经决定的命令。㉒ 辨：通"办"，办理，办事。㉓ 慑伏：害怕，畏伏。谩欺：欺骗、蒙骗。取容：曲从讨好，取悦于人。㉔ 兼方：具有两种以上的方技。㉕ 候星气：观测星象和云气以测吉凶。候，观察，占验。㉖ 端言：正言。㉗ 衡石："衡"指秤杆，"石"指秤锤。意思是一天称一百二十斤文件来看。㉘ 呈：通"程"，标准，规格。这里指定量、定额。㉙ 中：符合，这里是达到的意思。㉚ 文学：指文章博学之士。方术士：指研究天文、历算、医药、农业、技艺等的专门家和从事阴阳、神仙、卜筮、占梦、看相等方面活动的人。㉛ 奸利：以非法手段谋利。㉜ 廉问：察问。廉，察。㉝ 或：有人。㉞ 传：辗转告引：告发。㉟ 自除：指秦始皇亲判儒生死罪。除：诛杀。㊱ 惩后：警戒后来者。㊲ 绳：约束，制裁。

【译文】

卢生对始皇说:"我们寻找灵芝、奇药和仙人,一直没能找到,似乎是有什么东西伤害了它们。我们心想,皇帝应当时常秘密出行,以便驱逐恶鬼,恶鬼避开了,神仙真人就能来了。皇上的住所如果让臣子们知道,那就会妨害神仙。真人入水不会浸湿,入火不会烧伤,能够腾云驾雾遨游,寿命和天地一样长久。现在皇上治理天下,还不能做到清静恬淡。希望皇上居住的宫室别让人知道,这样,不死之药或许能够获得。"始皇说:"我倾慕神仙真人,我自己就叫'真人',不再称'朕'了。"于是下令咸阳四周二百里内的二百七十座宫观都用天桥、甬道相互连接起来;把帷帐、钟鼓和美人安置其中,全部按照所登记的位置不得移动。皇帝所到的地方,如有人说出去,就处以死刑。有一次皇帝幸临梁山宫,从山上望见丞相的随从车马众多,很不赞成。宦官近臣里有人把这件事告诉了丞相,丞相以后就减少了车马的数量,始皇生气地说:"这是宫中有人泄露了我的话。"经过审问,没有人认罪,就下诏把当时在场之人抓起来,统统杀掉。自此再也没有知道皇帝行踪的了。处理事务,群臣接受命令,一律均在咸阳宫中进行。

侯生、卢生互相商议说:"始皇的为人,天生刚愎自用、刚强暴戾,它以诸侯的身份,兼并天下,凡事任意而为,认为自古至今没有人能赶得上他。始皇专门任用治狱的官吏,这些狱吏得到他的亲近和宠爱。博士的人数虽然有七十个,却不过是为了凑数罢了,并不是真想重用他们。丞相和大臣们仅仅接受已经决定的命令,一切事情都要仰仗皇帝办理。皇上喜欢用严刑和杀戮建立威严,满朝的官吏害怕触犯刑律,为了保住自己的俸禄,没有人敢向皇帝进言。始皇听不到自己的过失,于是一天比一天骄纵,大臣们整日心惊胆战,用虚言敷衍他,苟且求得容身之所。秦朝的法律规定,一个人不能同时兼有两种方术,如果不能精于一种方术,就要被处死。然而候望星象的有三百多人,且个个都技术精湛,只是因为畏惧怕事,因此不敢说真话且极尽谄媚,不敢说出皇帝的过失。天下的事情不论大小都由他一个人决定,以致皇上每天阅读的文件多得要用秤子量,白天和夜里均有限额,数量达不到就不去睡觉。贪婪权势到这种地步,这样的人我们不能替他寻找成仙之药。"于是他们逃走了。始皇听到他们逃走的消息,十分愤怒，说道："我前些时候没收天下的书籍，不合用的都烧毁了。竭力招致一些文学方术之士，想谋求国家的太平，所以才让这些方士踏访各地，寻丹炼药。现在韩众一干人不回来复命，徐市等人浪费的钱财多得用亿来计算，终究还是没能找到仙丹妙药，每天只听见他们说些营求奸利的无用之言。我对卢生等人十分尊敬，赏赐十分优厚，如今竟敢诽谤我，诬告我不善不仁！居住在咸阳的这些方士，我派人去察问，有些人制造妖言，迷惑百姓。"于是命令御史审问这些术士，他们互相告发，始皇亲自判决触犯法律的术士有四百六十多人，最后在咸阳把他们活埋，还诏告天下，让天下的人都知道，以警戒后人，还增派迁徙之徒戍守边疆。始皇的长子扶苏劝说始皇道："现在天下刚刚安定，远方的百姓还没有全部归附，儒生们都朗诵诗书，效法孔子，现在皇上用严刑峻法处置他们，我担心天下会不安定，希望皇上您能明察。"始皇听后大怒，于是贬谪扶苏到北方，派他去上郡监督将军蒙恬。

项羽本纪

【导读】

秦朝末年爆发了我国历史上第一次大规模农民起义。项羽(名籍,字羽,战国末年楚国名将项燕之后)在陈胜、吴广起义后,其率领的军队成为反秦武装的主力,并率军进驻关中。鸿门宴上,项羽没有杀掉刘邦;进驻咸阳后,引兵屠城,杀秦降王子婴,烧秦宫室。公元前206年自立为西楚霸王,都彭城,效仿春秋,分封诸侯,以刘邦为汉王。后来楚、汉之间爆发战争。公元前202年,项羽被刘邦围于垓下,突围至乌江自刎而死。

本书节录了项羽一生之中颇具代表性的三段故事:钜鹿之战、鸿门宴、垓下之战。前两个故事塑造了处于上升时期的项羽的英豪形象,第三个故事则表现了项羽英雄末路时的悲壮情怀。

钜鹿之战

【原文】

章邯已破项梁军,则以为楚地兵不足忧,乃渡河击赵,大破之。当此时,赵歇为王①,陈馀为将,张耳为相②,皆走入钜鹿城③。章邯令王离、涉间围钜鹿④,章邯军其南,筑甬道而输之粟⑤。陈馀为将,将卒数万人而军钜鹿之北,此所谓河北之军也。

楚兵已破于定陶,怀王恐,从盱台之彭城,并项羽、吕臣军自将之。以吕臣为司徒,以其父吕青为令尹⑥。以沛公为砀郡长，封为武安侯，将砀郡兵。

初，宋义所遇齐使者高陵君显在楚军，见楚王曰："宋义论武信君之军必败，居数日，军果败。兵未战而先见败征，此可谓知兵矣。"王召宋义与计事而大说之，因置以为上将军；项羽为鲁公，为次将，范增为末将，救赵。诸别将皆属宋义，号为卿子冠军⑦。行至安阳⑧，留四十六日不进。项羽曰："吾闻秦军围赵王钜鹿，疾引兵渡河，楚击其外，赵应其内，破秦军必矣。"宋义曰："不然。夫搏牛之虻不可以破虮虱⑨。今秦攻赵，战胜则兵罢，我承其敝；不胜，则我引兵鼓行而西，必举秦矣。故不如先斗秦赵。夫被坚执锐⑩，义不如公；坐而运策，公不如义。"因下令军中曰："猛如虎，很如羊⑪，贪如狼，强不可使者，皆斩之。"乃遣其子宋襄相齐，身送之至无盐⑫，饮酒高会，天寒大雨，士卒冻饥。项羽曰："将戮力而攻秦，久留不行。今岁饥民贫，士卒食芋菽⑬，军无见粮⑭，乃饮酒高会，不引兵渡河因赵食，与赵并力攻秦，乃曰'承其敝'。夫以秦之强，攻新造之赵，其势必举赵。赵举而秦强，何敝之承！且国兵新破⑮，王坐不安席，埽境内而专属于将军，国家安危，在此一举。今不恤士卒而徇其私⑯，非社稷之臣。"项羽晨朝上将军宋义，即其帐中斩宋义头，出令军中曰："宋义与齐谋反楚，楚王阴令羽诛之。"当是时，诸将皆慴服，莫敢枝梧⑰。皆曰："首立楚者，将军家也。今将军诛乱。"乃相与共立羽为假上将军⑱。使人追宋义子，及之齐，杀之。使桓楚报命于怀王。怀王因使项羽为上将军，当阳君、蒲将军皆属项羽⑲。

【注释】

①赵歇：赵国后裔。②"陈馀为将"二句：陈馀、张耳本为刎颈之交，都是魏国人。陈涉起义后，二人随武臣到赵国。后张耳跟随项羽，陈馀留在赵国。③钜鹿：县名。治所在今河北省平乡县西南。④王离、涉间：都是秦将。⑤甬道：两侧筑有墙垣的通道。⑥令尹：官名。楚国的军政大臣。⑦卿子：当时对男子的美称。冠（guàn）军：诸军之冠。⑧安阳：地名。在今山东省曹县东南，非今日河南省的安阳。⑨虮（jǐ）虱：虱子的总称。虮，虱子的卵。⑩被：同"披"。坚：指铠甲。锐：指锐利的武器。⑪很：通"狠"。⑫无盐：地名。西汉置县。治所在今山东省东平县东南。⑬芋菽：芋头和豆类。⑭见粮：存粮。⑮国兵新破：指楚军在定陶失利一事。⑯徇其私：指宋义派遣儿子宋襄辅助齐国之事。⑰枝梧：抗拒，抵触。⑱假：暂时代理。⑲当阳君：黥布的封号。当阳，县名，今属湖北当阳。

【译文】

　　章邯已经打垮了项梁的军队，认为楚国的军队不值得忧虑了，于是渡过黄河攻打赵国，打垮了赵军。这时候，赵歇做了赵王，陈馀担任大将，张耳担任相国，都逃进了钜鹿城。章邯命令王离、涉间包围钜鹿，章邯的军队驻扎在他们的南边，筑起甬道给他们运送粮食。陈馀担任大将，率领几万士兵驻扎在钜鹿的北边，这就是所谓的河北军。

　　楚军已经在定陶被打垮，怀王恐惧，从盱台跑到彭城，合并项羽、吕臣的部队，亲自统率。他以吕臣为司徒，以吕臣的父亲吕青为令尹。以沛公为砀郡长，封为武安侯，统率砀郡的军队。

　　当初，宋义所遇到的齐国使者高陵君显还在楚军中，见了楚王说："宋义认定武信君的军队一定会失败，过了几天，果然失败了。军队没有交战就预先看到了失败的征兆，这也可以说是懂得兵法啦。"楚王召见宋义，同他商讨大事，非常喜欢他，就安排他担任上将军；项羽称为鲁公，担任次将；范增担任末将，去援救赵国。各部将领都隶属于宋义，号为卿子冠军。行军到安阳，停留四十六天不前进。项羽说："我听说秦军把赵国围困在钜鹿，我们迅速率领部队渡过漳河，楚军攻打他们的外围，赵国在内响应，打垮秦军是一定的了。"宋义说："不对。叮咬牛的牛虻不可用来消灭虱子。现在秦军进攻赵军，打胜了军队就疲惫，我们可趁机利用他们的疲惫；打不胜，我们就率领部队大张旗鼓地西进,一定能够推翻秦朝了。因此不如先让秦、赵两军相斗。披甲执戟,我宋义不如您;坐着运筹决策,您不如我宋义。"于是给军中下达命令说:"猛如虎,狠如羊,贪如狼,倔强不听命令的,一律斩首。"随后派他的儿子宋襄去辅助齐王,亲自送到无盐,大摆宴席。当时天气寒冷,天上下着大雨,士兵又冻又饿。项羽说:"这时正该并力攻打秦军,他却久留而不前进。如今年成荒歉,人民贫苦,士兵吃芋头、豆子,军中无存粮,他却大摆酒宴,不领兵渡河食用赵地的粮食,和赵军合力攻秦,却说'利用他们的疲惫'。凭借秦军的强大,进攻新建的赵国,势必会战胜赵国。赵国被占领而秦军就更加强大,哪里还有什么疲惫的机会可以利用呢!况且我国军队最近吃了败仗,国王坐不安席,把全国兵力集中起来交给将军,国家安危,在此一举。现在你不体恤士兵,却去钻营私利,不是国家的栋梁之臣。"项羽早晨进见上将军宋义时,就在帐中砍下宋义的脑袋,向军中发布命令说:"宋义与齐国阴谋反楚,楚王密令我杀死他。"这时,诸将都畏服,没有人敢反抗,都说:"首先拥立楚王的是将军家,现在又是将军诛灭了乱臣贼子。"于是大家拥立项羽为代理上将军。派人追赶宋义的儿子,追到齐国把他杀了。项羽派遣桓楚向怀王报告情况,怀王就让项羽担任上将军,当阳君、蒲将军都隶属于项羽。

【原文】

项羽已杀卿子冠军,威震楚国,名闻诸侯。乃遣当阳君、蒲将军将卒二万渡河①,救钜鹿。战少利,陈馀复请兵。项羽乃悉引兵渡河,皆沉船,破釜甑②,烧庐舍,持三日粮,以示士卒必死,无一还心。于是至则围王离,与秦军遇,九战③,绝其甬道,大破之,杀苏角④,虏王离。涉间不降楚,自烧杀。当是时,楚兵冠诸侯。诸侯军救钜鹿下者十馀壁,莫敢纵兵。及楚击秦,诸将皆从壁上观⑤。楚战士无不一以当十,楚兵呼声动天,诸侯军无不人人慴恐。于是已破秦军,项羽召见诸侯将,入辕门⑥,无不膝行而前,莫敢仰视。项羽由是始为诸侯上将军,诸侯皆属焉。

【注释】

①河:指漳河。②釜甑(zèng):锅和蒸饭用的瓦罐,泛指炊具。③九战:多次作战。九,泛指多数。④苏角:秦将。⑤壁上观:人家交战,自己站在营垒上观看。比喻坐观成败,不出手帮助。壁,营垒。⑥辕门:古代军队驻扎时以车为营,将车辕相向竖起为门,所以称"辕门"。

【译文】

项羽杀掉卿子冠军宋义之后,威震楚国,名声传遍诸侯。于是他派当阳君、蒲将军统兵二万渡过漳河,援救钜鹿。战事稍微取得一点胜利,陈馀又请求援兵。项羽便统率全部军队渡过漳河,沉掉全部船只,砸毁锅甑,烧掉营垒,携带三天的干粮,借此向士兵表示决一死战、无一点退还的决心。于是一到钜鹿就包围王离,与秦军接战多次,截断他们的甬道,大败秦军,杀了苏角,活捉王离。涉间不投降楚军,自焚而死。这时,楚军雄冠诸侯。钜鹿城下,诸侯援军有十多座营寨,都不敢出兵。等到楚军攻打秦军时,诸侯联军的将领都在壁垒上观看。楚军战士无不以一当十,楚军杀声震天,诸侯联军无不战栗惊恐。这样打败秦军之后,项羽召见诸侯将领,他们进入辕门时,个个跪着前进,没有人敢仰视项羽。项羽从此开始成为诸侯的上将军,各路诸侯都隶属于他。

鸿门宴

【原文】

沛公旦日从百馀骑来见项王,至鸿门,谢曰:"臣与将军戮力而攻秦,将军战河北,臣战河南,然不自意能先入关破秦①,得复见将军于此。今者有小人之言,令将军与臣有郤。"项王曰:"此沛公左司马曹无伤言之;不然,籍何以至此。"项王即日因留沛公与饮。项王、项伯东向坐,亚父南向坐②。亚父者,范增也。沛公北向坐,张良西向侍。范增数目项王，举所佩玉玦以示之者三③，项王默然不应。范增起，出召项庄④，谓曰："君王为人不忍，若入前为寿，寿毕，请以剑舞，因击沛公于坐，杀之。不者，若属皆且为所虏。"庄则入为寿。寿毕，曰："君王与沛公饮，军中无以为乐，请以剑舞。"项王曰："诺。"项庄拔剑起舞，项伯亦拔剑起舞，常以身翼蔽沛公，庄不得击。于是张良至军门，见樊哙⑤。樊哙曰："今日之事何如？"良曰："甚急。今者项庄拔剑舞，其意常在沛公也。"哙曰："此迫矣，臣请入，与之同命。"哙即带剑拥盾入军门。交戟之卫士欲止不内，樊哙侧其盾以撞，卫士仆地，哙遂入，披帷西向立，瞋目视项王⑥，头发上指，目眦尽裂⑦。项王按剑而跽曰⑧："客何为者？"张良曰："沛公之参乘樊哙者也⑨。"项王曰："壮士，赐之卮酒。"则与斗卮酒⑩。哙拜谢，起，立而饮之。项王曰："赐之彘肩⑪。"则与一生彘肩。樊哙覆其盾于地，加彘肩上，拔剑切而啗之⑫。项王曰："壮士，能复饮乎？"樊哙曰："臣死且不避，卮酒安足辞！夫秦王有虎狼之心，杀人如不能举，刑人恐如不胜，天下皆叛之。怀王与诸将约曰：'先破秦入咸阳者王之。'今沛公先破秦入咸阳，毫毛不敢有所近，封闭宫室，还军霸上，以待大王来。故遣将守关者，备他盗出入与非常也。劳苦而功高如此，未有封侯之赏，而听细说⑬，欲诛有功之人。此亡秦之续耳，窃为大王不取也。"项王未有以应，曰："坐。"樊哙从良坐。坐须臾，沛公起如厕，因招樊哙出。

【注释】

①自意：自料。②亚父：尊称，尊敬他仅次于父亲。一说亚父是范增

的别名。③玉玦（jué）：玉器名。圆形而有缺口。④项庄：项羽的堂弟。⑤樊哙：沛人。吕后的妹夫。原以屠狗为业，和刘邦一同起兵，屡立战功。后为左丞相，封舞阳侯。⑥瞋（chēn）目：瞪着眼睛。⑦眦（zì）：眼角。⑧跽（jì）：长跪。古人席地而坐，双膝着地，上身挺直，股不着脚跟为"跽"。⑨参乘：也叫陪乘，乘车时立于车右，相当于卫士。⑩卮：古代盛酒的器皿。⑪彘（zhì）肩：猪腿。⑫啖（dàn）：吃。⑬细说：小人的谗言。

【译文】

  沛公第二天一早就带着一百多名骑兵来见项王，到达鸿门，道歉说："我与将军协力攻秦，将军在河北作战，我在河南作战，然而没有料到自己能够率先进入关中灭掉秦朝，所以能在这里再次见到将军。现在有小人散布流言蜚语，使将军对我产生了隔阂。"项王说："这是沛公左司马曹无伤说的；不然，我项籍怎么会这样？"项王当天就留沛公喝酒。项王、项伯向东坐，亚父向南坐。亚父就是范增。沛公向北坐，张良向西陪坐。范增多次瞅着项王，多次举起他所佩带的玉玦暗示项王，项王默然，没有反应。范增起身出去召唤项庄，对他说："君王为人不够狠心，你进去，上前敬酒，敬完酒就请求舞剑，趁势在坐席上刺杀沛公。否则，你们这些人都要被他们俘虏了。"项庄就进去敬酒，祝酒结束后，说："君王和沛公饮酒，军营中没有什么取乐，请允许我舞剑吧。"项王说："好。"项庄拔剑起舞，项伯也拔剑起舞，常用身子遮护沛公，项庄无法行刺。这时，张良走到军门，见到樊哙。樊哙问："今天的情形如何？"张良说："很危急，项庄现在正拔剑起舞，他的用意常在沛公身上。"樊哙说："事情紧迫了，让我进去，和他拼命。"樊哙立即拿着剑和盾闯进军门。矛戟交叉的卫士想阻止樊哙，不让他进去，樊哙侧过盾一撞，卫士倒仆在地上，樊哙进去，掀开帷帐，向西站立，瞪眼看着项王，头发竖起，两边眼角都裂开了。项王按剑起身，说："来客是干什么的？"张良说："是沛公的参乘，名叫樊哙。"项王说："这是壮士，赐他一杯酒。"左右的人就给他一大杯酒。樊哙拜谢，起身站着喝了。项王说："赐给他猪腿。"左右的人又给他一条生猪腿。樊哙把盾牌扣在地上，把猪腿放上，拔剑切了就吃。项王说："壮士，能再喝酒吗？"樊哙说："我连死都不躲避，一杯酒难道还值得推辞吗？那秦王有着虎狼般的狠心肠，杀人唯恐不完，用刑唯恐不尽，天下人都叛离了他。怀王和诸将约定：'先打败秦军进入咸阳的,在关中为王。'现在沛公打败秦军进入咸阳,毫毛一般大的东西也不敢沾边,封闭宫室,回军霸上,等待大王到来。沛公之所以派将领把守关口,是为了防备强盗出入和非常情况。如此劳苦功高,没有封侯的奖赏,大王却听信谗言,要杀有功之人。这不过是继续走秦朝灭亡的老路罢了。我私下认为,大王的这种做法是不可取的。"项王没话回答,说:"坐。"樊哙在张良身边坐下。坐了一会儿,沛公起身上厕所,趁机招呼樊哙出来。

【原文】

沛公已出,项王使都尉陈平召沛公①。沛公曰:"今者出,未辞也,为之奈何?"樊哙曰:"大行不顾细谨,大礼不辞小让。如今人方为刀俎②,我为鱼肉,何辞为。"于是遂去。乃令张良留谢。良问曰:"大王来何操③?"曰:"我持白璧一双,欲献项王,玉斗一双④,欲与亚父,会其怒,不敢献。公为我献之。"张良曰:"谨诺⑤。"当是时,项王军在鸿门下,沛公军在霸上,相去四十里。沛公则置车骑,脱身独骑,与樊哙、夏侯婴、靳强、纪信等四人持剑盾步走⑥,从郦山下,道芷阳间行⑦。沛公谓张良曰:"从此道至吾军,不过二十里耳。度我至军中,公乃入。"沛公已去,间至军中,张良入谢,曰:"沛公不胜杯杓⑧,不能辞。谨使臣良奉白璧一双,再拜献大王足下;玉斗一双,再拜奉大将军足下。"项王曰:"沛公安在?"良曰:"闻大王有意督过之,脱身独去,已至军矣。"项王则受璧,置之坐上。亚父受玉斗,置之地,拔剑撞而破之,曰:"唉!竖子不足与谋。夺项王天下者,必沛公也,吾属今为之虏矣。"沛公至军,立诛杀曹无伤。

【注释】

①陈平:阳武(今河南兰考)人。陈平原是项羽的部下,后来成为刘邦的谋士,官至相国。②俎(zǔ):砧板。③操:持执。这里指带礼

物。④玉斗：玉制的大酒杯。⑤谨诺：遵命的意思。⑥夏侯婴：沛人。随刘邦起义，后封汝阴侯。靳强：曲沃人，刘邦部属，后封汾阳侯。纪信：刘邦的将领，后为掩护刘邦脱险而被项羽烧死。⑦芷阳：县名。在今陕西省西安市东北。间（jiàn）行：抄小路走。⑧杯杓（sháo）：饮酒用的器皿。

【译文】

　　沛公出来后，项王派都尉陈平召唤沛公。沛公说："刚才出来，没有告辞，怎么办呢？"樊哙说："干大事不拘小节，行大礼不避小的责备。现在人家是屠刀和砧板，我们是鱼肉，为什么还要告辞呢。"于是就这样走了，让张良留下致谢。张良问："大王来时带了什么没有？"沛公说："我带了一双白璧，想献给项王；一双玉斗，想献给亚父，赶上他们发怒，没敢进献。您代我献上吧。"张良说："遵命。"当时，项王驻军在鸿门，沛公驻军在霸上，相隔四十里。沛公便撇下车马，脱身独自骑马，樊哙、夏侯婴、靳强、纪信等四人手持剑、盾，快步随行，从骊山下，抄芷阳小路走。沛公临行前对张良说："从这条路到我们军营，不过二十里。估计我已到军营中，您再进去。"沛公离去后，由小路回到了军营。张良进去致谢，说："沛公不胜酒力，不能前来告辞，谨派小臣张良捧上一双白璧，敬献大王足下；一双玉斗，敬奉大将军足下。"项王说："沛公在哪里？"张良说："听说大王有意责罚他，他脱身独自离开，已经回到军营里了。"项王便接受了玉璧，放在坐席上。亚父接过玉斗，放到地上，拔剑击碎了。说道："唉，这小子不值得与他共谋大事，夺取项王天下的，一定是沛公，我们这些人眼看要成他的俘虏了。"沛公回到军中，立刻诛杀曹无伤。

垓下之战

【原文】

　　项王军壁垓下，兵少食尽，汉军及诸侯兵围之数重。夜闻汉军四面皆楚歌，项王乃大惊曰："汉皆已得楚乎?是何楚人之多也！"项王则夜起，饮帐中。有美人名虞，常幸从①；

骏马名骓^②，常骑之。于是项王乃悲歌慷慨，自为诗曰："力拔山兮气盖世，时不利兮骓不逝^③。骓不逝兮可奈何，虞兮虞兮奈若何！"歌数阕^④，美人和之^⑤。项王泣数行下，左右皆泣，莫能仰视。

【注释】

①幸从：因宠幸而侍从。②骓（zhuī）：毛色苍白相杂的马。③逝：行。④数阕（què）：几遍。⑤和（hè）：跟着唱。

【译文】

　　项王军队在垓下筑起营垒，兵少粮尽，汉军及诸侯兵重重包围。晚上听到汉军四面都唱着楚歌，项王大惊道："汉军都已经得到楚国的土地了吗？为什么楚人这么多呢？"项王于是连夜起来，在营帐中饮酒。有位美人名叫虞姬，经常受宠幸随从；有匹骏马名叫骓，项王经常骑它。这时项王慷慨悲歌，自己作诗吟唱道："力拔山兮气盖世，时不利兮骓不逝。骓不逝兮可奈何，虞兮虞兮奈若何！"歌唱了好几遍，美人从旁伴唱。项王泪下数行，侍从人员也都哭泣，不忍抬头观看。

高祖本纪

【导读】

汉高祖刘邦（前256～前195），沛郡丰邑中阳里人，字季。刘邦在兄弟四人中排行第三。秦朝末年参加农民起义，并率先进入咸阳。项羽自封西楚霸王后，封刘邦为汉王。后与项羽争夺天下，并最终取得胜利，定国号为"汉"，定都洛阳，后迁都长安。本篇重点讲了高祖与功臣论得天下及高祖还乡的故事。前一个故事说明高祖重视人才，所以取得天下。后一个故事表现了高祖取得天下后志得意满的情怀。

汉高祖家世

【原文】

高祖，沛丰邑中阳里人，姓刘氏，字季。父曰太公，母曰刘媪。其先刘媪尝息大泽之陂①，梦与神遇。是时雷电晦冥，太公往视，则见蛟龙于其上。已而有身②，遂产高祖。高祖为人，隆准而龙颜③，美须髯④，左股有七十二黑子。仁而爱人，喜施，意豁如也⑤。常有大度，不事家人生产作业。及壮，试为吏，为泗水亭长，廷中吏无所不狎侮。好酒及色。常从王媪、武负贳酒⑥，醉卧，武负、王媪见其上常有龙，怪之。高祖每酤留饮⑦，酒雠数倍。及见怪，岁竟，此两家常折券弃责⑧。

高祖常繇咸阳，纵观，观秦皇帝，喟然太息曰："嗟乎，大丈夫当如此也！"

【注释】

①其先：早先，起初。②已而：不久。有身：怀孕。③隆准：高鼻梁。准，鼻梁。龙颜：像龙一样的面貌。后代称皇帝的面貌为"龙颜"。④须髯：胡子。⑤豁如：豁达豪放的样子。⑥贳（shì）：租赁，赊欠。⑦酤：买酒。⑧折券弃责（zhài）：折断债据，不再讨债。责：通"债"。

【译文】

高祖是沛郡丰邑县（今江苏丰县）中阳里人，姓刘，字季。他的父亲是太公，母亲是刘媪（ǎo）。刘媪曾经在大泽的岸边休息，梦中与神相遇。那时候电闪雷鸣，太公去找刘媪，看见一条蛟龙趴在她的身上。刘媪就有了身孕，产下高祖。高祖长得很有帝王之相，额头高高隆起，鬓角和胡须很漂亮，左边大腿有七十二颗黑痣。仁义而爱人，喜好施舍，态度大方豪爽。曾经有远大的抱负，不跟老百姓一样做生产之事。到壮年时通过考试成为了一名官吏，当泗水的亭长，亭中的小吏没有不被他欺侮的。喜好喝酒和美色。常常到武负、王媪的酒肆赊酒喝。醉了就睡，武负和王媪看到高祖的上方常常有龙盘旋，觉得很奇怪。高祖每次留在酒肆里喝酒，买酒的人就会增加，售出去的酒达到平常的几倍。等到看见了有龙出现的怪现象，到了年终，这两家常常毁掉欠据，免除债务。

高祖曾经到咸阳去服徭役，有一次秦始皇出巡，允许人们随意观看，他看到了秦始皇，长叹一声说："咳，大丈夫就应该像这样！"

【原文】

单父人吕公善沛令，避仇从之客，因家沛焉①。沛中豪桀吏闻令有重客②，皆往贺。萧何为主吏，主进，令诸大夫曰："进不满千钱，坐之堂下。"高祖为亭长，素易诸吏，乃绐为谒曰"贺钱万"③，实不持一钱。谒入，吕公大惊，起，迎之门。吕公者，好相人，见高祖状貌，因重敬之，引入坐。萧何曰："刘季固多大言，少成事。"高祖因狎侮诸客，遂坐上坐，无所诎④。酒阑⑤，吕公因目固留高祖。高祖竟酒，后。吕公曰："臣少好相人，相人多矣，无如季相，愿季自爱。臣有息女⑥，愿为季箕帚妾⑦。"酒罢，吕媪怒吕公曰：

"公始常欲奇此女，与贵人。沛令善公，求之不与，何自妄许与刘季？"吕公曰："此非儿女子所知也⑧。"卒与刘季。吕公女乃吕后也，生孝惠帝、鲁元公主。

【注释】

①家：安家。②桀：同"杰"。重客：贵客。③给：欺骗。谒：名帖。④诎：同"屈"，谦让。⑤酒阑：酒快吃完了。阑：残尽。⑥息女：亲生女儿。⑦箕帚妾：谦词，指妻子。⑧儿女子：等于说妇孺之辈，有蔑视之意。

【译文】

单父人吕公与小沛的县令要好，为躲避仇人投奔到县令这里来做客，于是就在小沛安了家。沛中的豪杰、官吏们听说县令有贵客，都前往祝贺。萧何当时是县令的属官，掌管收贺礼事宜，他对那些送礼的宾客们说："送礼不满千金的，让他坐到堂下。"高祖做亭长，平素就看不起这帮官吏，于是在进见的名帖上谎称"贺钱一万"，其实他一个钱也没带。名帖递进去了，吕公见了高祖大为吃惊，赶快起身，到门口去迎接他。吕公这个人，喜欢给人相面，看见高祖的相貌，就非常敬重他，把他领到堂上坐下。萧何说："刘季一向满口说大话，很少做成什么事。"高祖就趁机戏弄那些宾客，干脆就坐到上座去，一点儿也不谦让。酒喝得尽兴了，吕公于是向高祖递眼色，让他一定留下来，高祖喝完了酒，就留在后面。吕公说："我从年轻的时候就喜欢给人相面，经我给相面的人多了，没有谁能比得上你刘季的面相，希望你好自珍爱。我有一个亲生女儿，愿意许给你做你的洒扫妻妾。"酒宴散了，吕媪对吕公大为恼火，说："你起初总是想让这个女儿出人头地，把他许配给个贵人。小沛县令跟你要好，想娶这个女儿你不同意，今天你为什么随随便便地就把她许给刘季了呢？"吕公说："这不是女人家所懂得的。"终于把女儿嫁给刘季了。吕公的女儿就是吕后，生了孝惠帝和鲁元公主。

汉高祖论得天下

【原文】

高祖置酒雒阳南宫。高祖曰："列侯诸将无敢隐朕，皆言其情。吾所以有天下者何?项氏之所以失天下者何?"高起、王陵对曰①:"陛下慢而侮人,项羽仁而爱人。然陛下使人攻城略地,所降下者因以予之②,与天下同利也③。项羽妒贤嫉能,有功者害之④,贤者疑之,战胜而不予人功,得地而不予人利,此所以失天下也。"高祖曰:"公知其一,未知其二。夫运筹策帷帐之中⑤,决胜于千里之外,吾不如子房⑥。镇国家,抚百姓,给馈饷⑦,不绝粮道,吾不如萧何。连百万之军,战必胜,攻必取,吾不如韩信。此三者,皆人杰也,吾能用之,此吾所以取天下也。项羽有一范增而不能用,此其所以为我擒也。"

【注释】

①高起:人名。②降下者:指归降的和攻克的城地。③天下:这里指刘邦的部属。④害:嫉恨。⑤运筹策帷帐之中:在营中定计决策。筹策,古代计算用具,引申为计策。帷帐,帐幕,用以指军营。⑥子房:即张良,表字子房。⑦馈(kuì)饷:粮饷。

【译文】

高祖在洛阳南宫举行酒宴。他说:"各位列侯,各位将军,请大家不要瞒我,都坦率地说一说心里话,我之所以能得到天下是什么缘故,项羽之所以失去天下又是什么缘故?"高起、王陵回答说:"陛下性情傲慢,喜欢侮辱别人;项羽性情仁厚,注意爱护他人。然而陛下派人攻城略地,攻下了城邑就分封给他,与大家同享利益;而项羽却妒贤嫉能,对有功的人加以伤害,对贤能的人随便怀疑,打了胜仗而不论功行赏,得了土地而不给人好处,这就是他失去天下的原因。"高祖说:"您只知其一,不知其二。讲到运筹策划于帷帐之中,决定胜利于千里之外,我不如张良。镇定国家,安抚百姓,供应粮饷,使运输畅通无阻,我不如萧何。统率百万大军,战而必胜,攻而必克,我不如韩信。这三位,都是人中之杰,而我却能够任用他们,这就是我之所以取得天下的缘故。项羽尽管有一个范增却不信任他,这就是他被我打败的原因。"

汉高祖还乡

【原文】

高祖还归，过沛，留。置酒沛宫，悉召故人父老子弟纵酒①，发沛中儿得百二十人，教之歌。酒酣，高祖击筑②，自为歌诗曰：

"大风起兮云飞扬，威加海内兮归故乡，安得猛士兮守四方！"

令儿皆和习之③。高祖乃起舞，慷慨伤怀，泣数行下。谓沛父兄曰："游子悲故乡。吾虽都关中，万岁后吾魂魄犹乐思沛。且朕自沛公以诛暴逆，遂有天下，其以沛为朕汤沐邑④，复其民，世世无有所与⑤。"沛父兄诸母故人日乐饮极欢，道旧故为笑乐⑥。

十馀日，高祖欲去，沛父兄固请留高祖。高祖曰："吾人众多，父兄不能给。"乃去。沛中空县皆之邑西献⑦。高祖复留止，张饮三日⑧。沛父兄皆顿首曰："沛幸得复，丰未复，唯陛下哀怜之。"高祖曰："丰吾所生长，极不忘耳，吾特为其以雍齿故反我为魏。"沛父兄固请，乃并复丰，比沛。于是拜沛侯刘濞为吴王。

【注释】

① 纵酒：开怀饮酒。② 筑：古代的一种弹拨乐器。外形像筝，有十三弦，演奏时左手按弦，右手以竹尺击弦发音。③ 和（hè）习之：跟着学唱。④ 汤沐邑：原指古代天子在自己的领地内，赐给诸侯以供其朝拜天子时住宿、斋戒、沐浴的封地，后用以称天子、诸侯、皇后、公主等人的私邑。⑤ 无有所与：与徭役没有关系，即不服任何徭役。⑥ 道旧故：谈论往事。⑦ 空县：意谓全县出动。献：指献酒食。⑧ 张（zhàng）饮：在郊外设帷帐饯饮。张，通"帐"。

【译文】

高祖从前线回京,路过沛县时,停留下来,在沛宫举行宴会,将家乡老熟人和父老子弟全部请来,纵情痛饮,还挑选了沛县的一百二十名儿童,教他们唱歌。酒意正浓的时候,高祖击筑而歌,他唱道:

"大风卷起啊,白云飞扬;皇威普及海内啊,我终于衣锦还乡;可又怎么才能招致勇士啊;来守卫四方的边疆!"

高祖让儿童们也都跟着学唱。他又跳起舞来,心中感慨万千,激动得淌下行行热泪。他对沛县父老兄弟们说:"远行的游子,总是怀念故乡的。我虽然建都关中,可千秋万岁之后,我的魂魄还会想念着沛地。并且我从做沛公开始,讨伐暴君逆贼,最终取得天下。现在就将沛县作为我的汤沐邑,免除沛县人民的赋税劳役,让他们世世代代不要纳税服役。"沛县的父老兄弟、婶子大娘和亲朋戚友天天陪着高祖开怀畅饮,笑谈往事,高祖极为高兴。

过了十多天,高祖要离开了,沛县的父老乡亲们执意挽留。高祖说:"我的随从众多,父兄们负担不起。"于是离开了。这天沛县人倾城而出,都赶到西郊来敬献酒食。高祖又留下来,搭起帐篷,再痛饮了三天。沛县的父老兄弟们都叩头请求说:"我们沛县有幸能够免除劳役,丰邑人却没有免除劳役,请陛下可怜他们。"高祖说:"丰邑是我生长的地方,我决不会忘记,只因为先前丰邑人跟着雍齿背叛我而倒向魏王。"沛县的父老兄弟再三请求,高祖才答应照沛县的样子,一并免除赋税劳役。在这时封沛侯刘濞为吴王。

汉高祖驾崩

【原文】

高祖击布时,为流矢所中①,行道病。病甚,吕后迎良医。医入见,高祖问医。医曰:"病可治。"于是高祖嫚骂之曰②:"吾以布衣提三尺剑取天下③,此非天命乎?命乃在天,虽扁鹊何益④!"遂不使治病,赐金五十斤罢之。已而吕后问⑤："陛下百岁后⑥，萧相国即死⑦，令谁代之？"上曰："曹参可。"问其次，上曰："王陵可。然陵少戆⑧，陈平可以助之。陈平智有馀，然难以独任。周勃重厚少文⑨，然安刘氏者必勃也，可令为太尉。"吕后复问其次，上曰："此后亦非而所知也⑩。"

四月甲辰，高祖崩长乐宫⑪。

【注释】

① 流矢：飞箭。② 嫚骂：辱骂。嫚，轻慢，侮辱。③ 布衣：平民。因平民穿布制衣服，故以布衣借指平民。④ 虽：即使，纵然。⑤ 已而：不久。⑥ 百岁后：也是死的避讳说法，等于说百年之后。⑦ 即：如果，一旦。⑧ 少：稍微。戆（zhuàng）：愚而刚直。⑨ 少文：缺少文才。⑩ 而：你。⑪ 长乐宫：西汉皇家宫殿群。与未央宫、建章宫同为汉代三宫。汉高祖之后为太后居所。因其位于未央宫东，又称东宫。意为"长久快乐"。

【译文】

高祖讨伐黥布时，被飞箭射中受伤，在返回的途中生了病。病情很严重，吕后请来一位良医。医生进宫为高祖看病，高祖向他询问病情。医生说："陛下的病可以治得好。"于是高祖大骂道："我只凭着一个平民的身份，提着三尺宝剑得到天下，这难道不是因为天命吗？人的命运由上天掌握着，即使你是神医扁鹊又有什么用处呢！"因此不让那位医生治病，赏赐他五十斤黄金，打发他走了。不久，吕后问高祖："陛下百年之后，如果萧相国也死了，让谁来接替他呢？"高祖说："曹参可以。"又问曹参以后还有谁适合，高祖说："王陵可以。不过他有点莽撞刚直，陈平可以帮助他。陈平才智有余，但是很难独自担当大任。周勃深沉厚道，缺少文才，但是安定刘氏天下的一定是周勃，可以让他担当太尉一职。"吕后再问后面的人选，高祖说："再以后的事，也不是你所能知道的了。"

四月甲辰日，高祖驾崩于长乐宫。

吕太后本纪

【导读】

吕后，名雉，字娥姁，是刘邦的发妻。刘邦死后，吕后培植吕氏势力，残害刘邦宠姬和诸子。后来，周勃、陈平等元老大臣联合刘氏宗室诛灭了诸吕，才使这场外戚之乱终结。王诸吕和诛诸吕是关系汉室存亡兴替的大事，司马迁紧紧扣住这个关键问题谋篇布局，成功地塑造了残忍刻毒、权欲熏心的乱政后妃的形象。

嫉妒施淫威

【原文】

吕太后者，高祖微时妃也①，生孝惠帝、女鲁元太后②。及高祖为汉王，得定陶戚姬③，爱幸，生赵隐王如意。孝惠为人仁弱，高祖以为不类我④，常欲废太子，立戚姬子如意，如意类我。戚姬幸，常从上之关东⑤，日夜啼泣，欲立其子代太子。吕后年长，常留守，希见上⑥，益疏。如意立为赵王后，几代太子者数矣⑦，赖大臣争之，及留侯策⑧，太子得毋废。

吕后为人刚毅，佐高祖定天下，所诛大臣多吕后力⑨。吕后兄二人，皆为将。长兄周吕侯死事⑩，封其子吕台为郦侯，子产为交侯；次兄吕释之为建成侯。

【注释】

①微时：贫贱的时候。妃：配偶。②孝惠帝：刘盈。鲁元太后：刘

盈的姐姐。其子张偃被封鲁王，其夫张敖谥鲁元王。所以称鲁元太后。③定陶：县名。在今山东省定陶县西北。④类：像、似。⑤之：到。关东：泛指函谷关或潼关以东。⑥希：通"稀"。⑦几：差不多，几乎。⑧留侯策：留侯即张良。指刘盈用了张良的计策，把高祖一直招而不来的四皓给请过来了，所以高祖不再废太子刘盈了。⑨所诛大臣：指韩信、黥布、彭越等。⑩周吕侯：即吕泽。死事：死于战争。

【译文】

　　吕太后，高祖微贱之时的妻子，生了惠帝和女儿鲁元太后。到高祖为汉王时，又娶了定陶戚夫人，高祖十分宠爱她，戚夫人生下了赵隐王如意。孝惠帝为人仁义软弱，高祖觉得不像自己，常常想废掉太子，改立戚夫人的儿子如意，因为如意的个性比较像他。戚夫人受到宠幸，经常跟随高祖皇帝到关东，她日夜在高祖面前哭泣，目的是想让高祖立自己的儿子为太子。吕后年纪较长，经常留守在关中，与高祖很少见面，所以关系越来越疏远。如意被立为赵王之后，有好几次差点就被立为太子了，幸亏有大臣劝阻，又采用了张良的计策，太子这才没有遭到罢黜。

　　吕后为人刚强坚毅，辅佐高祖平定天下，诛灭大臣的策略多出自吕后之手。吕后有两个哥哥，他们都是大将军。大哥周吕侯吕泽死于战事，朝廷封他的儿子吕台为郦侯，吕产为交侯；封他的二哥吕释之为建成侯。

【原文】

　　高祖十二年四月甲辰①，崩长乐宫②，太子袭号为帝。是时高祖八子：长男肥，孝惠兄也，异母，肥为齐王；馀皆孝惠弟，戚姬子如意为赵王，薄夫人子恒为代王，诸姬子恢为梁王，子友为淮阳王，子长为淮南王，子建为燕王。高祖弟交为楚王，兄子濞为吴王。非刘氏功臣番君吴芮子臣为长沙王③。

【注释】

　　①高祖十二年：公元前195年。甲辰：二十五日。②崩：古代帝王或王后死叫崩。③番君吴芮：吴芮秦时曾为鄱阳县令，故称番君。刘邦

起兵时，吴芮曾派兵相助。

【译文】

　　高祖十二年四月甲辰日，高祖在长乐宫驾崩。太子继承帝位。当时高祖共有八个儿子：长子刘肥，孝惠帝的异母哥哥，被封为齐王；剩下的都是惠帝的弟弟，戚夫人的儿子如意被封为赵王，薄夫人的儿子刘恒被封为代王，其他妃嫔所生的儿子也有分封，如刘恢被封为梁王，刘友被封为淮阳王，刘长被封为淮南王，刘建被封为燕王。高祖的弟弟刘交被封为楚王，高祖哥哥的儿子刘濞被封为吴王。非刘姓的功臣鄱君吴芮被封为长沙王。

【原文】

　　吕后最怨戚夫人及其子赵王，乃令永巷囚戚夫人①，而召赵王。使者三反②，赵相建平侯周昌谓使者曰："高帝属臣赵王③，赵王年少。窃闻太后怨戚夫人，欲召赵王并诛之，臣不敢遣王。王且亦病，不能奉诏。"吕后大怒，乃使人召赵相。赵相征至长安④，乃使人复召赵王。王来，未到。孝惠帝慈仁，知太后怒，自迎赵王霸上⑤，与入宫，自挟与赵王起居饮食⑥。太后欲杀之，不得间⑦。孝惠元年十二月，帝晨出射。赵王少，不能蚤起。太后闻其独居，使人持鸩饮之⑧。犁明⑨，孝惠还，赵王已死。于是乃徙淮阳王友为赵王。夏，诏赐郦侯父追谥为令武侯。太后遂断戚夫人手足，去眼，煇耳⑩，饮喑药⑪，使居厕中⑫，命曰"人彘"⑬。居数日，乃召孝惠帝观人彘。孝惠见，问，乃知其戚夫人，乃大哭，因病，岁馀不能起。使人请太后曰⑭："此非人所为。臣为太后子，终不能治天下。"孝惠以此日饮为淫乐，不听政，故有病也。

【注释】

①永巷：即永巷令。永巷本是后宫女使所居，后来也用来幽禁有罪的

妃嫔。②反：同"返"。③属臣赵王：把赵王托付给我。属，托付，交给。④征：召，特指君召臣。长安：西汉都城。在今陕西省西安市西北。⑤霸上：地名。在今陕西省西安市东南。⑥自挟：亲自携同、守护。⑦间：空隙，机会。⑧鸩：这里泛指毒酒。饮：喝，这里是使动用法。⑨犁：通"黎"，等到。王念孙认为"明"字是衍文。⑩烊：通"熏"，用火烧灼。⑪喑药：使人变哑的药。喑，哑。⑫厕：猪圈。⑬彘：猪。⑭请：告诉。

【译文】

吕后最忌恨的是戚夫人和她的儿子赵王，于是命令永巷令把戚夫人囚禁在永巷之中，另外还派人召赵王如意回京城。使者去了好几次，也没能召来。赵相建平侯周昌对使者说："高祖皇帝把赵王嘱托给我，赵王年幼，我私下里听说吕后痛恨戚夫人，想把赵王召进宫中杀掉，我不敢让赵王去啊。况且赵王有病，不能奉诏入京。"吕后十分生气，就把赵相周昌召到京城。周昌来到长安，吕后又派人召赵王入京。赵王来了，但还没有进京城。孝惠帝十分仁厚，他知道吕后想杀掉赵王，就亲自到霸上迎接赵王，与赵王一起入宫，与赵王一起饮食起居。吕后想杀赵王，却一直没有机会。惠帝元年十二月，惠王拂晓出猎，赵王年幼不能早起。吕后听说赵王独自在宫中，便派人给他毒酒喝。等到天明惠帝赶回来的时候，赵王已经死了。于是改封淮阳王刘友为赵王。这一年的夏天，惠帝又下诏追封郦侯之父为令武侯。吕后让人斩断戚夫人的手和脚，挖掉她的眼睛，用火灼烧她的耳朵，还给她灌了哑药，让她住在厕所里，称她为"人彘"。过了几天，吕后叫惠帝去看"人彘"，惠帝见了之后，一问，这才知道是戚夫人，便放声大哭，因此病了一年多而无法起身。惠帝派人对吕后说："这不是人所能做出来的事情。我身为太后的儿子，终究是再无脸面治理天下了。"之后惠帝终日沉溺于酒色，不理政事，所以一直患病。

【原文】

二年，楚元王、齐悼惠王皆来朝①。十月，孝惠与齐王燕饮太后前②，孝惠以为齐王兄，置上坐，如家人之礼③。太后怒，乃令酌两卮鸩④，置前，令齐王起为寿⑤。齐王起，孝惠亦起，取卮欲俱为寿。太后乃恐，自起泛孝惠卮⑥。齐王怪之，因不敢饮，详醉去⑦。问，知其鸩，齐王恐，自以为不得脱长安，忧。齐内史士说王曰："太后独有孝惠与鲁元公主。今王有七十馀城，而公主乃食数城⑧。王诚以一郡上太后⑨，为公主汤沐邑⑩，太后必喜，王必无忧。"于是齐王乃上城阳之郡⑪，尊公主为王太后⑫。吕后喜，许之。乃置酒齐邸⑬，乐饮，罢，归齐王⑭。三年，方筑长安城，四年就半，五年六年城就。诸侯来会。十月朝贺。

【注释】

① 楚元王、齐悼惠王：指刘交和刘肥。"元""悼惠"分别是他们的谥号。② 燕饮：安闲快乐，不讲礼仪的宴饮。燕：安闲。③ 如：按照。④ 卮：酒器。⑤ 为寿：献酒祝寿。⑥ 泛：翻，覆。⑦ 详：通"佯"，假装。⑧ 食：受、享，指享受封地的赋税物产。⑨ 上：献上。⑩ 汤沐邑：古代诸侯入京朝见天子，天子赐给他一小块领地，以供其斋戒沐浴的费用，称汤沐邑。后世用以指皇室收取赋税的私邑。⑪ 城阳：在今山东莒县一带。⑫ 尊公主为王太后：齐王与鲁元公主为异母兄妹，不得以母礼事之，今尊公主为王太后，是为了取悦于吕后。⑬ 齐邸：齐王在京的官邸。按汉法，诸侯王可在京筑府舍，以供入朝时使用。⑭ 归齐王：让齐王回国。

【译文】

孝惠帝二年，楚元王刘交、齐悼惠王刘肥来朝见天子。十月，惠帝与齐王刘肥在吕后的酒宴上饮酒，惠帝认为齐王是自己的兄长，所以就让他坐在上座，这是依照了家人的礼节。吕后很生气，就让人倒了两杯毒酒，摆在齐王的面前，叫齐王起身为她饮酒祝寿。齐王站起来，惠帝也跟着站起来，端起酒杯一起为吕后祝寿。吕后大惊，连忙起身打翻惠帝的酒杯。齐王觉得很奇怪，便不敢喝酒，假装喝醉了离席而去。后来询问别人，他才知道那是毒酒。齐王很惊恐，以为无法脱身离开长安了，感到十分忧虑。齐国的内史对齐王说："太后只生了孝惠皇帝和鲁元公主两个人。现在大王您受封了七十多座城池，而鲁元公主才只有几座城池而已。如果大王您把一个郡献给太后，使之成为鲁元公主的汤沐邑，太后一定会高兴的，那样您也没有忧患了。"

于是齐王把城阳郡献给太后，还尊公主为王太后。吕后很高兴，答应了齐王的建议。吕后在齐王的府邸设宴，喝得十分痛快，酒宴结束后，让齐王回国。孝惠帝三年，开始修筑长安城，孝惠帝四年的时候，工程完成了一半，到五年、六年，便全部竣工了。十月，诸侯们都来到京城祝贺。

掌握朝政

【原文】

七年秋八月戊寅①，孝惠帝崩。发丧，太后哭，泣不下②。留侯子张辟强为侍中③，年十五，谓丞相曰④："太后独有孝惠，今崩，哭不悲，君知其解乎⑤？"丞相曰："何解？"辟强曰："帝毋壮子，太后畏君等。君今请拜吕台、吕产、吕禄为将，将兵居南北军⑥，及诸吕皆入宫，居中用事⑦，如此则太后心安，君等幸得脱祸矣。"丞相乃如辟强计⑧。太后说⑨，其哭乃哀。吕氏权由此起。乃大赦天下。九月辛丑⑩，葬。太子即位为帝，谒高庙⑪。元年，号令一出太后⑫。

【注释】

①七年：公元前188年。八月戊寅：八月十二日。②泣：眼泪。③侍中：官名。侍从皇帝左右，以备参谋之用。④丞相：这里指左丞相陈平。⑤解：解释，这里指道理、原因。⑥将：率领。南北军：汉高祖时所建，用来保卫两宫的卫队。长乐宫在东，为北军；未央宫在西，为南军。⑦用事：执政，当权。⑧如：顺从，依照。⑨说：同"悦"。⑩九月辛丑：九月五日。⑪谒高庙：到祖庙里祭拜。⑫一：一概，完全。

【译文】

七年秋八月戊寅，孝惠帝驾崩。发丧期间，只听到吕后的哭声，却不见她落眼泪。留侯之子张辟强此时正出任侍中之职，年纪才十五岁,他对丞相说:"太后只有孝惠帝一个儿子,如今皇上驾崩了,她却只哭不落泪,您知道这是什么原因吗?"丞相反问道:"你说这是什么缘故呢?"张辟强说:"皇帝没有年纪较大的儿子来继承帝位,现在太后害怕你们这些老臣。你们应该请求太后拜吕台、吕产、吕禄等人为大将军,让他们统领南北之军,并且让吕氏诸人入宫做事,这样太后就能心安了,而你们也能免于祸患。"丞相便按照张辟强的策略行事,太后很高兴,这才哀伤地掉下眼泪。吕氏掌握汉室大权,便是从这个时候开始的。于是太后大赦天下。九月辛丑,安葬了惠帝。太子即位做了皇帝,随后拜谒高祖的庙堂。少帝元年以后,朝廷所发号的命令,一律出自太后之口。

孝景本纪

【导读】

本篇主要叙述了汉景帝刘启在位十六年间的功业。景帝在位时，平定"七国之乱"，北拒匈奴，而且多次减免赋税，历史上称其与文帝的统治为"文景之治"。

轻徭薄赋，与民休息

【原文】

孝景皇帝者，孝文之中子也①。母窦太后。孝文在代时，前后有三男，及窦太后得幸，前后死，及三子更死②，故孝景得立。

【注释】

①中子：排行居中的儿子。②更：相继地，接连地。

【译文】

孝景皇帝，是孝文帝诸多儿子中排行居中的一个。孝景帝的母亲是窦太后。孝文帝做代王的时候，前一个王后生下三位王子，后来窦太后得到宠幸，前一个王后去世，而她的三个儿子也相继去世，所以景帝得以被立为太子。

【原文】

元年四月乙卯，赦天下。乙巳①，赐民爵一级。五月，除田半租②。为孝文立太宗庙③。令群臣无朝贺④。匈奴入代，与约和亲⑤。

【注释】

①乙巳：据梁玉绳《史记志疑》考证此二字衍。②除田半租：减去一半田租。文帝时田租十五而税一，景帝再减收一半，即三十而税一。③太宗：文帝的庙号。古代帝王世系中，一般称开国皇帝为"祖"，称第一个治理天下有功绩的皇帝为"宗"。"太"是尊称。④无：同"毋"，不要。⑤和亲：指与匈奴议和，结为姻亲。

【译文】

前元元年四月乙卯日，天下大赦。乙巳日，赏赐民众每户爵位一级。五月，减去田地一半的租税。为孝文帝修建太宗庙，诏令群臣不要上朝拜贺。同年匈奴入侵代地，朝廷与匈奴定约和亲。

【原文】

二年春，封故相国萧何孙係为武陵侯。男子二十而得傅①。四月壬午，孝文太后崩②。广川、长沙王皆之国。丞相申屠嘉卒。八月，以御史大夫开封侯陶青为丞相。彗星出东北。秋，衡山雨雹③，大者五寸，深者二尺④。荧惑逆行⑤，守北辰⑥。月出北辰间。岁星逆行天廷中⑦。置南陵及内史、祋祤为县。

【注释】

①"男子二十"句：指男子二十岁开始服兵役。傅，著。指著于名籍，给公家服徭役。得，应该，必须。②孝文太后：文帝的母亲薄太后。崩：古代帝王或王后死叫崩。③雨雹：下雹子。④深者二尺：《会注考证》引王念孙曰："深下'者'字衍。"⑤荧惑：火星的别名。因其隐现不定，令人迷惑，所以叫荧惑。⑥北辰：北极星。⑦岁星：木星。天廷：古代把星空分为三个区域，叫三垣：紫微垣、太微垣、天市垣。天廷即太微垣。也写作"天庭"。

【译文】

二年春，封原先的相国萧何的孙子萧係为武陵侯。规定男子满二十岁开始服兵役。四月壬午日，薄太后去世。广川王刘彭祖、长沙王刘发都回了自己的封国。丞相申屠嘉去世。八月，任命御史大夫开封侯陶青为丞相。彗星在天空的东北方出现。秋天,衡山地区下冰雹,最大的雹子直径达到了五寸,最深的地方达到了二尺。火星逆向运行,一直运行到北极星所在的位置。月穿过北极星的星空。木星逆向运行至太微垣区域。下诏设置南陵、内史、祋祤三个县。

内平诸侯,外拒匈奴

【原文】

三年正月乙巳,赦天下。长星出西方①。天火燔雒阳东宫大殿城室②。吴王濞、楚王戊、赵王遂、胶西王卬、济南王辟光、菑川王贤、胶东王雄渠反③,发兵西乡。天子为诛晁错④,遣袁盎谕告,不止,遂西围梁。上乃遣大将军窦婴、太尉周亚夫将兵诛之。六月乙亥,赦亡军及楚元王子蓺等与谋反者。封大将军窦婴为魏其侯。立楚元王子平陆侯礼为楚王。立皇子端为胶西王,子胜为中山王。徙济北王志为菑川王,淮阳王馀为鲁王,汝南王非为江都王。齐王将庐、燕王嘉皆薨。

【注释】

①长星:彗星的一种。②天火:指由雷电或物体自燃引起的大火。燔(fán):焚烧。此事指景帝三年淮阳王刘馀的宫殿被大火焚毁。③"吴王濞……反"句:以刘濞为首的同姓诸侯王进行武装叛乱,就是历史上所说的吴、楚七国之乱。这次叛乱的借口是"清君侧,诛晁错",因为晁错主张"削藩",即削弱诸侯王的势力。④为诛晁错:为安抚反叛的诸侯王而杀了晁错。

【译文】

三年正月乙巳日,大赦天下。流星在西方出现。天火焚毁了洛阳东宫大殿和城楼。吴王刘濞、楚王刘戊、赵王刘遂、胶西王刘卬、济南王刘辟光、菑川王刘贤和胶东王刘雄渠造反,发兵向西进攻。景帝为此而诛杀晁错,派遣袁盎通告,但是七国仍然不肯罢兵,接着向西围困梁国。皇上于是遣派大将军窦婴、太尉周亚夫率军讨伐叛军。六月乙亥日,赦免逃亡的叛军以及和楚元王的儿子刘艺等一起谋反的人。封大将军窦婴为魏其侯。封楚元王的儿子平陆侯刘礼为楚王。立皇子刘端为胶西王,皇子刘胜为中山王,迁徙济北王刘志为菑川王,淮阳王刘馀为鲁王,汝南王刘非为江都王。齐王刘将庐、燕王刘嘉都去世了。

【原文】

四年夏,立太子①。立皇子彻为胶东王。六月甲戌,赦天下。后九月,更以易阳为阳陵②。复置津关③,用传出入④。冬,以赵国为邯郸郡。

【注释】

①太子:指栗太子刘荣,栗姬所生。②"更(gēng)以"句:指景帝决定在易阳为自己修建陵墓,并将易阳更名为阳陵。更,改。③复置津关:津关,设在水陆要道的关卡。文帝十二年曾颁布通关梁的法令,允许人们自由出入关隘。景帝在平息了吴、楚七国之乱以后,恢复了凭证出入关隘的制度。④传:一种出入关隘的凭证。

【译文】

四年夏,册立太子。立皇子刘彻为胶东王。六月甲戌日,大赦天下。闰九月,更改易阳的名称为阳陵。命令在水陆要道重新设置关卡,手拿出入关隘的凭证才能自由出入。冬天,改赵国为邯郸郡。

【原文】

五年三月,作阳陵、渭桥。五月,募徙阳陵,予钱二十万。江都大暴风从西方来,坏城十二丈。丁卯,封长公主子蟜为隆虑侯①。徙广川王为赵王。

【注释】

①长公主:指皇帝的姐姐刘嫖,窦太后所生。汉代称皇帝的女儿为公主,皇帝的姊妹为长公主,皇帝的姑姑为大长公主。

【译文】

五年三月,修建阳陵和渭桥。五月,招募百姓迁移至阳陵,总共拨款二十馀万。从西方而来的大风暴席卷江都,摧毁城墙十二丈。丁卯日,封长公主的儿子陈蛴为隆虑侯。迁徙广川王刘彭祖到赵国做了赵王。

【原文】

六年春,封中尉绾为建陵侯,江都丞相嘉为建平侯,陇西太守浑邪为平曲侯,赵丞相嘉为江陵侯,故将军布为鄃侯。梁楚二王皆薨。后九月,伐驰道树①,殖兰池②。

【注释】

① 驰道:秦代修建的供帝王行驶车马的道路。② 殖:《集解》引徐广曰:"殖,一作'填'。"兰池:池名。秦始皇时所建。在今陕西咸阳市东北。

【译文】

六年春,封中尉卫绾为建陵侯,江都国丞相程嘉为建平侯,陇西郡太守公浑邪为平曲侯,赵国丞相苏嘉为江陵侯,原先的将军栾布为鄃侯。梁王、楚王都去世了。闰九月,砍伐驰道两旁的树木,把兰池填平。

【原文】

七年冬,废栗太子为临江王①。十一月晦②,日有食之。春,免徒隶作阳陵者③。丞相青免。二月乙巳,以太尉条侯周亚夫为丞相。四月乙巳,立胶东王太后为皇后④。丁巳,立胶东王为太子。名彻。

【注释】

① 栗太子被废,因后宫争宠引起。② 晦:阴历每月的最后一天。③ 徒隶:服劳役的犯人和奴隶。④ 胶东王太后:景帝之妃,刘彻的母亲,姓王。这时刘彻还是胶东王,所以称为胶东王太后。

【译文】

七年冬,废掉栗太子,改封他为临江王。十一月底,天上出现日食。春天，赦免并释放修筑阳陵城的囚犯和奴隶。丞相陶青遭到罢免。二月乙巳日，任命太尉条侯周亚夫为丞相。四月乙巳日，立胶东王的母亲为皇后。丁巳日，立胶东王为太子。名叫刘彻。

【原文】

中元年，封故御史大夫周苛孙平为绳侯，故御史大夫周昌孙左车为安阳侯。四月乙巳，赦天下，赐爵一级。除禁锢①。地动。衡山、原都雨雹，大者尺八寸。

【注释】

① 禁锢：这里是指限制不准做官的法令。西汉初年曾规定，商人、入赘女婿不准做官，犯罪的官吏不准重新做官。

【译文】

中元元年，封原先的御史大夫周苛的孙子周平为绳侯，又封原先的御史大夫周昌的孙子周左车为安阳侯。四月乙巳日，大赦天下，赏赐每户爵位一级。废除不准商人、上门女婿做官以及不准犯过罪的官吏重新当官的法令。发生地震。衡山、原都下大冰雹，最大的冰雹直径达一尺八寸。

【原文】

中二年二月，匈奴入燕，遂不和亲。三月，召临江王来，即死中尉府中①。夏，立皇子越为广川王，子寄为胶东王。封四侯②。九月甲戌，日食。

【注释】

①"召临江王来"二句：临江王即被废掉的栗太子刘荣。因利用文帝庙外的空地扩建王宫，被人指控侵占宗庙罪，景帝召来京城，由掌管京城治安的中尉郅都责讯。刘荣畏罪，即在中尉的府第中自杀。② 封四侯：吴、楚七国叛乱时，楚国丞相张尚、太傅赵夷吾，赵国丞相建德、内史王悍因劝阻楚王刘戊、赵王刘遂不要反叛，结果被杀。所以景帝封张尚之子张当居、赵夷吾之子赵周、建德之子横、王悍之子王弃为侯。

【译文】

中元二年二月,匈奴入侵燕地,朝廷决定不再与匈奴和亲。三月,召临江王刘荣来到京城,刘荣在中尉郅都的府中畏罪自杀。夏天,立皇子刘越为广川王,立刘寄为胶东王。封了四个列侯。九月甲戌日,发生日食。

【原文】

中五年夏,立皇子舜为常山王。封十侯①。六月丁巳,赦天下,赐爵一级。天下大潦②。更命诸侯丞相曰相。秋,地动。

【注释】

① 封十侯:据《惠景间侯者年表》载,这年夏天封五侯,不是十侯。② 潦:同"涝",雨多成灾。

【译文】

中元五年夏,立皇子刘舜为常山王。分封十个列侯。六月丁巳,大赦天下,赏赐民户爵位一级。全国发生大的洪涝灾害。把诸侯国的丞相名称改为相。秋天,发生地震。

【原文】

后元年冬,更命中大夫令为卫尉。三月丁酉,赦天下,赐爵一级,中二千石、诸侯相爵右庶长。四月,大酺①。五月丙戌,地动,其蚤食时复动②。上庸地动二十二日,坏城垣。七月乙巳,日食。丞相刘舍免。八月壬辰,以御史大夫绾为丞相,封为建陵侯③。

【注释】

① 酺(pú):命令特许的大聚饮。秦汉时三人以上无故聚饮,罚金四两。② 蚤:通"早"。③ 封为建陵侯:《会注考证》引卢文绍说,此五字衍。

【译文】

后元元年冬,更改中大夫令的名称为卫尉。三月丁酉,大赦天下,赏赐每户爵位一级。封赐中二千石一级的官员和诸侯相以右庶长的爵位。四月,特许民众聚会宴饮。五月丙戌,发生地震,吃早饭的时候再次发生地震。上庸县地震前后持续了二十二天,把城墙都震毁了。七月乙巳,发生日食。丞相刘舍遭到罢免。八月壬辰,任命御史大夫卫绾为丞相,封赐卫绾建陵侯的爵位。

【原文】

后二年正月,地一日三动。郅将军击匈奴。酺五日。令内史、郡不得食马粟①,没入县官②。令徒隶衣七缌布③。止马舂④。为岁不登⑤,禁天下食不造岁⑥。省列侯,遣之国⑦。三月,匈奴入雁门。十月,租长陵田。大旱。衡山国、河东、云中郡民疫⑧。

【注释】

①食(sì)马粟:即"食马以粟",意思是用粮食喂马。②县官:这里是朝廷、官府的代称。按:这句当是违者没入县官的意思。③七缌(zōng)布:一种很粗糙的布。④止马舂:禁止以马舂粟。朝廷规定不许用马而用人力舂粮食,可以使贫民得到一些粮食。⑤为:因为。岁,年成。不登:歉收。登,庄稼成熟。⑥食不造岁:意思是口粮吃不到收获时节。造,到。⑦省:减少。⑧疫:瘟疫。这里指发生瘟疫。

【译文】

后元二年正月,一天之内地震了三次。郅都将军出击匈奴。特许民众聚会饮酒五日。命令内史和诸郡不得以粮食喂马,违者马匹由官府没收。规定服役的罪犯和奴隶穿七缌布做的衣服。不得用马舂粟米。这是因为那年粮食歉收,禁止天下的百姓不到粮食收获时节就把口粮吃完。减少驻京的列侯,遣送他们回到自己的封国。三月,匈奴入侵雁门。十月,租给百姓长陵附近的官田耕种。天下大旱。衡山国、河东郡和云中郡有大的瘟疫。

【原文】

后三年十月,日月皆赤五日。十二月晦,雷①。日如紫。五星逆行守太微②。月贯天廷中。正月甲寅,皇太子冠③。甲子，孝景皇帝崩。遗诏赐诸侯王以下至民为父后爵一级④，天下户百钱。出宫人归其家⑤，复无所与⑥。太子即位，是为孝武皇帝。三月，封皇太后弟蚡为武安侯，弟胜为周阳侯。置阳陵⑦。

【注释】

①雷：《会注考证》引焦竑曰："'雷'即'雷'字。"②五星：即金、木、水、火、土五个行星。太微：即太微垣。③冠：冠礼。这里指举行冠礼。古代男子二十岁时，结发戴冠，举行加冠典礼，表示已经成年。④民为父后：指百姓中继承父业的人。⑤出：使出，即放出。归：使归，即遣送回家。⑥复无所与：《会注考证》释此句为"复终身"。复，免除（赋税徭役）。与，使，用。⑦置阳陵：指把景帝的灵柩安葬在阳陵。

【译文】

后元三年十月，太阳、月亮接连五天呈现红色。十二月底，雷声隆隆。太阳呈现为紫色。五大行星逆行至太微垣区域。月亮穿过太微垣星的区域。正月甲寅日，皇太子刘彻举行加冠仪式。甲子日，孝景皇帝驾崩。遗诏赐给诸侯王以下直至平民应该继承父业的人每人爵位一级，天下每户一百钱。遣散后宫的宫人回家，而且免除其终身的赋税。太子即位，是为孝武皇帝。三月，封皇太后的弟弟田蚡为武安侯，田胜为周阳侯。在阳陵安葬了景帝的灵柩。

【原文】

太史公曰：汉兴，孝文施大德，天下怀安①。至孝景，不复忧异姓②，而晁错刻削诸侯③，遂使七国俱起，合从而西乡④，以诸侯太盛，而错为之不以渐也⑤。及主父偃言之⑥，而诸侯以弱，卒以安。安危之机⑦，岂不以谋哉？

【注释】

①怀安：指人民怀念帝王的德政而安居乐业。②"不复忧"句：不再担心异姓诸侯王的反叛。刘邦与项羽争天下时，先后封了九个异姓诸侯王。取得天下后，刘邦逐个铲除了异姓王，改封同姓王。到景帝

时，仅存的一个异姓王长沙国吴氏因无后而国除，就再没有异姓王了。③刻削诸侯：指削藩政策。刻削：削减，削夺。④合从：本指战国时期六国联合进攻秦国，这里借指吴、楚七国联合起兵反叛朝廷。从，同"纵"。⑤以：用。渐：渐进，逐步进行。⑥主父偃言之：武帝元朔二年（前127），中大夫主父偃建议，允许诸侯分封自己的子弟为侯。目的是为使诸侯国的封地愈来愈小，以削弱诸侯的势力。汉武帝采纳了这一建议，对巩固中央集权起到了积极作用。⑦机：关键。

【译文】

　　太史公说：汉兴以来，孝文帝广施恩德，天下太平安定。至孝景帝的时候，不再担忧异姓诸侯谋反了，但是晁错提议削夺同姓诸侯，导致吴、楚七国起兵造反，联合向西进发。因为诸侯的势力很盛，而晁错又没有制定出逐渐削减诸侯封地的方法。后来主父偃提出允许诸侯王可以分封子弟为侯的建议，这才使诸侯王的势力渐趋衰弱，天下终得安定。国家安危的关键，难道不在于谋略吗？

世家

成王败寇总有人记,却不会像这般书写。王侯将相都要入史,但不会这样出场。史记·世家,展现出来的诸侯和贵族,有你想到的,更有你没想到的。

齐太公世家

【导读】

姜姓齐国是春秋时代的强国，起于姜太公立国，亡于大夫田氏代齐。姜太公辅佐周文王和周武王兴周灭商，被封在营丘，建立齐国。齐国地理位置优越，不但依山傍海，而且土地肥沃。齐桓公时期，任用管仲为相，利用鱼盐之利，通工商之业，齐国逐渐成为富庶之国。后来，齐桓公打着"尊王攘夷"的旗号，征伐蛮夷，并与诸侯会盟，成为春秋五霸之一。桓公去世之后，齐国渐趋衰落。经过崔杼、庆封之乱，元气大伤，终为大夫田氏所取代。

太公佐周灭商

【原文】

太公望吕尚者①，东海上人②。其先祖尝为四岳③，佐禹平水土甚有功④。虞夏之际封于吕⑤，或封于申⑥，姓姜氏。夏商之时，申、吕或封枝庶子孙⑦，或为庶人，尚其后苗裔也⑧。本姓姜氏，从其封姓，故曰吕尚。

【注释】

①太公望：即姜尚，又称师尚父、吕尚、太公望。因其辅佐周武王灭商有功，封于齐，故称齐太公。俗又称之为姜子牙。②东海上人：东部海边上的人。③四岳：传说为尧舜时的四方部落首领。尧为部落联盟领袖时，四岳推举舜为继承人。舜继位后，四岳又推举禹辅佐舜。④平：治理。⑤虞：即有虞氏，传说中远古部落名，居于蒲坂（今山西永济西蒲州镇），舜为其领袖。夏：即夏后氏，我国历史上第一

个朝代,相传为夏后氏部落领袖禹的儿子启所建立。吕:古国名。一作甫,亦称有吕,姜姓,传为四岳之后,封于吕。⑥申:古国名,姜姓。传为伯夷之后,其地在今陕西、山西之间。后来周宣王时,一部分东迁,分封于谢,建立申国。春秋时被楚文王所灭。⑦枝庶:依照中国古代的宗法制度,宗族的嫡长子派系称为正宗,非嫡系则称为枝庶。⑧苗裔:后世子孙。

【译文】

太公望吕尚,东海边上的人。太公的祖先曾经做过四岳的官职,辅佐大禹治水,立下很大的功劳。虞夏之际,封在吕城这个地方,也有的被封在申这个地方,姓姜氏。夏商的时候,申地和吕地有的封给了旁支的人,以致后世子孙有很多人沦为平民,吕尚就是他们的后代。吕尚本来姓姜,后来以封地为姓,所以称为吕尚。

【原文】

吕尚盖尝穷困,年老矣①,以渔钓奸周西伯②。西伯将出猎,卜之③,曰"所获非龙非彲④,非虎非罴⑤,所获霸王之辅"。于是周西伯猎,果遇太公于渭之阳⑥,与语大说,曰:"自吾先君太公曰'当有圣人适周,周以兴'。子真是邪⑦?吾太公望子久矣。"故号之曰"太公望",载与俱归,立为师⑧。

【注释】

①年老矣:据说当时吕尚已七十二岁。②奸:通"干",干谒、进见。周西伯:即姬昌。③卜:古人以火灼龟甲,取龟甲裂纹以测吉凶祸福。④彲:通"螭",传说中无角的龙。⑤罴:兽名,俗称人熊。似熊而长头高脚,猛悍多力,能拔树木。⑥渭:即今渭水。阳:山之南或水之北为阳,渭阳即渭水北岸。⑦子真是邪:犹言您正是其人吧?真,正。⑧师:师辅之官,辅佐西伯的最高军政长官。

【译文】

吕尚曾经十分贫穷,年纪老的时候,利用钓鱼的机会求见周部落的西伯侯姬昌。西伯侯准备出外打猎,卜了一个卦,卦辞上说:"所得到的既不是龙也不是螭,既不是老虎也不是熊,得到的是霸王的辅佐。"于是西伯侯出去打猎,果然在渭水的北岸遇上了太公,西伯侯与太公交谈之后十分高兴,说:"我的先君太公曾说'一定有圣人到周国来,周国能依靠他兴盛'。您就是这个人吧?我的太公盼望您已经很久了。"所以称他为"太公望",西伯侯与他一起坐车回去,还拜吕尚为师辅之官。

【原文】

或曰,太公博闻,尝事纣①。纣无道②,去之。游说诸侯③,无所遇,而卒西归周西伯。或曰,吕尚处士④,隐海滨。周西伯拘羑里⑤,散宜生、闳夭素知而招吕尚⑥。吕尚亦曰:"吾闻西伯贤,又善养老,盍往焉。"三人者为西伯求美女奇物,献之于纣,以赎西伯。西伯得以出,反国。言吕尚所以事周虽异⑦,然要之为文武师⑧。

【注释】

①事:侍奉。②无道:暴虐不施仁政。③游说:以福祸利害来劝说诸侯。④处士:隐居不仕而有才德的人。⑤羑里:地名。故址在今河南汤阴县北。⑥散宜生:西周初年大臣。与闳夭、太颠等同辅周文王。闳夭:周初大臣。⑦言吕尚所以事周虽异:这句话的意思是说,对于吕尚事周的经过虽然传闻不一样。⑧文武师:周文王和周武王的师辅之臣。

【译文】

有人说,太公见识广博,曾经侍奉商纣王。商纣无道,他就离开了。此后他游说诸侯,没碰上赏识他的人,最终才向西归附了西伯侯。有的人说,吕尚是隐士,隐居在大海之滨。西伯侯被拘禁在羑里,散宜生和闳夭素听说吕尚贤明就把他召请过来。吕尚也说:"我听说西伯侯有圣贤之才,又赡养老者,为什么不到那里去呢?"三人为西伯侯求取美人和珍宝献给纣王,以此赎回西伯侯。西伯侯因此被释放,回到周国。虽然吕尚归附周国的说法各不相同,但是都说他成了周文王和周武王的军师。

【原文】

周西伯昌之脱羑里归,与吕尚阴谋修德以倾商政①,其事多兵权与奇计②，故后世之言兵及周之阴权皆宗太公为本谋③。周西伯政平④，及断虞芮之讼⑤，而诗人称西伯受命曰文王。伐崇、密须、犬夷⑥，大作丰邑⑦。天下三分，其二归周者，太公之谋计居多。

【注释】

①阴谋修德：暗中议定计谋，施行德政。②兵权：用兵的谋略。③阴权：阴谋权术。宗：推崇。本谋：权谋的主要策划者。这句话的意思是说，后世研究军事以及周代权谋的人，都推崇太公为主要策划者。④政平：为政公平持正。⑤虞芮之讼：虞、芮二国为疆界产生纠纷，周文王从中调解，并使二国归附于周。虞、芮都是姬姓的诸侯国。⑥崇：古国名，其地在今陕西户县东。密须：古国名，其地在今甘肃灵台县西南。犬夷：亦称犬戎，部族名。⑦丰邑：西周都城，其地在今陕西长安西北沣河以西。

【译文】

西伯侯姬昌从羑里逃脱之后，和吕尚图谋施行德政以颠覆商朝的统治，这些计策多数是用兵之道和奇谋良策，所以后世谈论用兵之法以及周朝的权术，都推崇姜太公吕尚是主要谋划者。西伯侯政治清平，消除了虞国和芮国的争端，而诗人们都说西伯侯承天命而号为"文王"。文王讨伐崇国、密须、犬夷，大规模修建丰邑。如果把当时的天下分为三份，那么三分之二已经归顺周国，这些多半是出自太公的谋划。

【原文】

文王崩，武王即位。九年，欲修文王业①，东伐以观诸侯集否②。师行，师尚父左杖黄钺③，右把白旄以誓④，曰："苍兕苍兕⑤，总尔众庶⑥，与尔舟楫，后至者斩！"遂至盟津⑦。诸侯不期而会者八百诸侯⑧。诸侯皆曰："纣可伐也。"武王曰："未可。"还师，与太公作此《太誓》⑨。

【注释】

①欲修文王业：指武王打算实行文王的统一大业。②东伐以观诸侯集

否：武王率军东征，以试探诸侯的态度。集否：是否率军聚集到他的麾下。③杖：手持。黄钺：以黄金为饰的铜钺，只有天子才能使用。后世成为帝王的仪仗。有时派大臣出征，亦假以黄钺，以示威重。④白旄：旗帜的一种，旗竿顶以牦牛尾为饰。誓：誓师时的誓词。⑤苍兕：水兽名，善奔突，能覆舟。这里指职掌舟楫的官员。⑥总：统领。众庶：众人。⑦盟津：即孟津，古津渡名。其地在今河南省孟津县东北黄河南岸。相传周武王伐纣，在此会盟诸侯渡河，故称盟津。⑧不期而会：事前没有约定，到时自动前来会师。⑨《太誓》：《尚书》篇名，也作"泰誓"，是周武王伐纣在孟津的誓词。

【译文】

　　文王去世以后，周武王即位。九年之后，武王打算实行文王的统一事业。向东面征伐商纣，试探一下诸侯们是否会响应。大军出征的时候，吕尚左手拿着黄金装饰的铜钺，右手拿着白旄誓师道："苍兕啊苍兕，率领你的军队，乘着你的船只，迟到的就要斩首。"到达孟津的时候，诸侯事先没有约定而前来的有八百个。诸侯们都说："可以讨伐商纣了。"武王却说："还不到时候。"接着率领军队返回周国，与太公一起写了《泰誓》一篇。

【原文】

　　居二年，纣杀王子比干，囚箕子。武王将伐纣，卜，龟兆不吉，风雨暴至。群公尽惧，唯太公强之劝武王①，武王于是遂行。十一年正月甲子②，誓于牧野③，伐商纣。纣师败绩。纣反走④，登鹿台⑤，遂追斩纣。明日，武王立于社⑥，群公奉明水⑦，卫康叔封布采席⑧，师尚父牵牲⑨，史佚策祝⑩，以告神讨纣之罪。散鹿台之钱，发钜桥之粟⑪，以振贫民⑫。封比干墓⑬，释箕子囚。迁九鼎⑭，修周政，与天下更始⑮。师尚父谋居多。

【注释】

　　①强之：坚持出征之议。②甲子：此为甲子日。上古以干支纪日。干支是天干地支的合称。甲乙丙丁戊己庚辛壬癸为十干，也称天干；子

丑寅卯辰巳午未申酉戌亥为十二支，也称地支。天干地支一一相配，六十数为一周，俗称六十花甲子。③牧野：古地名，其地在今河南淇县西南。④反走：即返走，回头逃跑。⑤鹿台：台名。商纣所筑，用以贮藏财物。⑥社：祭祀土神的场所。⑦奉：读为"捧"。明水：古代祭祀时以铜鉴收取的露水。⑧卫康叔：周代晋国的始祖，名封，周武王之弟。初封于康（今河南禹县西北），故称康叔。布：铺设。采席：即彩席。⑨牲：牺牲，做祭物的纯色全体牲畜，如牛、羊之类。⑩史佚：西周初期的史官，名佚，一作逸。史为官名。策祝：读简策上的祝文，向天祷告。⑪钜桥：古仓名。商代的大粮仓。其地在今河北省曲周县东北古衡漳水东岸。⑫振：通"赈"，救济。⑬封：封土增高坟头。⑭九鼎：古代象征国家政权的传国之宝。相传禹收九牧之金，铸九鼎，象九州。成汤迁九鼎于商邑，周武王迁之于洛邑。⑮更始：除旧布新，开始新的纪元。

【译文】

二年之后，商纣王杀死王子比干，还囚禁了箕子。武王将要讨伐纣王，用龟甲卜卦时显示的卦象是不吉利，暴风雨突然降临。大臣们都很害怕，只有太公坚持劝勉武王讨伐商纣，于是武王出兵伐纣。周武王十一年正月甲子，武王在牧野誓师，讨伐商纣。纣王的军队吃了败仗，纣王逃回朝歌，登上鹿台，被追上来的周军杀死。第二天，周武王站在土地神庙前，公卿们捧着清水，卫康叔布置彩席，吕尚牵着祭祀用的牲畜，史佚奉册书祝祷禀告神灵，声讨纣王的罪行。周武王又分发鹿台的存钱，发放钜桥的粮食，以救济贫苦百姓。还筑土增高比干的坟墓，释放箕子，迁移象征天子尊位的九鼎，修明周朝的政治，与天下民众一起除旧迎新。以上这些措施多出自吕尚之手。

【原文】

于是武王已平商而王天下①，封师尚父于齐营丘②。东就国③，道宿行迟。逆旅之人曰④："吾闻时难得而易失。客寝甚安，殆非就国者也⑤。"太公闻之，夜衣而行，犁明至国⑥。莱侯来伐⑦，与之争营丘。营丘边莱⑧。莱人，夷也⑨，会纣之乱而周初定，未能集远方⑩，是以与太公争国。

【注释】

① 王天下：统一天下。② 营丘：古邑名。其地在今山东淄博市临淄北。③ 就国：赴封国就位。④ 逆旅：旅舍、宾馆。⑤ 殆：大概、恐怕。⑥ 犁明：即黎明。⑦ 莱：商代诸侯国，姜姓。春秋时为齐灵公所灭。其地在今山东黄县东南。⑧ 边：作动词用，靠近。⑨ 夷：远古时称东部落后部族为夷。⑩ 集：通"辑"，和睦。

【译文】

此时武王已经平定了商朝，称王于天下，便封吕尚于齐国的营丘。吕尚向东去了自己的封国，在路上住宿，走得很慢。旅舍的主人说："我听说时机很难得到却很容易失去。客人睡得很安心，实在不像是到封国就任的人啊。"太公听说之后，半夜穿好衣服上路，黎明的时候到达封国。正好遇上莱侯前来攻打，和吕尚争夺营丘。营丘的旁边是莱国。莱人是夷族，适逢纣王乱政而周朝初定天下，周还没有来得及安定远方的国家，所以莱人来和太公争夺营丘。

【原文】

太公至国，修政，因其俗，简其礼，通商工之业，便鱼盐之利，而人民多归齐，齐为大国。及周成王少时，管蔡作乱①，淮夷畔周②，乃使召康公命太公曰③："东至海，西至河，南至穆陵④，北至无棣⑤，五侯九伯⑥，实得征之。"齐由此得征伐，为大国。都营丘。

【注释】

① 管：即管叔，名鲜，周武王之弟。武王灭商后，封于管（今河南郑州）。蔡：即蔡叔，周武王之弟，武王灭商后，封于蔡（今河南上蔡西南）。② 淮夷：部族名。商周时活动于淮河流域一带。畔：通"叛"。③ 召康公：姬奭，周代燕国的始祖。因其采邑在召（今陕西岐山县西南），故称召公或召伯。武王灭商后，封召公于燕。④ 穆陵：古邑名。其地在今山东临朐县南。⑤ 无棣：古邑名。其地在今山东无棣县北。⑥ 五侯：即公、侯、伯、子、男五等诸侯。九伯：九州之长。

【译文】

　　太公到了齐国，修明政治，顺应当地的风俗，简化礼仪，开放工商各个行业，再加上鱼盐带来的利益，百姓多归顺齐国，齐国成为大国。到周成王幼年登基的时候，管叔和蔡叔作乱，淮夷背叛周朝，周王室派召公命令太公说："东到大海，西至黄河，南达穆陵，北抵无棣，在这个范围之内的五侯九伯，如果他们犯了错，你都可以征伐。"齐国得到了征伐诸侯的权力，成为大国，定都营丘。

齐桓公争位

【原文】

　　桓公元年春①，齐君无知游于雍林②。雍林人尝有怨无知，及其往游，雍林人袭杀无知，告齐大夫曰："无知弑襄公自立，臣谨行诛。唯大夫更立公子之当立者，唯命是听。"

　　初，襄公之醉杀鲁桓公，通其夫人，杀诛数不当③，淫于妇人，数欺大臣，群弟恐祸及，故次弟纠奔鲁。其母鲁女也。管仲、召忽傅之④。次弟小白奔莒⑤，鲍叔傅之⑥。小白母，卫女也，有宠于釐公。小白自少好善大夫高傒⑦。及雍林人杀无知，议立君，高、国先阴召小白于莒⑧。鲁闻无知死，亦发兵送公子纠，而使管仲别将兵遮莒道，射中小白带钩⑨。小白详死⑩，管仲使人驰报鲁。鲁送纠者行益迟，六日至齐，则小白已入，高傒立之，是为桓公。

【注释】

①桓公：名小白，齐襄公弟。公元前685年至公元前643年在位。任用管仲，富国强兵。以"尊王攘夷"为号召，多次大会诸侯，成为春秋时第一个霸主。②雍林：地名。其地当在临淄附近。③不当：罪不当死。④管仲：名夷吾，字仲，齐颍上人。辅佐齐桓公进行改革，

富国强兵，使之成为春秋霸主之首。召忽：齐大夫，为辅公子纠而自杀。⑤莒：古国名。西周分封，公元前431年被楚灭掉。⑥鲍叔：即鲍叔牙，春秋时齐国大夫，以知人著称。他向齐桓公保举管仲，齐用管仲，国力日强。⑦高傒：齐国正卿。⑧国：国懿仲。国氏亦为春秋时齐国贵族，世代为上卿。⑨带钩：束腰皮带上的金属钩。⑩详：通"佯"，假装。

【译文】

　　齐桓公元年的春天，齐国国君无知游玩于雍林。雍林人曾与无知结怨，等他到这里游玩的时候，雍林人杀死了无知，并告诉齐国的大夫说："无知杀襄公而自立为王，臣等将他诛杀，希望大夫重新拥立一位应当继位的公子，我们一定听从他的命令。"

　　当初，齐襄公将鲁桓公灌醉并把他杀死，和桓公的夫人私通，诛杀臣民多有不当，贪恋女色，多次欺侮大臣，他的兄弟怕惹祸上身，所以公子纠投奔鲁国，这是因为他的母亲是鲁君之女。管仲、召忽辅佐他。小白投奔莒国，鲍叔辅佐他。小白的母亲是卫君之女，受到卫釐公的宠爱。小白自小就亲近大夫高傒。雍林人杀死无知、商讨另立新君的时候，高傒和国氏二人先暗中到莒国把小白迎接回国。鲁君听说无知死了，也派兵护送公子纠回国，还派管仲率领军队拦住从莒国到齐国的通道，管仲用弓箭射中了小白腰带上的钩子。小白假装被射死，管仲派人飞快地将这一消息告诉鲁君。鲁君护送公子纠的军队就不着急赶路，走了六天才到达齐国，这个时候小白早已到达，高傒拥立他即位，小白就是齐桓公。

【原文】

　　桓公之中钩，详死以误管仲①，已而载温车中驰行②，亦有高、国内应，故得先入立，发兵距鲁③。秋，与鲁战于乾时④，鲁兵败走，齐兵掩绝鲁归道⑤。齐遗鲁书曰："子纠兄弟，弗忍诛，请鲁自杀之。召忽、管仲雠也，请得而甘心醢之⑥。不然，将围鲁。"鲁人患之，遂杀子纠于笙渎⑦。召忽自杀，管仲请囚⑧。桓公之立，发兵攻鲁，心欲杀管仲。鲍叔牙曰："臣幸得从君，君竟以立。君之尊，臣无以增君。

君将治齐，即高傒与叔牙足也。君且欲霸王⑨，非管夷吾不可。夷吾所居国国重，不可失也。"于是桓公从之。乃详为召管仲欲甘心，实欲用之。管仲知之，故请往。鲍叔牙迎受管仲，及堂阜而脱桎梏⑩，斋祓而见桓公⑪。桓公厚礼以为大夫，任政。

【注释】

① 详死以误管仲：装死以延误管仲的行动。② 温车：又称辒车、辒凉车。本是古代一种卧车，有篷有窗，可以调节冷热。③ 距：通"拒"，抵抗。④ 乾时：齐地名。其地在今山东益都县境。⑤ 掩绝：阻绝、切断。⑥ 醢：把人剁成肉酱。⑦ 笙渎：又名句渎，鲁地。其地在今山东菏泽市北。⑧ 管仲请囚：管仲请求把自己囚禁起来。⑨ 霸王：成就霸王之业。⑩ 堂阜：地名，其地在今山东蒙阳县西北。桎梏：脚镣手铐。⑪ 斋祓：斋为沐浴更衣素食，祓为除灾祈福的仪式。

【译文】

桓公被射中腰带的钩子，以装死骗了管仲之后，接着就坐上带有帐篷的车子飞快地前进，又有高傒和国氏等人的接应，所以先回到齐国而得以即位。他派兵抵挡住鲁国的军队。这年秋天，齐国与鲁国在乾时大战，鲁军败退，齐军断绝了鲁军撤退的道路。桓公送信给鲁君说："公子纠是我的兄弟，我不忍心杀他，请鲁国自己把他杀了吧！召忽和管仲是我的仇人，请把他们交给我，我非得把他们剁成肉酱才甘心。如果你们做不到的话，我就派军队去围攻鲁国。"鲁人十分害怕，就在笙渎之地杀死了公子纠。召忽自杀，管仲请求把他囚禁起来。桓公即位之后，发兵攻打鲁国，心里本想杀了管仲。这个时候鲍叔牙对桓公说："臣有幸能跟从您，现在您终究登上了王位。您的地位尊贵，臣无法使您的地位更加荣耀了。您如果治理齐国，用高傒和叔牙就足够了。您如果想称霸，那么非得用管仲辅佐不可。管仲所在的国家一定会有威望，此人不可或缺啊。"桓公听从了鲍叔牙的意见，假装说得到管仲后把他杀掉才甘心，实际上是想重用他。管仲知道他的用意，所以就请求前往齐国。鲍叔牙亲自去迎接管仲，到达堂阜的时候替他卸下镣铐，让他斋戒祭祀之后去拜谒齐桓公。桓公用很隆重的礼仪接待他，并任命他为大夫，主持政务。

鲁周公世家

【导读】

　　周公是周文王之子，周武王的弟弟。他帮助武王灭商，由此开创了周朝七百多年的基业。周朝建立伊始，周公被封在鲁国。这时，正好赶上成王刚刚即位，西周还未平定，周公为稳定局面，故而辅佐年幼的成王处理朝政。在辅佐成王期间，他平定叛乱，教育成王大兴礼治，使西周形成了重伦理、轻逸乐、好俭朴、乐献身的君子风尚。周公之子伯禽代父立国，后来历经隐桓之事、庆父之乱、襄仲杀嫡立庶、三桓攻伐公室等事件，鲁国势力逐渐衰微，成了诸侯争夺的对象，最终在战国后期被楚国灭掉。鲁国先后传二十五世、经历三十六位国君，享国七百多年。

周公吐哺，天下归心

【原文】

　　周公旦者①，周武王弟也②。自文王在时③，旦为子孝，笃仁，异于群子。及武王即位，旦常辅翼武王，用事居多。武王九年，东伐至盟津④，周公辅行。十一年，伐纣⑤，至牧野⑥，周公佐武王，作《牧誓》⑦。破殷，入商宫。已杀纣，周公把大钺⑧，召公把小钺⑨，以夹武王，衅社⑩，告纣之罪于天，及殷民。释箕子之囚⑪。封纣子武庚禄父，使管叔、蔡叔傅之⑫，以续殷祀⑬。遍封功臣同姓戚者。封周公旦于少昊之虚曲阜⑭，是为鲁公。周公不就封，留佐武王。

【注释】

①周:地名。在今陕西岐山县北。其地本为太王所居,后为周公采邑。②周武王:姬姓,名发。继承其父文王遗志,灭商,建立西周。③文王:名昌,周武王之父。为西伯,又称伯昌。④盟津:又名孟津。古黄河津渡。相传周武王伐纣,在此盟会诸侯并渡河,故名盟津。⑤纣:商朝最后一位君主。名受,号帝辛,史称纣王。⑥牧野:在今河南淇县西南。⑦《牧誓》:《尚书》篇名,记载周武王在牧野率军同商纣作战的誓辞。⑧钺(yuè):古代兵器。青铜制,圆刃,木柄,形状似斧。⑨召公:又作邵公、召康公。周朝燕国始祖。⑩衅:以牲血祭祀。衅社:以牲血祭社之礼。⑪箕子:纣王的叔父。官太师。封于箕(今山西太谷东北)。⑫管叔、蔡叔:管叔,名鲜;蔡叔,名度。二人都是周武王的弟弟。⑬殷祀:殷商的祭祀。⑭少昊:传说中古代东夷族首领。曲阜:今山东曲阜。

【译文】

周公旦是周武王的弟弟。文王健在的时候,旦身为人子很孝顺,忠厚仁爱,不同于其他的儿子。等到武王即位,周公旦时常辅佐武王,许多政事都需要靠他来处理。武王九年,向东征伐到达孟津,周公辅佐跟随。十一年,讨伐商纣,到达牧野,周公辅佐武王,一起作了一篇《牧誓》。攻破殷都,进入商宫。杀了商纣之后,周公拿着大钺,召公拿着小钺,在左右两旁夹辅武王,并以牲畜的鲜血祭祀土神,把纣王的罪行报告给上天,及殷商的百姓。释放被囚禁的箕子。分封商纣的儿子武庚禄父,派管叔、蔡叔从旁辅佐监督,以延续殷商的祭祀。普遍封赏有功之臣以及同姓的亲族。把周公旦分封在少昊的故墟曲阜,留在京城辅佐武王。

【原文】

武王克殷二年,天下未集①,武王有疾,不豫②,群臣惧,太公、召公乃缪卜③。周公曰:"未可以戚我先王④。"周公于是乃自以为质,设三坛⑤,周公北面立⑥,戴璧秉圭⑦,告于太王、王季、文王⑧。史策祝曰⑨:"惟尔元孙王发,勤劳阻疾。若尔三王是有负子之责于天⑩,以旦代王发之身。

旦巧能，多材多艺，能事鬼神。乃王发不如旦多材多艺，不能事鬼神。乃命于帝庭，敷佑四方，用能定汝子孙于下地，四方之民罔不敬畏。无坠天之降葆命⑪，我先王亦永有所依归。今我其即命于元龟⑫，尔之许我，我以其璧与圭归，以俟尔命。尔不许我，我乃屏璧与圭。"周公已令史策告太王、王季、文王，欲代武王发，于是乃即三王而卜。卜人皆曰吉，发书视之⑬，信吉。周公喜，开籥⑭，乃见书遇吉。周公入贺武王曰："王其无害。旦新受命三王，维长终是图。兹道能念予一人⑮。"周公藏其策金縢匮中⑯，诫守者勿敢言。明日，武王有瘳⑰。

【注释】

① 集：通"辑"，意为辑睦、安定。② 豫：安适。③ 太公：即吕尚。缪卜：诚敬地占卜。④ 戚：使……忧虑。⑤ 坛：土筑的高台。古时用于祭祀及朝会、盟誓等大事。⑥ 北面立：朝北面站着。⑦ 璧：古玉器，璧平圆、正中有孔；圭：古玉器，长条形，上端作三角状。璧和圭皆为古代用于朝聘、祭祀、丧葬等活动的礼器。⑧ 太王：古公亶父，周文王的祖父，周族的领袖。⑨ 史：史官，或称作册。掌管祭祀和记事、册命等事。策，通"册"，即简书，周公所作。祝，即宣读简书，以告三王。⑩ 负子之责：意为周公愿替武王担当这个责任。⑪ 葆：通"宝"。⑫ 元龟：大龟。古人占卜的工具。⑬ 书：卜兆的记录，即占兆之辞。⑭ 籥（yuè）：锁钥。⑮ 予一人：古代帝王的自称。本作"馀一人"。此处当为周公自称。⑯ 金縢：金质封缄。⑰ 瘳（chōu）：病愈。

【译文】

武王灭掉商朝后两年，天下还未安定，武王患病，不舒服，群臣担心，太公、召公问卜。周公说："不可以使我们的先王忧虑。"周公就以自身为人质，设置三个祭坛，周公朝着北面站立，头上顶着璧，手里拿着圭，向太王、王季、文王祷告。史官将祷告的辞令记了下来，上面记载："你们的长孙姬发，积劳成疾。如果你们三位对上天有保护子孙的责任，那就请以我姬旦的生命代替姬发吧。旦灵巧而且有能力,还多才多艺,能侍奉鬼神。而姬发却没有我那么多才多艺,不能侍奉鬼神。但是他受命于上天,坐拥天下,能让你们的子孙都能平平安安地生活于世上,天下的百姓没有不敬畏他的。不要坠毁上天赐予他的宝贵生命,我们的先王也将永远地依托于他。现在我就要通过元龟听从你们的命令。如果你们答应我,我就把璧和圭拿给你们,来听候你们的命令;如果你们不答应我,我就把璧和圭藏起来。"周公让史官向太王、王季和文王说明自己的想法,打算代替武王姬发,便在三王面前问卜。占卜的人都说吉利,把占卜书打开一看,果然是大吉大利。周公很高兴,打开收藏占兆之书的柜子,见到的卜辞也是吉利的。周公入宫向武王贺喜道:"大王不会有事的。旦刚刚接受了三王的命令,你将要为周作长远打算。这样你就可以好好地考虑自己的职责了。"周公把策书藏在用绳索缠绕、用金属缄封的匣子里,并告诫看管者不要乱说话。第二天,武王的病就好了。

【原文】

其后武王既崩,成王少,在强葆之中①。周公恐天下闻武王崩而畔②,周公乃践阼代成王摄行政当国③。管叔及其群弟流言于国曰:"周公将不利于成王。"周公乃告太公望、召公奭曰:"我之所以弗辟而摄行政者④,恐天下畔周,无以告我先王太王、王季、文王。三王之忧劳天下久矣,于今而后成。武王蚤终⑤,成王少,将以成周,我所以为之若此。"于是卒相成王,而使其子伯禽代就封于鲁⑥。周公戒伯禽曰:"我文王之子,武王之弟,成王之叔父,我于天下亦不贱矣。然我一沐三捉发,一饭三吐哺⑦,起以待士,犹恐失天下之贤人。子之鲁,慎无以国骄人。"

管、蔡、武庚等果率淮夷而反⑧。周公乃奉成王命,兴师东伐,作《大诰》⑨。遂诛管叔,杀武庚,放蔡叔。收殷馀民,以封康叔于卫⑩,封微子于宋⑪,以奉殷祀。宁淮夷东土,二年而毕定。诸侯咸服宗周⑫。

【注释】

① 强葆：通"襁褓"。包裹小孩、系于背上的用具。② 畔：通"叛"。③ 阼（zuò）：古代庙、寝堂前两阶，主阶在东（即阼），天子诸侯进行各种活动，皆由东阶升降。践阼，引申为天子登位，又作"践祚"。摄：代理。④ 辟：通"避"。⑤ 蚤：通"早"。⑥ 伯禽：周公的长子，亦称禽父。⑦ 一沐三捉发，一饭三吐哺：洗头时三次抓起头发，吃饭时三次吐出嘴里的食物，起身接待来朝见的人。这里喻指政务繁忙，治事勤勉，待人恭敬。⑧ 淮夷：古民族名。居于淮河下游一带。西周时曾与徐戎部族多次联合抗周。⑨《大诰》：《尚书》篇名。为周公东征前对诸侯和王朝官吏发表的讲话，经史官笔录而成。诰，古代一种训诫勉励的文告，用于上对下。⑩ 康叔：名封，周武王之弟，初封于康（今河南禹县西北）。⑪ 微子：名启，商纣的庶兄。初封于微。因见商朝将亡，多次劝谏纣王，纣王不听，于是出走。宋，微子封国。⑫ 宗周：周为诸侯所宗仰，故王都所在称宗周。

【译文】

后来武王驾崩，成王年少，仍在襁褓之中。周公担心天下人听说武王驾崩而叛乱，便代成王行摄政之职，主持国事。管叔和其他的兄弟在国中散布谣言说："周公将会对成王不利。"周公告诉太公望和召公奭说："我之所以不加避讳而行摄政之职，那是因为害怕天下背叛周朝，无法告慰我们的先王太王、王季和文王。三王为天下已经忧劳很久了，现在才取得成功。武王早死，成王年少，为了成就周朝未来的大业，我才这样做的。"最后辅佐了成王，又派自己的儿子伯禽代他受封于鲁国。周公告诫伯禽说："我是文王的儿子，武王的弟弟，成王的叔叔，我在天下的身份已经不算卑贱了。然而，往往我洗一次头要抓起三次头发，吃一顿饭要三次吐出食物，匆忙地起身接待士人，这样是怕失去天下的贤能之士。你到鲁国，千万不要以国君的身份骄纵轻视他人。"

管叔、蔡叔、武庚等人果然率领淮夷造反。周公奉成王之命，兴师东伐，作了一篇《大诰》。诛灭管叔，杀死武庚，流放蔡叔。降伏殷商的遗民，又封康叔于卫国，封微子于宋国，以延续殷商的祭祀。安抚东边的淮夷地区，用了两年的时间才平定。诸侯都臣服于周朝。

【原文】

天降祉福①,唐叔得禾②,异母同颖③,献之成王,成王命唐叔以馈周公于东土④,作《馈禾》。周公既受命禾,嘉天子命,作《嘉禾》。东土以集,周公归报成王,乃为诗贻王,命之曰《鸱鸮》。王亦未敢训周公⑤。

成王七年二月乙未,王朝步自周,至丰⑥,使太保召公先之雒相土⑦。其三月,周公往营成周雒邑,卜居焉,曰吉,遂国之。

【注释】

①祉:福。②唐叔:名虞,字子于,周成王之弟。周朝晋国始祖。③颖:带芒的谷穗。④馈:馈赠。⑤训:责问。⑥丰:丰京。⑦太保:官名。

【译文】

上天降下福祉,唐叔得到了特异的禾穗,献给了成王,成王命令唐叔到东方把它献给周公,写了一篇《馈禾》。周公接受禾穗后,赞赏天子的赏赐,作了一篇《嘉禾》作为答谢。东土平定之后,周公回朝禀报成王,写了一首诗送给成王,诗的名字叫《鸱鸮》。成王也没敢责问周公。

成王七年二月乙未,成王从镐京步行至武王庙,到达丰京,派太保召公到洛邑考察环境。这年三月,周公前往营建成周洛邑,占卜择定建都之地,卜辞上说大吉,便在那里建都。

【原文】

成王长,能听政。于是周公乃还政于成王,成王临朝。周公之代成王治,南面倍依以朝诸侯①。及七年后,还政成王,北面就臣位②,匔匔如畏然③。

初,成王少时,病,周公乃自揃其蚤沉之河④,以祝于神曰:"王少未有识,奸神命者乃旦也。"亦藏其策于府⑤。成王病有瘳。及成王用事,人或谮周公⑥,周公奔楚。成王发府，见周公祷书，乃泣，反周公。

【注释】

①南面倍依以朝诸侯：古代以北位最尊，为天子所居。此时周公在王位，故位北面南而朝诸侯。倍：负。②北面：古代臣子朝见君主时居南位，面向北。所以"北面"即指向人称臣的意思。③翢翢：恭敬谨慎。④自揃其蚤：剪掉自己的指甲。揃，修剪。蚤：通"爪"。⑤藏其策于府：将祝告的册文藏于府中。府，古代帝王藏书的场所。⑥谮（zèn）：进谗言。

【译文】

成王长大之后，能够处理政事。周公便将国家政事交给成王，成王临朝执政。周公代替成王治理国家，面向南背靠着屏风朝见诸侯。七年之后，把政事交还给成王，面朝北回到臣子的位置，态度谨慎恭敬，像是畏惧的样子。

当初，成王年少的时候，生病，周公剪断自己的指甲，使之沉入河中，向鬼神祈祷说："帝王年少不懂事，违犯神命的是我周公旦。"祷告完毕后也把策书收藏到内府之中。结果成王病愈。后来成王处理政事的时候，有人进谗言污蔑周公，周公逃到楚国。成王打开内府，看到周公为他祈祷的策书，感动得哭泣，便迎接周公回朝。

【原文】

周公归，恐成王壮，治有所淫佚，乃作《多士》①，作《毋逸》②。《毋逸》称："为人父母，为业至长久，子孙骄奢忘之，以亡其家，为人子可不慎乎！故昔在殷王中宗③，严恭敬畏天命，自度治民④，震惧不敢荒宁，故中宗飨国七十五年⑤。其在高宗⑥，久劳于外，为与小人⑦，作其即位，乃有亮闇⑧，三年不言⑨，言乃欢，不敢荒宁，密靖殷国⑩，至于小大无怨，故高宗飨国五十五年。其在祖甲⑪，不义惟王，久为小人于外，知小人之依，能保施小民，不侮鳏寡⑫，故祖甲飨国三十三年。"《多士》称曰："自汤至于帝乙⑬，无不率祀明德，帝无不配天者⑭。在今后嗣王纣，诞淫厥佚，不顾天及民之从也⑮。其民皆可诛。"文王日中昃不暇食⑯，飨国五十年。"作此以诫成王。

成王在丰，天下已安，周之官政未次序，于是周公作《周官》⑰，官别其宜。作《立政》⑱，以便百姓⑲。百姓说。

【注释】

① 《多士》：《尚书》篇名。内容为周公告诫殷商贵族。② 《毋逸》：《尚书》篇名。又作《无逸》《无佚》。③ 殷王中宗：即商王祖乙。④ 度：法度。⑤ 飨国：当政，在位。飨，通"享"。⑥ 高宗：商王武丁。⑦ 小人：对平民百姓的蔑称。⑧ 闻："亮暗"，又作"亮阴""谅暗""梁暗"等。一说为帝王居丧，沉默不语。一说为凶庐，梁即楣，暗即庐，守丧之处。⑨ 三年不言：有两种解释。一说新王守丧三年，其间不问政事。一说武丁三年之中默以思道，以图殷之复兴，旁求四方贤士，终得傅说。⑩ 密：安定。靖：也是安定的意思。⑪ 祖甲：商朝第二十五个王。武丁之子。⑫ 鳏寡：老而无妻为鳏；老而无夫为寡。引申指年老而穷苦无告者。⑬ 汤：成汤。子姓，名履，又称天乙。商代开国之君。传十七代，三十一王，至纣为周所灭。帝乙：商纣之父。⑭ 配天：不与天意悖违。古代帝王以为自己是天的儿子，行为受天帝意旨支配。⑮ 不顾天及民之从：不顾及天命和百姓的依从。⑯ 日中昃：过了中午之后。昃，日西斜。⑰《周官》：《尚书》篇名。内容为叙述官制，已佚。现存《尚书》中的是东晋所造伪篇。⑱《立政》：《尚书》篇名。"政"同"正"，意为官长。"立政"即建立官长。⑲ 百姓：百官。古代民无姓，有姓者都有封地有官爵。其后民亦有姓，因此庶民也称百姓。

【译文】

周公回到朝中，担心成王年轻气盛，治国时会放纵荒淫，就写了《多士》和《毋逸》两篇（以作告诫）。《毋逸》中说："为人父母的，创业的时间都很长久，子孙骄奢淫逸，忘记了祖先创业的艰难，因而使家业败亡，身为人子的难道不应该谨慎吗？所以当初殷王中宗，严谨谦恭，敬畏天命，治理百姓时也严守法度，戒慎恐惧，不敢荒废自安，所以中宗当政长达七十五年。到了高宗，长时间居住在民间，与百姓一起生活，到他即位的时候，认真为先王守丧，三年之间不曾说话，他一说话，百姓都很欢喜，不敢荒淫安逸，全心全意治理殷商，无论做大事还是小事，都不会招人怨恨，所以高宗当政五十五年。到祖甲的时候，他觉得代替兄长为王是不合理的，所以长时间逃到外边做平民百姓，深知百姓的需求，能够施惠于民。不欺侮鳏寡之人，所以祖甲当政三十三年。"《多士》中说："从商汤一直到帝乙，没有一个不恭敬地祭祀鬼神，帝王的德行没有与天意悖违。到今天他们的后代纣王继位，荒淫纵欲，不顾上天和百姓的意愿。百姓都认为应当诛杀他。""文王从早晨到中午，抽不出时间吃饭，当政五十年。"周公作这两首诗目的是告诫成王。

成王在丰京，天下已经安定，周朝的国家制度还没有固定下来，周公便写了一篇《周官》，分别规定了各级官吏的职责。又作了一篇《立政》，以说明方便百姓的道理，百姓都很高兴。

【原文】

周公在丰，病，将没，曰："必葬我成周，以明吾不敢离成王。"周公既卒，成王亦让，葬周公于毕①，从文王，以明予小子不敢臣周公也②。

【注释】

① 毕：毕原。在今陕西咸阳、西安渭水两岸。② 予小子：古代帝王自谦之称，对先王或长辈而言。

【译文】

周公在丰京，生病，将要死去，说："一定要把我埋葬到成周，以表明我不敢离开成王。"周公去世以后，成王也心怀谦让，埋葬周公于毕原，挨着文王，以表明自己不敢把周公看作臣子。

庆父之难

【原文】

八年，齐公子纠来奔①。九年，鲁欲内子纠于齐，后桓公，桓公发兵击鲁，鲁急，杀子纠。召忽死。齐告鲁生致管仲②。鲁人施伯曰:"齐欲得管仲,非杀之也,将用之,用之则为鲁患。不如杀,以其尸与之。"庄公不听,遂囚管仲与齐③。齐人相管仲。

十三年,鲁庄公与曹沫会齐桓公于柯,曹沫劫齐桓公④,求鲁侵地,已盟而释桓公。桓公欲背约,管仲谏,卒归鲁侵地。十五年,齐桓公始霸。二十三年,庄公如齐观社⑤。

【注释】

① 齐襄公被杀后国内大乱,襄公之子公子纠母是鲁国之女,因此来避难并寻求援助。② 生致:得到活的。③ 与:给。④ 劫:劫持。⑤ 观社:参观祭祀社神之活动。按齐国祭社,聚男女以游观,本身不合于周礼。鲁庄公去观看别国诸侯祭社,也不合于周礼。

【译文】

(鲁庄公)八年冬,齐国公子纠逃到鲁国。九年,鲁国想送公子纠返回齐国继承君位,但是落在齐桓公的后面。桓公发兵攻打鲁国,鲁国危急,杀死公子纠,召忽也跟随死了。齐人告诉鲁国要把管仲活着送回齐国。鲁人施伯说:"齐想得到管仲,不是想杀他,而是要重用他,管仲被重用一定会成为鲁国的心腹大患。不如杀死管仲,把他尸体交给齐国。"庄公不听,把管仲押解交给齐国。齐人任命管仲做了齐相。

十三年,鲁庄公与大夫曹沫与齐桓公盟会于柯地,曹沫劫持齐桓公,索要鲁国被侵占的土地,盟誓后释放桓公。桓公想毁约,管仲劝谏他,终究归还鲁国被侵的土地。十五年,齐桓公开始称霸。二十三年,庄公到齐国去参加祭祀社神的活动。

【原文】

三十二年,初,庄公筑台临党氏①,见孟女②,说而爱之,许立为夫人,割臂以盟。孟女生子斑③。斑长,说梁氏女④,往观。圉人荦自墙外与梁氏女戏⑤。斑怒,鞭荦。庄公闻之,曰:"荦有力焉,遂杀之,是未可鞭而置也。"斑未得杀。会庄公有疾。庄公有三弟,长曰庆父,次曰叔牙,次曰季友。庄公取齐女为夫人曰哀姜。哀姜无子。哀姜娣曰叔姜⑥，生子开⑦。庄公无适嗣，爱孟女，欲立其子斑。庄公病，而问嗣于弟叔牙。叔牙曰："一继一及⑧，鲁之常也。庆父在，可为嗣，君何忧？"庄公患叔牙欲立庆父，退而问季友。季友曰："请以死立斑也。"庄公曰："曩者叔牙欲立庆父⑨，奈何？"季友以庄公命命牙待于针巫氏⑩，使针季劫饮叔牙以鸩⑪，曰："饮此则有后奉祀；不然，死且无后。"牙遂饮鸩而死，鲁立其子为叔孙氏⑫。八月癸亥，庄公卒，季友竟立子斑为君，如庄公命。侍丧，舍于党氏。

【注释】

①党氏：鲁大夫。②孟女：党氏之女。③斑：公子斑。④梁氏：鲁大夫。⑤圉（yǔ）人：官名，掌管养马放牧等事。⑥娣：古时称姐姐的妹妹为娣。⑦开：或作开方，即鲁闵（湣）公。⑧一继一及：古代王位继承的两种方式。继，父死子继。及，兄终弟及。⑨曩者：以往，从前。⑩针（zhēn）巫氏：鲁大夫。⑪鸩：鸟名。其羽毛有毒，古人用以制成毒酒杀人。所以用毒酒杀人也称为"鸩"。⑫叔孙氏：鲁桓公之子叔牙的后裔。春秋后期掌握鲁国政权的三家贵族（三桓）之一。

【译文】

　　三十二年，最初，庄公修筑一座高台正好俯视党氏之家，看到孟女，十分喜欢，答应立她为夫人，割破手臂订下誓约。孟女生了姬斑。姬斑长大后，喜爱梁氏之女，前往她家探视。名叫荦的养马人从墙外与梁氏女嬉戏。姬斑大怒，用鞭子抽打荦。庄公听说此事，说："荦很有力气，应该杀掉他，这人不能鞭打几下就给放掉。"姬斑没来得及杀掉荦。正好赶上庄公有病。庄公有三个弟弟，长名庆父，次名叔牙，幼名季友。庄公娶齐女为夫人名叫哀姜。哀姜没有生儿子。哀姜的妹妹名叫叔姜，所生的儿子名叫开。庄公的正夫人没有儿子，所以宠爱孟女，想立她的儿子姬斑。庄公病，向他弟弟叔牙询问谁可以继承君位。叔牙说："父死子继，兄死弟及，这是鲁国恒常不变的规矩。现在有庆父，可以立为嗣君，您担忧什么呢？"庄公担心叔牙要立庆父为君,叔牙退下后庄公又询问季友。季友说:"请让我拼死立姬斑为君。"庄公曰:"刚才叔牙想立庆父,那该如何是好?"季友以庄公的名义命令叔牙待命于铖巫氏家中,让铖季强迫叔牙喝毒酒,说:"你喝了这个,还有后人祭祀;不然的话,你死了也没有后代。"叔牙就喝毒酒而死,鲁国立叔牙之子为叔孙氏。八月癸亥,庄公去世,季友终于立姬斑为君,正合了庄公的心意。姬斑守丧时,住在党氏的家中。

【原文】

先时庆父与哀姜私通,欲立哀姜娣子开。及庄公卒而季友立斑,十月己未,庆父使圉人荦杀鲁公子斑于党氏。季友奔陈①。庆父竟立庄公子开,是为湣公。

湣公二年,庆父与哀姜通益甚。哀姜与庆父谋杀湣公而立庆父。庆父使卜齮袭杀湣公于武闱②。季友闻之,自陈与湣公弟申如邾③,请鲁求内之。鲁人欲诛庆父。庆父恐,奔莒④。于是季友奉子申入,立之,是为釐公⑤。釐公亦庄公少子。哀姜恐,奔邾。季友以赂如莒求庆父,庆父归,使人杀庆父,庆父请奔,弗听,乃使大夫奚斯行哭而往⑥。庆父闻奚斯音,乃自杀。齐桓公闻哀姜与庆父乱以危鲁,乃召之邾而杀之,以其尸归,戮之鲁⑦。鲁釐公请而葬之。

【注释】

①陈:古国名。周初所封。建都宛丘(今河南淮阳县)。春秋末年为楚所灭。②卜齮(yǐ):鲁大夫。武闱:王宫之侧门。闱,宫中小门。③邾(zhū):春秋诸侯国,曹姓。国都在驺(今山东驺县)。战国时为楚所灭。④莒(jǔ):古国名。周初所封。己姓,一说曹姓。春秋初年迁都于莒(今山东莒县)。战国时为楚所灭。⑤釐公:又作僖公。⑥奚斯:鲁公子鱼。⑦戮:陈尸示众。

【译文】

当初庆父与哀姜私通,庆父想立哀姜妹妹的儿子开为君主。到庄公去世,季友立了姬斑,十月己未,庆父派养马人荦在党氏家中杀死了姬斑。季友逃到陈国。庆父终究立了庄公的儿子开，就是鲁湣公。

湣公二年，庆父与哀姜私通更加放纵。哀姜与庆父商量杀死湣公而立庆父为国君。庆父派卜齮在武闱杀死湣公。季友听说后，和湣公的弟弟申从陈国到达邾国，请求鲁人接纳公子申。鲁人想杀庆父，庆父害怕，逃到莒地。于是季友拥戴公子申回到鲁国，立为国君，就是釐公。釐公也是庄公的少子。哀姜害怕，逃到邾国。季友贿赂莒人索要庆父，庆父回到鲁国，季友派人杀庆父，庆父请求流亡国外，季友不同意，派大夫奚斯一路哭着去通知庆父。庆父听到奚斯的哭声，就自杀了。齐桓公听说哀姜与庆父淫乱危害鲁国，就把哀姜从邾国召回，杀死了她，把她尸体送归鲁国示众。鲁釐公请求埋葬了哀姜。

【原文】

季友母陈女，故亡在陈，陈故佐送季友及子申①。季友之将生也，父鲁桓公使人卜之，曰："男也，其名曰'友'，间于两社②，为公室辅③。季友亡，则鲁不昌。"及生，有文在掌曰"友"，遂以名之，号为成季。其后为季氏，庆父后为孟氏也。

【注释】

①佐送：帮助护送。②位于两社之间，意指成为执政大臣。古诸侯库门之内、雉门之外为外朝，左右有周社、亳社。③公室：即国君之家族。

【译文】

季友母亲是陈国女子，所以先前逃亡到了陈国，陈国帮助护送季友和子申。季友将要出生时，父亲鲁桓公让人给他占卜，占卜的人说："这是一个男孩，他的名字叫'友'，将来会站在两社之间，成为国君家族的辅弼之臣。季友死后，鲁国就不能昌盛了。"出生以后，手掌心有个"友"字，就以友为名，取号为成季。他的后人就是季氏，庆父的后人就是孟氏。

宋微子世家

【导读】

商朝末年，商纣王残忍无道，庶兄微子启、箕子向其劝谏，结果一个被迫逃走，一个佯狂为奴。王子比干苦谏纣王，结果剖腹而死。这三人被孔子称为"殷之三仁"。商朝灭亡后，周武王封微子于宋国，封箕子于朝鲜。《宋微子世家》记载了周武王问箕子、箕子答洪范九等以及宋国的兴衰史。

微子弃商纣而封宋

【原文】

微子开者①，殷帝乙之首子而帝纣之庶兄也②。纣既立，不明，淫乱于政，微子数谏，纣不听。及祖伊以周西伯昌之修德③，灭阢国④，惧祸至，以告纣。纣曰："我生不有命在天乎？是何能为！"于是微子度纣终不可谏⑤，欲死之，及去，未能自决，乃问于太师、少师曰⑥："殷不有治政，不治四方⑦。我祖遂陈于上⑧，纣沉湎于酒⑨，妇人是用，乱败汤德于下⑩。殷既小大好草窃奸宄⑪，卿士师师非度⑫，皆有罪辜⑬，乃无维获⑭，小民乃并兴，相为敌雠。今殷其典丧！若涉水无津涯⑮。殷遂丧，越至于今。"曰："太师，少师，我其发出往？吾家保于丧？今女无故告予⑯，颠跻⑰，如之何其⑱？"太师若曰⑲："王子，天笃下菑亡殷国，乃毋畏畏⑳,不用老长㉑。今殷民乃陋淫神祇之祀㉒。今诚得治国,国治身死不恨。为死㉓,终不得治,不如去。"遂亡。

【注释】

①微:殷京都地区的封国名。子:爵号。开:微子本名启,为避讳汉景帝刘启,改"启"为"开"。②殷:即商朝。首子:长子。庶兄:微子是商纣的异母庶兄。庶:旁支,与"嫡"相对。③祖伊:殷纣王的臣子。④阢:一作"黎",古国名。其地在今山西省长治市西南。⑤度:推测,估计。⑥太师:三公之一,为王之师,此处指箕子。少师:太师之佐,为孤卿。此处指比干。⑦四方:四面八方。⑧我祖:指商汤。陈:贡献。上:上世。⑨沉湎:毫无节制,深深迷恋。⑩下:下世。⑪宄:《国语·鲁语》韦昭注:"乱在内为宄。"⑫卿士:又称相,朝廷的执政官。师师:转相师效。非度:不合法度。⑬辜:罪。⑭维获:常得。⑮津:渡口。涯:水边。⑯女:通"汝"。无故:无意。⑰颠跻:坠落。⑱其:语助词。⑲若:顺。⑳笃:沉重。乃毋畏畏:《集解》引孔安国云:"上不畏天灾,下不畏贤人,违戾者老之长,不用其教。"㉑老长:元老中的长者。㉒陋淫:轻慢。神祇:天称为神,地称为祇。㉓为:假如。

【译文】

微子启,殷商帝乙的长子,商纣王的庶兄。纣王即位以后,昏庸无道,政治混乱,微子多次劝谏,但纣王始终不听从。祖伊因为周部落的西伯侯姬昌修明德治,灭掉了阢国,故而担心灾祸降临殷商,把此事告诉了商纣王。纣王说:"我生在这个世上,不就是有天命吗?他能做出点什么来呢!"微子料定纣王不能接受劝谏了,因此打算一死了之;等他离开商纣王之后,自己不能决断,便向太师和少师询问道:"殷商没有修明的政治,没办法治理国家。我们的先祖已经在前世完成了功业,纣王沉溺于饮酒,听信妇人的话,败坏商汤的德政于后世。我们殷商不论大人还是小孩,都喜欢抢掠和作乱。朝廷的大臣也互相仿效违背法度,都有罪行。所有犯罪之人,竟然一个也捕捉不到。于是四方的百姓也纷纷作乱,相互仇视。现在殷商的典章制度马上就要灭亡了啊!就好像准备渡河却没有渡口一样。殷商将要灭亡,恐怕就要发生在当下吧!"他又说道:"太师,少师啊,我是不是应该去国远行呢？我们的国家能够保存下来吗？现在倘若你们不能指点我，倘若陷于非议，那该怎么办呢？"太师顺着他的话回答道："王子啊，上天重重地降下灾难，想灭亡殷商，然而纣王却不感到畏惧，不听从前辈的谆谆教导。现在连殷商的百姓都竟然轻蔑、亵渎对天地神明的祭祀。倘若今后能够治理好国家，国家能够大治，那么就算是死也没有什么遗恨的。但是如果自己死了，而国家还是不能大治，那还不如离去呢。"微子便逃离了殷商。

【原文】

箕子者①，纣亲戚也。纣始为象箸，箕子叹曰："彼为象箸②，必为玉杯；为杯，则必思远方珍怪之物而御之矣③。舆马宫室之渐自此始，不可振也。"纣为淫泆④，箕子谏，不听。人或曰："可以去矣。"箕子曰："为人臣谏不听而去，是彰君之恶而自说于民，吾不忍为也。"乃被发详狂而为奴⑤。遂隐而鼓琴以自悲，故传之曰"箕子操"。

【注释】

① 箕子：名胥馀，为纣王伯父，官太师。封于箕（今山西太谷东北）。曾劝谏纣王，纣王不听，把他囚禁。周武王灭商后被释放。② 象箸：象牙筷子。③ 御：用。④ 淫泆：纵欲放荡。⑤ 被发：披散着头发。被，通"披"。

【译文】

箕子，商纣王的亲属。商纣王开始使用象牙筷子时，箕子就叹息地说："他既然使用了象牙筷子，一定会使用玉杯；使用玉杯，就一定会渴望那远方的珍奇怪异的物品，以供自己享用。追逐华丽的车马宫室自此就开始了，他也就不能振作了。"商纣王纵欲放荡，箕子劝谏他，但是他听不进去。有人对箕子说："你可以离开了。"箕子说："身为人臣的，进谏君主而不被采纳，如果这样就离开了，那是彰显国君的丑恶而取悦于百姓的做法，我不忍心这样做。"于是披头散发，假装疯狂做了奴隶。后来被释放出来，隐居不出，鼓琴悲叹自己的遭遇，所以后世把箕子弹奏的乐曲称为"箕子操"。

【原文】

微子曰："父子有骨肉，而臣主以义属①。故父有过，子三谏不听，则随而号之②；人臣三谏不听，则其义可以去矣。"于是太师、少师乃劝微子去，遂行。

周武王伐纣克殷，微子乃持其祭器造于军门③，肉袒面缚④，左牵羊，右把茅，膝行而前以告⑤。于是武王乃释微子，复其位如故。

武王封纣子武庚禄父以续殷祀⑥，使管叔、蔡叔傅相之⑦。

【注释】

①义：情谊，情义。②号：大声哭。③祭器：祭祀用的各种礼器。造：前往，到达。④肉袒面缚：《索隐》云："肉袒者，袒而露肉也。面缚者，缚手于背而面向前也。"⑤膝行：用膝着地行走。⑥武庚：西周初年分封的殷君。字禄父，商王纣之子。周武王灭商后，继续封他为殷君。他后来勾结三监，联合东方夷族反抗西周，被周公平定。武庚兵败自杀。⑦管叔：一作"关叔"。西周初年的三监之一。后和武庚一起叛乱，兵败被杀。蔡叔：周初三监之一。名度，周武王之弟，后与武庚一起叛乱，被周公平定，他被放逐。后成王又封其子胡于蔡，为蔡国始祖。

【译文】

微子说："父子有骨肉之亲，君臣是靠道义联系在一起的。所以倘若父亲有过错，儿子屡次劝说而不听，就跟着大声嚎哭；身为臣子的屡次劝谏君主而不听，那么在道义上就可以离开不管他了。"太师、少师劝说微子离开，微子就离开了商纣王。

周武王讨伐纣王，灭了殷商，微子拿着殷商宗庙的祭器走到周武王的营门之前，袒露上身，把手捆绑在背后，左边让人牵着羊，右边让人拿着茅草，跪着向前行走，以表明自己的意志。于是，武王释放了微子，恢复他原先的爵位。

武王封商纣王的儿子武庚，让他承袭殷商先祖的祭祀，并派管叔和蔡叔辅佐他。

箕子答洪范九等

【原文】

　　武王既克殷，访问箕子。

　　武王曰："於乎①！维天阴定下民②，相和其居③，我不知其常伦所序④。"

　　箕子对曰："在昔鲧堙鸿水⑤，汩陈其五行⑥，帝乃震怒⑦，不从鸿范九等⑧，常伦所斁⑨。鲧则殛死⑩，禹乃嗣兴。天乃锡禹鸿范九等，常伦所序。

　　"初一曰五行；二曰五事；三曰八政；四曰五纪；五曰皇极⑪；六曰三德；七曰稽疑；八曰庶徵⑫；九曰嚮用五福，畏用六极⑬。

　　"五行⑭：一曰水，二曰火，三曰木，四曰金，五曰土。水曰润下⑮，火曰炎上⑯，木曰曲直⑰，金曰从革⑱，土曰稼穑⑲。润下作咸，炎上作苦，曲直作酸，从革作辛，稼穑作甘。

　　"五事：一曰貌，二曰言，三曰视，四曰听，五曰思。貌曰恭，言曰从，视曰明，听曰聪⑳，思曰睿㉑。恭作肃㉒，从作治，明作智，聪作谋，睿作圣。

　　"八政㉓：一曰食㉔，二曰货㉕，三曰祀，四曰司空㉖，五曰司徒㉗，六曰司寇㉘，七曰宾㉙，八曰师。

　　"五纪：一曰岁，二曰月，三曰日，四曰星辰㉚，五曰历数㉛。

　　"皇极：皇建其有极，敛时五福㉜，用傅锡其庶民㉝，维时其庶民于女极，锡女保极㉞。凡厥庶民，毋有淫朋㉟，人毋有比德㊱，维皇作极。凡厥庶民，有猷有为有守㊲，女则念之。不协于极[38]，不离于咎[39]，皇则受之。而安而色[40]，曰予所好德，女则锡之福[41]。时人斯其维皇之极。毋侮鳏寡而畏高明[42]。人之有能有为，使羞其行[43]，而国其昌。凡厥正人，既富方穀[44]。女不能使有好于而家，时人斯其辜。于其毋好，女虽锡之福，其作女用咎[45]。毋偏毋颇，遵王之义。毋有作好，遵王之道。毋有作恶，遵王之路。毋偏毋党，王道荡荡[46]。毋党毋偏，王道平平[47]。毋反毋侧，王道正直。会其有极，归其有极。曰王极之傅言[48]，是夷是训[49]，于帝其顺。凡厥庶民，极之傅言，是顺是行，以近天子之光[50]。曰天子作民父母，以为天下王。

"三德：一曰正直，二曰刚克，三曰柔克。平康正直，强不友刚克[51]，内友柔克，沉渐刚克[52]，高明柔克[53]。维辟作福[54]，维辟作威[55]，维辟玉食。臣无有作福、作威、玉食。臣有作福、作威、玉食，其害于而家[56]，凶于而国，人用侧颇辟，民用僭忒[57]。

"稽疑[58]：择建立卜筮人[59]。乃命卜筮，曰雨[60]，曰济[61]，曰涕[62]，曰雾[63]，曰克[64]，曰贞[65]，曰悔[66]，凡七。卜五，占之用二，衍貣[67]。立时人为卜筮，三人占则从二人之言。女则有大疑，谋及女心，谋及卿士，谋及庶人，谋及卜筮。女则从，龟从，筮从，卿士从，庶民从，是之谓大同[68]，而身其康强[69]，而子孙其逢吉[70]。女则从，龟从，筮从，卿士逆，庶民逆，吉。卿士从，龟从，筮从，女则逆，庶民逆，吉。庶民从，龟从，筮从，女则逆，卿士逆，吉。女则从，龟从，筮逆，卿士逆，庶民逆，作内吉，作外凶。龟筮共违于人，用静吉，用作凶。

"庶征㉛：曰雨，曰阳，曰奥，曰寒，曰风，曰时㉜。五者来备，各以其序，庶草繁庑㉝。一极备，凶。一极亡㉞，凶。曰休徵㉟：曰肃，时雨若；曰治，时旸若㊱；曰知，时奥若；曰谋，时寒若；曰圣，时风若。曰咎徵㊲：曰狂，常雨若；曰僭，常旸若；曰舒，常奥若；曰急，常寒若；曰雾㊳，常风若。王眚维岁㊴，卿士维月，师尹维日。岁、月、日、时毋易㊵，百穀用成，治用明，畯民用章㊶，家用平康。日、月、岁、时既易，百穀用不成，治用昏不明，畯民用微，家用不宁。庶民维星，星有好风，星有好雨。日月之行，有冬有夏。月之从星，则以风雨。

"五福：一曰寿，二曰富，三曰康宁，四曰攸好德㊷，五曰考终命㊸。六极㊹：一曰凶、短、折㊺，二曰疾，三曰忧，四曰贫，五曰恶，六曰弱。"

于是武王乃封箕子于朝鲜而不臣也。

【注释】

① 於乎：表示叹息。同"呜呼"。② 维：发语词。阴定：默定。③ 相：帮助。和：和睦。④ 常伦所序：通常的道理次序。⑤ 鲧：传说中原始时代的部落首领，他用筑堤防水的方法治水，九年未治平，被舜杀死在羽山。堙（yīn）：堵塞。鸿：通"洪"。⑥ 汩：扰乱。⑦ 帝：天。⑧ 洪：大。范：法。⑨ 敦（yì）：败坏。⑩ 殛（jí）：诛杀，杀死。⑪ 皇极：帝王的法则。⑫ 庶徵：众多的征验。⑬ 六极：六种凶恶的事。⑭ 五行：指金、木、水、火、土，古人认为这五种物质构成世界万物，中医用五行说明生理、病理上的种种现象。⑮ 润下：滋润下行。⑯ 炎上：火苗往上冒。炎，通"焰"。⑰ 曲直：可曲可直。⑱ 从：顺从。革：改变。⑲ 稼穑：泛指农业劳动。⑳ 聪：《楚辞·涉江》王逸注："远听曰聪。"㉑ 睿：通达。㉒ 作：就，则。肃：敬。㉓ 八政：八种政务官员。㉔ 食：农事。㉕ 货：财产的总称。包括可穿的布帛和可流通的货币两类。㉖ 司空：官名。西周始置，主管建筑工程、制造车服器

械、监督手工业奴隶,为六卿之一。㉗司徒:官名。春秋时沿置,治理民事,掌握户口、官司籍田、征发徒役和收敛财赋。㉘司寇:官名。西周始置。主管刑狱,为六卿之一。㉙宾:官名,负责诸侯朝觐礼仪。这里指各种接待外宾事务。㉚星辰:星的总称。星,指二十八宿。辰,指十二辰。㉛历数:太阳和月亮运行经历的周天度数。㉜敛:采取。时:这。五福:即下文所说的寿、富、康宁、攸好德、考终命。㉝傅:通"敷",布施。锡:施予。㉞女:通"汝"。你。㉟淫:邪恶。朋:朋党。㊱比:勾结。德:行为。㊲猷:谋划。守:操守。㊳协:合。㊴离:通"罹",遭受、陷入。㊵而:你。㊶福:降福,保佑。这里指爵禄。㊷鳏:老而无妻。寡:老而无夫。高明:宠幸贵显之人。㊸羞:贡献。㊹方:经常。穀:禄位。㊺咎:罪过,过失。㊻荡荡:宽广的样子。㊼平平:治理。㊽傅言:宣扬帝王的言论。傅:通"敷",宣扬、宣示。㊾夷:常道。训:训从。㊿近:增加,增益。� 强不友:强暴不顺。㉒沉渐:隐蔽。㉓高明:即君子。㉔辟:君主。㉕作威:掌管刑罚。㉖家:指卿大夫的封邑。偏邪不正。㉗僭忒:越轨为恶。僭,逾越常规。忒,作恶。㉘稽:考察。疑:疑惑。稽疑:稽考疑事。㉙卜:用火烧龟甲或兽骨,看甲骨上的裂痕,借以决定吉凶。筮:用蓍草占卦。㉚雨:兆象似下雨。㉛济:通"霁"。兆象似雨止。㉜涕:兆象似气络绎不绝。㉝雾:兆象似雾气蒙蒙。㉞克:兆象似阴气和阳气互相侵犯。㉟贞:《易》的内卦下三爻。㊱悔:《易》的外卦上三爻。㊲衍:推演。贰:变化。㊳大同:相合,相同。㊴康强:安康强健。㊵逢:大。指后代兴旺。㊶庶征:众多的征验。㊷奥:通"燠",暖。㊸庑:通"芜"。草木繁茂。㊹极亡:过少。亡,通"无"。㊺休徵:善行的征验。㊻旸:日出,晴。㊼咎徵:灾难的征兆。㊽雾:昏暗。㊾眚:通"省"。视察治理政事。㊿毋易:君臣各顺其常。㉛畯民:贤臣,有才能之人。㉒攸好德:遵行美德。攸,通"由"。㉓考终命:老而善终。考,老。㉔六极:六种凶恶之事。㉕凶:八岁以前死亡。短:二十岁以前死亡。折:三十岁以前死亡。

【译文】

武王灭掉殷商之后,亲自去拜访箕子。

武王说:"唉!上天默默地保护世间的民众,使他们和睦相处,我不知道上天有哪些恒常不变的用来保护百姓的道理次序。"

箕子回答说:"当初鲧用堵塞河道的方法治理洪水,结果把五行的顺序都给打乱了，上天动了怒气，不给他治国安民的九种方法，故而常道被败坏了。鲧因此被诛杀，大禹继承他的事业而兴起。上天赐给他治国安民的九种方法，常道才稳定下来。

"这九种方法，第一种是五行，第二种是五事，第三种是八政，第四种是五纪，第五种是皇极，第六种是三德，第七种是稽疑（即决断疑难问题的方法），第八种是庶征（即各种征验），第九种是劝导用的五福（即五种幸福的事情）。在惩罚方面，还有六极（即六种不幸的事情）。

"所谓五行指的是：第一种是水，第二种是火，第三种是木，第四种是金，第五种是土。水的常性是向下润泽万物，火的常性是向上燃烧，木的常性是能曲能直，金的常性是可以销熔改变形状，土的常性是可以种植五谷。向下浸润万物的水，味道是咸的；向上燃烧的东西的火，味道是苦的；能曲能直的木，味道是酸的；形状可以改变的金，味道是辣的；能够种植五谷的土，味道是甜的。

"所谓五事指的是：一是仪态，二是言语，三是眼光，四是听觉，五是思想。仪态应当谦恭，言语应当正确并可以遵从，眼光一定要明亮，听觉一定要灵敏，思想一定要睿智。仪态恭敬，内心就能肃敬；言语准确，国家就能得到治理；眼睛观察仔细，就能明辨善恶；善于听取别人建议，就能有计谋；思想通达，就能睿智圣明。

"所谓八政指的是：一是掌管粮食，二是掌管财政，三是掌管祭祀，四是掌管土木建造，五是掌管教育，六是掌管社会治安，七是掌管接待外宾，八是掌管军事。

"所谓五种天象指的是：一是年岁，二是月份，三是日数，四是星辰，五是历数。

"所谓帝王统治的准则指的是：君王施行政教，应当树立法则，聚集五种幸福，普遍地赐予民众，那些民众都会听从你的法则，还会与你一起维持这一法则。这样，所有的民众，都不会结成邪恶的朋党，人与人之间不会曲从勾结，他们的言行都会合乎君王制定的法则。合乎君王的法则，而不至于陷入罪恶的泥潭，君王就应当宽容地接受他。君王要和颜悦色，若是有人说'我爱好美德'，君王就应当赐予他福泽。这样的人是能够遵守君王的法则的。不要欺侮鳏夫寡妇而畏惧身居高位者。倘若一个人有能力、有作为，那就让他贡献一份力量，那么国家就会昌盛。凡是正直的人，既然已经给他爵禄使他富贵，就要用善道对待他。倘若不能使他们对国家有所帮助，那这就是他们的罪过了。对于那些没有对国家有所帮助的人，即便你给他爵禄，他的行为也会使你受到牵连而有罪过。不要偏邪不正，应当遵守君王的法则。不要偏爱，应当遵循君王的大道。不要偏私，应该遵循君王所规定的正路。不偏不私，君王的道路就会平坦。不偏邪，不背逆，君王的道路就是宽广的。君王聚合遵守法则之人，群臣归附君王，也有其法则。君王应当依照法则做事，通过臣下的传达来教育万民，这是顺应天意的。所有的百姓，都应该顺从法则，以增加君王的光辉。这是因为天子是百姓的父母，是天下人拥戴的圣王。

"所谓三德指的是：一是中正不邪曲，二是刚强而能立事，三是柔和而能治理。要想使天下平安，必须先端正人的曲直，对那些强硬不友善的人，要用刚硬的态度战胜他们，对那些友善的人，要用柔和的态度对待他们。对乱臣贼子，务必保持强硬；对高明君子，务必保持柔和。只有国君才能赐人爵位赏人俸禄，只有国君才能主持刑罚，只有国君才能享用美食。做臣子的没有权力赐人爵位赏人俸禄，没有权力主持刑罚，也没有权力享用美食。臣子如果也能赐人爵位赏人俸禄，也能主持刑罚，也能享用美食，那就会给你的王室带来灾难，给你的国家带来祸患。人们就会因为这种行为不合王道，百姓也会因此犯上作乱。

"处理疑难的办法是选择善于卜筮的人，委派他们分别用龟甲或蓍草占卜。下令让他们进行卜筮，卜筮的征兆：有的像下雨，有的像雨后初晴，有的像云气连绵，有的像雾气蒙蒙，还有兆相交错，有的明正，有的隐晦。卦象共七种，前五种以龟甲占卜，后两种以蓍草占卜，对复杂多变的卦象进行推演研究。委派这些卜筮之人，如果三个人占卜就听取两个人的话。你如果遇到重大的疑难问题，就首先自己单独深思熟虑，然后与卿士合计，与百姓合计，最后用卜筮结果来作决定。如果你赞成，龟卜赞成，草占赞成，卿士赞成，百姓赞成，这就叫大同，那么你身体就健康强壮，子孙也将大吉大利。如果你自己赞成，龟卜赞成，草占赞成，卿士不赞成，百姓不赞成，这就是吉。如果卿士赞成，龟卜赞成，草占赞成，你不赞成，百姓不赞成，这也是吉。如果百姓赞成，龟卜赞成，草占赞成，你不赞成，卿士不赞成，这还是吉。如果你赞成，龟卜赞成，草占不赞成，卿士不赞成，百姓不赞成，在境内办事就会吉，在境外办事就会遇上危险。如果龟卜、草占与人们的意见都不一致，静守就会吉利，行动就会遇有危险。

"各种征兆：或是雨，或是晴，或是暖，或是寒，或是风，这五种自然现象都应按时发生。如果五种自然现象都具备，而且能按一定规律出现，庄稼就会丰收。如果一种现象发生过多，就会歉收。如果一种现象缺乏，一样也会歉收。关于美好的征兆：天子谦恭，上天就会按时下雨；政治清明，阳光就会充足；天子英明，温暖就会按时来临；天子深谋远虑，寒冷就会应时而生；天子通达，风就会按时吹来。各种凶恶的征兆：天子狂妄，雨水就会过多；天子僭越差错，土地就会干旱；天子贪图享乐，天气就会很炎热；天子暴虐急躁，天气就会十分寒冷；天子昏庸，大风就会不停地刮；天子政策有误，坏天气就会影响一整年；卿士管理有误，坏天气就影响一个月；官吏办事有误，坏天气就会影响一整天。年、月、日都没有异常，各种庄稼就会丰收，政治就会清明，贤能的人也会得到举荐，国家就会平安稳定。相反，年、月、日出现了异常，庄稼就会歉收，政治就会昏暗，贤能的人受到压制，国家就会动乱。百姓像星辰，有的星辰喜欢风，有的星辰喜欢雨。日月依照规律运行，就产生了冬季和夏季。月亮如果顺从星辰，就会有时多风，有时多雨。

"五种幸福：一是长寿，二是富有，三是平安，四是美德，五是善终。六种灾祸：一是早死（八岁以前死亡，二十岁以前死亡，三十岁以前死亡），二是多病，三是多愁，四是贫穷，五是丑陋，六是懦弱。"

武王听完箕子的这番陈述，就把朝鲜封给箕子，没有让他做周朝的臣民。

楚世家

【导读】

楚人的先祖是黄帝之子昌意的后代，后来传到重黎，又传到吴回、季连。季连的后裔熊绎被周成王封到楚蛮，在丹阳定都。周夷王时，楚国首领熊渠不用周朝的谥号，称呼自己的儿子为王。春秋时，熊通不顾周王的反对，自称武王。楚国是春秋战国时期的大国。春秋时期，楚曾与中原诸侯及吴、越等国争霸；进入战国后，吴起在楚国变法，楚国不断开疆拓土，一度成为与秦国势均力敌的强国，一时有"合纵则楚王，横成则秦帝"的说法。后来，楚怀王、顷襄王昏庸无能，疏远贤臣，楚国国力渐弱，最终在公元前223年被秦国灭掉。

庄王问鼎中原

【原文】

庄王即位三年，不出号令，日夜为乐，令国中曰："有敢谏者死无赦！"伍举入谏①。庄王左抱郑姬，右抱越女，坐钟鼓之间。伍举曰："愿有进。"隐曰："有鸟在于阜②，三年不蜚不鸣③，是何鸟也？"庄王曰："三年不蜚，蜚将冲天；三年不鸣，鸣将惊人。举退矣，吾知之矣。"居数月，淫益甚④。大夫苏从乃入谏。王曰："若不闻令乎？"对曰："杀身以明君，臣之愿也。"于是乃罢淫乐，听政，所诛者数百人，所进者数百人，任伍举、苏从以政，国人大说。是岁灭庸。六年，伐宋，获五百乘。

【注释】

①伍举：伍参之子，伍子胥的祖父，亦称椒举。②阜（fù）：土山。③蜚：同"飞"。④淫：过度，无节制。

【译文】

楚庄王即位三年后，没有发布任何政令，日夜不停地寻欢作乐，还命令全国百姓说："有敢向我劝谏的，一律杀无赦！"伍举向他进谏。庄王左手抱着郑姬，右手抱着越女，坐在钟鼓之间。伍举说："我想说一个谜语。"接着说道："有一只鸟待在土山之上，整整三年不飞也不叫，请问这是什么鸟呢？"庄王说："三年不飞，要是飞的话一定能够冲天；三年不叫，叫的话一定能够惊人。伍举你退下吧，我知道什么意思了。"过了几个月，庄王更加荒淫无度了。大夫苏从前来进谏。庄王说："你难道没有听说我的命令吗？"苏从回答说："如果杀了我而使君王明白道理，这正是我的愿望。"于是庄王就停止了淫乐，开始处理政事，被诛杀的奸人有好几百人，选拔上来的人才也有好几百人，把政事委托给伍举、苏从处理。楚国的百姓十分高兴。这一年，楚国灭掉了庸国。六年，又讨伐宋国，获得了战车五百辆。

【原文】

八年，伐陆浑戎①，遂至洛②，观兵于周郊。周定王使王孙满劳楚王。楚王问鼎小大轻重，对曰："在德不在鼎。"庄王曰："子无阻九鼎③！楚国折钩之喙，足以为九鼎。"王孙满曰："呜呼！君王其忘之乎？昔虞夏之盛④，远方皆至，贡金九牧⑤，铸鼎象物⑥，百物而为之备，使民知神奸⑦。桀有乱德，鼎迁于殷，载祀六百⑧。殷纣暴虐，鼎迁于周。德之休明⑨，虽小必重；其奸回昏乱⑩，虽大必轻。昔成王定鼎于郏鄏⑪，卜世三十，卜年七百，天所命也。周德虽衰，天命未改。鼎之轻重，未可问也。"楚王乃归。

【注释】

①陆浑戎：允姓之戎，本居瓜州，在今甘肃敦煌一带。②洛：周都洛

邑，在今河南洛阳。③阻：依恃。④虞：古代部族名，即有虞氏，姚姓，居住在蒲坂（今山西运城西南蒲州镇）。⑤贡金：贡献铜。九牧：九州的长官。⑥象物：将各种形象铸在鼎上。⑦神奸：指神鬼之物。⑧载、祀：都是指年的意思。⑨休明：美好清明。⑩奸回：奸恶邪僻。⑪定：奠置。郏：山名，即今河南洛阳北的北邙山。鄏，邑名，即今河南洛阳西。

【译文】

八年，讨伐陆浑戎，顺便到了洛阳，在周朝都城的郊外阅兵示威，周定王派王孙满去犒劳庄王。庄王向王孙满询问鼎的大小和轻重，王孙满回答说："治理国家在于德行而不在于宝鼎。"庄王说："你不要倚仗着九鼎，楚国折断戈戟上的锋刃，就足以铸造九鼎了。"王孙满说："唉！君王难道您忘记了吗？当初虞夏兴盛的时候，远方的人都来表示臣服，九州的长官也进献铜，于是把这些铜铸造成九鼎，然后在上面雕刻山川物象，所有的事物都在上面了，这是为了使老百姓知道神妖鬼怪是什么样的。夏桀昏乱无德，九鼎传到了殷商的手中，一共经历了六百年。殷纣暴虐无道，九鼎又辗转到周朝的手中。德行美善而清明，即便鼎很小也难以移动；天子无德，奸邪而混乱，即便鼎很重也很容易移动。当初成王把鼎安置在郏鄏，曾经占卜过，说周王室可以传三十世，经历七百年，这是上天的命令啊。现在周德虽然衰微，但是天命还没有改变。鼎的轻重，是不可以询问的。"楚庄王就回去了。

【原文】

九年，相若敖氏①。人或谗之王，恐诛，反攻王②，王击灭若敖氏之族。十三年，灭舒。

十六年，伐陈，杀夏徵舒。徵舒弑其君，故诛之也。已破陈，即县之③。群臣皆贺，申叔时使齐来④，不贺。王问，对曰："鄙语曰，牵牛径人田⑤，田主取其牛。径者则不直矣，取之牛不亦甚乎？且王以陈之乱而率诸侯伐之，以义伐之而贪其县，亦何以复令于天下！"庄王乃复国陈后。

十七年春，楚庄王围郑，三月克之。入自皇门⑥，郑伯肉袒牵羊以逆⑦，曰："孤不天⑧，不能事君，君用怀怒，以及敝邑，孤之罪也。敢不惟命是听！宾之南海，若以臣妾赐诸侯，亦惟命是听。若君不忘厉、宣、桓、武⑨，不绝其社稷，使改事君，孤之愿也，非所敢望也。敢布腹心⑩。"楚群臣曰："王勿许。"庄王曰："其君能下人，必能信用其民，庸可绝乎⑪！"庄王自手旗，左右麾军⑫，引兵去三十里而舍，遂许之平⑬。潘尪入盟⑭，子良出质⑮。夏六月，晋救郑，与楚战，大败晋师河上⑯，遂至衡雍而归⑰。

二十年，围宋，以杀楚使也。围宋五月⑱，城中食尽，易子而食，析骨而炊⑲。宋华元出告以情⑳。庄王曰："君子哉！"遂罢兵去。

二十三年，庄王卒，子共王审立。

【注释】

① 若敖氏：若敖之后，即斗氏。据《左传·宣公四年》，此年任令尹者为斗伯棼。② 反：反过来。③ 县：以……为县。④ 申叔时：楚大夫。申氏山是楚公族，又称文氏。⑤ 径：经过。⑥ 皇门：郑国的城门。⑦ 郑伯：郑襄公。肉袒牵羊：袒露身体牵着羊，表示臣服。逆：迎接。⑧ 孤：国君对自己的谦称。不天：不被上天保佑。⑨ 厉、宣、桓、武：即周厉王、宣王，郑桓公、武公。郑始封君为桓公，其子为武公，桓公是周厉王少子，宣王庶弟。⑩ 布：披露。⑪ 庸：岂。⑫ 麾：通"挥"，指挥。⑬ 平：媾和。⑭ 潘尪：楚大夫。⑮ 子良：郑襄公弟。⑯ 河上：这段所述的即是晋楚邲之战，发生在今河南荥阳东北黄河南岸，所以称为"河上"。⑰ 衡雍：郑地，在今河南原阳西。⑱ 围宋五月：从前一年的九月至这一年的五月共为九个月，这里作"五月"可能是因《春秋》经传记楚解围在"夏五月"而产生的误解。⑲ 析骨而炊：把人的骨骸分解开当柴烧。⑳ 告以情：即"告之以情"。

【译文】

九年，任命若敖氏为楚相。有人向楚庄王进谗言，说若敖氏的坏话，若敖氏害怕被诛杀，反过来攻打庄王，庄王还击，灭了若敖氏三族。十三年，楚国又灭掉舒国。

十六年，讨伐陈国，杀了夏徵舒。夏徵舒杀了陈国的君主，所以楚国诛杀他。攻破陈国之后，就把它设为楚国的一个县。群臣都来向楚庄王祝贺，申叔时从齐国出使回来，没有向庄王祝贺。庄王问他为何不向他祝贺，申叔时说："俗语说，有人牵着牛闯到别人的田地里，田地的主人夺走了他的牛。牵着牛走进别人的田地不对，但是主人抢走了人家的牛，难道这就是对的吗？况且大王您趁着陈国的内乱而率领诸侯去讨伐它，依靠正义之名去讨伐，却又贪图陈国的土地，今后又怎能号令天下呢！"庄王于是恢复了陈国。

十七年春天，楚庄王围攻郑国，三个月就攻克了郑国。从郑国的皇门进入，郑伯赤裸上身牵着羊来迎接庄王，说："我得不到上天的保佑，不能侍奉您，您心怀愤怒地征伐郑国，这是我的过错啊！我怎敢不听从您的命令呢！请把我流放到南海吧，或者把我当做奴隶赏赐给诸侯，我也会听从您的命令。如果您不忘记周厉王、周宣王、郑桓公和郑武公，不使郑国绝灭，能让郑国侍奉您，这是我的希望，但是我不敢有这个奢望！只不过斗胆表达一下我的肺腑之言罢了。"楚国的大臣说："大王您不要答应啊。"庄王说："郑国的君主能够屈己下人，一定能够信任他的老百姓，怎么能灭掉郑国呢！"庄王亲自拿着军旗，号令军队后撤，率领军士后退三十里安营驻扎下来，答应和郑国缔结合约。郑国的大夫潘尪前来订立盟约，郑伯的弟弟子良作为人质去了楚国。这年六月，晋国解救郑国，与楚国交战，结果楚国在黄河边把晋军打败，一直打到衡雍才撤军而回。

二十年，楚庄王围攻宋国，因为宋国杀了楚国的使节。楚军围困宋国五个月，城中的粮食断绝，老百姓只好相互交换孩子来吃，砍碎骨头来烧火。宋国的华元出城把实情告诉楚庄王。庄王说："华元真是个君子啊！"接着罢兵而回。

二十三年，庄王去世，儿子共王申继位。

灵王乱政失国

【原文】

　　灵王三年六月，楚使使告晋，欲会诸侯。诸侯皆会楚于申。伍举曰："昔夏启有钧台之飨①，商汤有景亳之命②，周武王有盟津之誓③,成王有岐阳之蒐④,康王有丰宫之朝⑤,穆王有涂山之会⑥,齐桓有召陵之师⑦,晋文有践土之盟⑧,君其何用?"灵王曰:"用桓公。"时郑子产在焉⑨。于是晋、宋、鲁、卫不往。灵王已盟,有骄色。伍举曰:"桀为有仍之会⑩,有缗叛之⑪。纣为黎山之会⑫,东夷叛之⑬。幽王为太室之盟⑭,戎、翟叛之⑮。君其慎终⑯!"

【注释】

①夏启:禹之子,夏朝的创立者。钧台:在今河南禹县,夏桀曾把商汤囚禁于此。②景亳:即商汤定都的地方亳,在今河南商丘北。命:册命。③盟津:即孟津,古黄河津渡,在今河南孟县。誓:誓师,武王伐纣前曾两次在孟津誓师。④岐阳:岐山之南,即今陕西岐山周原。蒐:田猎。⑤康王:即周康王,成王之子。丰宫:周都丰京的宫室名。朝:朝见。⑥穆王:周穆王。涂山:在今安徽怀远东南。会:会盟。⑦召陵:楚地,在今河南郾城东。师:指楚成王十六年,齐桓公率诸侯之师伐楚,与楚在召陵会盟。⑧践土:郑地,在今河南原阳西南。⑨郑子产:名侨,事郑简公、定公。⑩有仍:国名,太昊风姓之后,在今山东仺乡东北。⑪有缗(mín):国名,帝舜姚姓之后,在今山东金乡东北。⑫黎:子姓国,在今山西黎城。⑬东夷:古代居住在今山东和江淮流域的部族统称。⑭太室:嵩山的东峰,在今河南登封北。⑮翟(dí):通"狄"。⑯慎终:谨慎仔细地考虑结果。

【译文】

楚灵王三年六月,楚国派使节通知晋国,将要会合诸侯。诸侯都与楚国在申地会盟。伍举说:"当初夏启有钧台的宴飨,商汤有景亳的文告,成王有岐阳的田猎,康王有丰宫的朝见,穆王有涂山的会合,齐桓有召陵的誓师,晋文有践土的会盟,大王您打算用哪一种礼节呢?"灵王说:"用桓公的。"当时郑国的子产在场,而晋国、宋国、鲁国、卫国都没有前来参加。灵王会盟之后,显得十分骄傲。伍举说:"夏国在有仍举行集会,有缗背叛了他。商纣参加黎山的集会,东夷背叛了他。幽王参加太室的集会,戎、狄背叛了他。您一定要慎始慎终啊!"

【原文】

　　七月，楚以诸侯兵伐吴，围朱方①。八月，克之，囚庆封，灭其族。以封徇，曰："无效齐庆封弑其君而弱其孤，以盟诸大夫！"封反曰："莫如楚共王庶子围弑其君兄之子员而代之立！"于是灵王使疾杀之②。

　　七年，就章华台③，下令内亡人实之④。

　　八年，使公子弃疾将兵灭陈。十年，召蔡侯⑤，醉而杀之。使弃疾定蔡，因为陈、蔡公。

【注释】

①朱方：吴邑，在今江苏镇江丹徒镇南。②"疾"，立刻。③章华台：楚台观之名，一说在今湖北监利西北离湖上；一说在今湖北江陵东。④内：同"纳"。亡人：逃亡的臣、妾。⑤蔡侯：即蔡灵侯，蔡国君主，公元前542年至公元前531年在位。

【译文】

　　七月，楚国率领诸侯的军队讨伐吴国，围攻朱方。八月，攻克朱方，囚禁了大夫庆封，诛灭他的全族。楚王带着庆封当众宣示说："你们都不要效法庆封弑君欺压幼主，以及挟持大夫们支持自己！"庆封反唇相讥道："不要像楚共王庶子围那样，杀自己哥哥的儿子员来登基为王啊！"楚灵王立刻杀死了庆封。

　　七年，建造章华台，命令让逃亡之人在这里服徭役。

　　八年，派公子弃疾率领军队灭掉陈国。十年，召来蔡侯，将他灌醉趁机杀了他。又派弃疾平定蔡国，事后封弃疾为陈公、蔡公。

【原文】

　　十一年，伐徐以恐吴①。灵王次于乾溪以待之②。王曰："齐、晋、鲁、卫，其封皆受宝器，我独不③。今吾使使周求鼎以为分，其予我乎？"析父对曰④："其予君王哉！昔我先王熊绎辟在荆山⑤，荜露蓝蒌⑥，以处草莽，跋涉山林，以事天子，唯是桃弧棘矢以共王事⑦。齐，王舅也；晋及鲁、卫，王母弟也⑧：楚是以无分而彼皆有。周今与四国服事君王，将惟命是从，岂敢爱鼎？"灵王曰："昔我皇祖伯父昆吾旧许是宅，今郑人贪其田，不我予，今我求之，其予我乎？"对曰："周不爱鼎，郑安敢爱田？"灵王曰："昔诸侯远我而畏晋，今吾大城陈、蔡、不羹⑨，赋皆千乘⑩，诸侯畏我乎？"对曰："畏哉！"灵王喜曰："析父善言古事焉。"

【注释】

① 徐：嬴姓小国，在今安徽泗县。② 次：驻扎。溪：楚地，在今安徽亳县。③ 不：同"否"。④ 析父：楚大夫。⑤ 辟：通"僻"。荆山：在今湖北武当山东南、汉水西岸。⑥ 荜（bì）露：简陋的车子。蓝蒌：通"褴褛"，衣服破烂不堪的样子。⑦ 桃弧棘矢：桃木制的弓，棘枝制的箭。共：通"供"。⑧ 母弟：同一个母亲的弟弟。⑨ 大城：扩大加固城池。⑩ 赋：兵。古代以田赋出兵，所以称兵为赋。

【译文】

　　十一年，讨伐徐国以威吓吴国。灵王驻扎在乾溪观察情形。楚灵王说："齐国、晋国、鲁国、卫国这些国家的君主接受册封的时候，都从周王室那里获得了宝器，唯独我国没有。现在我派使者到周朝索要九鼎作为分封的宝器，他会答应给我吗？"大夫析父回答说："他会给您的！当初我们先王熊绎住在荆山，乘坐柴车，穿着破衣，居住在草莽荒野之中，很艰难地行走于山水之间，以这样的精神去侍奉周天子，曾把桃木制成的弓以及棘木制成的箭献给周王室。齐侯吕伋是成王的舅舅；晋国、鲁国、卫国的开国之君都是周王母亲的弟弟：楚国因此没有分到任何宝器而他们却都有。周朝现在和这四个国家都来服侍君王，一定会听从您的命令，怎么敢爱惜宝器呢？"灵王说："当初我的先祖伯父昆吾居住在原来的许地，现在郑人贪恋那块土地，不还给我们，现在我如果想要回来，他会给我吗？"析父回答说："周朝尚且不吝惜宝鼎，郑人怎么会贪恋土地呢？"灵王说："当初诸侯疏远我国而畏惧晋国，现在我在陈、蔡、不羹等地建造大的城池，都备有千辆战车，诸侯怕我吗？"析父回答道："当然害怕了！"灵王高兴地说："析父真是善于讲说古事啊！"

【原文】

　　十二年春，楚灵王乐乾溪，不能去也。国人苦役。初，灵王会兵于申，僇越大夫常寿过①，杀蔡大夫观起。起子从亡在吴，乃劝吴王伐楚，为间越大夫常寿过而作乱②，为吴间。使矫公子弃疾命召公子比于晋③，至蔡，与吴、越兵欲袭蔡。令公子比见弃疾，与盟于邓④。遂入杀灵王太子禄，立子比为王，公子子晳为令尹，弃疾为司马。先除王宫，观从从师于乾溪⑤，令楚众曰："国有王矣。先归，复爵邑田室。后者迁之。"楚众皆溃，去灵王而归。

【注释】

①僇（lù）：侮辱。②为间：挑拨。③矫：假托。④邓：楚邑，在今河南郾城东南。⑤从师：指追寻楚师。

【译文】

　　十二年春，楚灵王在乾溪作乐，不肯离开。国人都苦于徭役。最初，灵王在申地与诸侯会盟，侮辱越国的大夫常寿过，诛杀了蔡国大夫观起。观起的儿子观从逃到吴国，劝说吴王讨伐楚国，挑拨越国大夫常寿过作乱，并让他为吴国做间谍。观从又伪造公子弃疾的命令，召回在晋国的公子比，又到了蔡国，与吴国和越国联合袭击蔡国。让公子比去见弃疾，两人在邓地会盟，他们一起进入楚国都城杀死了楚灵王的太子禄。大家拥立公子比为楚王，任命公子子晳为令尹，委任弃疾担任司马。先清除王宫，然后观从率领军队到达乾溪，向楚军将士宣告说："现在楚国已经有了新的君主了。先回去的人，恢复原有的爵位以及受封的城邑、田宅。后回去的人，一律流放。"楚军将士都溃散了，离开楚王回到都城。

【原文】

　　灵王闻太子禄之死也，自投车下，而曰："人之爱子亦如是乎？"侍者曰："甚是①。"王曰："余杀人之子多矣，能无及此乎？"右尹曰："请待于郊以听国人。"王曰："众怒不可犯。"曰："且入大县而乞师于诸侯。"王曰："皆叛矣。"又曰："且奔诸侯以听大国之虑。"王曰："大福不再②，祇取辱耳。"于是王乘舟将欲入鄢③。右尹度王不用其计，惧俱死，亦去王亡。

灵王于是独傍偟山中④，野人莫敢入王⑤。王行遇其故涓人⑥，谓曰："为我求食，我已不食三日矣。"涓人曰："新王下法⑦，有敢饟王从王者⑧，罪及三族，且又无所得食。"王因枕其股而卧。涓人又以土自代⑨，逃去。王觉而弗见，遂饥弗能起。芋尹申无宇之子申亥曰⑩："吾父再犯王命，王弗诛，恩孰大焉！"乃求王，遇王饥于釐泽，奉之以归。夏五月癸丑，王死申亥家，申亥以二女从死⑪，并葬之。

【注释】

① 甚是：超过这样。② 大福：大的福祉。③ 鄢：楚别都，在今湖北宜城西南。④ 傍偟：同"彷徨"。⑤ 野人：古人称贵族所居城邑及环绕城邑的郊区为国，而称国以外的乡村为野，野人也就是在野的农民。入：纳，指不敢把王接进家里。⑥ 涓人：涓人是官中担任洒扫清洁的人。涓，通"涓"。⑦ 新王：指子比。⑧ 饟：用食物款待。⑨ 以土自代：用土块代替自己的大腿。⑩ 芋尹：与田猎有关的官名。⑪ 从死：陪葬。

【译文】

灵王听说太子禄被杀，自己坠到车的下面，说道："一般的人家疼爱自己的儿子也是这样的吗？"两旁侍奉的人回答道："超过这样的。"灵王又说："我杀别人家的儿子已经够多的了，能不落得这个下场吗？"右尹说："请大王您回到都城的郊外，听听国人的看法是怎样的。"灵王说："众人的愤怒是不可冒犯的啊。"右尹说："暂且先躲避到大县去，然后请求诸侯派援兵吧。"灵王说："所有人都背叛我了。"右尹又说："暂且投靠别的诸侯，然后听从大国的安排吧。"灵王答道："大的福祉不会再来了，只能自取其辱了。"楚灵王乘着船想进入鄢城。右尹料想灵王不会采纳自己的建议，害怕跟着会死，就离开他逃亡去了。

楚灵王在山中独自彷徨，乡野的老百姓都不敢收留他。灵王在途中遇上了原来的涓人，向他说道："请给我一点食物吧，我已经三天没有进食了。"涓人说："新的君王下达了命令，有谁胆敢给您食物或是跟随您的，都会被诛灭三族，况且这里也没有食物了。"灵王便枕着涓人的大腿躺下睡觉。涓人趁他睡着的时候用土块代替自己的大腿，然后抽出腿来逃跑了。灵王醒了看不到人，饥饿地爬不起来，芋邑长官申无宇的儿子申亥说："我的父亲两次违反灵王的命令，灵王都没有杀他，这个恩德多么大啊！"便四处寻找灵王，在釐泽遇上了饥饿难当的灵王，把他迎回家中。这年的夏季五月癸丑，灵王死在申亥的家中，申亥让两个女儿陪葬，把他们一起埋了。

【原文】

是时楚国虽已立比为王，畏灵王复来，又不闻灵王死，故观从谓初王比曰①："不杀弃疾，虽得国犹受祸。"王曰："馀不忍。"从曰："人将忍王。"王不听，乃去。弃疾归。国人每夜惊，曰："灵王入矣！"乙卯夜，弃疾使船人从江上走呼曰："灵王至矣！"国人愈惊。又使曼成然告初王比及令尹子皙曰："王至矣！国人将杀君，司马将至矣！君蚤自图，无取辱焉。众怒如水火，不可救也。"初王及子皙遂自杀。丙辰，弃疾即位为王，改名熊居，是为平王。

【注释】

① 初王：子比在位时间很短，死后没给谥号，所以称为"初王"。

【译文】

这个时候楚国虽然已经拥立公子比做了楚王，因为害怕灵王再回来，又没有听到灵王的死讯，所以观从对新登基的楚初王说："您不杀掉公子弃疾，即使得到整个楚国，也还会遭受灾祸。"初王说："我实在不忍心杀他。"观从说："他会忍心杀掉大王您呢！"初王不听，观从就离开了。弃疾回到都城。都城的百姓夜夜惊慌，说："灵王回来啦！"乙卯的夜晚，弃疾派人乘着船在江上呼喊："灵王回来啦！"都城的百姓更加害怕了。弃疾又派曼成然告诉初王和令尹子皙说："灵王回来了！京城里的百姓将要杀死你们，司马也要到了！您应当早作打算啊，不要自取其辱。众怒就好比水火，没有办法挽救的。"初王和子皙自杀而死。丙辰，弃疾即位为王，改自己的名字为熊居，他就是楚平王。

越王句践世家

【导读】

句践（约前520～前465），大禹后裔，春秋末期越国的君主。句践与吴国作战，退兵至会稽山，用范蠡计策，向吴称臣乞和。句践归国后，卧薪尝胆，**任用范蠡**、文种等人，改革内政，休养生息，终灭吴雪耻。随后，与齐、晋诸侯会盟，成为霸主。

范蠡是越王句践的重要谋臣，他辅佐句践成就霸业，故太史公司马迁以范蠡传附之。范蠡做官能深谋远虑、运筹帷幄，终使国富民强；理家能辛苦劳作、惨淡经营，终使家产累积数十万，被人们称颂。范蠡救子之事富有哲理性、戏剧性，也有人认为此节"必好事者为之，非实也"。

陶朱公

【原文】

范蠡事越王句践，既苦身勠力，与句践深谋二十馀年①，竟灭吴，报会稽之耻，北渡兵于淮以临齐、晋②，号令中国，以尊周室，句践以霸，而范蠡称上将军③。还反国，范蠡以为大名之下，难以久居④，且句践为人，可与同患，难与处安⑤，为书辞句践曰⑥："臣闻主忧臣劳，主辱臣死。昔者君王辱于会稽，所以不死，为此事也。今既以雪耻⑦，臣请从会稽之诛。"句践曰："孤将与子分国而有之。不然，将加诛于子。"范蠡曰："君行令，臣行意。"乃装其轻宝珠玉⑧，自与其私徒属乘舟浮海以行⑨,终不反。于是句践表会稽山以为范蠡奉邑⑩。

【注释】

①深谋:周密地谋划。②临:到,进逼。③上将军:官名。古代天子将兵称上将军,其后大将也有称上将军的。④居:维持,占有。⑤处安:共处安乐。⑥辞:辞别,告别。⑦以:通"已"。⑧轻宝:轻便珍贵的东西。⑨私徒属:私家的徒隶。浮海:在海上浮行。⑩奉邑:供给俸禄的封邑。

【译文】

　　范蠡服侍越王句践,身经劳苦,勤奋努力,帮助句践周密地谋划了二十多年,终于灭掉了吴国,雪洗了句践当年在会稽所受的耻辱。然后又向北进兵,渡过淮河,紧逼齐国和晋国,进而向中原各国发号施令,尊奉周王室。句践成为霸王,范蠡号称上将军。得胜返回越国后,范蠡认为自己名气大了,难以久留,而且句践的为人,可以共患难,却难以共处安乐,就写了一封辞职的信对句践说:"我听说主上心忧,臣子就该劳累分忧;主上受侮辱,臣子就该死难。从前君王在会稽受侮辱,我之所以没有死,是为了报仇雪耻。现在已经报仇雪耻,我请求追究使君王受会稽之辱的罪过。"句践说:"我要把越国的江山分给您一半,让我们共同享有。不然的话,就要惩罚您。"范蠡说:"君主执行自己的命令,臣子实行自己的意愿。"于是就装起轻便的珍贵珠玉,与私属随从乘船从海道走了,以后再没有回来。句践就标记会稽山作为范蠡的奉邑。

【原文】

　　范蠡浮海出齐①,变姓名,自谓鸱夷子皮②,耕于海畔,苦身戮力,父子治产。居无几何,致产数十万。齐人闻其贤,以为相③。范蠡喟然叹曰④:"居家则致千金,居官则至卿相,此布衣之极也。久受尊名,不祥。"乃归相印,尽散其财,以分与知友乡党⑤,而怀其重宝,间行以去⑥,止于陶⑦,以为此天下之中,交易有无之路通,为生可以致富矣⑧。于是自谓陶朱公。复约要父子耕畜⑨，废居⑩，候时转物⑪，逐什一之利。居无何⑫，则致赀累巨万⑬。天下称陶朱公。

【注释】

① 出：去到。② 鸱（chī）夷：皮制的口袋。吴王夫差杀伍员，用鸱夷装了他的尸体，投之于江。范蠡认为自己的罪同伍员一样，故用"鸱夷子皮"为别号。③ 相：辅助君主掌管国事的最高官吏。④ 喟（kuì）然：叹息的样子。⑤ 乡党：泛指乡里或乡亲。⑥ 间行：潜行，从小路走。⑦ 陶：邑名，在今山东省定陶县西北。⑧ 为生：做生意。⑨ 约要（yāo）：约定。⑩ 废居：销售储存。废，出卖。居，屯积。⑪ 转物：转卖货物。⑫ 居无何：待了不久。⑬ 赀：通"资"。

【译文】

范蠡沿海路去到齐国，改名换姓，自称"鸱夷子皮"。他耕种于海边，吃苦耐劳，勤奋努力，父子共同治理产业。住了没有多久，弄到了财产数十万。齐国人听到他有才能，就让他做了相国。范蠡叹息说："住在家里能弄到千金财产，做官做到卿相，一个普通人能这样，也就达到顶点了。长期享受尊贵的名号，是不吉利的。"于是归还了相国的印信，散尽家财，分给相知的好友和乡亲们，带着贵重的财宝，悄悄地离开，到陶地住下来，他认为这里是天下的中心，交易买卖，和各地相通，做生意可以致富。于是他自称为"陶朱公"。又规定父子耕田畜牧，囤积储存，等候时机，转卖货物，追求十分之一的利润。待了不久，就发家积累了巨大的资产。天下都称他为陶朱公。

范蠡教子

【原文】

朱公居陶，生少子①。少子及壮，而朱公中男杀人②，囚于楚。朱公曰："杀人而死，职也③。然吾闻千金之子不死于市④。"告其少子往视之。乃装黄金千溢⑤，置褐器中⑥，载以一牛车。且遣其少子，朱公长男固请欲行，朱公不听。长男曰："家有长子曰家督⑦，今弟有罪，大人不遣⑧，乃遣少弟，是吾不肖。"欲自杀。其母为言曰："今遣少子，未必能生中子也⑨，而先空亡长男，奈何？"朱公不得已而遣长子，为一封书遗故所善庄生⑩。曰："至则进千金于庄生所⑪，听其所为⑫，慎无与争事⑬。"长男既行，亦自私赍数百金⑭。

【注释】

①少子：小儿子。②中男：次子。③职：本分。④千金之子：指富贵人家的子弟。⑤溢：即"镒"，二十两或二十四两为一镒。⑥褐器：粗布袋。⑦家督：长子督理家政，故称"家督"。⑧大人：父亲。⑨生：使之得生。⑩故所善：原来相好的朋友。⑪进：进献。⑫听（tìng）：任凭。⑬争事：遇事不要发生争执。⑭赍（jī）：携带。

【译文】

　　朱公住在陶地，生了一个小儿子。小儿子长到壮年时，朱公的二儿子杀了人，囚禁于楚国。朱公说："杀人偿命，这是本分。但是我听说，富贵人家的子弟，不会被杀死在闹市之中示众。"就叫他的小儿子到楚国去看看。小儿子带了一千镒黄金，装在粗布袋中，用一辆牛车载着。朱公将要派小儿子上路，他的大儿子坚决要求前往，朱公不答应。大儿子说："家中有长子，就叫'家督'，现在弟弟犯了罪，父亲不派我去，却派小弟去，那就是我不贤了。"大儿子想要自杀。他的母亲帮他说："现在派小儿子去，未必能救活二儿子，先白白死了大儿子，那怎么好呢？"朱公不得已，只好派大儿子去。写了一封信要大儿子送给他的老朋友庄先生，嘱咐大儿子说："到了那里，把这千镒黄金送到庄先生家里，听凭他去办理，遇事千万不要和他争论。"大儿子走时，也私自带了几百镒黄金。

【原文】

　　至楚，庄生家负郭①，披藜藋到门②，居甚贫。然长男发书进千金③，如其父言。庄生曰："可疾去矣，慎毋留！即弟出，勿问所以然。"长男既去，不过庄生而私留④，以其私赍献遗楚国贵人用事者⑤。

庄生虽居穷阎⑥，然以廉直闻于国，自楚王以下皆师尊之。及朱公进金，非有意受也，欲以成事后复归之以为信耳。故金至，谓其妇曰："此朱公之金。有如病不宿诫，后复归，勿动。"而朱公长男不知其意，以为殊无短长也。

庄生间时入见楚王⑦，言"某星宿某，此则害于楚"。楚王素信庄生，曰："今为奈何？"庄生曰："独以德为可以除之⑧。"楚王曰："生休矣，寡人将行之。"王乃使使者封三钱之府⑨。楚贵人惊告朱公长男曰："王且赦。"曰："何以也？"曰："每王且赦，常封三钱之府。昨暮王使使封之。"朱公长男以为赦，弟固当出也，重千金虚弃庄生⑩，无所为也，乃复见庄生。庄生惊曰："若不去邪？"长男曰："固未也。初为事弟⑪，弟今议自赦，故辞生去。"庄生知其意欲复得其金，曰："若自入室取金。"长男即自入室取金持去，独自欢幸。

庄生羞为儿子所卖⑫，乃入见楚王曰："臣前言某星事，王言欲以修德报之。今臣出，道路皆言陶之富人朱公之子杀人囚楚⑬，其家多持金钱赂王左右，故王非能恤楚国而赦，乃以朱公子故也。"楚王大怒曰："寡人虽不德耳，奈何以朱公之子故而施惠乎！"令论杀朱公子，明日遂下赦令。朱公长男竟持其弟丧归⑭。

【注释】

①负郭：靠近城郭。负，背倚。郭，外城。②藜藿：草名。③发：打开。④不过：不再探望。⑤献遗（wèi）：赠送。⑥穷阎：贫民区。⑦间时：适当的时机。⑧为：因而。⑨封三钱之府：封闭存储三钱（金、银、铜）的库房。⑩虚弃：白送给。⑪事弟：弟弟的事情。⑫儿子：指范蠡长男。⑬道路：指路人。⑭丧：跟死者有关的事。这里指尸体。

【译文】

到了楚国，看见庄先生的住房靠贴外城，拨开一大片野草，才能到他的门前，居住条件相当贫苦。然而朱公的大儿子拿出书信进送千金，如他父亲吩咐的那样做了。庄先生说："你可以赶快离开了，千万不要停留。即使你弟弟从监牢里放出来，也不要去问所以然。"大儿子离开庄家，不再探望庄先生，而私自居留，把他私下带来的黄金送给了楚国那些当权的贵族。

庄先生虽然住在贫民窟中，但是他的廉洁正直却在全国出了名，从楚王以下，都把他当老师一样尊重。至于朱公送给他的金子，并不是有意接受，只是想在事情办成之后再还给朱公以显示自己守信用罢了。所以金子送到后，他对妻子说："这是朱公的金子。如果我病死了，来不及提前交待你，记着以后归还他，不要动它。"朱公的大儿子不知道他的意思，认为送他黄金不会起到重要作用。

庄先生找了个适当的时机进宫去见楚王，说："天上某星的位置移动到了某处，这对楚国不利。"楚王向来信任庄先生，就问："现在该怎么办呢？"庄先生说："只有做好事，才可以消除它。"楚王说："先生休息吧，寡人这就照办。"于是楚王派遣使者封闭了储存三钱的库房。楚国受赂的贵族惊讶地告诉朱公的大儿子说："大王就要大赦了。"朱公的大儿子问："何以见得？"回答说："大王每次大赦的时候，常要先封闭储存三钱的库房。昨天晚上，大王又派使者把三钱库房封闭了。"朱公的大儿子认为：既然大赦，弟弟本当得到释放。他很吝惜那千镒黄金，认为白送给庄先生，毫无意义。就又去见庄先生。庄先生吃了一惊，说："你还没有走吗？"大儿子说："确实没有走。当初是为了弟弟的事情来的，现在听说商议大赦，弟弟自然就会得到释放，所以来向先生辞行。"庄先生明白他的意思是想拿回他的黄金，就说："你自己进屋去取金子吧。"大儿子就自己进屋取出金子走了，还暗自高兴。

庄先生因为被儿辈出卖而感到羞恼，就再次进宫去见楚王，说："我上次说了某星的位置移动那件事，君王说要用做好事来报答它。现在我在外面，听路人纷纷传说陶地的富人朱公的儿子杀了人囚禁在楚国，他家拿了很多金钱贿赂大王身边的人，所以大王并不是为了体恤楚国人民而实行大赦，而是为了朱公的儿子的缘故。"楚王大怒说："寡人虽然无德，又何至于为了朱公儿子的缘故而施恩大赦呢！"就下令判决，杀了朱公的儿子。到了第二天，才下达赦令。朱公的大儿子终于只带着他弟弟的尸首回家了。

【原文】

至，其母及邑人尽哀之①，唯朱公独笑，曰："吾固知必杀其弟也②！彼非不爱其弟，顾有所不能忍者也③。是少与我俱，见苦④，为生难⑤，故重弃财。至如少弟者，生而见我富⑥，乘坚驱良逐狡兔⑦，岂知财所从来，故轻弃之，非所惜吝。前日吾所为欲遣少子，固为其能弃财故也。而长者不能，故卒以杀其弟，事之理也，无足悲者。吾日夜固以望其丧之来也。"

故范蠡三徙⑧，成名于天下，非苟去而已，所止必成名⑨。卒老死于陶，故世传曰陶朱公。

【注释】

①邑人：同邑人，即当地人。②杀：置之于死地。③顾：不过。④见苦：受过苦。⑤为生：谋生。⑥生：出生以来。⑦坚：坚车。良：良马。逐狡兔：指打猎。⑧三徙：自越徙于齐，又自齐徙于陶。⑨所止：所到之处。

【译文】

到家以后，他母亲和街坊邻里的人都很悲痛，只有朱公一个人笑着说："我本来知道他一去一定会置弟弟于死地的！他不是不爱他的弟弟，只不过是他有些舍不得花钱。他小时候和我在一起，受过苦，知道谋生的艰难，所以不轻易花钱。至于小弟弟，出生以来就看到我富有，只知乘好车，骑良马，出外打猎赶兔子，哪里知道钱财的来处，所以随便花费，毫不吝惜。原来我要派小儿子去，就是因为他舍得花钱的缘故。而大儿子却做不到，结果使他弟弟被杀，这是事情的常理，没有什么可悲痛的。我本来就日日夜夜等着二儿子的尸体运回来啦。"

范蠡三次迁移，驰名天下。他去哪里并不是随便去的，所到之处，一定有所作为，立功成名。后来终于老死在陶地，所以世人相传叫他陶朱公。

赵世家

【导读】

赵氏原是晋国的四卿之一。赵襄子在位时,四卿之一的智伯率领韩、魏二家围攻襄子,襄子固守晋阳,反过来联合韩、魏两家灭掉智伯,赵、魏、韩三家趁机瓜分智氏的领土。公元前403年,周天子正式承认韩、赵、魏三家的诸侯地位,与晋侯并列。三家分晋,始于战国时代。赵国在战国之初国力并不强盛,后来经过赵武灵王"胡服骑射",军事实力增强,在与诸侯的战争中表现强劲,涌现出诸如廉颇、赵奢、李牧等智勇双全的名将。本篇节录了《赵世家》中的两个故事,即"赵氏孤儿"与"胡服骑射"。

赵氏孤儿

【原文】

赵盾代成季任国政,二年而晋襄公卒,太子夷皋年少。盾为国多难,欲立襄公弟雍。雍时在秦,使使迎之。太子母日夜啼泣①,顿首谓赵盾曰:"先君何罪,释其適子而更求君?"赵盾患之,恐其宗与大夫袭诛之,乃遂立太子,是为灵公②,发兵距所迎襄公弟于秦者。灵公既立,赵盾益专国政。

灵公立十四年,益骄。赵盾骤谏,灵公弗听。及食熊蹯③,胹不熟④,杀宰人,持其尸出,赵盾见之。灵公由此惧,欲杀盾。盾素仁爱人,尝所食桑下饿人反扞救盾,盾以得亡。未出境,而赵穿弑灵公,而立襄公弟黑臀,是为成公⑤。

赵盾复反，任国政。君子讥盾"为正卿，亡不出境，反不讨贼"，故太史书曰"赵盾弑其君"⑥。晋景公时而赵盾卒⑦，谥为宣孟，子朔嗣。

【注释】

①太子母：穆嬴，太子夷皋之母，为秦室宗女。②灵公：名夷皋，公元前620年至公元前607年在位。③蹯（fán）：兽足，此指熊掌，味美而难熟。④胹（ér）：炖，煮。⑤成公：黑臀，公元前606年至公元前600年在位。⑥太史：董狐。⑦晋景公：名据，成公之子，公元前599年至公元前581年在位。

【译文】

赵盾代替成季主持晋国政事，两年后，晋襄公去世，太子夷皋年纪尚小。赵盾以为这样国家会多难，所以想拥立襄公的弟弟雍为晋君。雍当时正在秦国，赵盾派使节去迎接他。太子的母亲日夜哭啼，跪下向赵盾磕头说："先君有什么罪过呢，为何要舍弃他的嫡子而更换君主？"赵盾十分忧虑，他担心太子的宗亲联合大夫们袭击诛杀自己，于是就拥立太子为晋君，就是晋灵公，同时派兵去阻止护送襄公之弟回国的秦兵。灵公即位以后，赵盾更加专擅朝政了。

灵公上台十四年，越来越骄横跋扈。赵盾屡次劝谏，但是灵公都不听从。有一次灵公吃熊掌，熊掌不熟，灵公就杀掉了厨师，卫士们把厨师的尸体抬出，正好让赵盾看到了。灵公因此而感到害怕，想杀掉赵盾。赵盾平时待人宽厚仁爱，曾经给一个饿倒在桑树下的人饭吃，灵公准备杀赵盾的时候，这个人救了赵盾，这样赵盾才得以逃脱。赵盾还没有逃出国境，赵穿就杀了灵公而拥立襄公的弟弟黑臀为晋君，这就是晋成公。赵盾又返回朝中处理国事。君子都讽刺赵盾"身为正卿，逃亡而不出国境，返回来又不讨伐逆贼"，所以史书上说"赵盾杀了晋国的君主"。晋景公的时候，赵盾去世，谥号为"宣孟"，儿子赵朔继位。

【原文】

赵朔，晋景公之三年①，朔为晋将下军救郑②，与楚庄王战河上③。朔娶晋成公姊为夫人。

晋景公之三年，大夫屠岸贾欲诛赵氏④。初，赵盾在时，梦见叔带持要而哭⑤，甚悲；已而笑，拊手且歌⑥。盾卜之，兆绝而后好⑦。赵史援占之，曰："此梦甚恶，非君之身，乃君之子，然亦君之咎。至孙，赵将世益衰。"屠岸贾者，始有宠于灵公，及至于景公而贾为司寇⑧，将作难，乃治灵公之贼以致赵盾，遍告诸将曰："盾虽不知，犹为贼首。以臣弑君，子孙在朝，何以惩罪？请诛之。"韩厥曰⑨："灵公遇贼，赵盾在外，吾先君以为无罪，故不诛。今诸君将诛其后，是非先君之意，而今妄诛。妄诛谓之乱。臣有大事而君不闻，是无君也。"屠岸贾不听。韩厥告赵朔趣亡⑩。朔不肯，曰："子必不绝赵祀⑪，朔死不恨。"韩厥许诺，称疾不出。贾不请而擅与诸将攻赵氏于下宫，杀赵朔、赵同、赵括、赵婴齐，皆灭其族。

【注释】

①晋景公之三年：公元前597年。②下军：三军之一。春秋时大国一般设置三军，即上军、中军、下军。③河上：河畔。④屠岸贾：晋国大夫。⑤叔带：赵氏始迁祖。叔带以后，赵氏递兴。要：通"腰"。⑥拊（fǔ）：拊手、拍手。⑦兆：古以龟占卜，观看坼裂之纹，以定吉凶。绝而后好：即逢凶化吉。⑧司寇：六卿之一，主管刑狱。⑨韩厥：韩武子之后。⑩趣：疾，快。⑪必：一定。

【译文】

赵朔，在晋景公三年的时候，率领下军解救了郑国，与楚庄王在黄河边交战。赵朔娶了晋成公的姐姐为妻。

晋景公三年，大夫屠岸贾想诛杀赵氏。当初赵盾在世的时候，曾经梦到祖先叔带抱着他的腰哭泣，十分悲伤；一会儿又笑起来，边拍手边唱歌。赵盾占卜了一下，龟甲上灼烧的裂纹断绝，但是后面又呈现好的兆头。赵的史官援看了兆纹解释说："这个梦很不好，并不是应验在你的身上，而是应验在你的儿子身上，但这也是你留下的祸患。

到你的孙辈的时候，赵氏的子孙将更加衰微。"屠岸贾，最初受晋灵公的宠幸，到景公的时候，屠岸贾担任司寇之职。他想作乱，就追究杀死灵公的逆贼来牵连赵盾，他通告手下诸将说："赵盾虽然事先不知道弑君之事，但他依旧是叛贼的首领。身为臣子弑杀君主，而且子孙还在朝中为官，这怎么能惩治罪犯呢？请大家诛杀赵氏吧。"韩厥说："灵公遭遇贼害的时候，赵盾在外逃亡。我们的先君认为他没有罪过，所以没有诛杀赵盾。现在诸位想诛杀他的后代，这不是先君的意思而是胡乱诛杀。胡乱诛杀就是犯上作乱。做臣子的有重大事情却不让君主事先知道，这就是眼中没有国君啊。"屠岸贾不听他的劝告。韩厥告诉赵朔赶快逃走。赵朔不肯走，说："您一定不要让赵氏的祭祀断绝，这样即使我死了也没有什么遗恨。"韩厥答应了他，假装生病不出家门。屠岸贾没有请示景公就擅自率领诸位将军在下宫攻击赵氏，杀死了赵朔、赵同、赵括、赵婴齐，灭了赵氏全族。

【原文】

赵朔妻成公姊，有遗腹，走公宫匿。赵朔客曰公孙杵臼，杵臼谓朔友人程婴曰①："胡不死？"程婴曰："朔之妇有遗腹，若幸而男，吾奉之；即女也②，吾徐死耳。"居无何，而朔妇免身③，生男。屠岸贾闻之，索于宫中。夫人置儿绔中④，祝曰："赵宗灭乎，若号；即不灭，若无声。"及索，儿竟无声。已脱，程婴谓公孙杵臼曰："今一索不得，后必且复索之，奈何？"公孙杵臼曰："立孤与死孰难？"程婴曰："死易，立孤难耳。"公孙杵臼曰："赵氏先君遇子厚，子强为其难者⑤，吾为其易者，请先死。"乃二人谋取他人婴儿负之⑥，衣以文葆⑦，匿山中。程婴出，谬谓诸将军曰："婴不肖，不能立赵孤。谁能与我千金，吾告赵氏孤处。"诸将皆喜，许之，发师随程婴攻公孙杵臼。杵臼谬曰："小人哉程婴！昔下宫之难不能死，与我谋匿赵氏孤儿，今又卖我。纵不能立，而忍卖之乎！"抱儿呼曰："天乎天乎！赵氏孤儿何罪?请活之,独杀杵臼可也。"诸将不许,遂杀杵臼与孤儿。诸将以为赵氏孤儿良已死⑧,皆喜。然赵氏真孤乃反在,程婴卒与俱匿山中。

【注释】

① 公孙杵臼、程婴:二人是赵盾、赵朔两代家臣。② 即:若。③ 免:同"娩",生孩子。④ 绔:套裤。⑤ 强:勉强。⑥ 负之:抚养起来。⑦ 文葆:绣花的衣服。⑧ 良:确实。

【译文】

赵朔的妻子是成公的姐姐,腹中怀有孩子,便跑到宫中躲藏起来。赵朔的门客有个叫公孙杵臼的,他对赵朔的朋友程婴说:"你为什么不殉难而死呢?"程婴说:"赵朔的妻子怀有身孕,如果幸运生了个男孩,我就抚养他长大;如果生下的是个女孩,我慢慢死吧。"没过多长时间,赵朔的妻子分娩,生下一个男孩。屠岸贾听说此事,在宫中搜查这个男孩。赵朔妻子把婴儿藏到套裤里,祈祷说:"倘若上天要让赵氏宗族灭绝的话,你就哭出声来;若是不让赵氏灭绝,你一定不要出声啊。"等屠岸贾派人搜查到她身边的时候,婴儿竟然没有发出声音。脱险之后,程婴对公孙杵臼说:"现在搜索一次没有搜查到,屠岸贾一定不会甘心,还会再来搜查的,这该怎么办呢?"公孙杵臼说:"抚养孤儿和以死殉难,哪一个更难?"程婴说:"死很容易,但是抚养孤儿就很难了。"公孙杵臼说:"赵氏先君对您很优厚,您就勉强做困难的事情,我做容易的,请让我先死吧。"接着两人商量弄来别人的婴儿抚养,然后在婴儿的身上裹上华丽的襁褓,藏匿在山中。程婴走出山,假装对诸位将军说:"我程婴没有出息,不能抚养赵氏孤儿。谁能给我千金,我就告诉他赵氏孤儿在什么地方。"诸将听了十分高兴,答应了他,派兵追随程婴去攻击公孙杵臼。公孙杵臼也假装说道:"小人啊程婴!当初下宫之难的时候你没有跟着死,和我一起谋划隐藏赵氏孤儿,现在你又出卖我。纵然不能把孩子抚养长大,又怎能忍心出卖呢!"他抱着婴儿说:"天啊,天啊!赵氏孤儿有什么罪呢?请让孩子活下来吧,只杀我公孙杵臼一个人就行了!"诸将不答应,便杀了公孙杵臼和赵氏孤儿。诸将以为赵氏孤儿确确实实已经死了,都很高兴。然而真正的赵氏孤儿依旧活着,程婴带着他藏匿在深山之中。

【原文】

居十五年①，晋景公疾，卜之，大业之后不遂者为祟。景公问韩厥，厥知赵孤在，乃曰："大业之后在晋绝祀者，其赵氏乎?夫自中衍者皆嬴姓也。中衍人面鸟噣②，降佐殷帝大戊，及周天子，皆有明德。下及幽厉无道③，而叔带去周适晋，事先君文侯，至于成公，世有立功，未尝绝祀。今吾君独灭赵宗，国人哀之，故见龟策④。唯君图之。"景公问："赵尚有后子孙乎?"韩厥具以实告。于是景公乃与韩厥谋立赵孤儿，召而匿之宫中。诸将入问疾，景公因韩厥之众以胁诸将而见赵孤。赵孤名曰武。诸将不得已，乃曰："昔下宫之难，屠岸贾为之，矫以君命，并命群臣。非然，孰敢作难!微君之疾⑤，群臣固且请立赵后。今君有命，群臣之愿也。"于是召赵武、程婴遍拜诸将，遂反与程婴、赵武攻屠岸贾，灭其族。复与赵武田邑如故。

【注释】

①居十五年：即晋景公十七年。②噣（zhòu）：鸟嘴。③幽厉无道：周幽王、厉王都是无道昏君。④策：古时卜筮工具。⑤微：无，没有。

【译文】

晋景公十七年，晋景公患病，占卜了一下，卜筮的结果是大业的后人因为不顺而作怪。景公问韩厥什么意思，韩厥知道赵氏孤儿还活着，便对晋景公说："大业的后裔在晋国断绝祭祀的，不就是赵氏吗?自中衍以来的子孙都姓嬴。中衍长着人一样的脸、鸟一样的嘴，降临到世间辅佐殷帝大戊，一直到周朝建立，他的子孙也还有盛德。到周幽王、周厉王的时候，周天子昏庸无道，叔带离开周朝来到晋国，侍奉先君文侯，到成公的时候，世世代代都立有功业，从来没有断绝祭祀。现在唯独您灭掉了赵氏宗族，国人都十分伤心，所以在龟策上显现出来，希望您好好打算啊!"景公问道："赵氏现在还有子孙吗?"

韩厥把实情都告诉了晋景公。景公便和韩厥谋划拥立赵氏孤儿，把他召进宫中藏匿起来。众将进宫探视景公的病情，景公依靠韩厥的部众胁迫诸将来见赵氏孤儿。赵氏孤儿名叫赵武。众将没有办法，只好说："当初的下宫之难，那是屠岸贾一手策划的，他假托君主的旨意，并且命令群臣。不是这样的话，谁敢作乱啊！（如果）不是您患有重病，我们一定会请求君主拥立赵氏的后代的。现在您有命令，这正是群臣的心愿啊！"于是景公召来赵武、程婴拜谢诸将，诸将反过来与程婴、赵武一起攻打屠岸贾，灭了屠岸贾的全族。恢复了赵氏原有的田地和封邑。

【原文】

及赵武冠①，为成人，程婴乃辞诸大夫，谓赵武曰："昔下宫之难②，皆能死。我非不能死，我思立赵氏之后。今赵武既立，为成人，复故位，我将下报赵宣孟与公孙杵臼③。"赵武啼泣顿首固请，曰："武愿苦筋骨以报子至死，而子忍去我死乎！"程婴曰："不可。彼以我为能成事，故先我死；今我不报，是以我事为不成。"遂自杀。赵武服齐衰三年④，为之祭邑，春秋祠之⑤，世世勿绝。

【注释】

①冠：古代男子成年时举行加冠礼。②昔下宫之难：指屠岸贾攻杀赵同、赵括之事。③赵宣孟：指赵盾。④齐衰：丧服名，五服之一，是以粗麻布制成的丧服，因其缉边缝齐，故称齐衰，仅次于子女服父母之丧。⑤祠：祭祀。

【译文】

赵武二十岁加冠的时候，程婴向诸位大夫辞别，对赵武说："当初下宫之难，所有的人都死了。我不是不能死，我想着抚养赵氏的后代长大，现在赵武既然已经继承赵氏，长大成人，恢复了原来的官职，我打算到黄泉之下去报告赵宣孟和公孙杵臼了。"赵武哭泣叩头央求说："我愿意劳苦自己的筋骨来报答您一直到死，您怎么能忍心丢下我去死呢！"程婴说："不行啊。他们认为我能做成大事，所以在我之前先死；现在我不去报告他们，他们一定会以为我没有把事情办成功！"说完就自杀了。赵武为程婴守丧三年，还为他设置了专供祭祀的封邑，春秋两季祭祀他，世世代代没有断绝。

胡服骑射

【原文】

十九年春正月，大朝信宫①。召肥义与议天下，五日而毕。王北略中山之地，至于房子②，遂之代，北至无穷③，西至河，登黄华之上④。召楼缓谋曰："我先王因世之变，以长南藩之地，属阻漳、滏之险⑤，立长城，又取蔺、郭狼⑥，败林人于荏⑦，而功未遂。今中山在我腹心，北有燕，东有胡，西有林胡、楼烦、秦、韩之边，而无强兵之救，是亡社稷，奈何？夫有高世之名，必有遗俗之累。吾欲胡服⑧。"楼缓曰："善。"群臣皆不欲。

于是肥义侍，王曰⑨："简、襄主之烈⑩，计胡、翟之利⑪。为人臣者，宠有孝弟长幼顺明之节，通有补民益主之业⑫，此两者臣之分也。今吾欲继襄主之迹，开于胡、翟之乡，而卒世不见也⑬。为敌弱，用力少而功多⑭，可以毋尽百姓之劳，而序往古之勋⑮。夫有高世之功者，负遗俗之累；有独智之虑者，任骜民之怨⑯。今吾将胡服骑射以教百姓⑰，而世必议寡人，奈何？"肥义曰："臣闻疑事无功，疑行无名。王既定负遗俗之虑，殆无顾天下之议矣。夫论至德者不和于俗，成大功者不谋于众。昔者舜舞有苗，禹祖裸国，非以养欲而乐志也，务以论德而约功也。愚者暗成事，智者睹未形，则王何疑焉。"王曰："吾不疑胡服也，吾恐天下笑我也。狂夫之乐，智者哀焉；愚者所笑，贤者察焉。世有顺我者，胡服之功未可知也。虽驱世以笑我，胡地中山吾必有之。"于是遂胡服矣。

【注释】

①信宫：在今河北临洺。②房子：赵邑，在今河北武官。③代：在今河北武官北蔚县一带。无穷：即无终，在今河北蓟县无终故城。④黄华：山名，在今山西山阴北。⑤滏（fǔ）：即滏阳河，源出河北磁县西北滏山，东流入于漳。⑥蔺：在今山西离石西。郭狼：在今山西离石西北。⑦林人：林胡人。楼烦：春秋战国时以游牧为主的民族，精骑射，是匈奴族的一支。⑧胡服：匈奴服饰。⑨王：武灵王。⑩简：赵简子鞅。襄：赵襄子毋恤。烈：功业。⑪胡翟：北方匈奴，西陲诸翟。⑫通：达。⑬卒世：没世。⑭用力少而功多：与弱为敌，事半功倍。⑮而序往古之勋：不使百姓劳苦，而坐享往古之功。⑯骜民：指悍民。⑰将：打算。

【译文】

赵武灵王十九年春正月，武灵王在信宫大会群臣。又召见肥义与他一起商讨天下之事，谈了整整五天。武灵王向北方掠取中山国的土地，一直到达房子地区。接着又前往代地，北至无穷，西到黄河之畔，登上了黄华山。又召来楼缓商量说："我的先王趁着时代的变化，称雄于南方藩属之地，连接漳水和滏水之间的险阻要塞，修筑长城，又夺取蔺、郭狼等地，在荏地打败林胡，但是功业并没有完成。现在中山国处在赵国的腹心之中，北边有燕国，东边有东胡，西边有林胡、楼烦、秦、韩的边界线，却没有强大军队的守卫，这样会亡国的，该怎么办呢？要做出超出世人的功业，就必定会遭到世俗的牵累。我打算穿胡人的衣服。"楼缓说："很好。"群臣都不愿意。

这个时候肥义在旁侍奉，武灵王说："简子和襄子这两位君主的功业，就在于能够计算抵抗胡人和翟人的好处。为人臣子的，如果受到宠信，就要有孝、悌、长、幼、顺、明的德行；如果通达事理，就要有补助百姓、利于国君的功业，这两样是做臣子的本分啊！现在我有意继承襄子的事业，在胡人和翟人居住的地方开疆拓土。但是怎么也找不到有利于百姓和君主的贤臣辅佐啊。我提倡穿胡服是为了使敌人衰弱，起到事半功倍的效果，可以不必使百姓劳苦，就能继续简、襄二主的事业。凡是有超乎当世功业的人，一定会受到俗世的牵累；有独特谋略的人，也一定会遭到傲慢之民的埋怨。现在我打算教百姓穿胡服、练习骑射，世人一定会非议我的，这该怎么办呢？"肥义说："臣听说事情有了疑惑就不会取得成功，行为有了疑惑就不会获得好的名声。大王既然已经抱定了违背世俗的念头，就不必再顾虑天下人的非议了。况且德行至高的人不合于俗世，成就大功业的人不会与大众一起商量。当初虞舜为有苗跳舞，大禹裸露上身进入裸国，这不是为放纵欲望而娱乐心志，而是通过以德服众来实现功业啊。愚蠢的人不知道如何做事情能成功，智慧的人能够看明白尚未成形的事情，那么大王您为什么还要犹豫不决呢？"武灵王说："我并不疑惑穿胡服这件事，而是担心天下人耻笑我。狂妄之人快乐，聪明的人感到哀伤；愚蠢之人所耻笑的事情，贤明的人能够看得明白。即使世上有顺从我的人，穿胡服的好处他们也未必知道。即便全天下的人拿这件事嘲笑我，胡人和中山的土地我一定要占有。"于是下令改穿胡服。

【原文】

使王缂告公子成曰①："寡人胡服，将以朝也，亦欲叔服之。家听于亲而国听于君，古今之公行也。子不反亲，臣不逆君，兄弟之通义也。今寡人作教易服而叔不服，吾恐天下议之也。制国有常，利民为本；从政有经，令行为上。明德先论于贱，而行政先信于贵。今胡服之意，非以养欲而乐志也；事有所止而功有所出，事成功立，然后善也。今寡人恐叔之逆从政之经，以辅叔之议。且寡人闻之，事利国者行无邪，因贵戚者名不累，故愿慕公叔之义，以成胡服之功。使缂谒之叔，请服焉。"公子成再拜稽首曰②："臣固闻王之胡服也。臣不佞，寝疾③，未能趋走以滋进也④。王命之，臣敢对，因竭其愚忠。曰：臣闻中国者，盖聪明徇智之所居也⑤，万物财用之所聚也，贤圣之所教也，仁义之所施也,《诗》《书》礼乐之所用也,异敏技能之所试也⑥,远方之所观赴也,蛮夷之所义行也。今王舍此而袭远方之服,变古之教,易古之道,逆人之心,而怫学者⑦,离中国⑧,故臣愿王图之也。"使者以报。王曰:"吾固闻叔之疾也,我将自往请之。"

王遂往之公子成家,因自请之,曰:"夫服者,所以便用也;礼者,所以便事也。圣人观乡而顺宜,因事而制礼,所以利其民而厚其国也。夫剪发文身,错臂左衽⑨,瓯越之民也⑩。黑齿雕题⑪,却冠秫绌⑫,大吴之国也。故礼服莫同,其便一也。乡异而用变,事异而礼易。是以圣人果可以利其国,不一其用;果可以便其事,不同其礼。儒者一师而俗异,中国同礼而教离,况于山谷之便乎?故去就之变,智者不能一;远近之服,贤圣不能同。穷乡多异,曲学多辩。不知而不疑,异于己而不非者,公焉而众求尽善也。今叔之所言者俗也,吾所言者所以制俗也。吾国东有河、薄洛之水,与齐、中山同之,无舟楫之用。自常山以至代、上党,东有燕、东胡之境,而西有楼烦、秦、韩之边,今无骑射之备。故寡人无舟楫之用,夹水居之民,将何以守河、薄洛之水;变服骑射,以备燕、三胡、秦、韩之边⑬。且昔者简主不塞晋阳以及上党,而襄主并戎取代以攘诸胡,此愚智所明也。先时中山负齐之强兵⑭,侵暴吾地,系累吾民⑮,引水围鄗,微社稷之神灵⑯,则鄗几于不守也。先王丑之,而怨未能报也。今骑射之备,近可以便上党之形,而远可以报中山之怨。而叔顺中国之俗以逆简、襄之意,恶变服之名以忘鄗事之丑,非寡人之所望也。"公子成再拜稽首曰:"臣愚,不达于王之义，敢道世俗之闻，臣之罪也。今王将继简、襄之意以顺先王之志，臣敢不听命乎！"再拜稽首。乃赐胡服。明日，服而朝。于是始出胡服令也。

【注释】

①公子成：成侯之子，灵王之叔。②稽首：叩头至地。③寝疾：卧病。④未能趋走以滋进也：因病不能行走，乃疏于进谒。⑤徇智：即睿智。⑥异敏：奇巧。⑦佛：通"悖"，违反、悖逆。⑧离中国：使中国遭难。离，通"罹"。⑨错：涂饰。⑩瓯越：广东、海南地区的古称。⑪雕题：在额头上刺花纹。题，额。⑫却冠：鱼皮帽。《集解》引徐广曰，作"鲑冠"；《战国策·赵策二》作"鳀冠"，鲑和鳀都是鱼名。秫：通"铢"，长针。絀：缝纫。⑬三胡：林胡、楼烦、东胡。⑭负：仗恃。⑮系累：捆绑、拘囚。⑯微：无，没有。

【译文】

　　武灵王派王緤告诉公子成说："我改穿了胡服，打算穿着它朝会群臣，也想让叔父穿上它。在家里顺从父母，在朝廷上听从国君，这是古今以来共通的道理。身为人子的不能冒犯父母，身为人臣的不能背叛君主，这是上古就传下来的道理。现在我发布政令要求百姓改穿胡服，但是叔父却不穿，我担心天下人会非议我们。统御国家有恒常的法则，应当以有利于百姓为根本；参与政事也有原则，那就是以政令能够推行为上。修明道德应当先从教化百姓开始，而处理政事应当先取信于权贵。现在实行改穿胡服的措施，并不是为了放纵欲望以愉悦心志；做事有目标事业才会取得成功，事情成功了，功业建立了，然后才算是完美的。现在我害怕叔父违背治理国家的常理，从而招致旁人对叔父的非议。况且我还听说，事情有利于国家的都不会是邪恶的，依靠贵戚而使事业成功的，名声都不会受到损害，所以我愿意仰仗叔父的威望，以实现改穿胡服的功业。所以我派王緤拜谒叔父，请您改穿胡服。"公子成拜了又拜，说道："臣早就听说大王改穿胡服了。臣没有才能，又抱病在床，不能走到大王的面前向大王进谒。大王命令我改穿胡服，臣斗胆回答您的话，趁机尽一点愚忠。臣听说中原之地，是聪明睿智之人居住的地方，是万物财货汇聚的地方，是圣贤教化百姓的地方，是仁义道德施行的地方，是《诗》《书》、礼、乐应用的地方,是绝技异能产生的地方,是远方诸国向往趋附的地方,是蛮夷奉作楷模的地方。现在大王您舍弃这些东西而仿效远方的服饰,改变古时的教化,更易古代的常道,违背众人的心愿,违背学者的想法,使中原遭难。所以我希望大王能好好琢磨一下。"使者把公子成的话告诉了武灵王。武灵王说:"我本来就听说叔父病了,我要亲自去请他改穿胡服。"

　　武灵王于是到了公子成的家中,趁机亲自请他改穿胡服,说:"衣服,是为了穿着方便;礼仪,是为了便于行事。圣人观察地方的风俗而顺应它,依照具体事情而创制礼仪,所以礼仪是用来方便百姓而有益于国家的。剪短头发、在身上雕刻花纹,在臂膀上画修饰物、穿左边开襟的衣服,这是瓯越之地的民俗。染黑牙齿、在额头之上刺花纹,戴鱼皮帽、穿粗劣的衣服,这是吴国人的习俗。所以,礼制和衣服虽然不同,但它们为求方便的特点却是一致的。地方不一样,使用的习惯自然也不一样;事情各异,礼法自然也要随之而变。所以圣人认为如果能够有利于他的国家,绝不会专用一种方法;如果可以方便自己行事,不会专用一种礼仪。儒者只有一个师承,但是习俗却千差万别;中原的礼俗相同,但是教化各异,更何况那些偏远的山谷之地呢?所以事物取舍的变化,即使是智者也不能强求一致;远处和近处的服饰,即便是圣贤也不能使其相同。穷乡僻壤风俗多奇异,见解浅薄而且多巧辩。不知道的事情不去怀疑,跟自己不同的意见也不去非议,应当公开出来兼容并蓄而求完善啊。现在叔父所说的是旧的习俗,我所说的是创制新的习俗。我们赵国东面有黄河和薄洛的水道,与齐国和中山共有,但却没有船只的使用。从常山一直到代和上党等地,东边有燕国和东胡等国的边境,西边有楼烦、秦国及韩国的边界,而现在我们却没有骑马射箭的装备。所以,我没有船只的使用,靠水而居的百姓将依靠什么守卫黄河和薄洛的水道呢;改变服饰并训练骑马射箭,以此守备燕国、三胡、秦国、韩国的边界。况且当初简主不堵塞晋阳与上党之间的通道,而襄主兼并戎族、攻占代地以抵抗胡人各部,这是愚蠢的人都能看明白的。以前中山国倚仗着齐国强大的兵力,侵略我们的土地,俘虏我们的百姓,引来河水围灌我们的鄗地,倘若不是托庇于社稷神灵,那么鄗地恐怕就守不住了。先王以此为耻辱,怨恨却一直未能报仇。现在习练骑射,近可以便利上党地区的形势,远可以向中山国报仇。而叔父您为了因循中原的习俗而违背简、襄二主的意愿，厌恶改变服饰的名声而忘记中山国攻打鄗地的耻辱，这可不是我所期望的啊。"公子成拜了又拜，说道："臣愚钝，不能明白大王的志向，竟敢称道世俗的说法，这是臣的过错啊。现在大王将要继承简、襄的意愿而去顺应先王的志向，臣怎敢不听从呢！"说完就再次拜倒叩头谢罪。武灵王赐给他胡服。第二天，公子成穿上胡服去上朝。武灵王开始发出改穿胡服的命令。

【原文】

赵文、赵造、周袑、赵俊皆谏止王毋胡服，如故法便。王曰："先王不同俗，何古之法？帝王不相袭，何礼之循？虙戏、神农教而不诛①，黄帝、尧、舜诛而不怒。及至三王②，随时制法，因事制礼。法度制令各顺其宜，衣服器械各便其用。故礼也不必一道，而便国不必古。圣人之兴也不相袭而王，夏、殷之衰也不易礼而灭。然则反古未可非，而循礼未足多也。且服奇者志淫，则是邹、鲁无奇行也③；俗辟者民易，则是吴、越无秀士也。且圣人利身谓之服，便事谓之礼。夫进退之节，衣服之制者，所以齐常民也，非所以论贤者也。故齐民与俗流，贤者与变俱。故谚曰：'以书御者不尽马之情，以古制今者不达事之变。'循法之功，不足以高世；法古之学，不足以制今。子不及也。"遂胡服招骑射。

【注释】

①虙（fú）戏：即伏羲。②三王：即夏禹、商汤、周文王。③且服奇者志淫，则是邹、鲁无奇行也：服正者未必正，服奇者未必淫。若谓服奇者志必淫，则是邹、鲁之士儒冠儒服，必无奇邪之行也。

【译文】

赵文、赵造、周袑、赵俊都劝谏武灵王不要改穿胡服，还是按照旧的礼俗方便。武灵王说："先王的礼法各不相同，应该效法哪一个古法呢？帝王们都不沿袭前一代的礼法，我们要遵循哪一种礼法呢？伏羲和神农氏重视教化而不施行刑罚，黄帝、尧、舜施用刑罚，但是不暴虐。到了三王的时候，随着时代的变化而制定礼法。法度、制度和政令各自顺应当时的需要，衣服和器械也依照各自方便而使用。所以礼法不必只有一种方式，使国家方便不必效法古代。圣人的兴起也不是相互因袭而称王于天下的，夏朝和殷商衰败，并没有改变礼法却也灭亡了。如此说来，违反古制无可非议，因循古礼也不值得称道。如果说穿着奇异的人心意淫邪，那么邹、鲁两国就没有怪异邪僻的行为了。如果说习俗邪僻老百姓就会言行轻慢，那么吴越之地就不会有德才兼备的人才了。况且圣人认为有利于身体的才称为'服'，方便行事才称为'礼'。进退的礼节，衣服的制作，是用来齐整普通老百姓的，并不是用来品评圣贤的。所以教化民众随着俗世流转，圣贤随着变革而有所改变。故而谚语上说：'依靠书本来驾驶马车的人不能了解马的性情，依靠古制治理现代的人不能通达情理的变迁。'遵循礼法的功绩，不足以超脱世俗；效法古代的学术，不足以治理当今。你们都不明白这些道理啊。"于是穿起胡服，招募训练骑马射箭的士兵。

孔子世家

【导读】

　　孔子是古代著名的思想家和教育家，儒家学派的创始人。孔子有着极高的政治热情，尽管他不断遭受打击、排斥、嘲讽，甚至围困，这一热情仍然不减。为了宣传自己的政治主张，他用了十四年的时间，带领弟子周游列国、游说诸侯。文章用相当篇幅记述了孔子一生的政治活动，写得形象逼真、生动具体。孔子对中国古代的教育事业也有很大贡献，他是第一个私人授徒讲学的人。孔子兴办私学，广收门徒，使平民也可以接受教育，把文化知识传播到民间，这在当时实在是个创举。孔子具有渊博的知识和高深的修养，他整理和编纂了《诗》《书》《易》《礼》《春秋》等典籍，并把这些古籍教授给学生，对古文献的传播和保存贡献颇大。

周游列国

【原文】

　　定公十四年，孔子年五十六，由大司寇行摄相事，有喜色。门人曰①："闻君子祸至不惧，福至不喜。"孔子曰："有是言也。不曰'乐其以贵下人'乎？"于是诛鲁大夫乱政者少正卯②。与闻国政三月，粥羔豚者弗饰贾③；男女行者别于途④，途不拾遗；四方之客至乎邑者不求有司，皆予之以归。

　　齐人闻而惧，曰："孔子为政必霸，霸则吾地近焉，我之为先并矣。盍致地焉⑤？"黎钼曰："请先尝沮之⑥；沮之而不可则致地，庸迟乎！"于是选齐国中女子好者八十人⑦，皆衣文衣而舞《康乐》⑧，文马三十驷⑨，遗鲁君。陈女乐文马于鲁城南高门外⑩。季桓子微服往观再三⑪，将受，乃语鲁君为周道游，往观终日，怠于政事。子路曰："夫子可以行矣⑫。"孔子曰："鲁今且郊⑬，如致膰乎大夫⑭，则吾犹可以止。"桓子卒受齐女乐，三日不听政；郊，又不致膰俎于大夫。孔子遂行，宿乎屯⑮。而师己送⑯，曰："夫子则非罪。"孔子曰："吾歌可夫？"歌曰："彼妇之口，可以出走；彼妇之谒⑰，可以死败。盖优哉游哉⑱，维以卒岁⑲！"师己反，桓子曰："孔子亦何言？"师己以实告。桓子喟然叹曰⑳："夫子罪我以群婢故也夫㉑！"

【注释】

①门人：门徒，弟子。②乱政者：扰乱国政的人。③粥（yù）：通"鬻"，卖。饰贾：加价，抬高价格。贾，通"价"。④涂：道路。下"途"字同。⑤盍：何不。致：致送，献送。⑥沮：阻止。⑦八十人：《韩非子·内储说下》及《太平御览》卷五七一所引《孔子家语》均作"二八"。⑧文衣：有纹饰的衣服。⑨文马：披着彩色装饰的马。驷：四匹马，古代一车套四马。⑩高门：指鲁国都城正南门。原称"稷门"，鲁僖公时扩建增高，故称高门。⑪微服：穿上平民服装。再三：二三次，多次。⑫夫子：古代对男子的尊称。⑬郊：冬至日在南郊祭天。原为天子之礼，因鲁国为周公之后，周成王特赐鲁国也可举行郊祀。⑭膰：祭祀时作为供品的肉。⑮屯：鲁地名。⑯师己：鲁国大夫。⑰谒：禀告，陈说。⑱优哉游哉：即"优游"，悠闲自在。⑲卒岁：过完岁月，消磨时光。⑳喟（kuì）：叹气声。㉑群婢：指女乐。

【译文】

定公十四年，孔子五十六岁，他以大司寇之职行使宰相的职责，脸上露出喜悦的神色。门下的弟子说："我听说君子遇到祸患的时候不惧怕，遇到福祉的时候不欢喜。"孔子说："是有这个话。我不是还说过

'乐在身份显贵而礼贤下士'吗?"于是诛杀了扰乱鲁国政事的大夫少正卯。孔子参与国政三个月,贩卖羊和猪的商贩不敢哄抬物价;男女走路的时候分开走,掉在路上的东西也不会有人拾走;四方的旅客来到城里,不必特意向官吏送礼求情,就都会受到照顾,使其满意而归。

齐人听说之后十分担心,说:"孔子参与政事鲁国一定会称霸,鲁国称霸,我们离得很近,必然会被先吞并。何不送给鲁国一些土地呢?"黎鉏说:"请先尝试一下阻止鲁国称霸;如果不能阻止称霸,再送土地也不迟!"于是在齐国挑选出八十名美女,她们都身着华丽的服饰,跳着《康乐》之舞,又选出三十驾披着彩衣的马车,一起献给鲁定公。先把女乐和身披彩衣的马车安置在鲁城南面的高门之外。季桓子身着便装去观赏了好几回,准备接受,于是告诉鲁定公以外出视察的名义,整天到那里观看,把国家政事都荒废掉了。子路看到这种情形,便对孔子说:"夫子我们可以离开了!"孔子说:"鲁国将要在郊外祭祀,如果定公能够按照礼法把烤肉分给大夫吃,那么我还可以留下来不走。"桓子终于接受了齐国献来的女乐,整整三天都没有过问政事;而且在郊外进行祭祀的时候,又违背礼法没有把烤肉分给大夫们吃。孔子于是离开鲁国,当天夜里住宿在屯这个地方。鲁国大夫师己前来送行,说:"夫子是没有过错的。"孔子说:"我可以唱首歌吗?"接着唱道:"妇人的一张嘴,可以逼走亲信和大臣;亲近妇人,可以使国家灭亡。悠闲啊悠闲,我唯有这样度过馀生了!"师己回去了,桓子说:"孔子说了些什么?"师己据实相告。桓子长叹一声说:"孔子是怪罪我接受了一群女乐啊!"

【原文】

孔子遂适卫,主于子路妻兄颜浊邹家①。卫灵公问孔子②:"居鲁得禄几何③?"对曰:"奉粟六万④。"卫人亦致粟六万。居顷之,或谮孔子于卫灵公⑤。灵公使公孙馀假一出一入⑥。孔子恐获罪焉,居十月,去卫。

将适陈,过匡⑦,颜刻为仆,以其策指之曰⑧:"昔吾入此,由彼缺也。"匡人闻之,以为鲁之阳虎。阳虎尝暴匡人,匡人于是遂止孔子。孔子状类阳虎,拘焉五日⑨。颜渊后,子曰:"吾以汝为死矣。"颜渊曰:"子在,回何敢死!"匡人拘孔子益急,弟子惧。孔子曰:"文王既没,文不在兹乎⑩?天之将丧斯文也,后死者不得与于斯文也⑪。天之未丧斯文也,匡人其如予何⑫!"孔子使从者为宁武子臣于卫⑬,然后得去。

【注释】

① 主:以……为主人,即寓居。颜浊邹:亦作"颜雠由",卫国大夫。② 卫灵公:名元,卫襄公之子,公元前534年至公元前493年在位。③ 禄:古代官吏的俸给,一般以发放粮食的数量为标准。④ 奉:通"俸",俸禄。⑤ 谮(zèn):进谗言,说人坏话。⑥ 一出一入:一会儿出去,一会儿进来,指出入频繁。⑦ 匡:卫国邑名,在今河南长垣。⑧ 策:马鞭。⑨ 焉:于是。⑩ 文:泛指周朝的礼乐制度和文献典籍。⑪ 后死者:指孔子自己。与:闻知。⑫ 如……何:亦作"奈……何",对……怎么办,把……怎么样。⑬ 宁武子:姓宁,名俞,卫国卿大夫。

【译文】

孔子于是去了卫国,寄住在子路妻子的兄长颜浊邹的家中。卫灵公向孔子询问说:"您在鲁国时的俸禄是多少?"孔子回答说:"官俸是粟子六万小斗。"卫国也给他粟子六万小斗的俸禄。在卫国住了没多久,有人在卫灵公面前说了孔子的坏话。卫灵公派公孙馀假带着兵仗在孔子的住所进进出出,孔子害怕获罪,在那里居住了十个月,然后离开了卫国。

孔子打算到陈国去,路过匡地,弟子颜刻替孔子赶车,他用鞭子指着一处说:"过去我来这个地方,是从那个缺口进去的。"匡地之人听说有人来,以为是鲁国的乱贼阳虎。阳虎曾经虐待过匡人,匡人就堵住了孔子一行。孔子长得很像阳虎,被围困在那里五天。颜渊这才赶来与孔子会合,孔子说:"我以为你在混乱之中被杀死了。"颜渊说:"老师您还健在,我怎么敢轻易地死掉呢?"匡人围攻孔子越来越紧,弟子们都十分害怕。孔子说:"周文王已经死了,周代的礼乐制度难道就不存在了吗?老天要是打算毁灭这种制度,就不会让我们这些后来死的人负担起传承这种制度的责任。上天没有毁灭这种制度,匡人又能拿我们怎么办！"孔子于是派了一个随行弟子向宁武子称臣，这才逃出了匡人的围困。

【原文】

去即过蒲①。月馀，反乎卫，主蘧伯玉家②。灵公夫人有南子者③，使人谓孔子曰："四方之君子不辱欲与寡君为兄弟者④，必见寡小君⑤。寡小君愿见。"孔子辞谢，不得已而见之。夫人在絺帷中⑥。孔子入门，北面稽首⑦。夫人自帷中再拜⑧，环佩玉声璆然⑨。孔子曰："吾乡为弗见⑩，见之礼答焉。"子路不说。孔子矢之曰⑪："予所不者⑫，天厌之！天厌之！"居卫月馀，灵公与夫人同车，宦者雍渠参乘，出，使孔子为次乘，招摇市过之。孔子曰："吾未见好德如好色者也。"于是丑之，去卫，过曹⑬。是岁，鲁定公卒。

【注释】

①蒲：卫国邑名，在今河南长桓。②蘧伯玉：姓蘧（qú），名瑗，字伯玉，谥成，蘧庄子无咎之子，卫国大夫，颇受孔子赞扬。③南子：亦称"釐夫人"，宋女。④不辱：不以为辱，谦词。⑤寡小君：诸侯谦称自己的妻子。⑥絺：细葛布。帷：帷帐，帐幔。⑦北面：面朝北。稽首：一种叩头至地的跪拜礼，是古代九拜中最恭敬的。⑧再拜：连行两次拜礼。⑨环佩：佩玉。⑩乡：通"向"，过去，以前。⑪矢：通"誓"，起誓，发誓。⑫所：如果，倘若。不：通"否"，不然。⑬曹：诸侯国名，姬姓，西周初年所封，始封君为周武王弟叔振铎，建都陶丘（在今山东定陶西南），公元前487年为宋国所灭。

【译文】

（孔子）离开匡地后就到了蒲地，在那里住了一个多月，又返回卫国，寄住在蘧伯玉的家里。灵公有位名叫南子的夫人，她派人对孔子说："四方的君子不以为辱，想和我们国君结交友情、称兄道弟的，一定先来求见夫人。现在我国的夫人想见你。"孔子先是推辞告罪，最后不得已而去见南子。会见时，夫人在细葛布做的帷帐中等待孔子。孔子进了屋门，向北面跪拜行礼。夫人在帷帐中拜了两拜，以作答谢,她身上的玉佩首饰相互碰击发出叮叮当当的清脆响声。事后孔子说:"我一向是不想去见她的,既然见了面就要以礼答谢。"子路听了很不高兴。孔子发誓说:"倘若我做得不对,上天一定会厌弃我的!上天一定会厌弃我的!"在卫国居住了一个多月,灵公与夫人同坐一辆车子,宦官雍渠在旁陪伴,出宫之后,灵公让孔子乘坐第二辆车子跟随,大摇大摆地在街道上经过。孔子说:"我还没有见过爱慕德行像这样爱好美色的人呢!"孔子对卫国的事情感到厌恶,离开卫国,往曹国去了。这一年,鲁定公去世。

【原文】

孔子去曹适宋,与弟子习礼大树下。宋司马桓魋欲杀孔子①,拔其树。孔子去。弟子曰:"可以速矣。"孔子曰:"天生德于予,桓魋其如予何!"

孔子适郑②,与弟子相失③,孔子独立郭东门④。郑人或谓子贡曰:"东门有人,其颡似尧⑤,其项类皋陶⑥,其肩类子产,然自要以下不及禹三寸⑦,累累若丧家之狗⑧。"子贡以实告孔子。孔子欣然笑曰⑨:"形状,末也⑩。而谓似丧家之狗,然哉!然哉!"

【注释】

①桓魋:宋国司马,亦称"向魋",系宋桓公后裔,故又称"桓魋""桓司马"。公元前481年,桓魋进入曹地反叛,后奔卫,又奔齐,任齐次卿。②郑:诸侯国名,姬姓,始封君为周宣王弟友,即郑桓公。郑武公时,先后攻灭郐和东虢,建都新郑,强盛一时,后逐渐衰落,在公元前375年被韩国灭掉。③相失:互相走失。④郭:外城。⑤颡:额头。⑥皋陶:亦称"咎繇",偃姓,传说中东夷部族的首领。⑦要:"腰"的本字。⑧累累:通"羸羸",瘦瘠疲惫的样子。⑨欣然:喜悦的样子。⑩末:末梢,枝节。

【译文】

孔子离开曹国去了宋国,他和弟子们在大树底下讲习礼仪。宋国的司马桓魋想杀掉孔子,派人砍掉大树(想砸死他)。孔子离开宋国。

弟子们说："可以快点走了。"孔子说："上天既然把传承道德的使命赋予我，桓魋又能把我怎么样呢！"

孔子到了郑国，和弟子们走散了，孔子独自站立在城东门。郑国有人对子贡说："东门站着一个人，他的额头像唐尧，脖子像皋陶，肩膀像子产，然而从腰部以下比禹短了三寸，疲惫不堪的样子活像丧家之犬。"子贡将这些话告诉了孔子。孔子高兴地说道："一个人的形状，那是没什么重要的；要是说我像丧家之犬，那可真是这样啊！那可真是这样啊！"

【原文】

孔子遂至陈，主于司城贞子家①。岁馀，吴王夫差伐陈，取三邑而去。赵鞅伐朝歌②。楚围蔡，蔡迁于吴。吴败越王句践会稽。

有隼集于陈廷而死③，楛矢贯之④，石砮⑤，矢长尺有咫⑥。陈湣公使使问仲尼⑦。仲尼曰："隼来远矣，此肃慎之矢也⑧。昔武王克商，通道九夷百蛮⑨，使各以其方贿来贡⑩，使无忘职业⑪。于是肃慎贡楛矢石砮，长尺有咫。先王欲昭其令德⑫，以肃慎矢分大姬⑬，配虞胡公而封诸陈⑭。分同姓以珍玉⑮，展亲；分异姓以远方职，使无忘服。故分陈以肃慎矢。"试求之故府，果得之。

孔子居陈三岁，会晋、楚争强，更伐陈，及吴侵陈，陈常被寇⑯。孔子曰："归与归与！吾党之小子狂简⑰，进取不忘其初。"于是孔子去陈。

【注释】

①司城贞子：即公孙贞子，陈哀公之孙，为陈国大夫。②赵鞅：名鞅，又名志父，又称"赵简子""志父"，晋国上卿，公元前497年至公元前475年当政。他战胜范氏、中行氏，扩大封地，为日后赵国的建立奠定了基础。③隼（sǔn）：一种凶猛善飞的鸟。集：栖止，停留。④楛矢：用楛木制作的箭。贯：贯穿，射穿。⑤砮：石制的箭镞。

⑥咫：古长度单位，周制八寸，合今六寸二分二厘。⑦陈湣公：亦作陈愍公、陈闵公，名周，又名越，陈怀公之子，陈国末代君主，公元前501年至公元前479年在位。⑧肃慎：古部族名，亦作"息慎""稷慎"，以狩猎为生。⑨九夷百蛮：此泛指中原四裔的少数部族。⑩方贿：地方物产。⑪职业：分内应尽的义务。⑫令：美。⑬大姬：周武王的长女。⑭配：成婚，这里是嫁的意思。虞胡公：名满，姓妫，相传为舜之后裔。⑮同姓：指与周王同宗的姬姓诸侯。⑯被：遭受。⑰党：古代地方组织，五百家为一党。此指乡党、家乡。小子：指孔子的弟子。狂简：狂妄自大，此指志向远大。

【译文】

孔子于是到了陈国，寄居在公孙贞子的家中。在那里住了一年多，正好赶上吴王夫差讨伐陈国，夺取了三个城邑才撤兵。赵鞅也来攻打卫国的朝歌。楚国围困蔡国，蔡君迁移到吴地。吴国又在会稽打败了越王句践。

一天，有一只隼落在陈国宫廷的前面死掉了，楛木做的箭贯穿了隼的身子，箭头是用石料做的，箭长一尺八寸。陈湣公派人询问孔子怎么回事。孔子说："隼飞来的地方是很遥远的，这箭是肃慎部族的箭。过去武王灭掉商朝以后，就与四方的蛮夷相互来往，让他们贡献各自的特产，使他们不要忘记自己的职责与义务。于是肃慎把楛木石镞的弓箭贡给周王，长度有一尺八寸。先王想表彰肃慎臣服的美德，就把弓箭分给长女大姬，后来大姬嫁给虞胡公，虞胡公被封到陈国。当初周王室把美玉赐给同姓，用意是为了亲上加亲；把远方的贡品分给异姓诸侯，是为了让他们不忘臣服周王。所以先王才把肃慎族的箭赐给陈国。"陈湣公派人到旧仓库查证了一下，果然找到了这种箭。

孔子在陈国居住了三年，正好赶上晋国和楚国争霸，两国轮番攻打陈国，至于吴国也时常入侵陈国，陈国经常受到侵犯。孔子说："回去吧！回去吧！我们这些人中，有些人志气很大，只是做事的时候稍微疏略一点；他们都很有进取心，没有忘记自己的初衷。"接着孔子就离开了陈国。

【原文】

过蒲，会公叔氏以蒲畔①，蒲人止孔子。弟子有公良孺者②，以私车五乘从孔子。其为人长贤，有勇力，谓曰："吾昔从夫子遇难于匡，今又遇难于此，命也已。吾与夫子再罹难，宁斗而死。"斗甚疾。蒲人惧，谓孔子曰："苟毋适卫，吾出子③。"与之盟，出孔子东门。孔子遂适卫。子贡曰："盟可负邪？"孔子曰："要盟④，神不听。"

卫灵公闻孔子来，喜，郊迎。问曰："蒲可伐乎？"对曰："可。"灵公曰："吾大夫以为不可。今蒲，卫之所以待晋、楚也⑤，以卫伐之，无乃不可乎⑥？"孔子曰："其男子有死之志⑦，妇人有保西河之志⑧。吾所伐者不过四五人。"灵公曰："善。"然不伐蒲。

灵公老，怠于政，不用孔子。孔子喟然叹曰："苟有用我者，期月而已⑨，三年有成。"孔子行。

【注释】

①公叔氏：卫献公后裔，卫国大夫。②公良孺：姓公良，名孺，字子正，陈国人，孔子弟子。③出：让……出去，放出。④要：要挟，胁迫。⑤待：对待，对付，抵御。⑥无乃：岂不是，恐怕。⑦死之志：决死的志气，指誓死效忠卫国的决心。⑧西河：地区名，在卫国西部的黄河西岸地区，大概在今河南内黄、浚县、滑县一带。此指代卫国。⑨期（jī）：一整年或整月。

【译文】

路过蒲邑的时候，正好遇上公叔氏占据蒲邑而背叛卫国，蒲人留住了孔子。孔子的弟子中有一个名叫公良孺的，他自己带了五辆车子跟随着孔子。他这个人身材高大，有贤才，有勇气，他对孔子说："我当初追随老师在匡地遇上祸乱，现在又在这里遇上大难，这就是命啊！我与老师再次遇上灾难，宁愿跟他们决一死战！"说完就和蒲人激烈地拼斗起来。蒲人害怕，对孔子说："倘若你不去卫国，我们就让你离开。"孔子发了誓言，蒲人从东门放走孔子。孔子去了卫国。子贡对孔子说："誓言难道可以违背吗？"孔子回答说："因为受要挟而发的誓言，鬼神是不会认可的。"

卫灵公听说孔子来了，十分高兴，亲自到郊外迎接他。卫灵公问孔子道："蒲地可以讨伐吗？"孔子回答说："可以。"灵公说："我的大夫认为不能攻打。现在的蒲地，是卫国防御晋国和楚国的屏障，依靠卫国的力量去攻打它，恐怕是不行的吧？"孔子说："那里的百姓，男子都有誓死效忠的决心，女子都有守卫西河的愿望（他们们都不愿跟着叛乱）。我认为所要征伐的，不过是那四五个带头的罢了。"卫灵公说："很好。"虽然这样说却不去讨伐蒲地。

灵公年老，逐渐怠于政务，也不重用孔子。孔子感叹地说道："倘若有人肯重用我，一年就可以小有成就，三年就会有很大的成绩。"孔子离开了卫国。

【原文】

佛肸为中牟宰。赵简子攻范、中行①，伐中牟。佛肸畔②，使人召孔子。孔子欲往。子路曰："由闻诸夫子③：'其身亲为不善者，君子不入也。'今佛肸亲以中牟畔，子欲往，如之何？"孔子曰："有是言也。不曰坚乎，磨而不磷④；不曰白乎，涅而不淄⑤。我岂匏瓜也哉⑥，焉能系而不食？"

孔子击磬⑦。有荷蒉而过门者⑧，曰："有心哉，击磬乎！硁硁乎⑨，莫己知也夫而已矣⑩！"

【注释】

①范：即范氏，亦称"士氏"，为晋国世卿大家之一，传说系陶唐氏后裔。②畔：通"叛"。③由：即子路。诸：之于。④磷：薄。⑤涅：矿物名，古人用来作为黑色染料。淄：通"缁"，黑色。⑥匏瓜：葫芦的变种，俗称"瓢葫芦"。⑦磬：古代乐器名，用玉或石制成，悬挂于架子上，敲击出声。⑧荷（hè）：负，背，扛。蒉（kuì）：草编的筐。⑨硁：击磬发出的声音。⑩莫己知：即"莫知己"，没人知道自己。夫：彼，那。

【译文】

佛肸做了中牟的邑宰。晋国大夫赵简子攻打范氏和中行氏两家。

佛肸背叛了赵简子，派人去请孔子。孔子打算前去。子路对他说："我从先生那里听说：'一个本身做了许多坏事的人，君子是不会去他那里的。'现在佛肸占据中牟背叛赵简子，而您想去他那里，这是为什么呢？"孔子说："我是说过这样的话。但我不是也说过真正坚硬的东西，它是怎么磨也磨不薄的吗？我不是也说过真正洁白的东西，它是怎么染也染不黑的吗？我难道只是一个葫芦瓜吗？怎么能只供人挂起来而不能让人吃呢？"

有一次，孔子正敲打石磬。有一个背着草筐从门口经过的人，说："真是有心啊，这个敲击石磬的人！叮叮当当地敲得那么响亮，既然别人不赏识你，那就算了吧！"

【原文】

孔子学鼓琴师襄子①，十日不进②。师襄子曰："可以益矣。"孔子曰："丘已习其曲矣，未得其数也③。"有间④，曰："已习其数，可以益矣。"孔子曰："丘未得其志也。"有间，曰："已习其志，可以益矣。"孔子曰："丘未得其为人也⑤。"有间，有所穆然深思焉⑥，有所怡然高望而远志焉⑦。曰："丘得其为人，黯然而黑，幾然而长⑧，眼如望羊⑨，如王四国⑩，非文王其谁能为此也！"师襄子辟席再拜⑪，曰："师盖云《文王操》也⑫。"

【注释】

①鼓：奏，演奏。师襄子：字子京，卫国乐师。②进：指继续往下学。③数：技术，方法。④有间：过了一段时间。⑤为人：作曲的人。⑥穆然：默然，沉静深思的样子。⑦怡然：和悦的样子。⑧幾(qí)：通"颀"，颀长。⑨望羊：亦作"望洋""望阳"，远视的样子。⑩四国：四方，天下。⑪辟席：即避席。古人席地而坐，离座而起，表示敬意。辟：通"避"。⑫《文王操》：周文王作的琴曲名。

【译文】

孔子向师襄子学习鼓琴，一连十天都没有学新的内容。师襄子说："可以增进一层了。"孔子说："我已经熟悉了这首曲子，但是还没有掌握弹奏的技法。"过了一段时间,师襄子说:"你已经熟悉了弹琴的技法,现在可以更进一层了。"孔子说:"我还没有领悟到乐曲的情感志向。"又过了一段时间,师襄子说:"你已经领会到了琴曲里包含的志向,可以更进一层了。"孔子说:"我还没领会到作曲者是个怎样的人。"又过了一段时间,孔子神情肃穆,若有所思,随即又怡然自得,表现出高远拔俗的志向。孔子说:"我认出了曲中的这个人了!他神情黯然,皮肤黝黑,个头很高,眼光明亮且高瞻远瞩,好像正君临天下四方,这不是文王还能是谁呢!"师襄子离开坐席向孔子拜了又拜,说道:"我的老师说这首曲子正是《文王操》啊!"

【原文】

孔子既不得用于卫,将西见赵简子。至于河而闻窦鸣犊、舜华之死也,临河而叹曰:"美哉水,洋洋乎[1]!丘之不济此[2],命也夫!"子贡趋而进曰:"敢问何谓也?"孔子曰:"窦鸣犊、舜华,晋国之贤大夫也。赵简子未得志之时,须此两人而后从政[3];及其已得志,杀之乃从政。丘闻之也,刳胎杀夭则麒麟不至郊[4],竭泽涸渔则蛟龙不合阴阳[5],覆巢毁卵则凤皇不翔[6]。何则?君子讳伤其类也。夫鸟兽之于不义也尚知辟之,而况乎丘哉!"乃还息乎陬乡[7],作为《陬操》以哀之[8]。而反乎卫,入主蘧伯玉家。

【注释】

①洋洋:盛大的样子。②济:渡,渡过。③须:等待。④刳(kū):剖开而挖取。⑤竭泽:抽干池泽中的水。⑥覆巢:倾覆鸟巢。⑦陬乡:卫国地名,当在卫、晋交界的黄河东岸处。⑧《陬操》:琴曲名。

【译文】

孔子既然不能在卫国获得重用,就打算向西去见赵简子。到达黄河的时候听说窦鸣犊和舜华死了,便在黄河岸边长叹道:"壮美啊黄河水,如此盛大浩荡啊!我不能渡过黄河,这就是命啊!"子贡快步向前问道:"敢问老师您为什么这么说呢?"孔子说:"窦鸣犊和舜华,是晋国贤明的大夫啊。赵简子还没有得志的时候,依靠这两个人才能掌权；现在赵简子得势了，却杀了他们来掌权。我听说：用剖腹取胎的方式杀死刚出生的禽兽，那么麒麟就不会到郊外；用排干池塘的方式捕鱼，那么蛟龙就不会出来调和阴阳，兴云致雨；用弄翻鸟巢的方式毁坏鸟卵，那么凤凰就不会前来飞翔。这是为何呢？君子忌讳杀死自己的同类。鸟兽对于不义的行为尚且还知道躲避，更何况是我孔丘呢！"说完调头回到陬乡歇息，作了一曲《陬操》以哀悼这两个人。接着又返回卫国，寄居在蘧伯玉的家中。

【原文】

他日，灵公问兵阵，孔子曰："俎豆之事则尝闻之①，军旅之事未之学也②。"明日，与孔子语，见蜚雁③，仰视之，色不在孔子④。孔子遂行，复如陈。

夏，卫灵公卒，立孙辄，是为卫出公。六月，赵鞅内太子蒯聩于戚⑤。阳虎使太子绋⑥，八人衰绖⑦，伪自卫迎者，哭而入，遂居焉。冬，蔡迁于州来⑧。是岁鲁哀公三年，而孔子年六十矣。齐助卫围戚，以卫太子蒯聩在故也。

【注释】

①俎、豆之事：俎豆皆为礼器，"俎、豆之事"泛指礼仪之事。②军旅：古以一万二千五百人为军，五百人为旅，此泛指军队。未之学：即"未学之"，没有学习过军旅之事。③蜚：通"飞"。④色：神色，表情。⑤内：通"纳"，接纳，送入。太子蒯聩：卫灵公的太子，即卫庄公。公元前496年因与灵公宠妃南子构恶，被人出卖，逃奔宋国。此时被赵鞅送入戚邑，一直到公元前480年才回国即位。戚：卫国邑名，在今河南濮阳北。⑥绋：古代的一种丧服，脱去冠，用布包裹头发。⑦衰绖：丧服。⑧州来：邑名，在今安徽凤台。

【译文】

有一天，灵公向孔子问起军队作战的阵法，孔子说："关于祭祀典礼方面的事我倒是听说过，至于排兵布阵的事我还没有学过。"第二天，灵公与孔子交谈，灵公看到有雁群飞过，就抬起头来仰望，神色不在孔子身上。孔子便离开卫国，再次去了陈国。

同年夏天，卫灵公去世，他的孙子辄继位，这就是卫出公。六月，赵鞅把流亡在外的卫灵公太子蒯聩接到戚地。阳虎让太子身穿丧服，又让八个人披麻戴孝，装成是从卫国来接太子回去奔丧的样子，哭着进了戚城，随后住了下来。冬季，蔡国从新蔡迁到州来。这一年是鲁哀公三年，而孔子已经六十岁了。齐国帮助卫国围攻戚城，这是由于卫太子蒯聩住在那里的缘故。

【原文】

夏，鲁桓、釐庙燔①，南宫敬叔救火。孔子在陈，闻之，曰："灾必于桓、釐庙乎？"已而果然②。

秋，季桓子病，辇而见鲁城③，喟然叹曰："昔此国几兴矣，以吾获罪于孔子，故不兴也。"顾谓其嗣康子曰："我即死，若必相鲁；相鲁，必召仲尼。"后数日，桓子卒，康子代立。已葬，欲召仲尼。公之鱼曰："昔吾先君用之不终，终为诸侯笑。今又用之，不能终，是再为诸侯笑。"康子曰："则谁召而可？"曰："必召冉求。"于是使使召冉求。冉求将行，孔子曰："鲁人召求，非小用之，将大用之也。"是日，孔子曰："归乎归乎！吾党之小子狂简，斐然成章④，吾不知所以裁之⑤。"子赣知孔子思归⑥，送冉求，因诫曰"即用，以孔子为招"云。

【注释】

①燔（fán）：着火，焚烧。②已而：事后，不久。③辇：这里指乘车。④斐然：富有文采的样子。⑤裁：剪裁，调教。⑥子赣：即子贡。

【译文】

夏天，鲁桓公、釐公的庙堂失火，南宫敬叔前去救火。当时，孔子正在陈国，听说这件事，说："灾祸必定发生在鲁桓公、釐公的庙堂吧？"事实果如孔子所料。

秋天，季桓子生病，乘车望着鲁城，长叹一声道："当初这个国家几乎可以兴盛起来，因为我得罪了孔子，所以不能兴盛啊！"回过头来对他的继承者康子说:"我将要死去,你必定会掌握鲁国的政权;执掌鲁国大权,务必要召回孔子啊!"几天后,桓子去世,康子继位,掌握了鲁国的政权。安葬完桓子,打算征召孔子。公之鱼说:"当初先君桓子任用孔子但没能坚持下来,以致被诸侯耻笑。现在您又想任用他,如果不能善终,那就会再次被诸侯耻笑。"康子说:"那么召谁来才好呢?"公之鱼回答说:"一定要召冉求回来。"于是派人去征召冉求。冉求正要前往,孔子说:"鲁国征召冉求,不会小用他,必定会重用他。"这一天,孔子又说:"回去吧,回去吧!我的这一帮学生都志向远大,行为疏阔,文采斐然,我真不知道该如何调教他们才好!"子赣知道孔子思念家乡,在送别冉求的时候,提醒了"如果受到重用,就设法把老师请回去啊"这样一些话。

【原文】

冉求既去,明年,孔子自陈迁于蔡。蔡昭公将如吴①,吴召之也。前昭公欺其臣迁州来,后将往,大夫惧复迁,公孙翩射杀昭公。楚侵蔡。秋,齐景公卒。

明年,孔子自蔡如叶②。叶公问政③,孔子曰:"政在来远附迩④。"他日,叶公问孔子于子路,子路不对。孔子闻之,曰:"由,尔何不对曰'其为人也,学道不倦,诲人不厌,发愤忘食,乐以忘忧,不知老之将至'云尔⑤。"

去叶,反于蔡。长沮、桀溺耦而耕⑥,孔子以为隐者,使子路问津焉⑦。长沮曰:"彼执舆者为谁⑧?"子路曰:"为孔丘。"曰:"是鲁孔丘与?"曰:"然。"曰:"是知津矣。"桀溺谓子路曰:"子为谁?"曰:"为仲由。"曰:"子,孔丘之徒与?"曰:"然。"桀溺曰:"悠悠者天下皆是也⑨,而谁以易之?且与其从辟人之士,岂若从辟世之士哉!"耰而不辍⑩。子路以告孔子,孔子怃然曰⑪:"鸟兽不可与同群。天下有道,丘不与易也。"

他日，子路行，遇荷蓧丈人⑫，曰："子见夫子乎？"丈人曰："四体不勤，五谷不分，孰为夫子！"植其杖而芸⑬。子路以告，孔子曰："隐者也。"复往，则亡⑭。

【注释】

①蔡昭公：即蔡昭侯，名申，蔡悼侯之弟，公元前518年至公元前491年在位。②叶（shè）：楚国县名，在今河南叶县南。③叶公：姓沈，名诸梁，字子高，因受封的采邑名叶，故称叶公。④来：招徕。远：指远方之人。附：通"抚"，安抚。迩：近，此指附近之人。⑤云尔：而已，罢了。⑥长沮、桀溺：二隐者名。金履祥《论语集注考证》云："以盖以物色名之，如荷蒉、晨门、荼丈人之类。盖二人耦耕于田，其一人长而沮洳，一人桀然高大而涂足，因以名之也。"⑦津：渡口。⑧执舆：执辔，手持马的缰绳。⑨悠悠：混乱的样子。⑩耰：农具名，形似锄头，用来击碎土块，平整田地。⑪怃（wǔ）：怅然失意的样子。⑫蓧（diào）：古代用来耘田的一种竹器。丈人：老人。⑬植：置，立。芸：通"耘"，除草。⑭亡：外出，出走。

【译文】

冉求回到鲁国，第二年，孔子从陈国迁到蔡国。蔡昭公正要去吴国，因为吴国召他前去。以前昭公欺骗他的大臣把都城从新蔡迁到吴国的州来，现在将要前往，大臣们担心又要迁都，公孙翩便在途中射杀了昭公。楚国入侵蔡国。秋天，齐景公去世。

第二年，孔子从蔡国去了叶城。叶公向孔子询问治理国家的方法，孔子说："治理国家的道理在于使远方的人归附，使近处的人臣服。"有一天，叶公向子路询问孔子的为人，子路没有回答。孔子听说这件事后，说："仲由，你为何不回答他说'他的为人，不过是学习道理不知疲倦，教导别人不知厌烦，发愤时忘记吃饭，快乐时忘记忧愁，不知道衰老即将到来'而已。"

离开叶城，孔子返回蔡国。在路上看见长沮和桀溺一起耕作，孔子认为他们是隐士，就派子路去向他们打听渡口的位置。长沮问道："那个在车上拽着缰绳的人是谁啊？"子路回答说："是孔子。"长沮又问："是鲁国的孔子吗？"子路回答："是的。"长沮说："那么他应该知道渡口在什么地方。"桀溺问子路道："你是谁？"子路回答说："我是仲由。"桀溺又问："那你，是孔子的学生吧？"子路回答说："是的。"桀溺又说："天下间到处都是一样的动荡不安啊，谁能改变这种状况呢？况且你与其跟随躲避暴君乱臣的人周游列国，还不如跟随躲避乱世的人隐居乡野呢！"说完就不停地耕作。子路把刚才的话告诉孔子，孔子失落地说："我们不能与鸟兽同伍。天下如果清明太平，那我也不必周游列国去改变这一局面了。"

又有一天，子路在路上行走，遇到一位肩上扛着除草竹器的老者，于是问他道："您看见我的老师了吗？"那老者说："你们这些人，手脚不劳动，五谷都分不清楚，我怎么知道谁是你的老师！"说完只管拄着杖除草。子路把这话告诉孔子，孔子说："这是真正的隐士啊。"等子路再去看的时候，那位老者已经离开了。

【原文】

孔子迁于蔡三岁，吴伐陈。楚救陈，军于城父①。闻孔子在陈、蔡之间，楚使人聘孔子。孔子将往拜礼，陈、蔡大夫谋曰："孔子贤者，所刺讥皆中诸侯之疾②。今者久留陈、蔡之间，诸大夫所设行皆非仲尼之意③。今楚，大国也，来聘孔子。孔子用于楚，则陈、蔡用事大夫危矣④。"于是乃相与发徒役围孔子于野⑤。不得行，绝粮。从者病，莫能兴。孔子讲诵弦歌不衰。子路愠见曰："君子亦有穷乎？"孔子曰："君子固穷，小人穷斯滥矣⑥。"

子贡色作⑦。孔子曰："赐，尔以予为多学而识之者与⑧？"曰："然。非与？"孔子曰："非也。予一以贯之⑨。"

孔子知弟子有愠心，乃召子路而问曰："《诗》云：'匪兕匪虎⑩，率彼旷野⑪。'吾道非邪？吾何为于此？"子路曰："意者吾未仁邪⑫？人之不我信也。意者吾未知邪？人之不我行也。"孔子曰："有是乎！由，譬使仁者而必信，安有伯夷、叔齐？使知者而必行，安有王子比干？"

子路出，子贡入见。孔子曰："赐，《诗》云：'匪兕匪虎，率彼旷野。'吾道非邪？吾何为于此？"子贡曰："夫子之道至大也，故天下莫能容夫子。夫子盖少贬焉⑬？"孔子曰："赐，良农能稼而不能为穑⑭，良工能巧而不能为顺。君子能修其道，纲而纪之⑮，统而理之⑯，而不能为容。今尔不修尔道而求为容。赐，而志不远矣！"

子贡出，颜回入见。孔子曰："回，《诗》云：'匪兕匪虎，率彼旷野。'吾道非邪？吾何为于此？"颜回曰："夫子之道至大，故天下莫能容。虽然，夫子推而行之，不容何病⑰？不容然后见君子！夫道之不修也，是吾丑也；夫道既已大修而不用，是有国者之丑也⑱，不容何病，不容然后见君子！"孔子欣然而笑曰："有是哉颜氏之子！使尔多财，吾为尔宰。"

于是使子贡至楚。楚昭王兴师迎孔子⑲，然后得免。

【注释】

①军：军队驻扎。城父：即"北城父"，楚国邑名，在今河南宝丰东、平顶山市西北。②疾：弊端。③设行：措施行动。④用事：主事，执掌政事。⑤相与：共同，一道。发：调发。徒役：服徭役的人。⑥滥：泛滥，此指没有操守节制而为所欲为。⑦色作：脸色改变。⑧识（zhì）：通"志"，记，记住。⑨一以贯之：有一个思想贯穿全部学说。⑩匪：通"非"。兕（sì）：古代犀牛一类的动物。⑪率：循，沿着。旷野：空旷的野地。⑫意：意料，猜想。⑬少：少许，稍微。⑭穑（sè）：收获。⑮纪：疏理，治理。⑯统：统筹。⑰病：患，忧愁。⑱有国者：指当时的诸侯及权臣。⑲楚昭王：名轸，楚平王之子，公元前515年至公元前489年在位。

【译文】

孔子迁到蔡国三年之后，吴国讨伐陈国。楚国援救陈国，军队在城父这个地方驻扎下来。听说孔子在陈国和蔡国的边界上，楚国就派人去聘请孔子。孔子打算接受聘请前去拜礼，陈国和蔡国的大夫商量说:"孔子是位圣贤之人,他所指责讥讽的都切中诸侯的弊病所在。现在他长住陈国和蔡国的边境之上,诸位大夫的所作所为多与孔子的心意不合。现在的楚国,乃是大国,他们来聘请孔子。倘若孔子在楚国受到重用,那么陈国和蔡国的掌权大夫就危险了。"于是,双方共同派了一些服徭役的人去围攻孔子,把孔子一行人困在荒野之上。孔子不能动身,粮食也断绝了。随行的弟子饿病了,许多人都不能爬起来。孔子却不停地诵诗、弹琴、唱歌。子路生气地拜见孔子,对他说:"君子难道也有困窘的时候吗?"孔子回答说:"君子在困窘的时候能坚守节操,小人在困窘的时候什么事都能做得出来。"

子贡的脸色都变了。孔子说:"赐啊,你认为我是学了很多东西而把所学的东西牢牢记在心里的人吗?"子贡回答说:"是的。难道不是这样吗?"孔子说:"不是这样的。我是把一种道理贯穿于全部的知识当中。"

孔子知道弟子们都有愤恨之心,就把子路叫来问道:"《诗经》里说:'既不是犀牛也不是老虎,它却偏偏游荡于旷野之中。'我的道理难道不对吗?为什么我会困守在这里呢?"子路说:"想必是我们的仁德还不够吧?所以人家不相信我们。想必是我们的智谋还不够吧?所以人家不让我们通行。"孔子说:"有这种事吗?仲由,倘若仁德之人一定能够让别人信任,天下怎么会有伯夷和叔齐呢?倘若智谋之人一定能够畅通无阻,天下怎么会有王子比干呢?"

子路退出,子贡进来拜见老师。孔子说:"赐,《诗经》里说:'既不是犀牛也不是老虎,它却偏偏游荡于旷野之中。'我的道理难道不对吗?我为什么会困守在这里呢?"子贡说:"老师您的道理太精深博大了,所以天下容不下老师。老师您何不降低迁就一下呢?"孔子说:"赐,好的农夫善于播种却不一定能得到好的收成,好的工匠有精巧的手艺却不一定能尽合人意。君子能够修炼自己的道,依照法理治国,统筹治理国家,却不一定能合于当世。现在你不去修炼自己的道,而是降低迁就以苟合人意。赐,你的志向不够远大啊!"

子贡退出之后,颜回进来拜见老师。孔子说:"回,《诗经》里说:'既不是犀牛也不是老虎,它却偏偏游荡于旷野之中。'我的道理难道不对吗?为什么我会困守在这里呢?"颜回答道:"老师的道理博大到了极点,所以天下无法容得下。尽管如此,老师依旧推广自己的大道,不被容纳又有什么弊病呢?不被容纳,然后才能看到真正的君子！不能提出治理国家的大道，这是我们的耻辱。治国之道已经大大地修成，但是却不被天下的君主采用，这是治国者的耻辱啊！不能被容纳有什么弊病呢？不被容纳才能见到真正的君子啊！"孔子听了之后，欣慰地笑了，说道："是这样的啊，颜家的好子弟！倘若你有很多财富，我一定替你管理！"

于是孔子派子贡到了楚国。楚昭王派兵来迎接孔子，孔子这才免去一场灾祸。

【原文】

昭王将以书社地七百里封孔子①。楚令尹子西曰②："王之使使诸侯有如子贡者乎？"曰："无有。""王之辅相有如颜回者乎？"曰："无有。""王之将率有如子路者乎？"曰："无有。""王之官尹有如宰予者乎③？"曰："无有。""且楚之祖封于周，号为子男五十里④。今孔丘述三、五之法⑤，明周、召之业⑥，王若用之，则楚安得世世堂堂方数千里乎⑦！夫文王在丰，武王在镐，百里之君卒王天下。今孔丘得据土壤，贤弟子为佐，非楚之福也。"昭王乃止。其秋，楚昭王卒于城父。

楚狂接舆歌而过孔子，曰："凤兮凤兮，何德之衰！往者不可谏兮⑧，来者犹可追也⑨！已而已而，今之从政者殆而！"孔子下，欲与之言。趋而去，弗得与之言。

【注释】

①书社地七百里：有名籍的社，其地方圆七百里。社，古代二十五家设置一社，祭祀社神（即土地神）。因此社也成为一级居民组织单位，一社为二十五家。②令尹：楚国官名，为最高军政长官。③官尹：各部门长官。宰予：鲁国人，孔子弟子，以擅长言语著称，曾任齐国临淄大夫。④子男：为周代诸侯封爵的最末二等。周爵依次共分为公、侯、伯、子、男五等。⑤三、五之法：三皇五帝的法度。⑥周：指周公，名旦，姓姬，亦称"叔旦"，周文王之子，周武王之弟，采邑在

周（在今陕西岐山北），因称"周公"。⑦堂堂：广大的样子。⑧往：已往，过去。谏：止，挽救。⑨追：追补，补救。

【译文】

　　楚昭王打算把七百里的土地封给孔子。楚国的令尹子西说："大王的使臣出使到各国的，有人能比得上子贡吗？"昭王说："没有。"子西又问道："大王您的辅弼之臣有人能比得上颜回吗？"昭王说："没有。"子西又问："大王的将帅有人能比得上子路吗？"昭王说："没有。"子西再问："大王的各部主事的大臣有比得上宰予的吗？"昭王说："没有。"子西说："况且楚国的祖先受封于周朝，封号只是个子男爵，封地仅有五十里。如今孔丘讲述三皇五帝的治国之道，申明周公和召公的德业，大王如果任用他，楚国怎么能够世世代代统辖几千里的国土呢？周文王在丰建都，周武王在镐建都，拥有百里土地的君主最终称霸天下。现在孔丘倘若能占据七百里的土地，用他众多的贤能弟子为辅佐，这不是楚国的福气啊。"昭王便打消了原先的打算。这年秋天，楚昭王在城父去世。

　　有一天，楚国的隐士接舆唱着歌从孔子身边经过，唱道："凤啊！凤啊！你的德行为什么这么衰微呢！过去的事情不能挽回，但是将来的事情是可以避免的啊！罢了！罢了！现在当政的人都是危险的啊！"孔子从车上下来，想与他一起谈谈。接舆却快步离开了，没能和他谈上话。

【原文】

　　于是孔子自楚反乎卫。是岁也，孔子年六十三，而鲁哀公六年也①。

　　其明年，吴与鲁会缯②，征百牢③。太宰嚭召季康子。康子使子贡往，然后得已。

　　孔子曰："鲁、卫之政，兄弟也④。"是时，卫君辄父不得立，在外，诸侯数以为让。而孔子弟子多仕于卫，卫君欲得孔子为政⑤。子路曰："卫君待子而为政，子将奚先？"孔子曰："必也正名乎⑥！"子路曰："有是哉，子之迂也⑦！何其正也？"孔子曰："野哉由也⑧！夫名不正则言不顺，言不顺则事不成，事不成则礼乐不兴，礼乐不兴则刑罚不中⑨，刑罚不中则民无所错手足矣。夫君子为之必可名，言之必可行。君子于其言，无所苟而已矣。"

【注释】

①鲁哀公：名蒋，鲁定公之子，公元前494年至公元前467年在位。公元前468年被三桓所逼，出奔越，第二年死在越国。②缯（zēng）：鲁国邑名，在今山东苍山西北。③牢：古代祭祀用的牲畜。一牛、一猪、一羊为一牢。④鲁、卫之政，兄弟也：此语有两层意思：一谓鲁、卫是兄弟之国，二谓鲁、卫两国当时的政治状况相似。⑤卫君：指当时在位的卫出公辄。⑥正名：端正名称，整顿名分。⑦迂：迂阔，迂腐。⑧野：粗野，鲁莽。⑨中：正，合适。

【译文】

　　孔子从楚国返回卫国。这一年，孔子六十三岁了，这年正好是鲁哀公六年。

　　第二年，吴国和鲁国在缯地会盟，吴国打算向鲁国征集一百套供祭祀用的牲畜。太宰嚭征召季康子。季康子派子贡前去，然后才免除献礼。

　　孔子说："鲁国和卫国的政事，如同兄弟一般。"这个时候，卫出公辄的父亲不能继承王位，正在外面流亡，诸侯纷纷指责这件事情。而孔子有很多弟子在卫国做官，卫君想请孔子处理卫国的政事。子路说："卫君想请您去处理卫国的政事，老师将首先做什么呢？"孔子说："那我一定要先端正名分！"子路说："有这回事吗？老师太迂阔而不切实际了！名分要如何才能端正呢？"孔子说："你真是太粗鲁了，仲由啊！名分不端正那么说出来的话就不顺当，说出的话不够顺当那么做事就不会成功，做事不成功那么礼乐教化就不能推行，礼乐教化不能推行那么量刑就不会准确，量刑不准确那么民众就会手足无措了。君子做事一定要符合名分，说话一定要切实可行。君子对于自己所说的话，要做到没有丝毫的苟且随便才行啊！"

【原文】

　　其明年，冉有为季氏将师，与齐战于郎①，克之。季康子曰："子之于军旅，学之乎？性之乎②？"冉有曰："学之于孔子。"季康子曰："孔子何如人哉？"对曰："用之有名；播之百姓，质诸鬼神而无憾③。求之至于此道，虽累千社④，夫子不利也。"康子曰："我欲召之，可乎？"对曰："欲召之，则毋以小人固之，则可矣。"而卫孔文子将攻太叔⑤，问策于仲尼。仲尼辞不知，退而命载而行，曰："鸟能择木⑥，木岂能择鸟乎！"文子固止。会季康子逐公华、公宾、公林，以币迎孔子，孔子归鲁。

孔子之去鲁凡十四岁而反乎鲁。

【注释】

①郎：鲁国邑名，在今山东鱼台东北。②性：天性，天生的本能。③质：询问，对质、对证。憾：遗憾。④千社：二十五家为一社，千社即二万五千家，此指赏赐的封地。⑤孔文子：名圉，卫国大夫。⑥鸟：喻孔子。木：喻诸侯国。

【译文】

第二年，冉有为季氏率领军队，与齐国在郎邑交战，大败齐国。季康子说："你的军事才能，是学来的呢，还是天生就具有的呢？"冉有说："是向孔夫子学的。"季康子问道："孔子究竟是怎样的一个人呢？"冉有回答说："他做事合乎名分，无论是把他摆在老百姓那里，还是对质于鬼神的面前，他都是真诚而毫无遗憾的。我依照老师的这种原则做事，即使把千社这么大的地方给他，他也是不会心动的。"康子说："我想征召孔子来朝做官，可以吗？"冉有回答说："您想征召老师来做官，那么就请不要用小人来阻碍他，这样就可以了。"这个时候，卫国的孔文子正打算攻打太叔，他向孔子询问计策。孔子推说不知道，随后吩咐备车离开，说："飞鸟能够选择树林栖息，树林怎么能选择鸟呢！"文子对他再三挽留。这时正好赶上季康子驱逐了公华、公宾、公林这几个人，又用重礼迎接孔子，孔子回到了鲁国。

孔子在离开十四年后返回鲁国。

整理五经

【原文】

孔子之时，周室微而礼乐废，《诗》《书》缺。追迹三代之礼①，序《书传》②，上纪唐、虞之际③，下至秦缪，编次其事。曰："夏礼吾能言之，杞不足征也④。殷礼吾能言之，宋不足征也。足，则吾能征之矣。"观殷、夏所损益⑤，曰："后虽百世可知也，以一文一质⑥。周监二代⑦，郁郁乎文哉⑧。吾从周。"故《书传》《礼记》自孔氏⑨。

孔子语鲁大师⑩："乐其可知也。始作⑪翕如⑫，纵之，纯如⑬，皦如⑭，绎如也⑮，以成。""吾自卫反鲁，然后乐正⑯，《雅》《颂》各得其所⑰。"

【注释】

①追迹：追踪，探索。三代：指夏、商、周三代。②序：次第，此指整理编撰。③纪：通"记"，记载。唐、虞：指唐尧、虞舜。④杞：国名，西周初年所封诸侯国，姒姓，始封君东楼公，相传为夏禹的后裔。公元前445年为楚国所灭。征：证验，证明。⑤损益：增减，变动。⑥一文一质：指时代的风气一代崇尚文采，一代崇尚质朴。⑦监：通"鉴"，借鉴，参考。二代：指夏、商二代。⑧郁郁：富有文采的样子。⑨《礼记》：传述解说礼制的著作，其内容体制类似后来汉人编集的《礼记》《大戴礼记》。⑩大（tài）：通"太"。鲁大师，即鲁太师，鲁国乐官之长。⑪作：奏，演奏。⑫翕（xī）如：盛大的样子。翕，聚合，统一。⑬纯如：和谐的样子。⑭皦如：节奏层次分明的样子。皦，清晰，分明。⑮绎如：连续不断的样子。⑯乐正：指审定乐曲的声律音调。⑰雅：指雅乐，即所谓的正声，是周人京畿地区的曲调声律。

【译文】

孔子的时候，周王室势力衰微，礼崩乐坏，《诗》《书》等经典残缺不全。孔子追溯夏、商、周三代以来的礼制，整理《书传》，上起唐尧、虞舜之间，下到秦缪公之时，依照事类秩序编排这段时期的史事。说："夏代的礼制，我能说个大概，只是杞国未能留下足够的资料来证实这些制度。殷商的礼制我也能知道个大概，只是宋国没能留下充足的文献来证实。如果这两国保存下足够多的文物或文献，我就能证实这些了。"孔子考察殷商和夏代制度的增损演变情况，说道："这些制度虽已经历了百世，但是依然能够推知出来，其演变过程大体上是文采与质朴的交互替换。周朝参照夏商两代的制度，它呈现出的文化可谓多姿多彩啊！我遵循周代的礼乐制度。"所以《书传》和《礼记》出自孔子之手。

孔子对鲁国的乐官说："乐理是可以知晓的。刚开始演奏的时候，需要协调五音八声，接着乐音慢慢放开，应当和谐清晰、节奏层次分明且连续不断，这样的话，一首曲子才算完成。""我从卫国返回鲁国，订正了残缺不全的音乐，《雅》《颂》这些诗也都归到了应有的乐部。"

【原文】

古者《诗》三千馀篇，及至孔子，去其重，取可施于礼义①，上采契、后稷②，中述殷、周之盛，至幽、厉之缺③，始于衽席④，故曰："《关雎》之乱以为《风》始⑤，《鹿鸣》为《小雅》始⑥，《文王》为《大雅》始⑦，《清庙》为《颂》始⑧。"三百五篇孔子皆弦歌之，以求合《韶》《武》《雅》《颂》之音。礼乐自此可得而述，以备王道，成六艺⑨。

【注释】

①义：同"仪"。②契（xiè）：亦作"偰""禼"，是商人的始祖，帝喾之子。曾助禹治水有功，被舜任为司徒，掌管教化。③幽：即周幽王，周宣王之子，公元前781年至公元前771年在位。厉：即周厉王，名胡，周夷王之子，西周历史上的暴君。公元前842年，国人发难，他逃奔到彘，于公元前828年死去。④衽席：床席、床笫，寝居之处。衽，床席。⑤《关雎》：《诗经》中《国风》第一篇。⑥《鹿鸣》：《诗经》中《小雅》第一篇。⑦《文王》：《诗经》中《大雅》第一篇。⑧《清庙》：《诗经》中《颂》的第一篇。⑨六艺：即六经，指《礼》《乐》《书》《诗》《易》《春秋》。或谓指《周礼·地官·保氏》的礼、

乐、射、驭、书、术等六种科目。

【译文】

古代流传下来的《诗》有三千多首,到孔子的时候,删掉重复部分,选取可以宣扬礼仪教化的部分,上采契、后稷时的事迹,中述殷、周时的盛世,一直叙述到周幽王和周厉王时政治的缺失,这些诗的开始部分写男女伦常及爱情,所以说:"《关雎》作为《风》的开始,《鹿鸣》作为《小雅》的开始,《文王》作为《大雅》的开始,《清庙》作为《颂》的开始。"三百零五篇诗,孔子都入乐歌唱,以求合乎古代《韶》《武》《雅》《颂》的音律。先王的礼乐制度自此恢复旧观而可以称述,以此来充实王道,并完成"六艺"的编纂。

【原文】

孔子晚而喜《易》①,序《彖》《系》《象》《说卦》《文言》②。读《易》,韦编三绝③。曰:"假我数年④,若是,我于《易》则彬彬矣⑤。"

孔子以诗、书、礼、乐教,弟子盖三千焉,身通六艺者七十有二人。如颜浊邹之徒,颇受业者甚众。

【注释】

①《易》:即《周易》,亦称《易经》,后来被奉为儒家经典之一。②《彖》:即《彖传》,亦称《彖辞》,分为上、下二篇,说明各卦的基本观念,属于解说《易经》的《易传》。③韦:通"纬",原指织物的横线,此指横向编连简册的绳子。绝:断。④假:与,给与。⑤彬彬:文质兼备的样子,这里有融会贯通之意。

【译文】

孔子晚年喜欢《易》,阐述了《彖》《系》《象》《说卦》《文言》等篇。孔子读《易》书很勤奋,以至于把编书简的皮绳磨断了三次。孔子说:"倘若能给我几年的时间,如果真是这样,我对《易》的研究就能做到文辞义理兼备了。"

孔子以诗、书、礼、乐教授学生,学生大概有三千人,能精通"六艺"的有七十二人。如颜浊邹那样受了孔子很多教诲却不在七十二贤之列的不在少数。

【原文】

孔子以四教①：文、行、忠、信②。绝四：毋意③，毋必④，毋固⑤，毋我⑥。所慎：齐、战、疾⑦。子罕言利与命与仁。不愤不启⑧，举一隅不以三隅反⑨，则弗复也。

【注释】

①四教：四种教学内容。②文：文献典籍。③意：意度，猜测。④必：绝对肯定。⑤固：固执。⑥我：自以为是。⑦齐：通"斋"，斋戒。⑧愤：郁结，愤悱，指渴望求知而不得的心理状态。⑨举一隅而不以三隅反：举出一个角落而不能以此类推其他三个角落，由此衍生出"举一隅而以三隅反"，后又演为成语"举一反三"。反，反推，类推。

【译文】

孔子从四个项目入手教育弟子：学问、行为、忠义、诚信。又有四个禁律：不臆测，不绝对肯定，不固执，不自以为是。应当慎重的是：斋戒、战争、疾病。孔子很少把私利、天命和仁德联系在一起讲述。孔子教授弟子时，如果弟子们不是到了想求明白却实在弄不懂的时候，他是不会启发的；不能做到举一反三的，就不再讲述了。

【原文】

其于乡党，恂恂似不能言者①。其于宗庙朝廷，辩辩言②，唯谨尔。朝，与上大夫言③，訚訚如也④；与下大夫言，侃侃如也⑤。

入公门⑥，鞠躬如也；趋进⑦，翼如也⑧。君召使傧⑨，色勃如也⑩。君命召，不俟驾行矣⑪。

鱼馁⑫，肉败，割不正⑬，不食。席不正，不坐。食于有丧者之侧，未尝饱也。

是日哭，则不歌。见齐衰、瞽者⑭，虽童子必变。

【注释】

①恂恂(xún)：谦恭谨慎的样子。②辩辩(pián)：善于言谈的样子。③上大夫：即卿。后面的"下大夫"指一般的大夫。④訚訚(yín)：和悦而敢于直言的样子。⑤侃侃：和谐快乐的样子。⑥公门：君门，朝门。⑦趋进：快步前进。⑧翼如：恭敬的样子。⑨傧(bīn)：接引宾客。⑩勃如：矜持庄重的样子。⑪俟(sì)：等待。⑫馁：指鱼类臭烂。⑬割：分割，此指猪、牛、羊牲体的分割。正：古人分割牲体有一定的规定，符合规定的为"正"。⑭瞽(gǔ)：瞎眼。

【译文】

孔子在自己的乡里，十分谦恭持重，像是一个不善言谈的人。他在宗庙和朝廷里议事时，却是能言善辩，只不过态度依然是恭谨小心罢了。上朝的时候，与上大夫们谈话，态度中正自然；与下大夫们谈话，则是和乐轻松。

孔子进入国君的宫门时，低头弯腰以示恭敬；进门后快步向前，态度恭谨有礼。国君派他接待宾客，他就容色庄重，以礼相待。国君有命召见他，不等车驾备好，就动身前往。

鱼已经腐烂，肉已经变味，不按一定规矩切割的肉，他都不吃。座位不端正，他也不会坐。在有丧事的人身旁吃饭，从来没有吃饱过。

在某一天哭泣过，终日就不唱歌。看到身着丧服的人和眼盲之人，即便这人是个小孩子，也一定要改变面容表示同情。

【原文】

"三人行，必得我师。""德之不修，学之不讲①，闻义不能徙，不善不能改，是吾忧也。"使人歌，善，则使复之，然后和之。

子不语：怪、力、乱、神②。

子贡曰："夫子之文章，可得闻也。夫子言天道与性命③，弗可得闻也已。"颜渊喟然叹曰："仰之弥高④，钻之弥坚⑤。瞻之在前，忽焉在后。夫子循循然善诱人⑥，博我以文，约我以礼，欲罢不能。既竭我才，如有所立，卓尔。

虽欲从之，蔑由也已⑦。"达巷党人曰："大哉孔子，博学而无所成名⑧。"子闻之曰："我何执⑨？执御乎？执射乎？我执御矣。"牢曰："子云：'不试⑩，故艺。'"

【注释】

①讲：讲习，练习。②力：强力，暴力。神：鬼神。③天道：自然规律，此指自然和社会之间吉凶祸福的关系。④弥：更加。⑤钻：穿，此引申为钻研。⑥循循然：有次序的样子。⑦蔑：无，没有。⑧无所成名：没有用以成名的专长。⑨执：做，干。⑩试：用，任用。

【译文】

孔子说："三个人同行，里面一定有人可以做我的老师。""品德不去修行，学业不去研究，听到仁义的事情而不去做，身上的缺点及所犯的错误不能改正，这些都是我所忧虑的事情啊！"假如孔子听别人唱歌，而且那人唱得好，就让他再唱，然后自己跟着唱。

孔子不谈论怪异、暴乱、悖乱和有关鬼神的那些事情。

子贡说："老师文采显著，我们是知道的。老师说天道和性命之间的关系，我们就不知道了。"颜渊长叹一声说："对于老师的学问，我越是仰慕久了，越是觉得它无比崇高！越是钻研探究，越是觉得它坚实浑厚。看着它仿佛是在前面，忽然间又在后面了。老师善于有条理地引导人，用典籍文章充实我的知识，用礼仪道德规范我的言行，让我想停下来都不能做到。即便用尽我的全部才力，看上去好像有所成就，可老师的学问却仍旧高高地耸立在我的面前。虽然想追随他，却总也达不到老师教导的境界啊！"达巷这里的人说："伟大啊孔子！博学多才而不专注一家。"孔子听说之后说："我要专于什么呢？专于驾车？还是专于射箭？我看还是专于驾车好了！"子牢说："老师曾说过：'我不为当世所用，故而才有时间学了许多技艺。'"

【原文】

鲁哀公十四年春，狩大野①。叔孙氏车子钼商获兽②，以为不祥。仲尼视之，曰："麟也。"取之。曰："河不出图③，雒不出书，吾已矣夫！"颜渊死，孔子曰："天丧予！"及西狩见麟，曰："吾道穷矣！"喟然叹曰："莫知我夫！"子贡曰:"何为莫知子?"子曰:"不怨天,不尤人④,下学而上达⑤,知我者其天乎!"

"不降其志,不辱其身,伯夷、叔齐乎!"谓"柳下惠、少连降志辱身矣⑥"。谓"虞仲、夷逸⑦,隐居放言,行中清,废中权"。"我则异于是,无可无不可。"

【注释】

①大野:即大野泽,又名巨野泽,故址在今山东巨野北。②车:指驾车者。③图:即河图,黄河所出之图。④尤:责怪。⑤下:天下、人间,此指人事。上:上天,此指天道、天命。⑥柳下惠:姓展,名获,字禽,谥惠,食邑于柳下,故称"柳下惠",鲁国大夫,曾任士师。⑦虞仲、夷逸:春秋时隐士。

【译文】

鲁哀公十四年的春天,在大野狩猎。给叔孙氏驾车的鉏商捕获了一只稀罕的怪兽,他认为这是不吉利的事情。仲尼看了看,说:"这是麟啊。"就把它运了回去。孔子说:"黄河上再也看不到神龙负图出现了,洛水中也看不到背上有文字的神龟浮现了,我怕是也没什么希望了!"不久,颜渊死了,孔子说:"是老天要亡我吧!"等他见到曲阜西边捕获的麒麟,说:"我的道啊,看来是到尽头了啊!"于是长叹一声说:"看来是没人能够理解我了!"子贡说:"为什么说没有人能理解您了呢?"孔子回答说:"我不埋怨上天,也不怪罪别人。从下面学人事,从上面通晓天命,能够理解我的只有上天了!"

孔子说:"不使自己的志向降低,不使自己的人格受辱,伯夷和叔齐就是这样的人啊!"又说"柳下惠和少连志向降低了,人格也受辱了"。还说"虞仲和夷逸隐居乡野,放纵直言,行事清高纯洁,免于祸患也能权衡得宜","不过我跟他们不一样,我没有什么是绝对可以的,也没有什么是绝对不可以的"。

【原文】

子曰:"弗乎弗乎,君子病没世而名不称焉。吾道不行矣,吾何以自见于后世哉?"乃因史记作《春秋》,上至隐公,下讫哀公十四年①，十二公②。据鲁③，亲周④，故殷⑤，运之三代⑥。约其文辞而指博⑦。故吴、楚之君自称王，而《春秋》贬之曰"子"⑧；践土之会实召周天子⑨，而《春秋》讳之曰"天王狩于河阳"⑩：推此类以绳当世⑪。贬损之义，后有王者举而开之。《春秋》之义行，则天下乱臣贼子惧焉⑫。

孔子在位听讼⑬，文辞有可与人共者⑭，弗独有也。至于为《春秋》，笔则笔⑮，削则削⑯，子夏之徒不能赞一辞。弟子受《春秋》，孔子曰："后世知丘者以《春秋》，而罪丘者亦以《春秋》。"

【注释】

①哀公：即鲁哀公。②十二公：指鲁国春秋时代的十二位国君，即隐公、桓公、庄公、闵公、僖公、文公、宣公、成公、襄公、昭公、定公、哀公。③据鲁：以鲁国为根据。④亲周：以周王室为亲承的前朝。⑤故殷：以殷代为隔朝的故旧。⑥运：通，贯通。三代：指鲁、周、殷，或谓夏、商、周。⑦指：通"旨"，旨意。⑧贬：贬抑，降低。⑨践土：郑国地名，在今河南原阳西南。践土之会，公元前632年晋文公在践土与诸侯会盟，名义上在此朝见周襄王，实际上是晋文公召来周襄王，藉此来确定自己的霸主地位。⑩天王：周天子，即周襄王。河阳：晋国邑名，在今河南孟县西。⑪绳：绳正，纠正。⑫乱臣贼子：指犯上作乱的大臣、子弟。《孟子·滕文公下》："孔子成《春秋》而乱臣贼子惧。"⑬在位：指孔子在鲁司寇之位。听：听理，审理。讼：打官司。⑭文辞：此指判词。⑮笔：用笔书写。⑯削：古时以竹木为书写材料，删改时用刀先刮去竹木上的字，所以称作"削"。

【译文】

孔子说："不成啊，不成！君子最担心的就是死了之后没能留下好的名声。我的道不行了，我用什么做出点贡献留给后世呢？"便根据鲁国的历史记载作了一部《春秋》，《春秋》的年限上起鲁隐公，下迄鲁哀公十四年，前后一共十二位君主。这部书以鲁国记载的历史为依据，以周王室为正统，还参考殷商时的旧制度，上推承继三代的法统。文辞简约而意旨广博。所以吴国和楚国的君主虽然自称为王，但是《春秋》却贬低他们为"子"；践土之会实际上是晋侯征召周天子，而《春秋》却避讳说是"周天子去河阳狩猎"。举出这类的事例以矫正当世不合礼法的行为。这种贬损的大义，后代的英明君主进行推广倡导。《春秋》的大义通行天下，那么乱臣贼子都会感到惧怕。

孔子做官的时候处理诉讼案件，文辞上若是有需要和别人商量的，他是不会擅自决断的。至于他写《春秋》，那是该写的时候就写，该删的时候就删，像子夏这些擅长文学的学生，连一个字都不能增删。学生们接受了《春秋》这部书，孔子说："后世了解我孔丘的，是凭着这部《春秋》；后世认为我孔丘有过失的，也是凭着这部《春秋》。"

陈涉世家

【导读】

　　陈涉出身寒微，贾谊说他是"瓮牖绳枢之子，氓隶之人"，但是他敢于向秦朝的严酷统治率先发难，起义后虽然只做了六个月的王，却为天下亡秦的大业揭开了序幕。所以司马迁评价说："陈胜虽已死，其所置遣侯王将相卒亡秦，由涉首事也。"司马迁看重陈涉的功业，不以成败论英雄，故而将他的事迹列入世家之中。

密　议

【原文】

　　陈胜者，阳城人也①，字涉。吴广者，阳夏人也②，字叔。陈涉少时，尝与人佣耕③，辍耕之垄上④，怅恨久之⑤，曰："苟富贵⑥，无相忘⑦。"庸者笑而应曰："若为庸耕⑧，何富贵也？"陈涉太息曰⑨："嗟乎，燕雀安知鸿鹄之志哉！"

【注释】

①阳城：县名，治所在今河南登封东南。②阳夏（jiǎ）：县名，治所在今河南太康。③尝：曾经。佣：受雇佣，指受人钱财而为别人干活。④辍：停止。之：往，到。垄：田垄，田埂。⑤怅：失意，惆怅。⑥苟：倘若。⑦无：通"毋"，不要。⑧若：你。庸：通"佣"。⑨太息：大声叹气。

【译文】

　　陈胜，阳城人，字涉。吴广，阳夏人，字叔。陈涉年少的时候，曾经和别人一起被雇佣耕地，有一次他停止耕作到田埂上休息，心里怨愤惆怅了很久,说:"如果以后富贵了,彼此不要相互忘记啊!"受雇佣的同伴在旁笑着应答说:"你被雇佣耕田,怎么能富贵呢?"陈涉长叹一声说:"唉!燕雀这种小鸟怎么能知道鸿鹄的远大志向呢!"

【原文】

二世元年七月①,发闾左適戍渔阳②,九百人屯大泽乡③。陈胜、吴广皆次当行④,为屯长⑤。会天大雨,道不通,度已失期⑥。失期,法皆斩。陈胜、吴广乃谋曰:"今亡亦死,举大计亦死,等死,死国可乎⑦?"陈胜曰:"天下苦秦久矣⑧。吾闻二世少子也,不当立,当立者乃公子扶苏⑨。扶苏以数谏故,上使外将兵。今或闻无罪,二世杀之。百姓多闻其贤,未知其死也。项燕为楚将⑩,数有功,爱士卒,楚人怜之。或以为死,或以为亡。今诚以吾众诈自称公子扶苏、项燕⑪,为天下唱⑫,宜多应者。"吴广以为然。乃行卜。卜者知其指意⑬,曰:"足下事皆成⑭,有功。然足下卜之鬼乎⑮!"陈胜、吴广喜,念鬼,曰:"此教我先威众耳。"乃丹书帛曰"陈胜王"⑯,置人所罾鱼腹中⑰。卒买鱼烹食,得鱼腹中书,固以怪之矣⑱。又间令吴广之次所旁丛祠中⑲,夜篝火,狐鸣呼曰"大楚兴,陈胜王"。卒皆夜惊恐。旦日,卒中往往语⑳,皆指目陈胜㉑。

【注释】

①二世:指秦二世,名胡亥,秦始皇的小儿子,他通过陷害扶苏登上帝位,后被赵高杀死。②发:征发。闾左:里巷的左边,这里指居住在里巷左边的平民。適:通"谪",因罪而被责罚。戍:戍守。渔阳:秦郡名,治所在今北京密云西南。当时为秦北方边郡之一。③屯:屯驻。大泽乡:时属泗水郡蕲县,在今安徽宿县附近。④次:次第,次序。⑤屯:戍卒编制单位,五人为一屯。或谓五十人为一屯。⑥度(duó):忖度,估计。⑦死国:死于国事。⑧苦:用作动词,指遭受

苦难。⑨公子扶苏：秦始皇长子。公元前212年因进谏而激怒始皇，被派往北边上郡任蒙恬的监军。公元前210年，秦始皇在巡视途中得重病，下玺书召扶苏回京治丧，不久即病死。赵高勾结李斯、胡亥乘机扣压玺书，另造诏书，逼扶苏自杀。⑩项燕：楚国将领，项羽祖父，公元前223年在与秦作战中兵败身死。⑪诚：果真，如果。诈：假装。⑫唱：通"倡"，倡导，号召。⑬指：通"旨"。⑭足下：对人的敬称。⑮鬼：指鬼神。⑯丹：朱砂。⑰罾：一种捕鱼工具，俗称"板罾"。此用作动词，指用罾捕获。⑱以：通"已"，已经。⑲间：暗中。次所：即住所。丛祠：丛社神祠。⑳往往：处处，纷纷。㉑指目：手指目视。

【译文】

秦二世元年七月，朝廷征调住在里巷左侧的平民去戍守渔阳，其中有九百人在行进过程中驻屯在大泽乡。陈胜、吴广都被编入这次征调的行列当中，还当了屯长。这时正好赶上天下大雨，道路中断不能通行，他们估量会延误期限。延误期限，依照法令是要被斩头的。于是陈胜、吴广商量说："现在逃亡也是死，起义做一番大事也是死，同样都是死，那么咱们死于国事好吗？"陈胜说："天下人受苦于秦朝的暴政已经很久了。我听说二世是始皇帝的小儿子，不应该由他继位做皇帝，继位的应当是公子扶苏。扶苏因为多次进谏的缘故，始皇帝派他到外边领兵驻守，如今有人听说他没有犯罪，而二世却把他杀掉了。老百姓都听说扶苏十分贤明，还不知道他已经死了。项燕是楚国的将军，多次立下战功，爱护士卒，楚人十分爱戴他。有的人认为他已经死了，有的人认为他逃走躲避起来了。现在如果我们假装是公子扶苏和项燕的队伍，向天下作个号召，应该会有很多人响应。"吴广觉得很有道理，便去卜卦。卜卦的人明白他们的意图，说："你们的大事能够成功，能建立大的功业。然而你们还应当向鬼神问卜啊！"陈胜、吴广听了之后很高兴，就想到问鬼神的事情，说："这是教我们（借助鬼神）先在众人面前取得威望啊！"于是，他们用朱砂在帛上写上"陈胜王"三个字，把它放到别人网到的鱼的肚子里。戍卒买来鱼准备烹熟了吃，得到鱼肚子里的帛书，就觉得奇怪。陈胜又暗中让吴广到营地附近树林里的神祠中，夜里点起篝火，模仿狐狸的嗥叫声喊"大楚兴，陈胜王"。戍卒们都在夜里惊恐难安。第二天，戍卒中间纷纷议论这件奇怪的事情，都指指点点看着陈胜。

举 事

【原文】

　　吴广素爱人，士卒多为用者①。将尉醉②，广故数言欲亡，忿恚尉③，令辱之，以激怒其众。尉果笞广④。尉剑挺⑤，广起，夺而杀尉。陈胜佐之，并杀两尉。召令徒属曰："公等遇雨，皆已失期，失期当斩。藉弟令毋斩⑥，而戍死者固十六七。且壮士不死即已⑦，死即举大名耳，王侯将相宁有种乎！"徒属皆曰："敬受命。"乃诈称公子扶苏、项燕，从民欲也。袒右⑧，称大楚。为坛而盟⑨，祭以尉首。陈胜自立为将军，吴广为都尉。攻大泽乡，收而攻蕲⑩。蕲下，乃令符离人葛婴将兵徇蕲以东⑪。攻铚、酂、苦、柘、谯皆下之⑫。行收兵⑬。比至陈⑭，车六七百乘，骑千馀，卒数万人。攻陈，陈守令皆不在，独守丞与战谯门中⑮。弗胜，守丞死，乃入据陈。数日，号令召三老、豪杰与皆来会计事⑯。三老、豪杰皆曰："将军身被坚执锐⑰，伐无道，诛暴秦，复立楚国之社稷，功宜为王。"陈涉乃立为王，号为张楚⑱。

【注释】

①为用者：为吴广所用的。②将尉：统领戍卒的武官。③忿恚尉：使将尉愤怒，即激怒将尉。恚：愤怒。④笞：用竹条、木板或皮鞭抽打。⑤挺：拔，举。⑥藉（jiè）：通"借"，假使。弟：通"第"，但，只。⑦即：通"则"。下句"即"字同。⑧袒右：袒露右臂。⑨坛：土筑的高台。⑩蕲（qí）：县名，治所在今安徽宿县东北。⑪符离：县名，治所在今安徽宿县东北。徇：攻取。⑫铚（zhì）：县名，治所在今安徽省宿县西南。酂（cuó）：县名，治所在今河南永城西。苦：县名，治所在今河南鹿邑东。柘（zhè）：县名，治所在今河南柘城西北。谯（qiáo）：县名，治所在今安徽亳（bó）县。⑬行收兵：指在行军途中招收兵马。⑭比：等到。陈：县名，治所在今河南淮阳。⑮守丞：即

郡丞,郡守的副手。当郡守不在时,代行其职。⑯三老:掌管教化的乡官,一般由德高望重的老人担任。豪杰:地方上有名望权势的人。⑰被坚执锐:身披坚固的铠甲,手持锐利的武器。此指全副武装参加战斗。被(pī):通"披"。⑱张楚:意为张大楚国。

【译文】

　　吴广向来爱护别人,戍卒们多愿听他的使唤。押送戍卒的将尉喝醉了,吴广故意多次扬言要逃走,想借此激怒将尉,让他当着众人的面侮辱自己,以此激起众人的愤怒。将尉果然拿着鞭子抽打吴广。正当将尉拔剑的时候,吴广站起来,把剑夺走杀了将尉,陈胜从旁协助,一起把这两个将尉杀掉了,随即号召手下的戍卒说:"现在你们遇上大雨,都已经延误了期限,延误期限依律是要斩头的。就算不被斩杀,戍守而死的人本来就有十之六七。况且大丈夫不死就罢了,要死就得留下名声,王侯将相难道就是天生的吗?"戍卒们齐声高呼:"一切听凭差遣!"于是假冒扶苏和项燕的队伍举事,这是为了顺应民意。戍卒们都露出右臂,号称大楚。他们还修筑高坛进行宣誓,用将尉的脑袋祭告天地。陈胜自立为将军,吴广为都尉。先是进攻大泽乡,攻下之后随即攻打蕲县,蕲县攻下之后,就命令符离人葛婴攻打铚、酂、苦、柘、谯等地,全都攻了下来。他们在行进中不断扩充人马。等到了陈地的时候,已经有车六七百辆,骑兵千馀人,步兵数万人。攻打陈县的时候,陈县的郡守和县令都不在,唯有守丞在谯门迎战,抵挡不住,守丞战死了,就攻下了陈县。几天之后,义军号令召集县中的三老和乡绅都来集会议事。三老和豪绅都说:"将军身披铠甲,手执利器,讨伐无道,诛杀暴秦,又恢复了楚国的江山,论功应当称王。"陈涉于是自立为王,国号"张楚"(意思是张大楚国)。

外戚世家

【导读】

　　《外戚世家》记述汉高祖至武帝时期后妃及亲族的事迹。国家的命运常常跟外戚的好坏密切相关。后妃受到宠幸,她的父母兄弟也会青云直上,这些皇亲国戚往往就成为左右国家大事的重要力量。汉高祖死后,诸吕擅权,几乎断送了刘氏的江山。所以,当窦皇后的两位兄弟获封侯爵之后,丞相周勃与灌婴担心窦氏兄弟"又复效吕氏大事",故而为他们选择良师进行教导。司马迁写《外戚世家》的主旨,就是希望外戚能为国家做出贡献,而不要成为扰乱朝政的势力。

窦太后

【原文】

　　窦太后,赵之清河观津人也①。吕太后时,窦姬以良家子入宫侍太后②。太后出宫人以赐诸王,各五人,窦姬与在行中③。窦姬家在清河,欲如赵近家,请其主遣宦者吏④:"必置我籍赵之伍中。"宦者忘之,误置其籍代伍中。籍奏,诏可,当行。窦姬涕泣,怨其宦者,不欲往,相强⑤,乃肯行。至代,代王独幸窦姬,生女嫖,后生两男。而代王王后生四男。先代王未入立为帝而王后卒。及代王立为帝,而王后所生四男更病死。孝文帝立数月,公卿请立太子,而窦姬长男最长,立为太子。立窦姬为皇后,女嫖为长公主⑥。其明年,立少子武为代王,已而又徙梁,是为梁孝王⑦。

【注释】

① 清河：汉郡名，治所在清阳（今河北清河东南）。其地战国时属赵，所以说"赵之清河"。观津：县名，属清河郡，治所在今河北武邑东南。② 良家子：清白人家的子女。③ 与（yù）：意列入。④ 主遣宦者吏：指由宦官担任的负责遣发宫人的官吏。⑤ 强（qiǎng）：强迫，强制。⑥ 女嫖为长公主：刘嫖封号为馆陶公主。汉制皇帝的女儿称公主，皇帝的姐妹称长公主。刘嫖为长公主，当是文帝死后之事。⑦ 梁孝王：名武，初封代王，后徙封淮阳王。文帝十二年（前168），又徙封梁王。

【译文】

窦太后，赵国清河观津人。吕太后时，窦姬以良家女子的身份入宫侍奉太后。太后遣送宫女出宫赏赐给诸王，每王各有五个，窦姬就在这些宫女之中。窦姬家在清河，想去赵国以靠近老家，请求遣送她们出宫的宦官说："请务必把我的名册放到赵国的宫女队伍之中。"宦官把这件事情忘了，误把她的名册放到代国的宫女队伍之中了。名册呈奏上去，下诏批准，应当启程动身了。窦姬哭泣，埋怨宦官，不想前往代国，宦官强制她去，她这才肯走。到了代国，代王唯独宠幸窦姬，生了一个女儿名叫嫖，后来又生了两个儿子。而代王的王后生了四个男孩。在代王还没被立为皇帝的时候，王后就死了。到了代王被立为皇帝之后，王后所生的四个男孩相继病死。孝文帝即位后几个月，公卿大臣请求皇帝册立太子，而窦姬的长子年纪最大，被立为太子。立窦姬为皇后，女儿嫖为长公主。第二年，立小儿子武为代王，接着又迁徙到梁国，就是梁孝王。

【原文】

窦皇后亲蚤卒①，葬观津。于是薄太后乃诏有司②，追尊窦后父为安成侯③，母曰安成夫人。令清河置园邑二百家，长丞奉守，比灵文园法。

窦皇后兄窦长君，弟曰窦广国，字少君。少君年四五岁时，家贫，为人所略卖④，其家不知其处。传十馀家，至宜阳⑤，为其主入山作炭，暮卧岸下百馀人，岸崩，尽压杀卧者，少君独得脱，不死。自卜数日当为侯⑥，从其家之长安。闻窦皇后新立，家在观津，姓窦氏。广国去时虽小，识其县名及姓⑦，又常与其姊采桑堕⑧，用为符信，上书自陈。窦皇后言之于文帝，召见，问之，具言其故，果是。又复问他何以为验？对曰："姊去我西时，与我决于传舍中⑨，丐沐沐我⑩，请食饭我⑪，乃去。"于是窦后持之而泣，泣涕交横下。侍御左右皆伏地泣，助皇后悲哀。乃厚赐田宅金钱，封公昆弟⑫，家于长安。

【注释】

①亲：指父母。蚤：通"早"。②有司：即指有关主管部门的官员。古代设官分职，官吏各有专司，所以称"有司"。③安成：汉县名，属汝南郡，故治在今河南正阳东北。④略：通"掠"。⑤宜阳：汉县名，属弘农郡，故治在今河南宜阳西。⑥卜：占卜。数：术数，谓命相之类。⑦识（zhì）：记得，记住。⑧常：通"尝"，曾经。⑨传舍：驿馆，供出差官吏食宿的处所。⑩丐沐沐我：前"沐"字为名词，指洗米水，用以洗发，可去油腻。后"沐"字为动词，指洗发。⑪饭：用作动词，指用食物喂养人。⑫公昆弟：同祖兄弟，包括亲兄弟和堂兄弟。

【译文】

　　窦皇后的双亲早死，埋葬在观津。薄太后就诏令有关的官员，追尊窦皇后的父亲为安成侯，母亲为安成夫人。命令在清河设置园邑二百家，派长丞守护，与灵文园的规格相同。

　　窦皇后的兄长是窦长君，弟弟名叫窦广国，字少君。少君四五岁的时候，家境贫寒，被人抢走出卖，他（年纪太小）不知道自己的家在何处。被转卖了十多家，卖到了宜阳，替他的主人到山中烧炭，晚上睡在山崖下的有一百多人，悬崖崩塌，把睡在下面的人都压死了，唯独少君侥幸逃脱，没有死。他为自己占卜，占卜的结果是过几天他会被封为侯，便从主人家逃到长安。听说刚刚立了个窦皇后，老家是观津的，姓窦。广国离家的时候年纪虽小，但还记得家乡的县名和自己的姓氏，又曾经与姐姐一起去采桑叶，从树上摔了下来，他以此作为凭证上书给皇后。窦皇后把这事告诉了文帝，于是召见广国，还询问他，广国一一说明了自己的情况，证明果然是皇后的弟弟。后来又问他怎么可以验证他的身份？他回答说："姐姐离开我西去的时候，与我在驿馆诀别，曾要了一些洗米水为我洗头，又要了饭给我吃，这才离去。"于是窦皇后抱着他痛哭起来，鼻涕眼泪纵横而下。左右的侍者都伏地哭泣，更增加了姐弟相见时的哀伤气氛。朝廷赏赐给广国好多田宅和金钱，还分封皇后的同族兄弟，举家迁到长安。

【原文】

绛侯、灌将军等曰①："吾属不死，命乃且县此两人②。两人所出微，不可不为择师傅宾客，又复效吕氏大事也。"于是乃选长者士之有节行者与居③。窦长君、少君由此为退让君子，不敢以尊贵骄人。

【注释】

①绛侯：即周勃，沛（今江苏沛县）人，秦末随刘邦起兵，转战四方，多立功勋，被封为绛侯。惠帝六年（前189）为太尉，吕后死后与陈平等定策诛诸吕，迎立文帝。文帝初年曾任丞相，死于文帝十一年（前169）。②县："悬"的古字，悬系，掌握。③居：居住，相处。

【译文】

绛侯和灌将军等人说："我们这些人（在吕后擅权的时候）没有死，命运却掌握在这两个人的手里。这两个人出身寒微，不能不给他们选择良师宾客，不然又会效法吕氏闹出大事了。"于是选择年长的士人中品行高尚的与他们相处。窦长君、窦少君由此变成了谦虚逊让的君子，不敢凭借尊贵的地位在旁人面前骄横无礼。

卫皇后

【原文】

卫皇后字子夫，生微矣。盖其家号曰卫氏，出平阳侯邑①。子夫为平阳主讴者②。武帝初即位，数岁无子。平阳主求诸良家子女十馀人，饰置家。武帝祓霸上还③，因过平阳主。主见所侍美人④，上弗说⑤。既饮，讴者进，上望见，独说卫子夫。是日，武帝起更衣，子夫侍尚衣轩中⑥，得幸。上还坐，欢甚，赐平阳主金千斤⑦。主因奏子夫奉送入宫⑧。子夫上车。平阳主拊其背曰⑨："行矣，强饭⑩，勉之！即贵，无相忘。"入宫岁馀，竟不复幸。武帝择宫人不中用者，斥出归之⑪。卫子夫得见，涕泣请出。上怜之，复幸，遂有身，尊宠日隆。召其兄卫长君、弟青为侍中⑫。而子夫后大幸，有宠，凡生三女一男⑬。男名据。

【注释】

①平阳侯：汉初曹参封平阳侯，其曾孙曹时袭爵，曹时即平阳公主的丈夫。②讴者：歌伎。③祓（fú）：古代有在三月上巳（上旬巳日）去水滨洗濯宿垢以消灾祈福的习俗，称为"祓禊（xì）"或"祓除"，也简称为"祓"。霸上：地名，在长安东郊霸水西岸。④见（xiàn）：引见。⑤说：通"悦"。⑥轩：车。皇帝出行，有车载衣服随行，称"尚衣轩"。⑦斤：汉制一斤约合现在的258克。⑧奉送：恭恭敬敬地进献。⑨拊：轻轻地拍击。⑩强饭：意指努力加餐。⑪斥：弃逐。⑫卫长君：原名长子，长君是他在卫子夫入宫邀宠后改称的名字。弟青：卫青，字仲卿，卫子夫同母弟。卫青因卫子夫的关系得到武帝重用，后官至车骑将军、大将军，击匈奴有功，封长平侯。侍中：可侍从皇帝左右、出入宫禁的近臣。⑬三女一男：卫子夫所生三女，后封诸邑公主、石邑公主、当利公主。卫子夫所生一男为武帝长子刘据。

【译文】

　　卫皇后字子夫,出身寒微。她的家号为卫氏,出身于平阳侯的封地。子夫原先是平阳公主的歌女。武帝刚即位的时候,好几年没有儿子。平阳公主挑选良家女子十几个人,打扮好安置在家中。武帝从霸上祭祀回来,顺便看望一下平阳公主。公主进献的用以侍奉的美人,皇上都不喜欢。饮酒完毕后,歌女进来,皇上看了看,只喜欢卫子夫。这一天,武帝起身换衣服,卫子夫在更衣室中侍奉,得到皇上宠幸。皇上坐回原位,十分高兴,赏赐给平阳公主黄金千斤。平阳公主于是奏请送卫子夫入宫。子夫上车入宫的时候。平阳公主抚着她的后背说:"去吧,多吃饭,勤勉励,倘若富贵了,不要忘了我!"可是入宫一年多,竟然不再得到宠幸。武帝选出宫人之中不中用的遣送回家。卫子夫见到皇上,哭哭啼啼地请求出宫。皇上怜惜她,再次宠幸她,于是有了身孕,得到皇上的恩宠一日胜似一日。皇上任命她的兄长长君、弟弟卫青为侍中。而卫子夫后来极为受宠,生了三个女儿一个男孩。男孩名叫刘据。

【原文】

　　初,上为太子时,娶长公主女为妃。立为帝,妃立为皇后,姓陈氏,无子。上之得为嗣①,大长公主有力焉②,以故陈皇后骄贵。闻卫子夫大幸,恚,几死者数矣。上愈怒。陈皇后挟妇人媚道,其事颇觉,于是废陈皇后,而立卫子夫为皇后。

　　陈皇后母大长公主,景帝姊也,数让武帝姊平阳公主曰:"帝非我不得立,已而弃捐吾女,壹何不自喜而倍本乎!"平阳公主曰:"用无子故废耳。"陈皇后求子,与医钱凡九千万,然竟无子。

【注释】

①嗣:指皇位继承人。②大长公主:皇帝姑母的称号。景帝姊长公主嫖在武帝时被尊为大长公主,即陈皇后的母亲。

【译文】

当初,皇上为太子的时候,娶了长公主的女儿为太子妃。做了皇帝之后,太子妃被立为皇后,姓陈,没有生子。皇上之所以能够继承皇位,大长公主出了不少力,所以陈皇后十分骄纵。她听说卫子夫受宠,很愤怒,有好几次差点都要气死了。皇上更为生气。陈皇后要挟妇人使用邪媚的道术陷害(子夫),结果被察觉,于是皇上废了陈皇后,改立卫子夫为皇后。

陈皇后的母亲大长公主是景帝的姐姐,多次责备武帝的姐姐平阳公主说:"皇上要不是倚仗我就不能即位,即位后就抛弃我的女儿,这是何等的不自爱和忘本啊!"平阳公主说:"是因为没有生子而被废的。"陈皇后为了求子,花的医药费一共有九千万之多,但是终究没有儿子。

【原文】

卫子夫已立为皇后,先是卫长君死,乃以卫青为将军,击胡有功①,封为长平侯②。青三子在襁褓中③,皆封为列侯④。及卫皇后所谓姊卫少儿⑤,少儿生子霍去病⑥,以军功封冠军侯⑦,号骠骑将军⑧。青号大将军⑨。立卫皇后子据为太子。卫氏枝属以军功起家⑩,五人为侯⑪。

【注释】

①胡:古代通称北方边地及西域的少数民族为"胡",这里专指匈奴。②长平:汉县名,属汝南郡,故治在今河南西华东北。③在襁褓中:指年纪幼小。襁褓:用来背负小儿的背带和布兜。④列侯:秦朝有爵位二十等,彻侯位最尊。汉朝为了避武帝讳改称通侯,又称列侯。⑤卫少儿:卫媪有三个女儿,从长到幼依次是君孺、少儿、子夫。⑥霍去病:武帝时名将,击匈奴有功,于元狩六年(前117)去世。⑦冠军:意指战功为诸军之冠。霍去病封冠军侯,当时在南阳郡置冠军县作为他的封地。冠军县故治在今河南邓县西北。⑧骠骑将军:将军名号,秩禄万石,同大将军。武帝元狩二年(前121)始设,以授霍去病。骠(piào),有骁勇之意。⑨大将军:西汉最高军职,秩禄万石。⑩枝属:宗族亲戚。⑪五人为侯:谓卫青、霍去病及卫青三子。

【译文】

卫子夫被立为皇后,在此之前卫长君死了,于是任命卫青为将军。卫青抗击匈奴立有战功,被封为长平侯。卫青的三个儿子当时在襁褓之中,都被封为列侯。至于卫子夫所说的姐姐卫少儿,卫少儿生了个儿子名叫霍去病,凭借军功被封为冠军侯,号为骠骑将军。卫青号为大将军。立卫皇后的儿子刘据为太子。卫氏家族依靠军功起家,有五个人被封为侯。

列传

侠客儒生、奇人异士、贩夫走卒,有大气磅礴,浓墨重彩。既表彰锋芒毕露的生命,也推崇了特立独行的追求。

老子韩非列传

【导读】

  这是一篇关于先秦道家和法家代表人物的传记。司马迁将老、庄、申、韩合为一传,代表了汉人对道家与法术家关系的看法。汉人认为老子的学术是"君人南面之术",主张无为而有为、多言有无之辩。而庄子主张"天道无为而自然",其与老子的思想是一脉相承的。韩非所写的《解老》篇和《喻老》篇是从法家的角度讲解"道德"。至于申不害的"术",思想要旨在于君主驾驭臣子。韩非所说的"法"以申不害的"术"为基础,又掺杂商鞅的"法"、慎到的"势",形成了"法、术、势"三者合一的统治之道。

老 子

【原文】

  老子者,楚苦县厉乡曲仁里人也①,姓李氏,名耳,字聃,周守藏室之史也②。

  孔子适周③,将问礼于老子。老子曰:"子所言者,其人与骨皆已朽矣,独其言在耳。且君子得其时则驾④,不得其时则蓬累而行⑤。吾闻之,良贾深藏若虚⑥,君子盛德⑦,容貌若愚。去子之骄气与多欲,态色与淫志⑧,是皆无益于子之身⑨。吾所以告子,若是而已。"孔子去⑩,谓弟子曰:"鸟,吾知其能飞;鱼,吾知其能游;兽,吾知其能走⑪。

走者可以为罔⑫，游者可以为纶⑬，飞者可以为矰⑭。至于龙吾不能知，其乘风云而上天。吾今日见老子，其犹龙邪！"

【注释】

①楚：国名。苦县：县名。厉乡曲仁里：地名，在今河南鹿邑境内。②守藏室之史：藏书室的史官。③适：到。④驾：驾车，引申为做官。⑤蓬：草名，风吹则根断而随风飘转。累：转行的样子。⑥贾：商人。深藏若虚：深藏货物，不让人知道、看见。⑦盛：大。⑧态色：神态表情。淫：过于，过高。⑨是：这些。⑩去：离开。⑪走：跑。⑫罔：网。⑬纶（lún）：钓丝。⑭矰（zēng）：系着丝绳的射鸟用的短箭。

【译文】

　　老子，楚国苦县厉乡曲仁里人，姓李，名耳，字聃，是周朝管理藏书室的史官。

　　孔子到达周都，打算向老子问礼。老子对他说："您所说的礼，制定它的人和那人的骸骨都已经腐朽了，唯有他的言论还在。况且君子生逢其时就该驾车出仕，生不逢时就该如蓬蒿一般飘荡而行。我听说，善于经商者经常深藏自己的货物而表面看上去好像一无所有，君子具有高尚的品德却在容貌上表现得愚钝。摒除您的骄气和多欲，抛弃您的姿态容色及过分高远的志向，这些东西对您来说毫无益处。我所能告诉您的，就只有这一些而已。"孔子离去之后，对弟子说："鸟，我知道它能（在空中）飞翔；鱼，我知道它能（在水里）游耍；兽，我知道它能（在陆上）奔跑。会奔跑的野兽可以用网来捕捉，会游耍的鱼儿可以用线钩来垂钓，会飞翔的鸟类可以用弓箭来射杀。至于龙，我就不知道了，它是乘着风云而上青天的。我今天见到老子，他就像龙一样啊！"

【原文】

　　老子修道德，其学以自隐无名为务①。居周久之，见周之衰，乃遂去。至关②，关令尹喜曰："子将隐矣，强为我著书③。"于是老子乃著书上下篇，言道德之意五千馀言而去，莫知其所终。

【注释】

①务：追求。②关：指大散关，在今陕西宝鸡西南。一说指函谷关，在今河南灵宝东北。③强：勉力。

【译文】

　　老子讲修道德，他的学问以自身隐逸不求功名为宗旨。老子久居周都，他看到周朝渐趋衰弱，就离开了。等他到达大散关的时候，守关的官吏尹喜说："您即将隐居了，就请您勉为其难为我写一部书吧。"于是老子著述了上下两篇，讲解"道"和"德"的意义，有五千多字，写完后就离开了，之后再没有人知道他的下落。

【原文】

　　或曰①：老莱子亦楚人也②，著书十五篇，言道家之用，与孔子同时云。

　　盖老子百有六十馀岁，或言二百馀岁，以其修道而养寿也。

　　自孔子死之后百二十九年，而史记周太史儋见秦献公曰③："始秦与周合，合五百岁而离，离七十岁而霸王者出焉④。"或曰儋即老子，或曰非也，世莫知其然否。老子，隐君子也。

【注释】

①或：有的人。②老莱子：春秋时楚国隐士。③史记：一说指史籍或史官记载；一说是秦以前史书的通称。太史：官名，掌管史籍和历法。儋：人名。秦献公：秦国国君，名师隰。④霸王者：指秦始皇。

【译文】

　　有的人说：老莱子也是楚国人，著书十五篇，讲的是道家的运用，与孔子处于同一时代。

　　老子大约活到一百六十多岁，也有说活到二百多岁的，这是他通过修习道德来延年益寿的缘故。

　　自孔子死后一百二十九年，史书上记载周太史儋拜见秦献公说：

"起初秦与周是合在一起的,相合五百年而分离,分离七十年后有霸王出现。"有的人说儋就是老子,也有的人说不是,世人也不知孰对孰错。老子,是归隐的君子。

【原文】

老子之子名宗,宗为魏将①,封于段干②。宗子注,注子宫,宫玄孙假,假仕于汉孝文帝③。而假之子解为胶西王卬太傅④,因家于齐焉⑤。

【注释】

①魏:国名,战国七雄之一,建都安邑。②段干:魏邑名。③汉孝文帝:刘恒。④胶西王卬:胶西为郡、国名;卬:指汉高祖庶子悼惠王的儿子。太傅:官名,古三公之一,职责是辅佐君主。⑤家:居住。齐:国名。

【译文】

老子的儿子名叫宗,做过魏将,受封于段干之地。宗的儿子名叫注,注的儿子名叫宫,宫的玄孙名叫假,假曾在汉孝文帝时出仕做官。假的儿子解乃是胶西王卬的太傅,所以在齐地安了家。

【原文】

世之学老子者则绌儒学①,儒学亦绌老子。"道不同不相为谋"②,岂谓是邪?李耳无为自化,清静自正。

【注释】

①绌:通"黜",排斥。②道不同不相为谋:主张不同不相互商量。语出《论语·卫灵公》。

【译文】

世上学习老子学说的人一般排斥儒家学说,学习儒学的人一般也排斥老子的学说。有句话叫"道不同不相为谋",不就是指的这样吗?李耳主张无为而求自然感化,强调清静而求自我归正。

庄 子

【原文】

庄子者，蒙人也①，名周。周尝为蒙漆园吏②，与梁惠王、齐宣王同时③。其学无所不窥④，然其要本归于老子之言⑤。故其著书十余万言，大抵率寓言也⑥。作《渔父》《盗跖》《胠箧》以诋訾孔子之徒⑦，以明老子之术。《畏累虚》《亢桑子》之属，皆空语无事实。然善属书离辞⑧，指事类情，用剽剥儒、墨⑨，虽当世宿学不能自解免也⑩。其言洸洋自恣以适己⑪，故自王公大人不能器之⑫。

【注释】

①蒙：邑名。战国时属宋，在今河南商丘东北。②漆园：地名。③梁惠王：战国时魏君，名䓨，约公元前370年至公元前319年在位。齐宣王：战国时齐君，名辟疆，约公元前320年至公元前302年在位。④窥：探视、偷看，这里是钻研的意思。⑤要：要旨。本：本源。⑥率：类似。寓言：有所寄托或比喻的话。⑦诋訾：毁谤。⑧离：陈列，这里是铺叙的意思。⑨剽剥：攻击。墨：以墨翟为代表的学派。⑩宿学：学识渊博之人。解免：避免。⑪洸洋：水势浩大的样子，这里比喻议论恣肆。恣：放纵。适己：随自己的心意。⑫器：以之为器，使用，利用。

【译文】

庄子，蒙地人，名叫周。庄子曾做过蒙地漆园的官吏，与梁惠王、齐宣王处在同一时代。庄子学识渊博，他的学说涉猎广泛，无所不包，然而他的理论还是要归宗于老子的学说。所以他虽然著述了十多万字，却多数类似寓言。庄子写了《渔父》《盗跖》《胠箧》三篇，用来抨击孔子一派的人，并阐明老子的学术。《畏累虚》《亢桑子》诸篇，都是空话且毫无事实依据。但是庄子擅长行文措辞和指事类比，以此来批驳儒家、墨家的学说，即便是当世知识渊博的学者，也免不了要受到他的批驳。他的语言汪洋恣肆，随心所欲，所以王公大臣都不愿重用他。

【原文】

楚威王闻庄周贤①，使使厚币迎之②，许以为相。庄周笑谓楚使者曰："千金，重利；卿相，尊位也。子独不见郊祭之牺牛乎③？养食之数岁，衣以文绣④，以入大庙⑤。当是之时，虽欲为孤豚⑥，岂可得乎？子亟去⑦，无污我。我宁游戏污渎之中自快⑧，无为有国者所羁⑨，终身不仕，以快吾志焉⑩。"

【注释】

①楚威王：楚国国君，名商，公元前339年至公元前329年在位。②使使：派使者。币：丝织品或其他物品，用作礼物。③郊祭：古代帝王每年冬至在都城南郊祭天。牺牛：祭祀用的牛。④衣：给穿衣。文绣：有花纹的刺绣。⑤大庙：即太庙，天子的祖庙。⑥豚：小猪。⑦亟：快。⑧渎：水沟。⑨有国者：执掌政权的人。⑩志：心情。

【译文】

楚威王听说庄周有贤能，就派使者以重金相聘，并许诺让他做楚相。庄周笑着对楚使说："千金，这是重利；卿相，这是尊位。然而您难道没见过郊祀祭祖用的牺牲（贡品）牛吗？这些牛被喂养多年，然后人们为它披上彩绣锦缎，送入太庙。这个时候，这只牛即便想做一头孤独的小猪，难道还能实现吗？您还是快离开吧，千万不要玷污我！我宁愿在污水里快快乐乐地游戏，也不愿为当权者所羁绊，我决定终身不仕，以使我的心情保持愉快。"

申不害与韩非子

【原文】

申不害者，京人也①，故郑之贱臣②。学术以干韩昭侯③，昭侯用为相。内修政教，外应诸侯，十五年。终申子之身，国治兵强④，无侵韩者。

申子之学本于黄老而主刑名⑤。著书二篇，号曰《申子》。

【注释】

①京：郑邑名，在今河南荥阳东南。②郑：国名。贱臣：地位卑微的官吏。③干：求官于。韩昭侯：公元前362年至公元前333年在位。④治：安定。⑤黄老：黄老之学，道家的一个流派，黄指黄帝，老指老子。刑名：刑，通"形"，指形体或事实；名，名称，指言论或主张。

【译文】

申不害，京邑人，曾经是郑国的低级官吏。后来研习学术，并向韩昭侯求官。韩昭侯任用他做宰相。申不害（做宰相后）对内修明政教，对外应对诸侯，前后总共十五年。申不害做韩相的时候，韩国国富兵强，诸侯都不敢前来侵犯。

申子的学说归宗于黄老，但还是以刑名之学为主。他写过两篇书，合起来称作《申子》。

【原文】

韩非者，韩之诸公子也①。喜刑名法术之学②，而其归本于黄老③。非为人口吃，不能道说，而善著书。与李斯俱事荀卿④，斯自以为不如非。

非见韩之削弱，数以书谏韩王⑤，韩王不能用。于是韩非疾治国不务修明其法制⑥，执势以御其臣下⑦，富国强兵而以求人任贤，反举浮淫之蠹而加之于功实之上⑧。以为儒者用文乱法⑨，而侠者以武犯禁⑩。宽则宠名誉之人⑪，急则用介胄之士⑫。今者所养非所用，所用非所养。悲廉直不容于邪枉之臣，观往者得失之变，故作《孤愤》《五蠹》《内外储》《说林》《说难》十馀万言。

【注释】

①韩：国名，战国七雄之一。②法术：法度权术。③归：这里指宗旨。④李斯：楚国上蔡人，战国末年入秦，先后任廷尉、丞相等职，后为赵高所忌，被杀。荀卿：荀况，战国赵人，其学以孔子为宗。

⑤书：文章、奏章。韩王：指韩王安，公元前238年至公元前230年在位。⑥疾：痛恨。⑦势：权势。御：控制，驾驭。⑧浮淫之蠹：指文学游说之士。蠹，蛀虫。功实：指农耕者和士兵。⑨文：儒家典籍。⑩武：勇猛。⑪宽：指国家太平。名誉之人：有声誉的人。⑫介胄之士：披甲戴盔的战士。

【译文】
　　韩非，韩国的诸公子。韩非喜好刑名法术的学问，而主旨本源于黄老之学。韩非为人口吃，不善言谈，不过长于著书。他与李斯都是荀卿的学生，李斯认为自己不如韩非。
　　韩非眼见韩国国力日渐衰弱，多次上书劝谏韩王，但韩王不采纳他的建议。于是韩非痛恨韩王治理国家时不能致力于修明法制，不能凭借君王的权势统御臣子，不能富国强兵、任人唯贤，反而提拔重用轻浮淫侈之徒而压制有功之臣。韩非认为儒家用文献经典扰乱国家法度，游侠之士以武力违犯国家法令。国家安定时君王就宠爱虚名之士，遇上急难时就想着那些披甲戴盔的武士。如今国家供养的这些人并不是真正需要的，而真正需要的又不是现在所供养的这些人。他哀叹廉直之士不容于奸邪之徒，考察往昔得失的变化，写下了《孤愤》《五蠹》《内外储》《说林》《说难》等十馀万字的著作。

【原文】
　　然韩非知说之难①，为《说难》书甚具②，终死于秦③，不能自脱④。
　　《说难》曰：
　　凡说之难，非吾知之有以说之难也⑤；又非吾辩之难能明吾意之难也；又非吾敢横失能尽之难也⑥。凡说之难，在知所说之心⑦，可以吾说当之⑧。
　　所说出于为名高者也，而说之以厚利，则见下节而遇卑贱⑨，必弃远矣⑩。所说出于厚利者也，而说之以名高，则见无心而远事情⑪，必不收矣⑫。所说实为厚利而显为名高者也⑬，而说之以名高，则阳收其身而实疏之⑭；若说之以厚利,则阴用其言而显弃其身。此之不可不知也。

夫事以密成⑮,语以泄败。未必其身泄之也⑯,而语及其所匿之事⑰,如是者身危。贵人有过端⑱,而说者明言善议以推其恶者⑲,则身危。周泽未渥也而语极知⑳,说行而有功则德亡㉑,说不行而有败则见疑,如是者身危。夫贵人得计而欲自以为功㉒,说者与知焉㉓,则身危。彼显有所出事㉔,乃自以为也故㉕,说者与知焉,则身危。强之以其所必不为,止之以其所不能已者,身危。故曰:与之论大人,则以为间己㉖;与之论细人㉗,则以为粥权㉘。论其所爱,则以为借资㉙;论其所憎,则以为尝己㉚。径省其辞㉛,则不知而屈之㉜;泛滥博文㉝,则多而久之。顺事陈意,则曰怯懦而不尽;虑事广肆㉞,则曰草野而倨侮㉟。此说之难,不可不知也。

凡说之务㊱,在知饰所说之所敬㊲,而灭其所丑㊳。彼自知其计㊴,则毋以其失穷之㊵;自勇其断,则毋以其敌怒之㊶;自多其力㊷,则毋以其难概之㊸。规异事与同计㊹,誉异人与同行者㊺,则以饰之无伤也㊻。有与同失者,则明饰其无失也。大忠无所拂悟㊼,辞言无所击排㊽,乃后申其辩知焉。此所以亲近不疑,知尽之难也㊾。得旷日弥久㊿,而周泽既渥,深计而不疑,交争而不罪,乃明计利害以致其功�,直指是非以饰其身㊾,以此相持㊾,此说之成也。

伊尹为庖㊾,百里奚为虏㊾,皆所由干其上也。故此二子者,皆圣人也,犹不能无役身而涉世如此其污也㊾,则非能仕之所设也㊾。

宋有富人㊾,天雨墙坏。其子曰"不筑且有盗㊾",其邻人之父亦云,暮而果大亡其财⁶⁰,其家甚知其子而疑邻人之父⁶¹。昔者郑武公欲伐胡⁶²,乃以其子妻之。因问群臣曰:"吾欲用兵,谁可伐者?"关其思曰:"胡可伐。"⁶³乃戮关其思⁶⁴,曰:"胡,兄弟之国也,子言伐之,何也?"胡君闻之,以郑为亲己而不备郑。郑人袭胡,取之⁶⁵。此二说者⁶⁶,其知皆当矣⁶⁷,然而甚者为戮,薄者见疑。非知之难也,处知则难矣。

昔者弥子瑕见爱于卫君⁶⁸。卫国之法,窃驾君车者罪至刖⁶⁹。既而弥子之母病⁷⁰,人闻,往夜告之,弥子矫驾君车而出⁷¹。君闻之而贤之曰⁷²:"孝哉,为母之故而犯刖罪!"与君游果园,弥子食桃而甘,不尽而奉君⁷³。君曰:"爱我哉,忘其口而念我!"及弥子色衰而爱弛⁷⁴,得罪于君。君曰:"是尝矫驾吾车⁷⁵,又尝食我以其馀桃⁷⁶。"故弥子之行未变于初也,前见贤而后获罪者,爱憎之至变也⁷⁷。故有爱于主,则知当而加亲⁷⁸;见憎于主,则罪当而加疏。故谏说之士不可不察爱憎之主而后说之矣⁷⁹。

夫龙之为虫也⁸⁰,可扰狎而骑也⁸¹。然其喉下有逆鳞径尺⁸²,人有婴之⁸³,则必杀人⁸⁴。人主亦有逆鳞,说之者能无婴人主之逆鳞,则几矣⁸⁵。

【注释】

①说:游说。②具:完备。③终:结果。秦:国名。④脱:避免。这里指避免灾祸。⑤知之:知道的事理。说之:说服君主。⑥横失:横佚,横逸,指辩说得纵横驰骋,无所顾忌。⑦所说:指所要游说的君主。⑧当:适应。⑨见:被(看做)。下节:节操卑下。遇:待遇。⑩弃远:疏远、抛弃。⑪无心:没头脑。远事情:脱离实际。⑫收:接受、使用。⑬显:公开。⑭阳:表面上。⑮以:由于。密:保密。

⑯身：本人，指游说者。⑰匿：隐藏。⑱过端：错误的开端。⑲善议：巧妙的议论。推：推论、推断。⑳周：亲密。泽：恩惠。渥：深厚。极：尽。㉑德：功德。㉒得计：独到的计策。㉓与：参与。㉔出事：做事。㉕也故："也"，疑为"他"。他故：别的事情。㉖间：离间。㉗细人：这里指君主身边的亲近小臣。㉘粥权：卖权，盗用权力。"粥"，通"鬻"，卖。㉙借资：凭借。㉚尝已：指试探自己。㉛径：直接。㉜知：通"智"，认为聪明。屈：使受轻侮。㉝泛滥博文：言谈夸饰、辞藻华丽。㉞广肆：周到、不拘束。㉟草野：粗野。倨侮：轻傲。㊱务：要点。㊲饰：美化。㊳灭：掩盖。㊴自知：自以为高明。㊵穷：使难堪。㊶敌：对立面。㊷多：赞赏。㊸概：这里指限制。㊹规：筹划。异事：其他的事。同计：与君主的筹划相同。㊺同行：与君主的行为相同。㊻无伤：没有害处。㊼拂悟：拂逆、违背。㊽击排：打击排斥。㊾知尽：把知道的全说出来。㊿得：等到。�〔51〕明：权衡、分明。致：达到。〔52〕饰：修整、端正。〔53〕持：扶助。〔54〕伊尹：名挚，商汤的大臣。庖：厨师。〔55〕百里奚：原为虞国大夫，晋灭虞，百里奚被俘，后作为陪嫁小臣入秦国，帮助秦缪公成就了霸业。虏：奴隶。〔56〕役身：使身体受劳役。污：卑污。〔57〕能仕之所设：《韩非子·说难》作"能士之所耻"。能仕：有智慧有能力的人。〔58〕宋：国名。〔59〕且：将要。〔60〕亡：丢失。〔61〕知：以为聪明。〔62〕郑武公：姬掘突，公元前770年至公元前744年在位。胡：国名。〔63〕关其思：郑国大臣。〔64〕戮：杀。〔65〕取：攻取。〔66〕二说者：指邻人之父和关其思。〔67〕当：恰当、合适。〔68〕弥子瑕：春秋时卫灵公的宠臣。卫君：卫灵公。〔69〕刖：古代砍掉脚的酷刑。〔70〕既而：不久。〔71〕矫：假称（君命）。〔72〕贤：以为贤。〔73〕不尽：没吃完。〔74〕弛：松，减弱。〔75〕是：这个人。〔76〕食：给吃。〔77〕至：极。〔78〕当：适当。加亲：更加亲密。〔79〕爱憎之主：君主的爱憎。〔80〕虫：古代把龙看做是虫类。〔81〕扰：驯服。狎：玩弄、亲近。〔82〕逆鳞：倒逆而长的鳞甲。径尺：一尺左右。〔83〕婴：触动。〔84〕杀：伤害。〔85〕几：差不多。

【译文】

　　然而韩非知道游说之道的难处，故而所著的《说难》一篇说得十分周详，但是他最终死在秦国，自身还是没能摆脱游说的灾祸。

　　《说难》上说：

　　大凡游说的难处，不在于我不能把自己所认识的事理向对方陈说清楚；也不在于因为我口才不好而不能清晰地表达出我的思想；也不在于我不敢纵横驰骋、无所顾忌地把意见表达出来。大凡游说的难处，在于不能把握游说对象的内心活动，然后以我的言语去适应他。

（如果）游说的对象意在获得好的名声，然而游说者却以丰厚的利益去劝说他，那么他就会被认为是志节卑下而遭受卑贱的待遇，游说的人也必定会被抛弃和疏远。（如果）游说的对象意在追求丰厚的利益，然而游说者却用好的名声去劝说他，那么他就会被看做是没有心机且远离现实，游说的人一定不会被对方接纳。（如果）游说的对象本来是想获得丰厚的利益，但表面上却假装谋取好的名声，游说的人若是以好的名声相劝，那么游说的对象表面上会接纳他但实际上会疏远他；如果游说的人以丰厚的利益去劝说对方，那么游说的对象就会暗地里采纳他的建议表面上却弃用游说的人。以上这些都是游说的人不可不知的。

事情都是由于保密而成功，也都是由于言语泄露而失败。这并不一定是游说的人自身泄露了秘密，而是他在游说时无意间说到了隐匿的事，如果这样的话，游说者就危险了。身份显贵的人有过错，如果游说的人直言不讳地陈述、通过巧妙的议论推断他的过错，那么游说的人就危险了。（如果）游说对象对游说者的恩泽还不够深厚，而游说者却以知心之语相告，若是他的建议得以实行且取得功效，那么对方就很容易忘掉他的功劳；若是游说者的建议不能实行或是遭遇失败，那么他就很容易被划为怀疑，如此一来游说者就有危险了。显贵的人已经有了计谋而且打算把它作为自己的功劳，若是游说者预先知道了，那么游说者就危险了。那显贵之人表面上做一件事，暗地里却做另一件事，若是游说者预先知道了，那么游说者就危险了。勉强显贵的人去做他不愿做的事，阻止他做自己不肯罢休的事，那么游说者就危险了。所以说：与显贵的人谈论他的臣子，他会认为你在挑拨他们的君臣关系；与显贵的人谈论身份卑微的人物，他会认为你在卖弄权势；与显贵的人谈论他喜欢的人，他会觉得你想攀附他的权势；与显贵人谈论他讨厌的人，他会觉得你在试探他。如果你的话语直截了当，他会觉得你没有智慧而将你斥退；如果你话语空泛、辞藻华丽，他会觉得你说得太多而将你长期搁置起来；如果你顺着事实陈述意见，他会觉得你胆怯不敢尽言；如果你智谋远大言语无忌，他会认为你粗野傲慢。以上这些都是游说的难处，是不可不知的。

大凡游说的关键，在于知道如何美化对方所推崇的事物，而掩盖他觉得丑恶的事物。对方认为自己得计，你就不要以他的失算让他难堪；如果对方认为自己勇敢决断，你就不要用他的对立面激怒他；对方认为自己力量强大，你就不要用困难限制他。当你筹划的一件事和对方的考虑相同，称赞另一个人的品行和对方的品行相同时，就要用言语粉饰那件事、那个人，使它们没有害处。如果一个人犯有与对方同样的过失，就要用鲜明的语言粉饰，说他没有过失。等到对方觉得你十分忠诚且对你毫无反感，而你所表达的言辞对他来说也没有抵触了，这时你就可以施展智慧和口才了。这就是游说者能够得到对方的亲近和不疑、得以展现智慧的难处。等到以后时间长久了，对方的恩泽足够深厚了，游说者的深谋远虑也不会被怀疑了，争锋辩论不会被治罪了，游说者便能向对方晓以利害并建功立业了，也可以直指对方的是非来纠正对方的过失了。这样一来，游说的双方真诚相待，游说也就成功了。

伊尹当过厨师，百里奚做过奴隶，他们都是以此获得君王的重用。所以，这两位都是圣贤之人，但是他们尚且不得不役使自身，以卑微的地位来涉世进身，求得君主的信任，那么贤明之士就不以此为耻辱了。

宋国有个富人，遇上下大雨把墙淋坏了。他的儿子说"不修缮就会有盗贼进来"，邻居的父亲也这样说，晚上果然丢失了很多财物，富人全家都认为儿子很聪明却怀疑这件事是邻居的父亲干的。当初郑武公想讨伐胡国，却把自己的女儿嫁给胡国君主为妻。他向群臣询问说："我想对外用兵，可以讨伐哪个国家呢？"大夫关其思说："可以讨伐胡国。"郑武公把关其思杀死，说："胡国，是兄弟之国，而你说要讨伐它，这是为何？"胡君听说了这件事，认为郑国亲近自己就没有对其进行防备。郑国乘机袭击它，攻取了胡国。上面说的这两件事中的邻居之父及关其思，他们的见识都是正确的，但是他们重的被杀戮，轻的遭受怀疑。可见，知晓事理并不困难，如何处理知晓的事理才是困难的。

当初弥子瑕受到卫君的宠爱。卫国的法律规定，偷驾君主车子的人要处以断足之刑。不久弥子瑕的母亲病了，有人听说这个消息，连夜告诉了弥子瑕，弥子瑕便假传君令驾着卫君的车子回家探视母亲。卫君听说此事后认为他很守孝道，说："孝敬啊，为了母亲而甘愿犯受断足之刑！"弥子瑕和卫君在果园游玩，弥子瑕吃到一个桃子而觉得甜，没吃完就把它献给卫君。卫君说："真是爱我啊，宁愿自己不吃却还记挂着我！"等到后来弥子瑕因姿色衰老而受宠程度减退时，卫君治了他的罪。卫君说："此人曾假传命令驾我的车，还把自己吃剩的桃子给我吃。"弥子瑕的行为和最初相比并无改变,之所以当初被认为是贤孝而后来被治罪,其原因就在于君主的爱憎完全改变了。所以,当受到君主宠爱时,君主就会认为他见识正确而更加亲近他;当他被君主厌恶时,君主就觉得他罪有应得而更加疏远他。因此游说之士不可不考察君主的爱憎态度,然后再对其进行劝说。

龙作为一种虫类动物,可以驯养、戏弄和骑坐。然而它的咽喉下面有一尺多长的逆鳞,人若是触动了它,龙就一定会伤害人。君主也有逆鳞,游说者能够不触动君主逆鳞的,那差不多就算善于游说的了。

【原文】

人或传其书至秦。秦王见《孤愤》《五蠹》之书①,曰:"嗟乎,寡人得见此人与之游②,死不恨矣③!"李斯曰:"此韩非之所著书也。"秦因急攻韩。韩王始不用非④,及急,乃遣非使秦。秦王悦之,未信用。李斯、姚贾害之⑤,毁之曰:"韩非,韩之诸公子也。今王欲并诸侯,非终为韩不为秦,此人之情也。今王不用,久留而归之,此自遗患也,不如以过法诛之⑥。"秦王以为然,下吏治非⑦。李斯使人遗非药⑧,使自杀。韩非欲自陈,不得见。秦王后悔之,使人赦之,非已死矣。

申子、韩子皆著书,传于后世,学者多有。馀独悲韩子为《说难》而不能自脱耳。

【注释】

①秦王:指秦王嬴政,统一六国后称始皇帝。②寡人:寡德之人,古代帝王的谦称。③恨:遗憾。④韩王:指韩安。⑤姚贾:秦国上卿。⑥过:过错。法:依照法律。诛:杀。⑦下吏:下交给狱吏。⑧遗:送给。

【译文】

有人把韩非的书传到秦国。秦王见到《孤愤》《五蠹》,说道:"唉!我要是能见到书的作者并能与他交往,那真是死而无憾了!"

李斯说:"这些书都是韩非著的。"秦国于是马上攻打韩国。韩王最初没有任用韩非,等到情况危急之时,才派韩非出使秦国。秦王十分高兴,但并没有完全信任他。李斯、姚贾(趁机)陷害韩非,在秦王面前诋毁韩非道:"韩非,他是韩国的诸公子。现在大王您将要吞并诸侯,韩非终究会帮助韩国而不会帮助秦国,这是人之常情。现在大王不起用他,长久地留住他然后再让他回去,这是自己给自己留下祸患啊,不如给他加个罪名把他杀掉。"秦王觉得有理,下令治了韩非的罪。李斯派人送给韩非毒药,让他自杀。韩非想在秦王面前陈述自己的意见,但无法见到秦王。秦王后来感到后悔,派人去赦免他,但韩非已经死了。

申不害、韩非都有著作,也都流传于后世,学者多数都有他们写的书。我唯独悲叹韩非写了《说难》而他自己却未能摆脱游说的灾祸。

【原文】

太史公曰:老子所贵道,虚无,因应变化于无为①,故著书辞称微妙难识。庄子散道德②,放论③,要亦归之自然④。申子卑卑⑤,施之于名实⑥。韩子引绳墨⑦,切事情⑧,明是非,其极惨礉少恩⑨。皆原于道德之意,而老子深远矣。

【注释】

①因应:随着变化。②散:推演。③放论:不拘束的言论。④要:要旨。自然:自然无为。⑤卑卑:自我勉励之意。⑥施:用。⑦引:依据。绳墨:木工用来打直线的工具,比喻规矩、法度。⑧切:决断。⑨惨礉少恩:残酷苛刻,缺少恩惠。

【译文】

太史公说:老子所推崇的是道,虚无缥缈,顺应自然之变化以归于无为,所以他所著的书言辞名称微妙难懂。庄子推演道德,放言高论,其学说之根本也是归于自然。申不害自强不息,实施刑名之学。韩非以法令为准绳,决断事情,辨明是非,他的主张发展到极端便是严酷苛刻、寡恩少德。这些人的思想都来源于道德之意,不过老子的学说更加深远一些。

伍子胥列传

【导读】

　　伍子胥，名员，字子胥，楚国太傅伍奢次子。楚平王七年，伍奢被杀。伍子胥经宋、郑等国入吴。后助吴公子光刺杀吴王僚，夺取王位，是为吴王阖庐。在伍子胥的帮助下，阖庐整军经武，吴国国势日昌。不久吴军破楚，伍子胥掘楚平王墓鞭尸三百，得报杀父兄之仇。因功被封于申，所以又称申胥。吴王夫差时，因劝王拒绝越国求和，逐渐被疏远。最后，吴王听信太宰伯嚭的谗言，赐属镂剑命伍子胥自杀。

蒙　难

【原文】

　　伍子胥者，楚人也，名员①。员父曰伍奢。员兄曰伍尚。其先曰伍举，以直谏事楚庄王，有显，故其后世有名于楚。

　　楚平王有太子名曰建②，使伍奢为太傅③，费无忌为少傅。无忌不忠于太子建。平王使无忌为太子取妇于秦，秦女好，无忌驰归报平王曰："秦女绝美，王可自取，而更为太子取妇④。"平王遂自取秦女而绝爱幸之，生子轸。更为太子取妇。

　　无忌既以秦女自媚于平王，因去太子而事平王。恐一旦平王卒而太子立，杀己，乃因谗太子建。建母，蔡女也⑤，无宠于平王。平王稍益疏建，使建守城父⑥，备边兵。

　　顷之，无忌又日夜言太子短于王曰："太子以秦女之故，不能无怨望⑦，愿王少自备也。自太子居城父，将兵，外交诸侯，且欲入为乱矣⑧。"平王乃召其太傅伍奢考问之。伍奢知无忌谗太子于平王，因曰："王独奈何以谗贼小臣疏骨肉之亲乎⑨？"无忌曰："王今不制，其事成矣。王且见禽⑩。"于是平王怒，囚伍奢，而使城父司马奋扬往杀太子⑪。行未至，奋扬使人先告太子："太子急去，不然将诛。"太子建亡奔宋。

【注释】

① 员：读 yún。② 楚平王：熊氏，名弃疾，庄王以后第五个楚王，公元前528年至公元前516年在位。③ 太傅：也叫太子太傅，辅导太子的官。下句的"少傅"，也是辅导太子的官，地位次于太傅。④ 更：另外。⑤ 蔡女：据《左传》记载，楚平王驻防蔡国时，私通鄀（jú）阳地方长官的女儿，生了太子建。⑥ 城父：当时楚国的边防城镇，在今河南保丰东。⑦ 望：怨恨，失望。⑧ 入：指从外地进入都城。⑨ 独：乃；却；难道，竟然。谗贼：说坏话害人的人。⑩ 禽：通"擒"。⑪ 司马：军事长官。

【译文】

　　伍子胥是楚国人，名叫员。他的父亲叫伍奢。哥哥叫伍尚。他的祖先叫伍举，侍奉楚庄王，因为直言劝谏，很有声望，所以他的后代在楚国很有名气。

　　楚平王有个太子名叫建，平王派伍奢做太子太傅，费无忌做太子少傅。费无忌对太子建不忠心。平王给太子建在秦国订了亲事，派费无忌到秦国去迎娶。这个秦国姑娘很漂亮，费无忌急忙跑回来报告平王说："这个秦国姑娘非常美，大王可以自己娶了她，另外给太子娶个媳妇。"平王就自己娶了这个秦国姑娘，而且非常宠爱她，后来生了个儿子名叫轸。（平王）另外给太子娶了媳妇。

　　费无忌用这个秦国女子讨好了平王，因此离开太子去侍奉平王。他担心有朝一日平王死了，太子继位，会杀自己，于是在平王面前说太子建的坏话。太子建的母亲是蔡国女子，已不得平王宠爱。因此，平王渐渐疏远太子建，派建去驻守城父，负责边防。

　　不久，费无忌又日夜不停地在平王面前讲太子建的坏话，他说：

"太子因为那个秦国姑娘的缘故,不可能没有埋怨和失望的情绪,希望大王有所防备。自从太子驻守城父以来,统领兵马,对外和各国诸侯交往,将要进入京城来作乱了。"平王就把太子太傅伍奢召来审问。伍奢知道费无忌在平王面前说了太子的坏话,趁势说:"大王为什么听信专进谗言的坏人,疏远了父子骨肉关系呢?"费无忌说:"如果大王现在不制止,他的阴谋就要得逞了,大王将会被擒拿!"于是平王发怒,把伍奢关进监牢,同时派城父司马奋扬去杀太子。奋扬还没到达,便派人先告知太子:"太子赶快离开,要不然,将会被杀死。"太子建逃到宋国去了。

【原文】

无忌言于平王曰:"伍奢有二子,皆贤,不诛,且为楚忧。可以其父质而召之①,不然,且为楚患。"王使使谓伍奢曰:"能致汝二子,则生;不能,则死。"伍奢曰:"尚为人仁,呼必来。员为人刚戾忍询②,能成大事,彼见来之并禽,其势必不来。"王不听,使人召二子曰:"来,吾生汝父③;不来,今杀奢也。"伍尚欲往,员曰:"楚之召我兄弟,非欲以生我父也,恐有脱者后生患,故以父为质,诈召二子。二子到,则父子俱死。何益父之死?往而令雠不得报耳。不如奔他国,借力以雪父之耻,俱灭,无为也④。"伍尚曰:"我知往终不能全父命。然恨父召我以求生而不往⑤,后不能雪耻,终为天下笑耳。"谓员:"可去矣!汝能报杀父之仇,我将归死⑥。"尚既就执⑦,使者捕伍胥⑧。伍胥贯弓执矢向使者⑨,使者不敢进,伍胥遂亡。闻太子建之在宋,往从之。奢闻子胥之亡也,曰:"楚国君臣且苦兵矣。"伍尚至楚,楚并杀奢与尚也。

【注释】

①质:抵押。这是指扣留人身作为抵押品。②刚戾(lì):刚强猛

烈，难以制服。忍诟(gòu)：忍受耻辱。诟，通"诟"，耻辱。③生：使……生。④无为：没有用处，没有意义。⑤恨：以此为恨事。⑥归死：自首就死。⑦就执：接受逮捕。⑧伍胥：伍子胥的省称。⑨贯(wān)弓：把弓拉满。

【译文】

　　费无忌对平王说："伍奢有两个儿子，都有本领，不杀掉将成为楚国的祸害。可以用他们的父亲做人质，把他们召来。不这样，将成为楚国的后患。"平王派人对伍奢说："能够招来你的两个儿子，就能活命；要是不能，就要处死你。"伍奢说："伍尚为人仁慈，我叫他，一定来。伍员为人桀骜不驯，忍辱负重，能干大事，他知道来了一并被捉，势必不来。"平王不听，派人去召伍奢的两个儿子，说："你们来了，我饶你们父亲不死；不来，现在就杀死伍奢。"伍尚打算前往，伍员说："楚王叫我们兄弟去，并不是想保全我们父亲的生命，而是担心有逃脱的会留下后患，所以拿父亲作为人质，用欺骗的办法来叫我们。两个儿子一到，就会父子一同处死。对于父亲的死，有什么好处？去了，大仇就报不成了！不如逃奔他国，借别国之兵来洗雪父亲的耻辱，一道被处死，没有意义。"伍尚说："我知道去了终究不能保全父亲的性命。但是，父亲为了保全性命叫我去，我不去，这是一件恨事啊！以后又不能报仇雪恨，终究为天下人所耻笑。"他对伍员说："你走吧！你能够报杀父之仇，我将去投身就死。"伍尚已经接受拘捕，使者又要逮捕伍子胥。伍子胥拉满弓，搭上箭，对着使者。使者不敢上前，伍子胥就逃跑了。伍子胥听说太子建在宋国，就前去跟随他。伍奢听说伍子胥逃跑了，说："楚国君臣将要为战争所苦恼了。"伍尚来到楚国京城，楚王把伍奢和伍尚一起杀死了。

【原文】

　　伍胥既至宋，宋有华氏之乱①，乃与太子建俱奔于郑。郑人甚善之②。太子建又适晋，晋顷公曰③："太子既善郑，郑信太子。太子能为我内应，而我攻其外，灭郑必矣。灭郑而封太子。"太子乃还郑。事未会④，会自私欲杀其从者⑤，从者知其谋，乃告之于郑。郑定公与子产诛杀太子建⑥。建有子名胜。伍胥惧,乃与胜俱奔吴。到昭关⑦,昭关欲执之。伍胥遂与胜独身步走,几不得脱。追者在后。至江,江上有一渔父乘船⑧,知伍胥之急,乃渡伍胥。伍胥既渡,解其剑曰:"此剑直百金⑨,以与父。"父曰:"楚国之法⑩,得伍胥者赐粟五万石⑪,爵执珪⑫,岂徒百金剑邪⑬!"不受。伍胥未至吴而疾,止中道,乞食。至于吴,吴王僚方用事⑭,公子光为将⑮。伍胥乃因公子光以求见吴王。

久之,楚平王以其边邑锺离与吴边邑卑梁氏俱蚕⑯,两女子争桑相攻,乃大怒,至于两国举兵相伐。吴使公子光伐楚,拔其锺离、居巢而归⑰。伍子胥说吴王僚曰:"楚可破也。愿复遣公子光。"公子光谓吴王曰:"彼伍胥父兄为戮于楚⑱,而劝王伐楚者,欲以自报其雠耳。伐楚未可破也。"伍胥知公子光有内志⑲,欲杀王而自立,未可说以外事,乃进专诸于公子光⑳,退而与太子建之子胜耕于野。

【注释】

① 华氏之乱:指宋国大夫华亥、向宁、华定发动的政变。② 甚善之:对他十分友好。③ 晋顷公:晋国国君,姓姬名去疾,公元前525年至公元前512年在位。④ 事未会:事情还没有准备妥当。会,完备。⑤ 会:正当其时。自私:私事。⑥ 郑定公:郑国国君,姓姬名宁,公元前529年至公元前514年在位。子产:郑国执政大臣公孙侨的号,春秋时期的大政治家。⑦ 昭关:楚国的关隘名,故址在今安徽含山西北的小岘山上,是当时吴、楚的交通要道。下句的"昭关"指把守昭关的官兵。⑧ 渔父(fǔ):渔翁。父,对老年人的尊称。⑨ 直:同"值"。⑩ 法:法令。这里指悬赏捉拿的赏格。⑪ 石:容量单位,古制十斗为一石。⑫ 爵执珪(guī):封给执珪的官爵。爵,指给予官阶、爵位。珪,是上尖下方的玉,周天子把它赐给各国诸侯,是代表王命的权力象征。后来楚国把"执珪"定为爵位名称,地位相当于小国国君。⑬ 邪:通"耶"。⑭ 吴王僚:姓姬,公元前526年至公元前515

年在位。用事：掌握政权。⑮ 公子光：吴王僚的堂兄弟。⑯ 钟离：县名，在今安徽凤阳东北。卑梁氏：古吴边邑名，在今安徽天长西北。蚕：养蚕，用作动词。⑰ 居巢：古邑名，在今安徽省巢湖市，后来地陷为巢湖。一说在今安徽寿县东南。⑱ 为戮：被杀。⑲ 有内志：有对内的企图，指公子光企图从王姬僚手中夺取吴国的统治权。⑳ 进：推荐。

【译文】

　　伍子胥到了宋国，宋国正好有姓华的大臣发动政变，他就和太子建一同转向投奔郑国。郑国君臣对他很友好。太子建又前往晋国，晋顷公说："太子跟郑国君臣友好，郑国又信任太子。如果太子能够做我的内应，我从它的外面攻打，灭掉郑国是必定的了。灭掉郑国，就封给太子。"太子于是返回郑国。事情还没有准备妥当，恰巧太子建遇着一件个人私事，打算杀死一个跟随他的人。这个人知道他的计划，就去向郑国告密。郑定公和子产把太子建杀了。太子建有个儿子名叫胜。伍子胥害怕了，就和胜一道向吴国逃去。到了昭关，昭关的官兵要捉拿他。伍子胥就跟胜徒步逃跑，几乎不能逃脱。追赶的人在后面紧跟不放。来到江边，江上有个渔翁划着船，看到伍子胥情况危急，就渡伍子胥过江。伍子胥过江后，解下他身上的宝剑说："这宝剑价值百金，把它送给您老人家吧！"渔翁说："按照楚国公布的赏格，捉得伍子胥的，赏五万石小米，封给执珪的官爵，难道只是值百金的宝剑吗？"于是不肯接受。伍子胥还没有到吴国京城，就得了病，只得在半路上停下来，讨饭生活。来到吴国京城，吴王姬僚正掌权，公子姬光做将军。伍子胥就通过公子光的关系求见了吴王僚。

　　过了一段时间，楚国的边城钟离同吴国的边城卑梁氏都养蚕，两地的女子因为争夺桑叶而互相打了起来，楚平王就大发雷霆，以致两国起兵互相攻伐。吴国派公子光攻打楚国，占领了楚国的钟离、居巢，胜利回来了。伍子胥劝吴王僚说："楚国是可以彻底灭掉的，希望再派公子光去。"公子光对吴王说："那伍子胥的父兄被楚国杀了，他劝大王攻打楚国，不过是想报他自己的私仇罢了。攻打楚国，是不可能灭亡它的。"伍子胥知道公子光对内有野心，想杀吴王僚自己做吴王，因此不能用对外的行动来劝说他，于是向公子光推荐专诸，自己引退，同太子建的儿子胜到乡下种田去了。

复 仇

【原文】

　　五年而楚平王卒①。初，平王所夺太子建秦女生子轸，及平王卒，轸竟立为后②，是为昭王③。吴王僚因楚丧，使二公子将兵往袭楚④。楚发兵绝吴兵之后，不得归。吴国内空⑤，而公子光乃令专诸袭刺吴王僚而自立⑥，是为吴王阖庐⑦。阖庐既立，得志，乃召伍员以为行人⑧，而与谋国事。

　　楚诛其大臣郤宛、伯州犁⑨。伯州犁之孙伯嚭亡奔吴⑩，吴亦以嚭为大夫⑪。前王僚所遣二公子将兵伐楚者，道绝不得归。后闻阖庐弑王僚自立⑫，遂以其兵降楚，楚封之于舒⑬。阖庐立三年，乃兴师与伍胥、伯嚭伐楚，拔舒，遂禽故吴反二将军。因欲至郢⑭，将军孙武曰："民劳，未可，且待之。"乃归。

　　四年，吴伐楚，取六与灊⑮。五年，伐越，败之。六年，楚昭王使公子囊瓦将兵伐吴⑯。吴使伍员迎击，大破楚军于豫章⑰，取楚之居巢⑱。

　　九年，吴王阖庐谓子胥、孙武曰："始，子言郢未可入，今果何如？"二子对曰："楚将囊瓦贪，而唐、蔡皆怨之⑲。王必欲大伐之，必先得唐、蔡乃可⑳。"阖庐听之，悉兴师与唐、蔡伐楚，与楚夹汉水而阵。吴王之弟夫概将兵请从，王不听，遂以其属五千人击楚将子常㉑。子常败走，奔郑。于是吴乘胜而前，五战，遂至郢。己卯㉒，楚昭王出奔。庚辰，吴王入郢。

【注释】

① 五年：指五年以后，这时是吴王僚在位的第十二年。② 立为后：继

位为王。后,继承者。③昭王:楚昭王熊轸,公元前515年至公元前489年在位。④二公子:指吴王僚的同母弟掩馀、烛庸。⑤内空:军队在外,内部空虚。⑥"公子光乃令专诸"句:吴王僚十二年(前515),公子光设宴请吴王僚,专诸藏匕首于鱼腹中进献,当场刺杀吴王僚,自己也被杀。吴王僚被刺杀后,公子光自立为王。⑦阖(hé)庐:公元前514年至公元前496年在位。⑧行人:官名,掌管朝觐和外交等事务。⑨郤(xì):姓。⑩嚭:读pǐ。⑪大夫:古代国君之下设卿、大夫、士三级,大夫是高级官吏。⑫弑(shì):古代称臣杀君、子杀父母为"弑",含有叛逆行为的意思。⑬舒:地名,在今安徽庐江西南。⑭郢(yǐng):楚国国都,在今湖北江陵东北。⑮六:地名,即今安徽六安。灊(qián):地名,在今安徽霍山东北。⑯公子囊瓦:楚公子贞,字子囊;他的孙名瓦,字子常。古人常以祖父的字为氏,所以瓦叫囊瓦。"公子"当为"公孙"。⑰豫章:古地区名,在长江以北淮水以南。⑱取楚之居巢:吴楚相争,此来彼往,居巢前被吴占,后又被楚占,这时再被吴占。⑲"楚将囊瓦贪"二句:唐、蔡是和楚国接界的两个小国。囊瓦曾借故将唐、蔡两国国君扣留,索取贿赂,所以唐、蔡都怨恨他。⑳得:取得一致,结成同盟。㉑子常:即囊瓦。㉒己卯:古代历法,用天干地支记年月日,这是十一月的己卯日。下文的"庚辰",就是己卯日的第二天。

【译文】

　　过了五年,楚平王死了。起初平王从太子建那里夺来的秦国女子,生的儿子名叫轸,等到平王死了,轸竟然继位为王,这就是昭王。吴王僚趁楚国有丧事,派自己的两个弟弟带兵去袭击楚国。楚国出兵切断吴兵的后路,吴兵不能退回去。吴国内部空虚,公子光就叫专诸把吴王僚给杀了,自立为王,这就是吴王阖庐。阖庐做了吴王,愿望实现了,就把伍员召来,任命他做行人,国家大事都同他商量。

　　楚国杀了它的大臣郤宛、伯州犁,伯州犁的孙子伯嚭逃奔吴国,吴国也任命伯嚭做了大夫。之前吴王僚派遣带兵进攻楚国的两个公子,后路被切断不能回来,后来听说阖庐杀了吴王僚自立为王,就带着军队投降了楚国,楚国把他们封在舒地。阖庐为王三年,就出兵和伍子胥、伯嚭去攻打楚国,占领了舒地,把原来吴国的两个公子捉住了。阖庐想趁势进军郢都,将军孙武说:"百姓疲惫,不行,暂且等一等吧。"就收兵回国了。

阖庐为王四年，吴国攻打楚国，占领了六地和灊地。阖庐为王五年，进攻越国，打败了它。阖庐为王六年，楚昭王派公子囊瓦带兵攻打吴国。吴国派伍员迎战，在豫章大败楚军，再一次占领了楚国的居巢。

阖庐为王九年，吴王阖庐对伍子胥和孙武说："当初，你们说郢城攻不进，现在怎么样？"两个人回答说："楚国将领囊瓦贪财，唐国和蔡国都恨他。大王一定要大举进攻楚国的话，必须首先取得唐国和蔡国的支持才行。"阖庐听从他们的意见，发动吴国的全部军队，和唐国、蔡国一道进攻楚国，在汉水两岸，吴军和楚军摆开阵势。吴王的弟弟夫概带领部队，请求跟随出征，阖庐没有应允。夫概就用他的部属五千人攻击楚将子常。子常败逃，逃奔郑国。于是吴军乘胜前进，经过五次战役，就打到了楚国的国都郢城。己卯日，楚昭王出逃。庚辰日，吴王进入郢城。

【原文】

昭王出亡，入云梦①；盗击王，王走郧②。郧公弟怀曰③："平王杀我父，我杀其子，不亦可乎！"郧公恐其弟杀王，与王奔随④。吴兵围随，谓随人曰："周之子孙在汉川者，楚尽灭之⑤。"随人欲杀王，王子綦匿王⑥，己自为王以当之。随人卜与王于吴，不吉，乃谢吴不与王。

始，伍员与申包胥为交⑦，员之亡也，谓包胥曰："我必覆楚。"包胥曰："我必存之。"及吴兵入郢，伍子胥求昭王。既不得，乃掘楚平王墓，出其尸，鞭之三百⑧，然后已。申包胥亡于山中，使人谓子胥曰："子之报雠，其以甚乎⑨！吾闻之：'人众者胜天，天定亦能破人。'今子故平王之臣，亲北面而事之⑩，今至于僇死人⑪，此岂其无天道之极乎！"伍子胥曰："为我谢申包胥曰：吾日莫途远⑫，吾故倒行而逆施之。"于是申包胥走秦告急，求救于秦。秦不许。包胥立于秦廷，昼夜哭，七日七夜不绝其声。秦哀公怜之⑬，曰："楚虽无道，有臣若是，可无存乎！"乃遣车五百乘救楚击吴。

六月⑭,败吴兵于稷⑮。会吴王久留楚求昭王,而阖庐弟夫概乃亡归,自立为王。阖庐闻之,乃释楚而归,击其弟夫概。夫概败走,遂奔楚。楚昭王见吴有内乱,乃复入郢。封夫概于堂谿⑯,为堂谿氏。楚复与吴战,败吴,吴王乃归。

后二岁,阖庐使太子夫差将兵伐楚,取番⑰。楚惧吴复大来,乃去郢,徙于鄀⑱。当是时,吴以伍子胥、孙武之谋,西破强楚,北威齐、晋,南服越人。

【注释】

①云梦:楚王的游猎区,多系沼泽地,今为湖北云梦一带。②郧(yún):原为小国,后为楚所灭,即今湖北安陆。③郧公:楚王所封的公爵,名斗辛,为郧地最高长官。④随:古国名。西周初分封的诸侯国,姬姓,在今湖北省随县。春秋后期成为楚的附庸。⑤"周之子孙"两句:指周朝封在汉水附近的一些和周天子同姓(姬姓)的国家,都被楚国灭掉。吴和随都是姬姓国家。⑥王子綦(qí):楚昭王的哥哥公子结。⑦申包胥:楚君蚡冒的后代,姓公孙,因封在申地(在今河南南阳北),所以叫申包胥。交:朋友。⑧"掘楚平王墓"三句:对于这件事,《年表》《楚世家》及《季布传》都说是"鞭墓",而《吴世家》《伍子胥传》却说是"鞭尸"。⑨以:通"已"。⑩北面:古代君王坐北朝南,叫"南面而王",臣子"北面而朝",所以"北面"指为臣。⑪僇(lù):侮辱。⑫莫:通"暮"。⑬秦哀公:秦国国君,公元前536年至公元前501年在位。⑭六月:指阖庐为王十年的六月。⑮稷:地名,在今河南桐柏境内。⑯堂谿:地名,在今河南西平西。⑰番(pó):今江西鄱阳。⑱鄀(ruò):地名,又名鄢或鄢郢,在今湖北宜城东南。

【译文】

楚昭王出逃,躲进云梦的沼泽地带;强盗袭击昭王,昭王逃到郧地。郧公的弟弟斗怀说:"平王杀了我们的父亲,我们杀他的儿子,不也是可以的吗?"郧公怕弟弟杀死昭王,跟昭王投奔随地。吴兵包围随地,对随地人说:"在汉川一带的周王子孙,楚国全部消灭了他们。"随地的人想杀掉昭王。王子綦把昭王藏起来,说自己就是昭王,来搪塞他们。随地人占卜认为把楚王送给吴国，不吉利，于是婉言谢绝了吴国没有把昭王送给它们。

早先，伍员和申包胥是知心朋友。伍员从楚国逃亡的时候，对申包胥说："我一定颠覆楚国！"申包胥说："我一定要把楚国保存下来！"等到吴兵攻入楚国国都郢城时，伍子胥搜寻昭王，没有得到，就挖开楚平王的坟墓，拖出尸体，鞭打了三百下，方才住手。申包胥逃避在山里，派人对伍子胥说："您这样报仇，未免太过分了吧！我听说：'人多可以胜过天，天的意志也能够毁坏人。'您原来是平王的臣子，亲自称臣侍奉过他，如今到了侮辱死人的地步，这难道不是不讲天理到了极点吗？"伍子胥说："替我向申包胥表示歉意：'我的处境好像太阳快落了而道路还很遥远，所以，我只能倒行逆施（不能按常规办事了）。'"于是申包胥跑到秦国报告危急情况，向秦国求救。秦国不答应。申包胥站在秦国朝廷上，日夜痛哭，七天七夜没有停止。秦哀公怜悯他，说："楚王虽然无道，但有这样的臣子，怎能不帮他保全楚国呢？"就派遣五百辆兵车，援救楚国，迎战吴国。六月间，在稷地打败了吴兵。恰逢吴王长时间停留在楚国搜寻昭王，而吴王阖庐的弟弟夫概竟暗自逃回国内，自立为王。阖庐听到这个消息，就不得不把楚国的事放在一边，回兵攻打他的弟弟夫概。夫概败逃，便投奔楚国。楚昭王看到吴国有内乱，就重回郢城。楚王把堂谿封给夫概，称为堂谿氏。楚国再跟吴国作战，打败吴国，吴王就回国了。

两年以后，阖庐派太子夫差领兵攻打楚国，占领了番地。楚国害怕吴国再派大军前来，就离开郢城，把国都迁到鄀邑。就在这个时期，吴国由于伍子胥、孙武的谋划，向西攻破了强大的楚国，向北威慑齐国和晋国，而在南边镇服了越国。

仲尼弟子列传

【导读】

　　孔子首创私人讲学的风气，所授门徒有三千多人，其中留有贤名的七十二人。本传记述孔子门徒事迹时，仍然保留了孔子与弟子的问答形式。本篇节录的部分，重点介绍了孔子的几位弟子：颜渊、子路、子贡。

　　颜渊是孔子学生之中"德行"的代表。颜渊问孔子怎样才能成为仁德之人，孔子给他开的良方是"克己复礼"。颜渊短暂的一生就是在不断实践这四个字，所以他"陋巷箪瓢亦乐哉"，从中可见颜渊以苦为乐的品质。

　　子路原来是个粗鲁无礼的人，后来在孔子的调教下，变得崇尚礼节。子路听说蒉聩与孔悝作乱，于是"闻之而驰往"。为了平息暴乱，子路最终结缨而死，这充分体现了子路"食其食者，不避其难"的性格。

　　司马迁描写子贡时用了很多笔墨。齐国田常作乱，打算进犯鲁国。子贡游说田常，说明利害关系，道理奇特而切中要害。继而往返于吴越之间，各陈利害。最后又到了晋国，说服晋侯对抗吴国。结果，子贡游说诸侯，不但保全了鲁国，还使齐国陷入内乱，越国获得霸主地位，这充分体现了子贡敏锐的思维和出色的口才。后人读到此段时，常说子贡"迹近战国策士之风"，这体现了子贡游说的价值。子贡的说辞，汪洋恣肆，纵横捭阖，有如大江东去不可挡。

孔门弟子综述

【原文】

　　孔子曰"受业身通者七十有七人"，皆异能之士也[①]。德行[②]：颜渊，闵子骞，冉伯牛，仲弓。政事[③]：冉有，季路。言语④：宰我，子贡。文学⑤：子游，子夏。师也辟⑥，参也鲁⑦，柴也愚⑧，由也喭⑨，回也屡空⑩。赐不受命而货殖焉⑪，亿则屡中⑫。

【注释】

①异能：才能出众。②德行：道德行为。按：自"德行"至"子夏"，是孔子对这十个弟子的评价。德行、政事、言语、文学都是对这十人特长所做的分类归纳。③政事：行政事务。④言语：言辞口才。⑤文学：指文献典籍。⑥师：即颛孙师。辟（pì）：通"僻"，偏僻，偏激。⑦参：曾参。鲁：迟钝。⑧柴：高柴。愚：愚笨。⑨由：仲由，即季路。喭：粗鲁。⑩回：颜回，即颜渊。屡：经常。空：贫穷，匮乏。⑪赐：端木赐，即子贡。命：天命。货殖：居积货物，经营增值。⑫亿：通"臆"，预料，揣度。中：猜中，算中。

【译文】

孔子说弟子"接受学业身通六艺的有七十七人"，都是具有特殊才能的士人。德行优秀的：颜渊，闵子骞，冉伯牛，仲弓。善于处理政事的：冉有，季路。口才好的：宰我，子贡。熟悉文献典籍的：子游，子夏。颛孙师偏激，曾参迟钝，高柴愚钝，仲由粗鲁，颜回屡屡贫穷，端木赐不接受天命的安排而经商，揣测行情，居然常常能够猜中。

德　行

【原文】

颜回者①，鲁人也，字子渊。少孔子三十岁。

颜渊问仁，孔子曰："克己复礼②，天下归仁焉③。"

孔子曰："贤哉，回也！一箪食④，一瓢饮⑤，在陋巷⑥，人不堪其忧，回也不改其乐。""回也如愚⑦；退而省其私⑧，亦足以发⑨，回也不愚。""用之则行，舍之则藏⑩，唯我与尔有是夫⑪！"

回年二十九,发尽白,蚤死⑫。孔子哭之恸⑬,曰:"自吾有回,门人益亲⑭。"鲁哀公问⑮:"弟子孰为好学⑯?"孔子对曰:"有颜回者好学,不迁怒⑰,不贰过⑱。不幸短命死矣,今也则亡⑲。"

【注释】

① 颜回:孔子最得意的弟子,后被尊为"亚圣""复圣"。② 克:克制,约束。复:归复,归依。礼:指周代以宗法制度为核心的道德规范。克己复礼:按《左传》昭公十二年云:"仲尼曰:'古也有志:克己复礼,仁也。……'"可见"克己复礼"是"仁"的一项内容。③ 归:与,称许。④ 箪:古代一种竹制的盛饭容器。⑤ 瓢:剖开葫芦制作而成的舀水器或盛酒器。饮:饮料,汤水。⑥ 陋:狭小,狭窄。⑦ 回也如愚:《论语·为政》云:"子曰:'吾与回言终日,不违,如愚。……'"⑧ 省:省察,考察。⑨ 发:发明,发挥。⑩ 舍:舍弃,此指不用。⑪ 是:这,此。指称上面所说"用之则行,舍之则藏"。⑫ 蚤:通"早"。⑬ 恸:形容极其悲痛、悲痛之极。⑭ 门人:门徒,弟子。益:更,更加。⑮ 鲁哀公:名蒋,鲁定公之子,公元前494年至公元前469年在位。⑯ 孰:谁,哪个。⑰ 迁:迁徙,转移。⑱ 贰:再,重复。过:过失,过错。⑲ 亡:通"无"。

【译文】

颜回,鲁国人,字子渊。比孔子小三十岁。

颜渊向孔子询问什么是仁。孔子说:"克制自己,使自己的言行归依礼制,天下的人就会称赞你是具有仁德的人。"

孔子说:"贤德啊,颜回!一竹筐饭,一瓜瓢水,住在简陋狭小的巷子里,旁人不能忍受这种痛苦,颜回却不改变他原有的快乐!""颜回默不作声,像个愚人;退下去观察他私下里研读,也足以发挥,颜回不是真的愚钝。""重用我就去做,舍弃我就隐藏起来,只有我和颜回是这样的啊!"

颜回二十九岁时,头发全白了,早死。孔子哭得很伤心,说:"自从我有了颜回,门下的学生更加亲近我。"鲁哀公问道:"您的弟子中谁最好学?"孔子回答说:"颜回最喜欢学习,他从不向别人发泄怒气,不重复犯同样的错误。很不幸寿命短死掉了,现在没有他那样的人了!"

【原文】

闵损,字子骞。少孔子十五岁。

孔子曰："孝哉，闵子骞！人不间于其父母昆弟之言①。"不仕大夫，不食污君之禄②。"如有复我者③，必在汶上矣④。"

冉耕⑤，字伯牛。孔子以为有德行。

伯牛有恶疾⑥，孔子往问之，自牖执其手⑦，曰："命也夫！斯人也而有斯疾⑧，命也夫⑨！"

【注释】

①间：非间，非议。昆弟：兄弟。②污君：污秽的君主。禄：俸禄，古代多以粮食作为俸禄。③复：指再次征召。④汶：水名，即今大汶河。源自山东莱芜北，向西南流至梁山东南汇入济水。汶上：即汶阳，汶水之北。汶阳之地原为鲁地，后被齐国夺占。⑤冉耕：姓冉，名耕，鲁国人。⑥恶疾：痛苦难治的疾病。⑦牖（yǒu）：窗户。执：持，握。⑧斯：这，这样的。⑨"命也夫"三句：出自《论语·雍也》。

【译文】

闵损，字子骞。比孔子小十五岁。

孔子说："孝顺啊，闵子骞！人们对他父母和兄弟称赞他的话没有任何不同看法。"不出仕做大夫，不食昏庸之君的俸禄。闵子骞说："如果有人再来征召我，我就逃到汶水的北面！"

冉耕，字伯牛。孔子认为他很有德行。

伯牛患有难以治愈的病，孔子前去慰问他，从窗户里伸手进去握住他的手，说："这是命啊！这样（有德行）的人竟然得了这种病，这就是命啊！"

【原文】

冉雍①，字仲弓。

仲弓问政②，孔子曰："出门如见大宾③，使民如承大祭④。在邦无怨⑤，在家无怨⑥。"

孔子以仲弓为有德行，曰："雍也可使南面⑦。"

仲弓父，贱人⑧。孔子曰："犁牛之子骍且角⑨，虽欲勿用⑩，山川其舍诸⑪？"

【注释】

①冉雍：姓冉，名雍，鲁国人，比孔子小二十九岁，生于公元前522年。②问政：询问政事。③大宾：重要宾客，贵宾。④使：役使，使用。承：承受，担当。⑤在邦：指在诸侯国中任职。⑥在家：指在卿大夫家中任职。⑦南面：面南，面向南。坐北朝南，为古人尊位，因此"南面"常用以指称天子、诸侯、卿大夫等各级尊长。⑧贱：地位卑贱。⑨犁牛：耕牛，或者指毛色不纯的牛。骍：毛色纯赤。角：指牛角长得周正。⑩虽：纵然，即使。用：使用，此处指用作祭祀的供品。⑪山川：此指山川神灵。其：通"岂"，难道。诸：之乎。

【译文】

冉雍，字仲弓。

仲弓向孔子询问治国之道，孔子说："出门做事就像是去迎接贵客，差遣百姓好像是承担大的祭祀。在邦国之内不结怨，在卿大夫的封地也不结怨。"

孔子认为仲弓有德行，说："冉雍啊，可以让他做大官。"

仲弓的父亲，是地位很低的人。孔子说："杂色牛生的牛犊毛色纯红，而且两只角长得很周正，即使不想用它来祭祀，但是山川之神难道会舍弃它吗？"

政　事

【原文】

冉求①，字子有。少孔子二十九岁。为季氏宰②。

季康子问孔子曰③："冉求仁乎？"曰："千室之邑④，百乘之家⑤，求也可使治其赋⑥。仁则吾不知也。"复问："子路仁乎⑦？"孔子对曰："如求。"

求问曰："闻斯行诸⑧？"子曰："行之。"子路问："闻斯行诸？"子曰："有父兄在，如之何其闻斯行之⑨！"子华怪之⑩："敢问问同而答异？"孔子曰："求也退⑪，故进之⑫。

由也兼人⑬,故退之⑭。"

【注释】

①冉求:姓冉,名求,鲁国人。②季氏:即季孙氏,鲁国世卿。宰:家宰,家臣之长。③季康子:姓季孙,名肥,谥康,所以也称他为"季孙肥",是季桓子的儿子、鲁国卿大夫,公元前491年至前468年执政。④室:家室,民户。邑:都邑,古代居民聚居的地方。这里指卿大夫用来征收赋税的采邑。⑤乘:车乘,兵车。古时以一车四马为一乘。百乘之家,即指拥有兵车一百辆的卿大夫之家。⑥赋:指军税和田税。⑦子路:即仲由,仲由字子路。⑧斯:则,那么。诸:之乎。⑨如之何:如何,怎么。⑩子华:即公西赤,孔子的弟子。怪,用作动词,感到奇怪。⑪退:拘禁,退缩。⑫进:促进,鼓励。⑬兼人:指做事争强好胜。⑭退:贬退,抑制。

【译文】

冉求,字子有。比孔子小二十九岁。是季氏的家宰。

季康子询问孔子说:"冉求仁义吗?"回答说:"千户人家的城邑,百辆兵车的采邑,可以派冉求在那里治理军事。至于他的仁义,我就不知道了。"又问:"子路仁义吗?"孔子回答说:"和冉求一样。"

冉求问孔子说:"听到就要行动吗?"孔子说:"行动起来。"子路问:"听到就要行动吗?"孔子说:"父亲和兄长还在,怎么能听到就行动起来呢!"子华感到很奇怪,说道:"大胆地问一下,问题相同怎么回答却不一样呢?"孔子说:"冉求做事退缩犹豫,所以鼓励他。仲由做事争强好胜,所以抑制一下他。"

【原文】

仲由,字子路,卞人也①。少孔子九岁。

子路性鄙②,好勇力,志伉直③,冠雄鸡④,佩豭豚⑤,陵暴孔子。孔子设礼稍诱子路⑥,子路后儒服委质⑦,因门人请为弟子。

【注释】

①卞:或作"弁",鲁国邑名,在今山东泗水东。②鄙:鄙朴,质朴。③伉:通"亢",刚强。直:直率,刚直。④冠雄鸡:戴形似雄

鸡的冠。⑤豭：公猪。豚：小猪。⑥稍：逐渐。⑦儒服：儒生穿戴的衣帽。委：致送。质：通"贽"，古代初次求见时所送的礼物，也可专指致送老师的礼物。委贽即指致送见面礼，这里指致送拜师礼。

【译文】

仲由，字子路，卞人。比孔子小九岁。

子路生性质朴，爱好勇力，志气刚直，头上戴着雄鸡式的帽子，佩戴着用猪皮装饰的剑，欺侮孔子。孔子以礼节慢慢地教导子路，子路后来穿着儒服，带着拜师的礼物，通过孔子的门人请求做孔子的弟子。

【原文】

子路问政，孔子曰："先之①，劳之②。"请益③。曰："无倦。"

子路问："君子尚勇乎④？"孔子曰："义之为上⑤。君子好勇而无义，则乱；小人好勇而无义⑥，则盗。"

子路有闻，未之能行⑦，唯恐有闻⑧。

【注释】

①先之：即带头做示范。②劳（lào）：使……变得勤劳。③请益：请求增益，即请求多回答一些。④君子：指有身份有地位的人。尚：崇尚。⑤义：指行为合乎礼法和道德规范。⑥小人：指相对于"君子"而言的没有身份地位的平民百姓。⑦未之能行：即"未能行之"。⑧有：又。

【译文】

子路向孔子询问治理国家的道理，孔子说："先以身作则，再使百姓辛勤地劳作。"子路请求孔子再多说一些。孔子说："永远不要懈怠。"

子路问："君子崇尚勇武吗？"孔子说："义是最为可贵的。君子喜好勇武而不讲仁义，那就会作乱；小人喜好勇武而不讲仁义，就会做盗贼。"

子路听到这个道理还没有去做，害怕又听到新的道理。

【原文】

孔子曰："片言可以折狱者①，其由也与②！""由也好勇过我，无所取材③。""若由也，不得其死然④。""衣敝缊袍与衣狐貉者立而不耻者⑤，其由也与！""由也升堂矣⑥，未入于室也⑦。"

季康子问："仲由仁乎？"孔子曰："千乘之国可使治其赋⑧，不知其仁。"

【注释】

①片言：片言只语。或指一面之词。折：断，判决。狱：诉讼案件。②其：副词，大概，恐怕。与：通"欤"，表示推测的语气词。③材：此指制造渡海木筏的材料。④不得其死：不得好死。然：句末语气词。⑤衣（yì）：动词，穿。敝：坏，破旧。缊袍：以乱麻作絮的破袍。貉（hé）：亦称"狗獾"，其毛皮可做皮衣。⑥堂：厅堂。⑦室：内室。⑧千乘之国：即拥有一千辆兵车的国家。

【译文】

孔子说："根据单方面的言辞可以判决诉讼案件，大概只有仲由能做得到吧！""仲由喜好勇武的精神胜过我，这没什么可取的。""像仲由这样的人，会不得好死。""穿着破烂的旧丝棉袍和穿着狐皮大衣的人站在一起而不感到羞耻，大概只有仲由能做得到！""仲由的学问就好比人刚进入正厅，还没有进入内室那样。"

季康子问孔子："仲由有仁德吗？"孔子说："拥有千辆兵车的国家可以派他担任军事后勤工作，我不知道他有仁德。"

【原文】

子路喜从游，遇长沮、桀溺、荷蓧丈人①。

子路为季氏宰②，季孙问曰："子路可谓大臣与？"孔子曰："可谓具臣矣③。"

子路为蒲大夫④，辞孔子。孔子曰："蒲多壮士，又难治。然吾语汝：恭以敬，可以执勇⑤；宽以正，可以比众⑥；恭正以静，可以报上。"

【注释】

①长沮、桀溺：二隐者名。《论语·微子》云："长沮、桀溺耦而耕，

孔子过之，使子路问津焉。……"②季氏宰：季氏家宰。③具臣：备位充数之臣，指一般的臣僚。④蒲：卫国邑名，在今河南长垣。⑤执：驾驭。⑥比：亲近，安抚。

【译文】

　　子路喜欢跟着孔子出游，遇到过长沮、桀溺和扛着除草工具的老人。

　　子路担任季氏的家宰，季孙氏问孔子道："子路可以说是大臣吗？"孔子说："可以说是只能备用的一般臣子。"

　　子路做了蒲邑的大夫，向孔子辞行。孔子说："蒲邑有很多壮士，难以治理。但我还是要叮嘱你：恭敬谦谨，可以驾驭勇猛；宽厚严正，可以亲近大众；恭谨清静，就能够报效上级。"

【原文】

　　初，卫灵公有宠姬曰南子①。灵公太子蒉聩得过南子②，惧诛出奔③。及灵公卒而夫人欲立公子郢④。郢不肯，曰："亡人太子之子辄在⑤。"于是卫立辄为君，是为出公。出公立十二年，其父蒉聩居外，不得入。子路为卫大夫孔悝之邑宰⑥。蒉聩乃与孔悝作乱，谋入孔悝家，遂与其徒袭攻出公。出公奔鲁，而蒉聩入立，是为庄公。方孔悝作乱⑦，子路在外，闻之而驰往。遇子羔出卫城门⑧，谓子路曰："出公去矣，而门已闭，子可还矣，毋空受其祸。"子路曰："食其食者不避其难⑨。"子羔卒去。有使者入城，城门开，子路随而入。造蒉聩⑩，蒉聩与孔悝登台。子路曰："君焉用孔悝？请得而杀之。"蒉聩弗听。于是子路欲燔台⑪，蒉聩惧，乃下石乞、壶黡攻子路⑫，击断子路之缨⑬。子路曰："君子死而冠不免。"遂结缨而死⑭。

　　孔子闻卫乱，曰："嗟乎，由死矣！"已而果死⑮。故孔子曰："自吾得由，恶言不闻于耳。"是时子贡为鲁使于齐。

【注释】

①卫灵公：名元，卫襄公之子，公元前534年至公元前493年在位。②蒉聩：亦作"蒯聩"，即卫庄公。得过：得罪。③惧诛出奔：指襄公于卫灵公三十九年（前496）因谋杀南子不成而逃到宋国。④公子郢：卫灵公庶子，名郢，或作"逞"，字子南，谥昭。⑤亡人太子：指蒉聩，当时逃亡在外。辄：卫灵公之孙，卫庄公之子，于公元前492年至公元前481年、公元前476年至公元前469年两度在位。⑥孔悝：亦称"孔叔"，孔文子圉之子，母孔伯姬为蒉聩之姊，他是卫国的执政大夫。⑦方：当，正方。⑧子羔：即高柴，孔子弟子，时为卫国大夫。⑨食其食：即得到孔悝发给的俸禄。⑩造：往，到。⑪燔（fán）：焚烧。⑫下：使动用法，让……下台。石乞、壶黡：二人均为蒉聩侍臣。⑬缨：系在颔下的冠带。⑭结：打结。⑮已而：事后，不久。

【译文】

　　最初，卫灵公有个宠妾名叫南子。灵公的太子蒉聩得罪了南子，害怕被诛杀就逃走了。灵公死后，夫人打算立公子郢为王。公子郢不答应，说："有逃亡太子的儿子辄在。"于是卫国立辄为君主，这就是出公。出公继位十二年，他的父亲蒉聩住在外国，不能回到卫国。子路担任卫国大夫孔悝的邑宰。蒉聩就和孔悝一起作乱，用计潜入孔悝的家中，于是和他的同党一起袭击出公。出公逃到卫国，蒉聩入朝立为卫君，他就是卫庄公。当孔悝作乱时，子路在外面，听说之后奔驰前往。遇上子羔从卫国的城门出来，对子路说："出公逃走了，大门已经关闭，你还可以回去，不要平白无故地遭受祸殃。"子路说："吃别人的饭，就不能躲避人家遭受的灾难。"子羔终于离开了。（正好）有使者要进入都城，城门打开了，子路随着进去，找到蒉聩。蒉聩与孔悝都在台上。子路说："您怎么能任用孔悝呢？请让我捉拿他把他杀掉。"蒉聩不听。子路想焚台，蒉聩害怕，就命令石乞、壶黡攻打子路，砍断了子路的帽带。子路说："君子死的时候，帽子是不能脱去的。"于是系好帽子被杀死。

　　孔子听说卫国内乱，说："唉，仲由这下死了！"不久仲由果然死了。所以孔子说："自从我收仲由为徒，侮慢的言语就再也听不到了。"这时子贡正为鲁国出使齐国。

商君列传

【导读】

卫鞅本是卫国庶出的公子,曾在魏国当过中庶子,但没能得到重用。卫鞅听说秦国求贤,就只身前往秦国,与秦孝公会谈几次,凭着强国之术打动孝公,便在秦国进行变法。变法内容主要是重农耕、奖军功、实行郡县制等。变法施行后,曾一度失去支持。商鞅于是一方面立木悬赏,取信于民;一方面对违法的太子老师施刑,以肃新法。新法施行了十年,"秦民大悦","家给人足"。但是,商鞅的新法刻薄寡恩,也给自己带来灾祸。秦惠王即位后,商鞅被逼叛乱,最终事败被车裂灭族。

商鞅在秦国变法

【原文】

商君者,卫之诸庶孽公子也①,名鞅,姓公孙氏②,其祖本姬姓也。鞅少好刑名之学③,事魏相公叔痤为中庶子④。公叔痤知其贤,未及进⑤,会痤病⑥,魏惠王亲往问病⑦,曰:"公叔病有如不可讳⑧,将奈社稷何?"公叔曰:"痤之中庶子公孙鞅,年虽少,有奇才,愿王举国而听之。"王嘿然⑨。王且去,痤屏人言曰⑩:"王即不听用鞅,必杀之,无令出境。"王许诺而去。公叔痤召鞅谢曰:"今者王问可以为相者,我言若,王色不许我⑪。我方先君后臣,因谓王即弗用鞅,当杀之。王许我。汝可疾去矣⑫,且见禽⑬。"鞅曰:

"彼王不能用君之言任臣，又安能用君之言杀臣乎？"卒不去。惠王既去，而谓左右曰："公叔病甚，悲乎，欲令寡人以国听公孙鞅也，岂不悖哉⑭！"

公叔既死，公孙鞅闻秦孝公下令国中求贤者⑮，将修缪公之业⑯，东复侵地⑰，乃遂西入秦，因孝公宠臣景监以求见孝公。孝公既见卫鞅，语事良久，孝公时时睡，弗听。罢而孝公怒景监曰："子之客妄人耳，安足用邪！"景监以让卫鞅⑱。卫鞅曰："吾说公以帝道⑲，其志不开悟矣。"后五日，复求见鞅。鞅复见孝公，益愈⑳，然而未中旨。罢而孝公复让景监，景监亦让鞅。鞅曰："吾说公以王道而未入也㉑。请复见鞅。"鞅复见孝公，孝公善之而未用也。罢而去。孝公谓景监曰："汝客善，可与语矣。"鞅曰："吾说公以霸道㉒，其意欲用之矣。诚复见我，我知之矣。"卫鞅复见孝公。公与语，不自知膝之前于席也㉓。语数日不厌。景监曰："子何以中吾君㉔？吾君之欢甚也。"鞅曰："吾说君以帝王之道比三代㉕，而君曰：'久远，吾不能待。且贤君者，各及其身显名天下，安能邑邑待数十百年以成帝王乎㉖？'故吾以强国之术说君，君大说之耳㉗。然亦难以比德于殷、周矣㉘。"

孝公既用卫鞅，鞅欲变法，恐天下议己。卫鞅曰："疑行无名㉙，疑事无功。且夫有高人之行者，固见非于世；有独知之虑者，必见敖于民㉚。愚者暗于成事㉛，知者见于未萌。民不可与虑始，而可与乐成。论至德者不和于俗，成大功者不谋于众。是以圣人苟可以强国，不法其故㉜；苟可以利民，不循其礼。"孝公曰："善。"甘龙曰㉝："不然。圣人不易民而教㉞，知者不变法而治。因民而教，不劳而成功；

缘法而治者，吏习而民安之。"卫鞅曰："龙之所言，世俗之言也。常人安于故俗，学者溺于所闻㉟。以此两者居官守法可也㊱，非所与论于法之外也。三代不同礼而王，五伯不同法而霸。智者作法，愚者制焉㊲；贤者更礼，不肖者拘焉㊳。"杜挚曰㊴："利不百，不变法；功不十，不易器㊵。法古无过，循礼无邪。"卫鞅曰："治世不一道，便国不法古。故汤、武不循古而王㊶，夏、殷不易礼而亡㊷。反古者不可非，而循礼者不足多㊸。"孝公曰："善。"以卫鞅为左庶长㊹，卒定变法之令。

【注释】

①卫：国名。庶孽：旁支侧出或妾生之子。②姓公孙氏：以公孙为姓。③刑名之学：刑，通"形"。指形体或事实。名，指言论或主张。战国时以申不害为代表的法家一派。主张循名责实，以推行法治，强化上下关系。④中庶子：大夫家中的管事人员。⑤进：推荐。⑥会：适逢，正赶上。⑦魏惠王：魏国国君，公元前369年至公元前319年在位。⑧有如不可讳：死亡的婉转说法。讳，忌讳，隐瞒。⑨嘿：通"默"。⑩屏：屏退。⑪色：神色。⑫疾去：快速离开。⑬禽：通"擒"拘捕。⑭悖：荒唐，糊涂。⑮秦孝公：嬴渠梁。战国时秦国国君。⑯缪公：指秦缪公。⑰侵地：指原属晋国的河西地区。⑱让：责备。⑲说：规劝，劝说。帝道：相传为尧舜等五帝治理国家的方法。⑳益愈：反复前日之论，稍加修正。㉑王道：即三王之道。一般指夏禹、商汤、周文王之道。㉒霸道：即五霸之道。说法不一，一般认为是秦缪公、晋文公、齐桓公、宋襄公、楚庄王。他们多凭借武力威势治理国家，开拓疆土。㉓䣛之前于席：身体跪在席子上向前膝行。㉔中：使中意。㉕三代：指夏、商、周三个朝代。㉖邑邑：同"悒悒"，郁冈不乐的样子。㉗说：同"悦"。愉快，喜悦。㉘比德：比量德行。㉙疑：犹豫不定。㉚敖：通"謷"。嘲笑。㉛暗：不清楚，不明白。㉜故：指成法。㉝甘龙：秦国大臣。㉞易民：改变民风民俗。㉟溺：沉浸。㊱此两者：指"常人"和"学者"。㊲制：被制约。㊳不肖：不成材，没出息。拘：约束。㊴杜挚：秦国大臣。㊵器：指古代

标志名位、爵号的器物。㊶汤:商汤。武:周武王。㊷夏:夏桀。殷:殷纣。㊸多:推重,赞扬。㊹左庶长:秦国的爵位共二十等。由下而上,左庶长列第十一。

【译文】

　　商君,卫国公室庶出的公子,名鞅,姓公孙,他的先祖原本姓姬。公孙鞅年少时喜欢刑名之学,曾在魏相公叔痤府中做过中庶子。公叔痤知道他贤能,但还没来得及向魏王推荐,正好公叔痤患了场病,魏惠王亲自前往探视他的病情,说:"公叔要是有个三长两短,国家社稷可怎么办啊?"公叔痤说:"我的中庶子公孙鞅,年纪虽轻,却有杰出的才能,希望大王您能将国家大事托付于他。"惠王缄默不语。惠王将要离开,公叔痤屏退身旁的人,单独对惠王说:"假若大王您不用公孙鞅,那就一定要杀掉他,莫要让他踏出国境。"惠王答应一声就走了。公叔痤叫来公孙鞅告诉他道:"今天大王问我谁可以担当相位,我说你可以,我看大王的表情不会答应。我应当先忠于国君再顾及臣子,所以我劝大王如果不任用你,就把你杀掉。大王应允了。你可得赶紧离开这里,不然的话你就要被抓起来了。"公孙鞅说:"大王他既然不采纳您的话任用我,又怎么会听您的话杀掉我呢?"结果没有离开。惠王从公叔痤家离去后,对两旁的人说:"公叔痤病得很严重,我很悲伤啊,他想让我把国家大事交给公孙鞅,这难道不是很荒唐么!"

　　公叔痤已死,公孙鞅听说秦孝公下令在全国求贤,准备重新建立缪公时的霸业,去东方收复以前的失地,于是他向西到了秦国,借助孝公宠臣景监的引荐以求得到孝公召见。孝公立即召见了卫鞅,交谈政事谈了很久,孝公时不时地打瞌睡,没有听他的言论。谈完后卫鞅退去,孝公生气地对景监说:"你引荐的这人不过是个无知狂妄的人罢了,怎么能够任用呢!"景监于是责备卫鞅。卫鞅说:"我用五帝之道劝说他,他的心不能领悟啊。"过了五天,景监再次请求孝公接见卫鞅。卫鞅又来进见孝公,这次说得比上次更多,但依旧没能中孝公的意。卫鞅谈完离开后,孝公又责备景监,景监也再次责备了卫鞅。卫鞅说:"我用三王之道劝说大王,但他还是没能听进去啊。请求您让大王再次召见我。"卫鞅又一次进见孝公,孝公觉得他说得很好但没有采纳他的意见。卫鞅说完后就退出去了。孝公对景监说:"你推荐的客人很好,我可以同他交谈了。"卫鞅说:"我用霸道之说与大王交谈,看来他的意思是要采纳了。要是再召见我,我知道该说什么了。"

卫鞅又进见孝公。孝公与他谈话，不知不觉膝盖在垫席上向前移动靠近卫鞅。一连谈了好几天也不觉得厌烦。景监对卫鞅说："您依靠什么中了我们大王的意呢？大王听得很高兴啊！"卫鞅说："我用帝王之道以及夏、商、周三个朝代的兴衰对比劝说大王，但是君王却说：'时间太长，我没办法等待。况且贤明的君王，都希望自己在位时能够名满天下，怎么能够默默无闻地等待几十年甚至几百年之后才成就王业呢？'所以我用富国强兵之术说服大王，大王听了之后很高兴。但这样就很难跟殷、周比量德治了。"

孝公立即任用卫鞅，卫鞅打算变法，但是孝公害怕天下人非议自己。卫鞅说："行动犹豫不决就不会名扬天下，事业上迟疑不定就不会取得成功。况且有着超常举动的人，本来就会被世俗非议；有独到见解的谋划者，必定会被百姓诋毁。愚蠢的人对于已经完成的事情还会感到疑惑不解，聪慧之人在事情未发生之前就能预知。对于百姓，不可以跟他们筹划事业之开始，只能与他们分享事业之成功。论说高深道德的人不合于世俗，成就大业者不能与百姓谋划商讨。所以圣人假若可以强国，就不要沿袭陈规；假若可以利于百姓，就不必因循旧习。"孝公说："很好。"甘龙说："不可以。圣人不改变民俗而施教，智慧的人不变法就可以使国家大治。遵循民俗进行施教，可以不费力就能取得成功；因袭法度而使国家大治，官吏感到舒适，百姓也觉得安定。"卫鞅说："甘龙所说的，是世俗的说法。寻常人安于旧俗，学者们局限于自己的见识。这两类人做官守法是可以的，但不足以与他们讨论常法之外的事情。三代礼制不同，却都实现了王业；五伯的法度不同，但都实现了霸业。智慧的人创立法度，愚笨的人受制于法度；贤明的人更改礼制，庸碌的人受制于礼制。"杜挚说："利益没有现在的百倍，就不可变更法度；功用没有现在的十倍，就不要变换旧的器物。沿袭古法，就不会有过失；遵循旧礼，就不会出现偏差。"卫鞅说："治理国家不只有一个途径，只要有利于国家，就不必遵循古法。所以商汤和周武王不因循古法而成就王业；夏桀、殷纣不改变旧礼而招致灭亡。反对古制者不应该非议，因循旧礼者也不应该赞扬。"孝公说："说得好。"于是任命卫鞅为左庶长，终于决定实施新法。

【原文】

令民为什伍①，而相牧司连坐②。不告奸者腰斩，告奸者与斩敌首同赏，匿奸者与降敌同罚。民有二男以上不分异者[3]，倍其赋。有军功者，各以率受上爵[4]；为私斗者，各以轻重被刑大小。僇力本业[5]，耕织致粟帛多者复其身[6]。事末利及怠而贫者[7]，举以为收孥[8]。宗室非有军功论[9]，不得为属籍[10]。明尊卑爵秩等级，各以差次名田宅[11]，臣妾衣服以家次[12]。有功者显荣，无功者虽富无所芬华[13]。

令既具[14]，未布[15]，恐民之不信，已乃立三丈之木于国都市南门[16]，募民有能徙置北门者予十金。民怪之，莫敢徙。复曰"能徙者予五十金"。有一人徙之，辄予五十金，以明不欺。卒下令。

令行于民期年[17]，秦民之国都言初令之不便者以千数[18]。于是太子犯法[19]。卫鞅曰："法之不行，自上犯之。"将法太子[20]。太子，君嗣也，不可施刑，刑其傅公子虔，黥其师公孙贾[21]。明日，秦人皆趋令[22]。行之十年，秦民大说，道不拾遗，山无盗贼，家给人足。民勇于公战，怯于私斗，乡邑大治。

【注释】

① 什伍：户籍编制，十家为什，五家为伍。② 牧司：检举，监督。连坐：一人犯法，其他人连带治罪。③ 分异：分家另过。④ 率：标准。⑤ 僇力：即"戮力"。尽力，致力于。⑥ 复其身：复，免除。免其本身劳役或赋税。⑦ 事末利：从事工商业。古代以农业为本，以工商业为末。⑧ 收孥：拘挚他们的妻子儿女，没收为官奴。⑨ 宗室：此指秦室宗族。⑩ 属籍：家族的名册，谱牒。⑪ 差次：等级次序。名：占有。⑫ 臣妾：男女奴婢。⑬ 芬华：比喻显荣。即显赫荣耀。⑭ 具：准备好。⑮ 布：发布。⑯ 国都市南门：都城后面市场的南门。⑰ 期年：一整年。⑱ 初令：新法令。⑲ 于是：在这个时候。⑳ 法：依法惩办。㉑ 黥：墨刑。用刀锥在犯人额颊等处刺字，再涂上墨。㉒ 趋：尊奉。

【译文】

下令百姓五家为一伍、十家为一什,各家之间互相检举监视,一家犯法,十家连坐。不告发奸恶之人的要处以腰斩之刑,告发奸恶之人的与斩杀敌人的人享有同样的赏赐,窝藏奸恶之人的与投降敌人的给予相同的处罚。百姓家中有两个男子以上却不分家的,要加倍征收他们的赋税。立有军功的,按规定接受更高的爵位;私下打斗的,视情况的轻重给予大小不同的处罚。努力务农,精耕勤织因而送交粮食多的人,可以免除本人的徭役。从事工商末利以及因懒散而贫穷的人,他们的妻子儿子要收入官府为奴。宗室中没有军功记录的,名字不得录入宗室的名册。明确尊卑爵禄贵贱之等级,各自按照其等级享有田宅,奴婢、衣着也须依照等级享用。有功之人显赫而荣耀,没有功劳之人即使富有也无法炫耀显示。

法令已经准备就绪,但没有公布,(卫鞅)担心百姓不相信,就立了一根三丈长的木头在都城市集的南门,招募百姓中有能把这根木头搬至北门的赏赐十金。百姓奇怪这件事,但没有人敢去搬。卫鞅又说"能把它搬去的赏赐五十金"。有一个人去把木头搬走了,结果赏赐给他五十金,以表明没有欺骗百姓。接着就下达了实施新法的政令。

新法在民间实施了一年,秦国百姓到国都来陈说新法给他们带来诸多不便的数以千计。这个时候太子触犯了新法。卫鞅说:"新法之所以不能施行,是因为上面的人违犯了它。"打算处罚太子。太子,君位的继承者,不能对他实施刑罚,于是便处罚了太子傅公子虔,还以黥刑处罚了太子的老师公孙贾。第二天,秦国人都服从了法令。新法施行了十年,秦国百姓皆大欢喜,路不拾遗,山中没有盗贼,家家自给自足。百姓勇于为国征战,不敢私斗,城乡大治。

【原文】

于是以鞅为大良造①。将兵围魏安邑②,降之。居三年,作为筑冀阙宫庭于咸阳③,秦自雍徙都之④。而令民父子兄弟同室内息者为禁。而集小乡邑聚为县,置令、丞⑤,凡三十一县。为田开阡陌封疆⑥,而赋税平。平斗桶权衡丈尺⑦。行之四年,公子虔复犯约,劓之⑧。居五年,秦人富强,天子致胙于孝公⑨,诸侯毕贺。

【注释】

① 大良造：秦国的第十六等爵位。② 安邑：魏国国都。③ 作为：建造。冀阙：古代宫殿朝廷前面的城楼和阙门。④ 雍：秦国故都。⑤ 丞：县丞。⑥ 阡陌：南北叫阡，东西称陌。纵横交错的田塍。封：聚土作为标志。疆：划定疆界。⑦ 平斗桶权衡丈尺：桶，量器名；权，秤锤；衡，秤杆。指统一度量衡。⑧ 劓：古代割掉鼻子的刑罚。⑨ 致胙：天子把祭祀用的肉赐给诸侯，表示荣宠的特殊礼遇。

【译文】

孝公任命卫鞅做大良造，卫鞅率领军队围攻魏国的安邑，使其投降。过了三年，秦国在咸阳大兴土木、广修宫殿，还把都城从雍州迁到了咸阳。同时下令禁止老百姓父子兄弟居住在一起养育后代。把小的乡邑村落合并为县，各县设县令、县丞，全国总共三十一个县。在田地上并立阡陌以作地界，从而使赋税征收平衡。统一斗桶、权衡、丈尺的标准。这些措施实施了四年，公子虔又触犯了法令，结果被处以割鼻的刑罚。又过了五年，秦人国富兵强，天子赐给孝公祭肉，诸侯都来秦国向孝公祝贺。

【原文】

其明年，齐败魏兵于马陵，虏其太子申，杀将军庞涓。其明年，卫鞅说孝公曰："秦之与魏，譬若人之有腹心疾，非魏并秦，秦即并魏。何者？魏居领阨之西①，都安邑，与秦界河而独擅山东之利②。利则西侵秦，病则东收地③。今以君之贤圣，国赖以盛。而魏往年大破于齐，诸侯畔之④，可因此时伐魏。魏不支秦⑤，必东徙。东徙，秦据河山之固，东乡以制诸侯⑥，此帝王之业也。"孝公以为然，使卫鞅将而伐魏。魏使公子卬将而击之⑦。军既相距⑧，卫鞅遗魏将公子卬书曰⑨："吾始与公子欢，今俱为两国将，不忍相攻，可与公子面相见，盟，乐饮而罢兵，以安秦、魏。"魏公子卬以为然。会盟已，饮，而卫鞅伏甲士而袭虏魏公子卬，因攻其军，尽破之以归秦。**魏惠王兵数破于齐、秦，国内空，日以削，恐，乃使使割河西之地献于秦以和**⑩。**而魏遂去安邑，徙都大梁**⑪。梁惠王曰："寡人恨不用公叔痤之言也。"卫鞅既破魏还，秦封之於、商十五邑⑫，号为商君。

【注释】

①领阨：山岭险要处。领，通"岭"。阨，狭隘，险要。②都安邑：建都安邑，亦即以安邑为都城。界河：以黄河为界。山东：指华山以东或崤山以东。③收：收取。④畔：通"叛"。⑤支：抵抗得住。⑥乡：通"向"。⑦公子卬：魏国公族。⑧相距：两军接近，尚未交战。距，通"拒"。⑨遗：致送，赠予。书：信。⑩河西之地：在今陕西省境内。⑪大梁：今河南省开封市。⑫於、商：在今陕西省商县一带。

【译文】

　　第二年，齐国在马陵打败魏国，俘虏魏太子申，杀了将军庞涓。又过一年，卫鞅劝孝公说："秦国和魏国，就好像一个人患有心腹之病，不是魏国兼并秦国，就是秦国兼并魏国。这是为什么呢？魏国居于山岭险要的西边，建都安邑，与秦国以黄河为界而独占崤山以东的地利。情况有利就向西侵犯秦国，情况不利就向东方发展。如今依靠大王的贤明，国家富强了。而魏国去年却被齐国杀得大败，诸侯纷纷背离它，可以乘此机会进攻魏国。魏国无法抗击秦国，一定会向东迁移。魏国东迁，秦国就占有黄河和崤山的天险，向东可以控制诸侯，这正是帝王的千秋大业啊！"孝公觉得很有道理，就命令卫鞅领兵进攻魏国。魏国派公子卬率兵迎战秦军。两军对峙以后，卫鞅送给公子卬一封信说："我当初跟公子交好，如今都是两国的将军，我不忍心咱们互相攻伐，可以同公子当面相见，结盟订约，痛饮一番而撤兵，使秦国、魏国均得以安宁。"公子卬信以为真。会盟结束后，设宴对饮，而卫鞅暗中设伏兵突然袭击公子卬，把公子卬俘虏了，并趁机进攻魏军，将魏军打得大败，继而返回秦国。魏惠王的军队多次被齐国和秦国打败，国内十分空虚，国势日益削弱，感到很恐慌，就派使者割让河西的土地献给秦国讲和。魏国于是舍弃安邑，迁都大梁。魏惠王说："我真后悔没能采纳公叔痤的意见。"卫鞅击败魏国归来，秦国封给他於、商等十五个城邑，故而称其为商君。

被逼造反，车裂灭族

【原文】

　　商君相秦十年，宗室贵戚多怨望者①。赵良见商君②。商君曰："鞅之得见也，从孟兰皋③，今鞅请得交，可乎？"赵良曰："仆弗敢愿也。孔丘有言曰：'推贤而戴者进④，聚不肖而王者退。'仆不肖，故不敢受命。仆闻之曰：'非其位而居之曰贪位，非其名而有之曰贪名。'仆听君之义，则恐仆贪位贪名也。故不敢闻命。"商君曰："子不说吾治秦与？"赵良曰："反听之谓聪⑤，内视之谓明⑥，自胜之谓强⑦。虞舜有言曰：'自卑也尚矣⑧。'君不若道虞舜之道⑨，无为问仆矣。"商君曰："始秦，戎、翟之教⑩，父子无别，同室而居。今我更制其教，而为其男女之别，大筑冀阙，营如鲁、卫矣⑪。子观我治秦也，孰与五羖大夫贤⑫？"赵良曰："千羊之皮，不如一狐之掖⑬；千人之诺诺⑭，不如一士之谔谔⑮。武王谔谔以昌，殷纣墨墨以亡⑯。君若不非武王乎，则仆请终日正言而无诛⑰，可乎？"商君曰："语有之矣，貌言华也⑱，至言实也⑲，苦言药也⑳，甘言疾也㉑。夫子果肯终日正言，鞅之药也。鞅将事子㉒，子又何辞焉！"赵良曰："夫五羖大夫，荆之鄙人也㉓。闻秦缪公之贤而愿望见，行而无资，自粥于秦客㉔，被褐食牛㉕。期年，缪公知之，举之牛口之下，而加之百姓之上㉖，秦国莫敢望焉㉗。相秦六七年，而东伐郑，三置晋国之君㉘，一救荆国之祸㉙。发教封内㉚，而巴人致贡㉛；施德诸侯，而八戎来服㉜。由余闻之㉝，款关请见㉞。五羖大夫之相秦也，劳不坐乘㉟，暑不张盖㊱，行于国中，不从车乘，不操干戈，功名藏于府库㊲，德行施于后世。五羖大夫死，秦国男女流涕，童子不歌谣[38]，舂者不相杵[39]。此五羖大夫之德也。今君之见秦王也，因嬖人景监以为主[40]，非所以为名也。相秦不以百姓为事，而大筑冀阙，非所以为功也。刑黥太子之师傅，残伤民以骏刑[41]，是积怨畜祸也。教之化民也深于命，民之效上也捷于令。今君又左建外易[42]，非所以为教也。君又南面而称寡人[43]，日绳秦之贵公子[44]。《诗》曰：'相鼠有体，人而无礼；人而无礼，何不遄死[45]。'以《诗》观之，非所以为寿也[46]。公子虔杜门不出已八年矣，君又杀祝懽而黥公孙贾[47]。《诗》曰：'得人者兴，失人者崩[48]。'此数事者，非所以得人也。君之出也，后车十数，从车载甲，多力而骈胁者为骖乘[49]，持矛而操阖戟者旁车而趋[50]。此一物不具，君固不出。《书》曰：'恃德者昌，恃力者亡[51]。'君之危若朝露，尚将欲延年益寿乎？则何不归十五都[52]，灌园于鄙[53]，劝秦王显岩穴之士[54]，养老存孤[55]，敬父兄，序有功，尊有德，可以少安[56]。君尚将贪商於之富，宠秦国之教，畜百姓之怨，秦王一旦捐宾客而不立朝[57]，秦国之所以收君者[58]，岂其微哉？亡可翘足而待[59]。"商君弗从。

【注释】

① 怨望：怨恨。望，埋怨责备。② 赵良：秦国隐士。③ 从孟兰皋：经由孟兰皋的介绍。④ 推贤：推贤荐能。戴者：爱百姓并且有才能的人。⑤ 反听：自问。⑥ 内视：自我省察。⑦ 自胜：自我克制。⑧ 自卑：谦虚，卑下自守。尚：尊重。⑨ 道：前一"道"为遵循。后一"道"为主张、道理。⑩ 戎、翟：指落后民族。⑪ 鲁、卫：西周时期，文化先进的国家。⑫ 五羖大夫：即秦名相百里奚。⑬ 掖：通"腋"，胳肢窝。⑭ 诺诺：答应之声，有顺从、附合的意思。⑮ 谔谔：直言的样子。⑯ 墨墨：通"默默"，不言，无声息。⑰ 诛：责怪。⑱ 貌言：表面的话。⑲ 至言：真实的话。⑳ 苦言：逆耳的话。㉑ 甘言：献媚奉承的话。

㉒事：师事。㉓鄙人：鄙陋的人。㉔粥：通"鬻"，卖。㉕被：通"披"。褐：粗布衣服。食：通"饲"。㉖加：凌驾。百姓：指百官。㉗望：埋怨。㉘三置晋国之君：秦缪公九年（前651），晋献公去世，发生里克之乱，百里奚将兵送夷吾归国为君，是为晋惠公。秦缪公二十二年，在秦国做人质的晋公子圉听说晋君病，逃离秦国归晋。后谥为怀公。秦缪公二十四年，秦迎送当时流亡在楚的另一位晋公子重耳归国为君，是为晋文公。㉙一救荆国之祸：指晋楚城濮之战。秦国帮忙击败了楚国，阻止了楚国北进之祸。㉚发教：实施教化。封内：境内。㉛巴：本是周朝的一个封国。秦设巴郡。㉜八戎：泛指少数民族部落。㉝由馀：人名。原是晋人，逃至西戎。后来去戎投秦。㉞款关：叩关。款，叩，敲。㉟坐乘：古代设有座位的车。㊱盖：车上的帷幔。㊲府库：藏史籍的档案库。㊳歌：合音乐而唱的歌。谣：随口而唱的歌。㊴相杵：捣米时发出相应的呼声。㊵嬖：宠爱，宠幸。主：荐主，保荐的人。㊶骏，通"峻"。㊷左建外易：左，失正。外，失中。违情背理地建立权威，改变法制。㊸南面：古代君王坐北朝南。寡人，君之谦称。指商鞅被封商、於之地，号商君。㊹绳：约束，纠正。引申为逼迫。㊺遄：快，迅速。㊻为寿：敬酒，致礼。此引申为褒扬，恭维。㊼祝欢：大概也是太子师傅。㊽这两句《诗》上没有，大概是逸诗。㊾骈胁：肌肉壮健，不显胁骨。骖乘：乘车时居于右者，即陪乘。㊿閟：长戟。旁：迪"傍"。依傍，靠近。㊿《书》曰二句：《尚书》里没有。㊿十五都：指商、於十五邑。㊿鄙：边邑。此指偏远僻静的地方。㊿显：显扬。引申为重用。岩穴之士：隐居山林的贤能之士。㊿存：存问，抚恤。㊿少：稍。㊿捐宾客：舍弃宾客。这是对死亡的委婉说法。㊿收：逮捕。㊿翘足而待：翘，抬起。比喻时间短暂。

【译文】

　　商君担任秦相十年，宗室贵戚中有很多怨恨埋怨他的人。赵良会见商君。商君说："我能够见到您，是通过孟兰皋，现在我想与您结交，不知可以吗？"赵良说："我不敢抱这样的奢望啊！孔丘有句话这样说：'推荐贤能的人，爱民且有才能的人就会前来；招揽不贤的人，崇尚王道的人就会引退。'我不才，所以不敢从命。我听说过这样的话：'不该有的地位而占据着它叫做贪位；不该有的名声而享有着它叫做贪名。'假如我听从了您的建议，那么恐怕我就是贪位贪名了。因此我不敢从命。"商君说："难道您不满意我治理秦国吗？"赵良说：

"能扪心自问叫做聪,能自我反省叫做明,能约束自己叫做强。虞舜曾说:'自我谦卑是很高尚的。'您不如效法虞舜之道,那样就不必询问我了。"商君说:"秦国最开始的时候,通行戎、翟的风俗,父子之间没有区别,在同一屋内居住。现在我改变了这种习俗,明确了男女的区别,又大筑悬挂政教法令的门阙,把秦国营造得跟鲁国和卫国一样。您看我治理秦国,跟五羖大夫相比谁更贤明?"赵良说:"一千只羊的皮,比不上一只狐狸的腋毛;一千人的随声附和,比不上一个直士的直言争辩。周武王提倡直言而使国家兴盛,殷纣王因为众人随声附和而使国家灭亡。您倘若不非议排斥武王那样的态度,那我就整天跟您说直话而不要杀掉我,怎么样?"商君说:"有这样的说法,浮华空虚的言语好比花朵,真实的言语跟果实相似,逆耳之言好比药石,甜言蜜语如同疾病一般。您若是愿意整天对我直言,那您可真成了为我治病的良药了啊。我将认您做老师,您何必推辞呢!"赵良说:"五羖大夫,乃是楚国的郊野之人。他听闻秦缪公是位贤德明君便想去拜见,但是想去却没有路费,便把自己卖给秦国商客,身穿粗布短衣喂牛。过了一年,缪公知道此事,从牛口之下将他提拔起来,让他凌驾于众人之上,秦国没有人敢埋怨他。五羖大夫做秦相做了六七年,向东征讨郑国,三次扶立晋国的君主,一次解救荆国的祸患。他在国内广施教化,(就连)巴国人也来秦国朝贡;广施恩德于诸侯,四境各族都来臣服。由馀听说以后,叩关前来请求召见。五羖大夫担当秦相,即便劳累也不乘坐安车,即使遇上酷暑的天气也不张开伞盖,即便在国中行走,也不让车辆随从,不携带武器。他的功名载入史册保存于府库之中,他的德行恩泽于后世。五羖大夫死了之后,秦国的男女都痛哭流涕,小孩不唱歌谣,舂米的人也不哼唱小调。这就是五羖大夫的德行啊。如今您拜见秦王,是通过宠臣景监的引荐,这就说不上有名望了。做秦相不以百姓为重,却广修宫殿门阙,这并不是功业。对太子的师傅动用黥刑,以严刑峻法残害百姓,这是在积累怨恨存储祸患啊。(您的)政令教化对民众的影响比君主的命令还要厉害,民众效法上司的号召比执行君主的命令还要迅捷。现在您又利用权谋使国君权力旁落,这可不是实施政教的办法。您又坐北朝南自称寡人,日日用法令约束秦国的贵族。《诗经》里说:'相鼠尚有礼貌,人却没有礼仪;人没了礼仪,为什么不快点死呢。'由这几句话可以看出,您的所作所为,并不足以善终长寿啊。公子虔闭门不出已经有八年之久了，您又杀了祝欢还以墨刑施加于公孙贾。《诗经》里说：'得到人心的人就会兴旺发达，失去人心的人就会土崩瓦解。'您做的这些事，并没有得到人心啊。您出门的时候，后面有十多辆车跟随，车上还载着甲士，以力量强壮且肌肉发达的人做随从，手执长矛和长戟的武士紧紧守卫在您的车旁向前行进。这中间若是有一样东西不齐备，您就不肯出门。《尚书》里说：'依靠德行的人就会昌盛，依靠暴力的人就会灭亡。'您的生命危险得就像早晨的露珠一样很容易消失，还想如何延年益寿呢？那么为什么不交还受封的十五个城邑，在僻静偏远的乡下灌溉菜园，规劝秦王任用长居山林的贤才，赡养老人，抚养孤儿，尊敬父兄，让有功之人得到应有的地位，尊崇仁德之人，这样您才可以稍微求得平安。如果您还想贪恋商於的富庶，专擅秦国的政教法令，积蓄百姓的怨愤，秦君一旦舍弃宾客而不再临朝，秦国想要抓捕您的人，难道还会少吗？您的灭亡之期只要翘一下脚的工夫就能等到了。"商君没有听从。

【原文】

　　后五月而秦孝公卒，太子立①。公子虔之徒告商君欲反，发吏捕商君。商君亡，至关下②，欲舍客舍。客人不知其是商君也③，曰："商君之法，舍人无验者坐之④。"商君喟然叹曰："嗟乎，为法之敝一至此哉⑤！"去之魏。魏人怨其欺公子卬而破魏师，弗受。商君欲之他国。魏人曰："商君，秦之贼⑥。秦强而贼入魏，弗归，不可。"遂内秦⑦。商君既复入秦，走商邑，与其徒属发邑兵北出击郑⑧。秦发兵攻商君，杀之于郑黾池。秦惠王车裂商君以徇⑨，曰："莫如商鞅反者！"遂灭商君之家。

　　太史公曰：商君，其天资刻薄人也⑩。迹其欲干孝公以帝王术⑪，挟持浮说，非其质矣⑫。且所因由嬖臣，及得用，刑公子虔，欺魏将卬，不师赵良之言，亦足发明商君之少恩矣⑬。余尝读商君《开塞》《耕战》书，与其人行事相类。

卒受恶名于秦,有以也夫⑭!

【注释】

① 太子:名驷。立为文惠王。② 关下:泛指秦国的边关。③ 客人:旅店主人。④ 舍人:住店的人。验:凭证。路引一类的身份证件。坐之:即店主人与住店的人一起判罪。⑤ 敝:通"弊"。弊病,害处。⑥ 贼:此处指逃犯。⑦ 内:通"纳",交纳。⑧ 徒属:封邑中的部属。⑨ 车裂:古代酷刑,以车撕裂人体。俗叫五马分尸。徇:示众。⑩ 天资:天性。⑪ 刻薄:残忍少恩。⑪ 迹:考察,追究。干:求,这里是游说的意思。⑫ 质:实。⑬ 发:证明,说明。⑭ 有以:有缘故,有因由。

【译文】

　　五个月之后秦孝公去世,太子即位。公子虔一伙告发商君想要谋反,于是派人抓捕商君。商君逃亡,逃到边境之口,打算到客店住下。客栈的人不知他是商君,说:"商君的新法规定,收留没有证件的人住宿的是要被判连坐之罪的。"商君长叹一声说:"唉,制定法令的弊害竟然到了这种程度了!"于是逃往魏国。魏人怨恨他欺骗公子卬而大败魏军,不肯收留他。商君想逃往其他国家。魏人说:"商君,秦国的叛贼。秦国强大而它的叛贼逃到魏国,不送回去可不行。"就将商君遣送回秦国。商君回到秦国,跑到商邑,与他的部属党羽征发邑中士兵向北攻打郑邑。秦国发兵进攻商君,在郑地黾池将其杀死。秦惠王以车裂之刑将商君五马分尸示众,说:"不要学商鞅造反!"灭了商君满门。

　　太史公说:商君,生性刻薄。考察他打算用帝王之术游说孝公,只是为了操持浮夸之说罢了,并不是出于他的本意。况且他通过宠臣的引荐而得到拜见的机会,等到被任用之后,施刑于公子虔,欺骗魏将公子卬,不听从赵良的劝说,这也足以说明商君的寡恩少德了。我曾经读过商君的《开塞》《耕战》等篇,内容跟他的行为处世极其相似。最后在秦国得到恶名,的确是有缘由的啊!

苏秦列传

【导读】

　　战国时期出现了一群能言善辩的士人,他们与儒、墨、法、道诸家不同,没有明确的政治理想,以追逐利益为至上,他们是新兴的策士。战国中后期,随着秦国渐强、东方六国渐弱,策士们为从中获得好处,就形成了两派,一派是离间六国的,称为连横派;一派是合六国之力抗秦的,叫做合纵派。很多策士并不固定属于哪一派,而是在哪边得到的好处多,就倾向哪一派。苏秦就是这群策士中较典型的一个,他先是主张连横,但不为秦王欣赏,于是改而支持合纵,终于获得成功,名声也显赫于诸侯。本篇节录了两个故事:一个是苏秦游说秦王失败后,以合纵联合诸侯的故事;一个是苏秦为燕国而离间齐国的故事。

连横不成转而合纵

【原文】

　　苏秦者,东周雒阳人也①。东事师于齐②,而习之于鬼谷先生③。

　　出游数岁,大困而归④。兄弟嫂妹妻妾窃皆笑之,曰:"周人之俗,治产业,力工商,逐什二以为务⑤。今子释本而事口舌⑥,困,不亦宜乎!"苏秦闻之而惭,自伤,乃闭室不出,出其书遍观之。曰:"夫士业已屈首受书⑦,而不能以取尊荣,虽多亦奚以为!"于是得《周书阴符》⑧,伏而读之。期年⑨,以出揣摩⑩,曰:"此可以说当世之君矣。"求说周显王⑪。显王左右素习知苏秦⑫，皆少之⑬，弗信。

【注释】

①东周：这里指战国时的一个小封国。周考王曾分封西周诸侯国，后西周分为西周、东周两个小国。雒阳：洛阳。②事：侍奉。齐：诸侯国，姜姓。③鬼谷先生：居于鬼谷，号鬼谷子。战国时纵横家。④困：窘迫，不如意。⑤逐什二：从事工商获十分之二的利润。⑥本：此指手工业、商业。口舌：指游说。⑦屈首：低头，埋头。受书：从师受教。⑧《周书阴符》：古兵书名，已佚。⑨期年：一整年。⑩揣摩：此指悉心求其真意，以相比合。⑪周显王：姬扁。公元前368年至公元前321年在位。⑫素：平时，向来。习：熟。⑬少：轻视。

【译文】

苏秦，东周洛阳人。他曾往东到齐国去拜师，跟着鬼谷先生学习。在外游历几年，苏秦遇到很大的困难而回到家中。哥哥、弟弟、嫂子、妹妹以及妻妾都私下里嘲笑他，说道："周人的生活习俗，大都安安稳稳地治理产业，努力从事工商，以追逐十分之二的利润为本业。现在你丢弃本业而专事卖弄口舌的事情，落得个穷困的境地，这不是理所当然的么！"苏秦听了之后十分惭愧，暗地里自己伤心，关闭房门不踏出房门一步，搬出自己的书籍全部看过一遍，说道："一个读书人既然已经决心接受书本上的学问，却不能凭借书本的学问取得尊贵荣耀的地位，这样书即使读得再多又有什么用呢！"于是他找出一本《周书阴符》，埋头苦读起来。读了一年，他逐渐找出了揣摩君主心意的窍门，说道："用这套理论足以游说当世的君主了。"于是请求游说周显王。显王的左右大臣向来熟知苏秦的名声，都十分轻视他，周显王也不信任他。

【原文】

乃西至秦。秦孝公卒①。说惠王曰："秦四塞之国②，被山带渭③，东有关河④，西有汉中⑤，南有巴蜀⑥，北有代马⑦，此天府也⑧。以秦士民之众，兵法之教，可以吞天下，称帝而治。"秦王曰："毛羽未成，不可以高蜚⑨；文理未明⑩，不可以并兼。"方诛商鞅，疾辩士⑪，弗用。

乃东之赵⑫。赵肃侯令其弟成为相⑬,号奉阳君。奉阳君弗说之⑭。

【注释】

①秦孝公:嬴渠梁。公元前337年至公元前311年在位。②四塞之国:秦国四面有山关之固,形势险要,可为屏障,所以叫四塞之国。③被山带渭:谓秦国为群山所环抱,中有渭水流过。被,通"披"。带,带子。以动用法。④关:函谷关。河:黄河。⑤汉中:郡名。在今陕西省秦岭以南地区。⑥巴蜀:巴郡和蜀郡。在今四川省境内。⑦代马:代,郡名。马,县名。在今河北省西北部、山西省东北部。⑧天府:地势险要,土地肥沃,物产丰富,自然条件优越的地方。府,府库。⑨蜚:同"飞"。⑩文理:文,礼乐制度。理,道理法则。⑪疾:憎恶、忌恨。⑫之:到。赵:赵国。战国七雄之一。⑬赵肃侯:赵语。公元前349年至公元前326年在位。⑭说:通"悦"。

【译文】

苏秦向西去了秦国。秦孝公去世。他游说秦惠王说:"秦国是一个四周都有天险要塞的国家,有群山的遮掩,有渭河的环绕,东面有关河,西面有汉中,南面有巴郡和蜀郡,北面有代郡、马邑,这是天然的府库啊。凭借秦国众多的军士与民众,以及军事上的严格训练,足以吞并天下,称帝而建立王业。"秦惠王说:"秦国的羽毛还没有长好,不能高高地飞起;秦国的政事还没有确定下来,不能兼并天下。"这时秦国刚刚处死了商鞅,憎恨游说之人,所以不肯任用苏秦。

又向东去了赵国。赵肃侯任命自己的兄弟赵成为赵相,并赐给他"奉阳君"的封号。奉阳君不喜欢苏秦。

【原文】

去游燕,岁馀而后得见。说燕文侯曰①:"燕东有朝鲜②、辽东③,北有林胡、楼烦④,西有云中、九原⑤,南有嘑沱、易水⑥,地方二千馀里⑦,带甲数十万⑧,车六百乘⑨,骑六千匹,粟支数年。南有碣石、雁门之饶⑩,北有枣栗之利,民虽不佃作而足于枣栗矣⑪。此所谓天府者也。

"夫安乐无事，不见覆军杀将[12]，无过燕者。大王知其所以然乎？夫燕之所以不犯寇被甲兵者[13]，以赵之为蔽其南也。秦、赵五战，秦再胜而赵三胜。秦赵相毙[14]，而王以全燕制其后，此燕之所以不犯寇也。且夫秦之攻燕也，逾云中[15]、九原，过代、上谷[16]，弥地数千里[17]，虽得燕城，秦计固不能守也。秦之不能害燕亦明矣。今赵之攻燕也，发号出令，不至十日，而数十万之军军于东垣矣[18]。渡嘑沱、涉易水，不至四五日而距国都矣[19]。故曰秦之攻燕也，战于千里之外；赵之攻燕也，战于百里之内。夫不忧百里之患，而重千里之外，计无过于此者。是故愿大王与赵从亲[20]，天下为一，则燕国必无患矣。"

文侯曰："子言则可，然吾国小，西迫强赵[21]，南近齐。齐、赵，强国也。子必欲合从以安燕，寡人请以国从[22]。"于是资苏秦车马金帛以至赵。

【注释】

① 燕文侯：燕文公。公元前361年至公元前333年在位。② 朝鲜：今朝鲜半岛。③ 辽东：今辽东半岛。④ 林胡、楼烦：北方部族名。⑤ 云中、九原：都是郡名。在今内蒙古自治区境内。⑥ 嘑沱、易水：水名。在今河北省西部。⑦ 方：见方。⑧ 带甲：指披甲的战士。⑨ 乘：古代一车四马为一乘。⑩ 碣石：山名。在今河北省境内。雁门：郡名，在今山西省北部和内蒙古自治区南部。⑪ 佃作：从事耕作。⑫ 覆军杀将：军队覆灭、将领被杀。⑬ 寇：入侵的外敌。犯寇：被外敌侵犯。披甲兵：这里指战争。⑭ 相毙：相互残杀，彼此灭亡。⑮ 云中：郡名。在今内蒙古自治区东南部。⑯ 上谷：郡名。在今河北省北部。⑰ 弥：满，遍布。⑱ 军：第二个"军"，是驻扎的意思。东垣：赵国邑名。在今河北省石家庄市东。⑲ 距：到达。⑳ 从亲：合纵相亲。㉑ 迫：逼近。㉒ 国从：倾国相从。从，相从，听从安排。

【译文】

苏秦又游历到了燕国,在这里待了一年之后受到燕国君主的召见。他游说燕文侯道:"燕国的东面有朝鲜、辽东,北面有林胡、楼烦,西面有云中、九原,南面有嘑沱、易水,国土有两千多里,士兵有几十万,兵车有六百辆,战马有六千匹,粮食足以支撑全国好几年。南面有富饶的碣石、雁门之地,北面有枣子和栗子的收益,民众即使不耕作凭借枣子和栗子也可以过上丰衣足食的生活。这是天然的府库啊!

"安乐无事,看不到军队覆灭、将领被杀,没有哪个能比得上燕国了。大王知道这是什么原因吗?燕国之所以不受外敌的侵犯,不受战争的摧残,是因为有赵国在它的南面做屏障。秦国与赵国交战五次,秦国胜了两次而赵国胜了三次。秦国和赵国彼此都受到伤害,而大王却能以一个完整的燕国在后面制约它们,这就是燕国不被侵犯的缘故。况且假设秦国攻打燕国,还要逾越云中、九原;走过代、上谷,距离有几千里,即使能够攻下燕国的城池,秦国也不能永久地固守住。秦国无法祸害燕国已经是很明了的事情了。倘若现在赵国进攻燕国,赵王只要一发布命令,不到十天,赵国的数十万大军就能到达东垣了。接着便会渡过嘑沱河,涉过易水,不到四五天就能抵达燕国的国都。所以说秦国进攻燕国,那是在千里之外作战;赵国进攻燕国,那是在百里之内作战。不忧虑百里之内的祸患,而担心千里之外的秦国,策略上的错误没有比这更严重的了。所以我希望大王能与赵国亲善,使天下结为一体,这样燕国就没有祸患了。"

燕文侯说:"您的话很有道理,但是我的国家很小,西边迫近强大的赵国,南边靠近齐国。齐国和赵国,均是强国。现在您打算用合纵之计使燕国安定,我愿意把燕国托付给您。"于是资助苏秦车马和金帛去赵国游说。

对齐国施反间计

【原文】

秦惠王①以其女为燕太子妇。是岁,文侯卒,太子立,是为燕易王。易王初立,齐宣王因燕丧伐燕,取十城。易王谓苏秦曰:"往日先生至燕,而先王资②先生见赵,遂约六国从③。今齐先伐赵,次至燕,以先生之故为天下笑,先生能为燕得侵地乎?"苏秦大惭,曰:"请为王取之。"

苏秦见齐王,再拜,俯而庆,仰而吊④。齐王曰:"是何庆吊相随之速也?"苏秦曰:"臣闻饥人所以饥而不食乌喙者⑤,为其愈充腹而与饿死同患也。今燕虽弱小,即秦王之少婿也。大王利其十城而长与强秦为仇。今使弱燕为雁行而强秦敝其后⑥,以招天下之精兵,是食乌喙之类也。"齐王愀然变色曰⑦:"然则奈何?"苏秦曰:"臣闻古之善制事者,转祸为福,因败为功。大王诚能听臣计,即归燕之十城。燕无故而得十城,必喜;秦王知以己之故而归燕之十城,亦必喜。此所谓弃仇雠而得石交者也⑧。夫燕、秦俱事齐,则大王号令天下,莫敢不听。是王以虚辞附秦,以十城取天下。此霸王之业也。"王曰:"善。"于是乃归燕之十城。

【注释】

①秦惠王:嬴驷。公元前337年至公元前311年在位。②资:资助。③从:合纵。④吊:对受灾祸的人表示哀悼、慰问。⑤乌喙:一种有毒植物,即乌头。⑥雁行:大雁飞行有序,或成"一"字形,或成"人"字形,这里指在前面的行列。敝:通"蔽",遮挡,掩蔽。⑦愀然:神情变得凄怆而严肃。⑧石交:比喻感情深厚牢不可破的友谊或友人。

【译文】

秦惠王将自己的女儿嫁给燕国太子为妻。这一年,燕文侯去世,太子即位,就是燕易王。易王刚刚登上王位,齐宣王便趁着燕国有丧事之机进攻燕国,获得了十个城池。易王对苏秦说:"以前先生到燕国,先王资助先生去见赵王,约定六国合纵的大计。现在齐国先进攻赵国,继而进攻燕国,由于先生的缘故使燕国被天下耻笑,先生能为燕国收复失去的国土吗？"苏秦感到十分惭愧，说道："请让我替大王收回失地。"

苏秦求见齐王，拜了两拜，俯身向他庆贺，又仰起头向他慰问。齐王说："为什么庆贺和慰问交替这么快啊？"苏秦说："我听说饥饿的人之所以忍受饥饿而不吃乌头，是因为吃这种植物带来的害处跟受饥饿而死相同。如今燕国虽然弱小，但是燕王终究是秦王的小女婿。大王您由于贪图燕国的十座城池而长久地与强秦为敌。倘若今天以弱小的燕国为先锋，而以强大的秦国殿后，从而招致天下的精兵（进攻齐国），这是跟吃乌头一样的道理。"齐王听了这些话脸色变得严肃起来，说道："这样我该怎么办呢？"苏秦说："我听说古代那些善于处理事情的人，可以把祸患转换为福祉，利用失败而取得成功。大王若能听从我的计策，就应当立刻归还燕国的十个城池。燕国若是平白无故地得到十个城池，一定会高兴。秦王若是知道因为自己的缘故而使齐国归还燕国的十座城池，也必定高兴。这就是所说的抛弃仇怨而永结磐石般的友谊啊。燕国、秦国都依附齐国，那么大王您号令天下，就没有不敢不听从的了。也就是大王您用虚浮的言辞依附秦国，依靠十座城池而取得天下。这可是霸王之业啊。"齐王说："说得好。"便归还了燕国的十座城池。

【原文】

人有毁苏秦者曰："左右卖国反覆之臣也，将作乱。"苏秦恐得罪，归，而燕王不复官也。苏秦见燕王曰："臣，东周之鄙人也①，无有分寸之功，而王亲拜之于庙而礼之于廷②。今臣为王却齐之兵而得十城③，宜以益亲。今来而王不官臣者④，人必有以不信伤臣于王者。臣之不信，王之福也。臣闻忠信者，所以自为也；进取者，所以为人也。且臣之说齐王，曾非欺之也⑤。臣弃老母于东周，固去自为而行进取也。今有孝如曾参⑥，廉如伯夷⑦，信如尾生⑧。得此三人者以事大王，何若？"王曰："足矣。"苏秦曰："孝如曾参，义不离其亲一宿于外，王又安能使之步行千里而事弱燕之危王哉?廉如伯夷，义不为孤竹君之嗣⑨，不肯为武王臣，不受封侯而饿死首阳山下。有廉如此，王又安能使之步行千里而行进取于齐哉?信如尾生，与女子期于梁下，女子不来，水至不去，抱柱而死。有信如此，王又安能使之步行千里却齐之强兵哉?臣所谓以忠信得罪于上者也。"燕王曰："若不忠信耳，岂有以忠信而得罪者乎?"苏秦曰："不然。臣闻客有远为吏而其妻私于人者⑩，其夫将来，其私者忧之，妻曰'勿忧，吾已作药酒待之矣'。居三日，其夫果至，妻使妾举药酒进之。妾欲言酒之有药，则恐其逐主母也；欲勿言乎，则恐其杀主父也。于是乎详僵而弃酒⑪。主父大怒，笞之五十⑫。故妾一僵而覆酒，上存主父，下存主母。然而不免于笞，恶在乎忠信之无罪也夫⑬?臣之过，不幸而类是乎?"燕王曰："先生复就故官。"益厚遇之。

易王母，文侯夫人也，与苏秦私通。燕王知之，而事之加厚。苏秦恐诛，乃说燕王曰："臣居燕不能使燕重⑭，而在齐则燕必重。"燕王曰："唯先生之所为⑮。"于是苏秦详为得罪于燕而亡走齐⑯，齐宣王以为客卿⑰。

【注释】

① 鄙人：鄙陋的人。自我谦辞。② 庙：宗庙。古代帝王供祀祖宗的所在。③ 却：退却。④ 官：授官。⑤ 曾非：未尝。⑥ 曾参：孔子的学生。春秋末鲁国人。以孝著称。⑦ 伯夷：商末孤竹君长子，孤竹君死后，伯夷不受位，后不食周粟而死。⑧ 尾生：传说古代坚守信约的人。⑨ 嗣：继承人，接续人。⑩ 私：私通，指不正当的男女关系。⑪ 详僵：假装仆倒。详，通"佯"，假装。僵，仆倒。⑫ 笞：用竹板或荆条打人脊背或臀、腿的刑罚。⑬ 恶：哪里，怎么。⑭ 重：地位提高。⑮ 唯：听从的样子，任凭的意思。⑯ 亡：逃。⑰ 客卿：请别国人在本国做官，其位为卿而以客礼待之。

【译文】

　　有人诋毁苏秦道:"(苏秦是个)左右摇摆、出卖国家、反复无常的人,将来必定会犯上作乱。"苏秦生怕获罪,就回到燕国,然而燕王不让他做官了。苏秦拜见燕王说道:"我原本是东周的一个鄙薄之人,没有一分一寸的功劳,但是大王您亲自在宗庙授予我官职,还在朝堂之上对我礼遇有加。现在我为大王说退了齐国的大军,而且还得到了十座城池,按理说大王您应该对我更加亲近。但是现在我回来了大王却不让我做官,必定是有人以不诚信的罪名在大王面前中伤我。其实我的不诚信,正是大王您的福气啊。我听说凡是忠义诚信之人,都是为自己的名声谋划事情的;积极进取的人,做什么事都要为别人打算。况且我去游说齐王,并不是欺骗他。我把老母亲舍弃在东周的老家,本来就是打算抛弃替自己打算的念头而图谋进取的。倘若现在有人孝顺如曾参一般,廉洁如伯夷一般,诚信如尾生一般,那么找到这三个人来为大王做事,您觉得会怎么样呢?"燕王说:"足够了。"苏秦说:"如曾参一般孝顺的人,恪守孝道而不肯离开父母在外边住宿一晚,大王您又怎么能让他步行千里来侍奉处于危困中的燕王呢?如伯夷一般廉洁的人,恪守义气不肯做孤竹君的继位者,不肯做周武王的臣子,不接受封侯而饿死在首阳山下。如此廉洁,大王又怎能使他步行千里到齐国做一番进取的事业呢?如尾生一般守信的人,与女子相约于桥下,女子没有前来,赶上洪水却不离开,抱着桥柱而被淹死。如此守信,大王又怎能让他步行千里退却齐国的强兵呢?我就是因为忠信而得罪了大王的。"燕王说:"只是因为你不忠信而已,怎么会有因为忠信而获罪的人呢?"苏秦说:"并非如此。我听说有一个人在远方为官,他的妻子和外人私通,她的丈夫马上要回来了,和她私通的那人很担心,妻子说:'不必担心,我已经准备好毒酒等待他了。'三天以后,她的丈夫果然回来,妻子让小妾捧着毒酒进给丈夫喝。小妾想说酒里面有毒药,但她害怕丈夫把主母驱逐出家门;倘若不说的话,她又害怕主母害死丈夫。就假装跌倒而把毒酒洒在了地上。丈夫十分生气,把她鞭笞了五十下。小妾一跌倒就倒翻了酒,对上保全了丈夫,对下保全了主母。但是还免不了被鞭打的命运,怎么能说坚守忠信就没有罪呢?我的过错,很不幸地就跟这件事类似啊?"燕王说:"先生再担任原先的官职吧!"更加优待苏秦。

燕易王的母亲，乃是文侯的夫人，她和苏秦私通。燕易王知道这件事以后，更加优待苏秦。苏秦担心自己被杀，就劝说燕王道："我在燕国不能使燕国受到重视，我若是去了齐国，燕国的地位必定会得到提升。"易王说："就按先生您说的做吧。"于是苏秦假装得罪燕王而逃往齐国，齐宣王让他做了客卿。

【原文】

齐宣王卒，湣王即位①，说湣王厚葬以明孝，高宫室大苑囿以明得意②，欲破敝齐而为燕③。燕易王卒，燕哙立为王。其后齐大夫多与苏秦争宠者，而使人刺苏秦，不死，殊而走④。齐王使人求贼⑤，不得。苏秦且死，乃谓齐王曰："臣即死，车裂臣于徇于市⑥，曰'苏秦为燕作乱于齐'，如此则臣之贼必得矣。"于是如其言，而杀苏秦者果自出，齐王因而诛之。燕闻之曰："甚矣，齐之为苏生报仇也！"

【注释】

①湣王：公元前323年至公元前284年在位。②得意：得志。③破敝：使衰败。④殊：死。此指虽未即死，已是致命伤。⑤贼：此处指刺杀苏秦的人。⑥车裂：以车撕裂人体。俗称"五马分尸"。徇：示众。

【译文】

齐宣王去世，湣王即位，苏秦劝说湣王厚葬宣王以表明自己的孝道，还劝说湣王高筑宫室，扩大园囿，以显示自己的得意，他这样做其实是想使齐国民生凋敝而利于燕国。燕易王去世后，燕王哙即位。后来，齐国有很多大夫与苏秦争宠，还有的派人刺杀苏秦，苏秦受了重伤，刺客在他还没断气的时候就逃走了。齐湣王派人捉凶，但没能抓到。苏秦快要死了，对齐湣王说："我将要死了。请大王您在集市上车裂我的尸首，宣称'苏秦为了燕国而在齐国作乱'，这样杀害我的凶手就一定能被捉到。"齐王依照他所说的话行事，杀害苏秦的凶手果然自己露面了，齐王诛杀了凶手。燕王听说了这一消息，说道："太好了，齐国为苏先生报仇了！"

张仪列传

【导读】

张仪是战国时期的策士,与苏秦是同学。张仪主张连横,他雄心勃勃,常常为了追求功业而把生死置之度外。张仪在连横诸侯的过程中,除了极力暴露合纵的缺点,以此附会连横的主张外,还凭借秦国的强大力量,对诸侯威胁利诱,不但使自己名声大振,而且助长了秦国扩张的野心。

受辱赴秦

【原文】

张仪者,魏人也①。始尝与苏秦俱事鬼谷先生②,学术③,苏秦自以不及张仪。

张仪已学而游说诸侯。尝从楚相饮④,已而楚相亡璧⑤,门下意张仪,曰:"仪贫无行⑥,必此盗相君之璧。"共执张仪⑦,掠笞数百⑧,不服,释之⑨。其妻曰:"嘻!子毋读书游说,安得此辱乎?"张仪谓其妻曰:"视吾舌尚在不?"其妻笑曰:"舌在也。"仪曰:"足矣。"

【注释】

①魏:国名。战国七雄之一。②事:师事,侍奉。③术:此指游说之术。④楚相:楚国令尹昭阳。⑤亡:丢失。⑥无行:品行不端。⑦执:拘捕,捉拿。⑧掠:拷打。笞:用竹板或荆条拷打。⑨释:释放。

【译文】

张仪,魏国人。最初曾与苏秦一起跟随鬼谷先生学习游说之术。苏秦自认为才能不及张仪。

张仪学成之后便去游说诸侯。他曾跟随楚相一起饮酒,酒宴结束后楚相丢失了一块玉璧,门客怀疑是张仪偷的,说:"张仪既贫穷又没有德行,一定是他偷了您的玉璧。"众人一起抓住张仪,鞭笞了数百下,张仪不肯屈服,对方只好将他释放了。张仪的妻子说:"唉!你要是不去读书游说,怎么会受这样的侮辱呢?"张仪对妻子说:"看我的舌头还有没有?"妻子笑着回答:"舌头尚在。"张仪说:"这样就足够了。"

【原文】

苏秦已说赵王而得相约从亲①,然恐秦之攻诸侯,败约后负,念莫可使用于秦者,乃使人微感张仪曰②:"子始与苏秦善,今秦已当路③,子何不往游,以求通子之愿?"张仪于是之赵,上谒求见苏秦④。苏秦乃诫门下人不为通⑤,又使不得去者数日。已而见之,坐之堂下,赐仆妾之食。因而数让之曰⑥:"以子之材能,乃自令困辱至此。吾宁不能言而富贵子⑦,子不足收也。"谢去之。张仪之来也,自以为故人,求益反见辱,怒,念诸侯莫可事,独秦能苦赵⑧,乃遂入秦。

苏秦已而告其舍人曰⑨:"张仪,天下贤士,吾殆弗如也⑩。今吾幸先用,而能用秦柄者⑪,独张仪可耳。然贫,无因以进⑫。吾恐其乐小利而不遂⑬,故召辱之,以激其意。子为我阴奉之⑭。"乃言赵王,发金币车马,使人微随张仪,与同宿舍,稍稍近就之,奉以车马金钱,所欲用,为取给而弗告。张仪遂得以见秦惠王⑮。惠王以为客卿⑯,与谋伐诸侯。

苏秦之舍人乃辞去。张仪曰:"赖子得显⑰,方且报德,何故去也?"舍人曰:"臣非知君,知君乃苏君。苏君忧秦伐赵败从约,以为非君莫能得秦柄,故感怒君,使臣阴奉给君资,尽苏君之计谋。今君已用,请归报。"张仪曰:"嗟乎,此在吾术中而不悟⑱,吾不及苏君明矣!吾又新用,安能谋赵乎?为吾谢苏君,苏君之时,仪何敢言。且苏君在,仪宁渠能乎⑲!"张仪既相秦,为文檄告楚相曰:"始吾从若饮,我不盗而璧,若笞我。若善守汝国,我顾且盗而城⑳!"

【注释】

①赵王:赵肃侯,赵语。公元前349年至公元前326年在位。从亲:合纵相亲。②微感:暗中引导,劝说。微,隐匿,暗中。感,感染,感受。③当路:指当权。④谒:名帖。一般要写上姓名、籍贯、官爵和拜见事项。⑤诚:告诫。⑥让:责备,责怪。⑦宁:岂,难道。⑧苦:困苦。引申为困扰,侵,扰。⑨舍人:家臣。⑩殆:大概。⑪柄:权力。⑫进:引荐。⑬遂:成功、成就。⑭阴:暗中。⑮秦惠王:嬴驷。公元前333年至公元前311年在位。⑯客卿:在本国做官的外国人。⑰显:有地位有成就。⑱术:谋术。⑲宁渠:哪里,如何。⑳顾:但。

【译文】

苏秦此时已经说服赵王加入合纵同盟,但是他担心秦国攻打各国诸侯,从而导致合纵失败,考虑到没有能派到秦国为自己做事的人,就派人暗地里劝说张仪:"您开始的时候和苏秦相好,如今苏秦业已执掌大权,您为何不去他那儿,以实现您的志愿呢?"张仪就去了赵国,递上名帖请求拜见苏秦。苏秦嘱咐手下不要替他通传,又设法让他好几天不能离开。不久苏秦召见张仪,让他坐在堂下,让他吃与仆人和丫鬟一样的饭菜,还一再数落他说:"依靠你的才能,竟然让自己穷困到这般田地。我难道不能说句话让你实现荣华富贵吗,实在是你不值得收留。"说完就走了。张仪投奔苏秦,本以为两人是旧交,自己能得到好处,谁知反而受辱,他十分生气,考虑到诸侯中没有能够侍奉的,只有秦国才能对付赵国,就去了秦国。

苏秦过后对他的家臣说:"张仪,天下的贤士,我是比不过他的。现在幸亏是我先得到重用,然而能执掌秦国大权的人,只有张仪了。

但是他太穷，没有获得进用的机会。我担心他乐于小利而不知进取，所以把他叫来当面侮辱他，以此来激励他的意志。你帮我暗地里侍奉他。"苏秦把这事告知赵王，让赵王拿出车马和金钱，还派人偷偷地跟随张仪，与他一起吃住，慢慢与他接近，献给他车马和金钱。凡是张仪想要的，都取出来给他，但不告诉他实情。张仪最终得以会见秦惠王。秦惠王任用他为客卿，跟他图谋攻伐诸侯之事。

苏秦的门客这才向张仪辞行。张仪说："我仰仗您才能得到荣耀的地位，正准备报答您的恩德，为什么要离去呢？"门客说："我并不了解先生，了解先生的其实是苏君。苏君害怕秦国征伐赵国导致合纵失败，认为除了先生可以执掌秦国大权之外别无他人，故而激怒先生，让我暗中资助您，这些都是苏君的计谋。现在先生已经受到重用了，请让我回去复命禀报。"张仪说："唉，这些做法本来都是我所研习的，但我却没有领悟出来。我比不上苏君已经是很明显的了！我现在刚受重用，怎么可能打赵国的主意呢？请代我向苏君答谢，苏君在的时候，张仪又敢说什么呢。况且苏君当权，我张仪哪里有这个能力啊！"张仪做了秦相之后，写文书警告楚相说："当初我跟随你一起饮酒，我并没有偷窃你的玉璧，你却鞭笞我。你好好地守住你的国家，我回过头来就要盗取你的城池！"

游说楚国

【原文】

秦欲伐齐，齐、楚从亲，于是张仪往相楚。楚怀王闻张仪来①，虚上舍而自馆之②。曰："此僻陋之国，子何以教之？"仪说楚王曰："大王诚能听臣，闭关绝约于齐③，臣请献商於之地六百里④，使秦女得为大王箕帚之妾⑤，秦、楚娶妇嫁女，长为兄弟之国。此北弱齐而西益秦也，计无便此者。"楚王大说而许之。群臣皆贺，陈轸独吊之⑥。楚王怒曰："寡人不兴师发兵得六百里地，群臣皆贺，子独吊，何也?"陈轸对曰:"不然,以臣观之,商於之地不可得而齐秦合,齐秦合则患必至矣。"楚王曰:"有说乎?"陈轸对曰:"夫秦之所以重楚者,以其有齐也。今闭关绝约于齐,则楚孤。秦奚贪夫孤国⑦,而与之商於之地六百里?张仪至秦,必负王,是北绝齐交,西生患于秦也,而两国之兵必俱至。善为王计者,不若阴合而阳绝于齐⑧,使人随张仪。苟与吾地,绝齐未晚也;不与吾地,阴合谋计也。"楚王曰:"愿陈子闭口毋复言,以待寡人得地。"乃以相印授张仪,厚赂之⑨。于是遂闭关绝约于齐,使一将军随张仪。

【注释】

①楚怀王:熊槐,公元前328年至公元前299年在位。②虚上舍:空出上等宾馆。③闭关:闭塞关门。引申为断绝往来。④商於之地:地名,在今河南省境内。⑤箕帚之妾:嫁女谦辞。箕帚,簸箕扫帚。指做洒扫清除之类的事。⑥吊:伤悼。⑦奚:何,为什么。⑧阴合而阳绝:暗中合作而表面上假装断绝关系。⑨赂:馈赠财物。

【译文】

　　秦国打算讨伐齐国,齐国、楚国当时合纵联盟,张仪就前往楚国担任楚相。楚怀王听说张仪前来,空出上等宾馆亲自送他到那里住下。说道:"我们这里是偏僻寡闻的国家,您有什么指教呢?"张仪对楚怀王说:"大王倘若真能听我的建议,关闭城关与齐国断交,我就请求秦王献给您商於周围方圆六百里的土地,使秦王的女儿成为大王的妻子,秦、楚两国娶妻嫁女,永久结为兄弟之国。这样的话就可以在北面削弱齐国而在西面有益于秦国,找不到比这更好的计策了。"楚王听了之后很高兴,就答应了张仪。大臣们都来向楚王祝贺,唯独陈轸向楚王表示慰问。楚王生气地说:"我不必出动军队就可以获得六百里土地,大臣们都向我祝贺,唯独你向我慰问,这是为什么呢?"陈轸回答说:"事情没那么简单。依我看,不仅商於周围的土地没法得到,而且齐国和秦国还会联合起来,一旦齐、秦联合,那么祸患就来到了。"楚王说:"有什么根据吗?"陈轸说:"秦国之所以这么看重楚国,是因为楚国后面还有个齐国。如果关闭城关与齐国废约断交,那样楚国就会被孤立。秦国怎么会重视一个孤立的国家,而献给它商於周围方圆六百里的土地呢?张仪回到秦国,一定会背叛大王,这是在北面与齐国绝交,在西面招致祸患啊,两国的军队一定会一起攻打楚国的。妥善地为大王考虑,不如暗中与齐国修好,而表面上与齐国断交,派人跟随张仪(前往秦国)。倘若秦国真给我们土地,到时候再跟齐国断交也不晚;倘若秦国不给我们土地,那就暗合了我们的计谋。"楚王说:"但愿陈先生闭住嘴不要再发言了,你就等待我得到土地吧。"于是把楚相的大印授予张仪还赏赐给他丰厚的财物。接着关闭城关与齐国断交,派一个将军跟随张仪去了秦国。

【原文】

张仪至秦,佯失绥堕车①,不朝三月。楚王闻之,曰:"仪以寡人绝齐未甚邪?"乃使勇士至宋②,借宋之符③,北骂齐王。齐王大怒,折节而下秦④。秦、齐之交合,张仪乃朝,谓楚使者曰:"臣有奉邑六里,愿以献大王左右。"楚使者曰:"臣受令于王,以商於之地六百里,不闻六里。"还报楚王,楚王大怒,发兵而攻秦。陈轸曰:"轸可发口言乎?攻之不如割地反以赂秦,与之并兵而攻齐,是我出地于秦,取偿于齐也,王国尚可存。"楚王不听,卒发兵而使将军屈匄击秦。秦、齐共攻楚,斩首八万,杀屈匄,遂取丹阳、汉中之地⑤。楚又复益发兵而袭秦,至蓝田⑥,大战,楚大败,于是楚割两城以与秦平⑦。

【注释】

①佯:假装。绥:登车时作拉手用的绳子。②宋:国名。建都商丘。③符:符节。古代使者所持凭证。④折节:折断符节。节,符节。这里指使者用来做凭证的东西。下:委屈自己,向别人表示退让。⑤丹阳:地名,在今丹江以北。汉中:郡名,在今陕西省南部和湖北省西北角。⑥蓝田:地名,在今陕西蓝田西。⑦平:媾和,讲和。

【译文】

　　张仪回到秦国,假装上车时没能拉住绳索而从车上摔了下来,一连三个月没有上朝。楚王听说了这事儿,说:"张仪难道认为我与齐国断交的决心不够坚决吗?"立即派勇士到了宋国,借宋国的符节,往北进入齐国的国境大骂齐王。齐王很愤怒,折断符节而委屈自己亲近秦国。秦、齐两国交好后,张仪这才上朝,对楚使说:"我有封地六里,愿意献给你们大王。"楚使回答说:"我奉楚王之命,前来接受商於方圆六百里的土地,不曾听说有六里地。"楚使回国后报告楚王,楚王十分生气,出兵攻打秦国。陈轸说:"我现在可以说话了吧?攻打秦国不如割让土地以贿赂秦国,然后联合秦国一起攻打齐国,这样我们送给秦国的土地,可以从齐国那里得到补偿,楚国还可以保存下去。"楚王不听,派将军屈匄出兵进攻秦国。秦、齐联合攻打楚国,斩杀楚兵八万,并把屈匄杀死,获得了丹阳、汉中等地。楚国又增加兵力袭击秦国,在蓝田与秦军交战,结果楚军大败,楚国割让两个城邑与秦国议和。

【原文】

　　秦要楚欲得黔中地①,欲以武关外易之②。楚王曰:"不愿易地,愿得张仪而献黔中地。"秦王欲遣之,口弗忍言。张仪乃请行。惠王曰:"彼楚王怒子之负以商於之地,是且甘心于子。"张仪曰:"秦强楚弱,臣善靳尚,尚得事楚夫人郑袖,袖所言皆从。且臣奉王之节使楚,楚何敢加诛。假令诛臣而为秦得黔中之地,臣之上愿③。"遂使楚。楚怀王至则囚张仪,将杀之。靳尚谓郑袖曰:"子亦知子之贱于王乎④?"郑袖曰:"何也?"靳尚曰:"秦王甚爱张仪而不欲出之⑤,今将以上庸之地六县赂楚⑥,以美人聘楚⑦,以宫中善歌讴者为媵⑧。楚王重地尊秦,秦女必贵而夫人斥矣⑨。不若为言而出之。"于是郑袖日夜言怀王曰:"人臣各为其主用。今地未入秦,秦使张仪来,至重王。王未有礼而杀张仪,秦必大怒攻楚。妾请子母俱迁江南，毋为秦所鱼肉也⑩。"怀王后悔，赦张仪，厚礼之如故。

【注释】

① 要：要挟、威胁。黔中：郡名。在今湖北省西南部。② 武关：关隘名。武关外：指商於之地。③ 上愿：最高愿望。④ 贱：轻视，鄙弃。⑤ 不：《索引》谓："'不'字当作'必'。时张仪为楚所囚，故必欲出之也。"⑥ 上庸之地六县：大概相当于今湖北省房县、竹山等地。⑦ 聘：古代用礼物订婚。⑧ 媵：随嫁侍女。⑨ 斥：被排斥，被废除。⑩ 鱼肉：比喻任人宰割，被人欺凌、屠戮。

【译文】

　　秦国要挟楚国想用武关以外的土地与楚国交换黔中之地。楚王说："我不愿意交换土地，只想得到张仪后，献出黔中之地。"秦王想派张仪去楚国，但忍住没有开口。张仪自己请求愿意前去。惠王说："楚王他怨恨你违背了献给他商於之地的诺言，对你是不会甘心的。"张仪说："秦国强大而楚国弱小，我与靳尚交好，靳尚侍奉楚王的夫人郑袖，郑袖所说的话楚王都会听从。而且我手拿大王的符节出使楚国，楚王怎敢杀我呢。假若他杀了我而令秦国得到黔中之地，这也是我最大的愿望。"于是出使楚国。楚怀王等张仪到达后就将其囚禁起来，打算杀了他。靳尚对郑袖说："您知道您也会被大王轻视吗？"郑袖说："这是为什么呢？"靳尚说："秦王十分宠爱张仪一定会把他救出来，他打算用上庸地区的六个县献给楚国，把美女献给楚王，以秦王宫中能歌善舞的女子作为陪嫁。大王看重土地，尊重秦国，秦国献来的女子一定会得到宠幸，而夫人您将遭到冷落。夫人您不如替张仪求情把他救出来。"郑袖就不分昼夜地对怀王说："做臣子的各自为自己的君主效劳。现在土地还没有献给秦国，秦国就派张仪过来，足见秦国对大王的尊敬。大王不以礼相待，还打算杀了张仪，秦王一定会很生气而攻打楚国。我请求让我们母子都迁居到江南去，以免被秦人残害。"怀王听了这些话后悔了，赦免了张仪，还像以前那样优厚地对待他。

【原文】

　　张仪既出，未去，闻苏秦死，乃说楚王曰："秦地半天下，兵敌四国，被险带河①，四塞以为固。虎贲之士百馀万②，车千乘③，骑万匹，积粟如丘山。法令既明，士卒安难乐死④，主明以严，将智以武，虽无出甲，席卷常山之险⑤，必折天下之脊⑥，天下有后服者先亡。且夫为从者，无以异于驱群羊而攻猛虎，虎之与羊不格明矣⑦。今王不与猛虎而与群羊，臣窃以为大王之计过也。

"凡天下强国，非秦而楚，非楚而秦，两国交争，其势不两立。大王不与秦，秦下甲据宜阳，韩之上地不通⑧。下河东⑨，取成皋⑩，韩必入臣⑪，梁则从风而动。秦攻楚之西，韩、梁攻其北，社稷安得毋危？

"且夫从者聚群弱而攻至强，不料敌而轻战，国贫而数举兵，危亡之术也。臣闻之，兵不如者勿与挑战，粟不如者勿与持久。夫从人饰辩虚辞⑫，高主之节⑬，言其利不言其害，卒有秦祸，无及为已，是故愿大王之孰计之⑭。

"秦西有巴、蜀，大船积粟，起于汶山⑮，浮江已下⑯，至楚三千馀里。舫船载卒⑰，一舫载五十人与三月之食，下水而浮，一日行三百馀里，里数虽多，然而不费牛马之力，不至十日而距扞关⑱。扞关惊，则从境以东尽城守矣⑲，黔中、巫郡非王之有。秦举甲出武关，南面而伐，则北地绝⑳。秦兵之攻楚也，危难在三月之内，而楚待诸侯之救，在半岁之外，此其势不相及也。夫恃弱国之救，忘强秦之祸，此臣所以为大王患也。

"大王尝与吴人战㉑，五战而三胜，阵卒尽矣；偏守新城㉒，存民苦矣。臣闻功大者易危，而民敝者怨上。夫守易危之功而逆强秦之心，臣窃为大王危之。

"且夫秦之所以不出兵函谷十五年以攻齐、赵者[23]，阴谋有合天下之心[24]。楚尝与秦构难[25]，战于汉中，楚人不胜，列侯执珪死者七十馀人[26]，遂亡汉中。楚王大怒，兴兵袭秦，战于蓝田。此所谓两虎相搏者也。夫秦、楚相敝而韩魏以全制其后，计无危于此者矣。愿大王孰计之。

"秦下甲攻卫、阳晋，必大关天下之匈[27]。大王悉起兵以攻宋，不至数月而宋可举，举宋而东指[28]，则泗上十二诸侯尽王之有也[29]。

"凡天下而以信约从亲相坚者苏秦，封武安君，相燕，即阴与燕王谋伐破齐而分其地；乃详有罪出走入齐，齐王因受而相之；居二年而觉，齐王大怒，车裂苏秦于市[30]。夫以一诈伪之苏秦，而欲经营天下，混一诸侯[31]，其不可成亦明矣。

"今秦与楚接境壤界[32]，固形亲之国也。大王诚能听臣，臣请使秦太子入质于楚，楚太子入质于秦，请以秦女为大王箕帚之妾，效万室之都以为汤沐之邑[33]，长为昆弟之国，终身无相攻伐。臣以为计无便于此者。"

于是楚王已得张仪而重出黔中地与秦，欲许之。屈原曰："前大王见欺于张仪，张仪至，臣以为大王烹之[34]；今纵弗忍杀之[35]，又听其邪说，不可。"怀王曰："许仪而得黔中，美利也。后而倍之，不可。"故卒许张仪，与秦亲。

【注释】

① 被险带河：谓秦国四周地势险要，中有黄河流经。② 虎贲：勇武之士。贲，奔跑。③ 乘：古代一车四马为一乘。④ 安难乐死：不避艰苦危难，乐于牺牲。⑤ 席卷：有如卷席，全部占有。⑥ 折天下之脊：常山在天下之北，就像人的脊背。折，折断。⑦ 格：抵挡，抵御。⑧ 上地：上党郡。⑨ 河东：地区名，在今山西省西南部黄河东岸。⑩ 成皋：

邑名，在今河南省荥阳市境内。⑪入臣：到本国称臣，指投降。⑫饰辩虚辞：粉饰巧辩，言辞铺张而空洞。⑬高：高傲。使动用法。⑭孰：通"熟"。仔细。⑮汶山：即岷山。⑯已：通"以"，而。⑰舫船：两船相并。⑱距：到。扞关：关名，即江关，在今四川省奉节县东。⑲城守：据城守御。⑳北地：指楚国北部。㉑吴：国名。建都于吴（今江苏省苏州市）。㉒新城：新攻占的地方。㉓函谷：关名，在今河南省灵宝县东北。㉔合：并，吞并。㉕构难：造成祸患。㉖执珪：爵位名，楚国最高爵位。㉗匈：通"胸"。这里把卫、阳晋比喻为天下的胸脯。㉘指：朝目标前进。㉙泗上十二诸侯：指泗上宋、鲁等国。十二为虚指。泗，泗水。㉚车裂：古代一种酷刑，即五马分尸。把人的头和四肢绑在五辆车上，五辆车同时奔驰，撕裂身体。㉛混一：统一。㉜壤界：连界。㉝汤沐：即沐浴。㉞烹：古代煮杀人的一种酷刑。㉟纵：即使。

【译文】

张仪被释放出来，并没有离去，他听说苏秦死了，劝说楚王道："秦国占尽天下土地的一半，军队可以抵挡四周的敌人，背靠险要之地，又有黄河围绕，周围还有要塞可以固守。还有精兵百万，军车千辆，战马万匹，存储的粮食堆积如山。另外秦国法令严明，士兵临战不怕死，君主英明而且威严，将军智勇双全。纵使不出动军队，也足以席卷常山的险要之势，折断天下的脊梁，天下最后归降的国家必定最先灭亡。再说那些合纵之国，无异于驱赶羊群攻击老虎，虎和羊之间不能抵敌这是很明了的道理。如今大王您不亲近猛虎而和群羊在一起，我私下里认为大王的想法错了。

"大凡天下的强国，不是秦国就是楚国，不是楚国就是秦国，两国之间争夺，形势是不允许二国并立的。大王不亲近秦国，秦国就会出兵攻占宜阳，韩国的上郡就无法通行。秦国占领河东，攻取成皋，韩国一定会向秦国臣服，魏国也会伺机而动。秦国进攻楚国的西边，韩、魏进攻楚国的北边，国家怎能不危险呢？

"合纵之国聚集一群弱小国家攻打最强的国家，不考虑敌方的力量而轻率地交战，国家贫穷却要频繁地发动战事，这是导致国家灭亡的策略啊。我听说，军队没有对方强大就不要挑起战事，粮食没有对方充足就不要持久作战。提倡合纵的人粉饰巧言，说一些不合实际的言辞，使国君的志节高傲，只说合纵的好处，不说合纵的危害，一旦招致秦国带来的祸患,那就来不及了。所以我希望大王您能仔细考虑一下。

"秦国的西面有巴、蜀之地,用大船装载粮食,自岷山出发,沿着长江顺流而下,到楚国有三千多里的距离。两条船并列运载士兵,每两条船可以装载下五十名士兵和三个月的粮食,沿江而下,一天可以走三百多里的路程,距离虽然有些远,但是却不用费牛马的牵引之力,不用十天的工夫就可以抵达扞关。扞关受到惊扰,那么边境以东的城邑就要全部设防了,黔中、巫郡也将不再归大王所有了。秦国兴兵进攻武关,从南面攻伐,这样一来楚国的北面也危险了。秦军进攻楚国,危难就在三个月之内,而楚国若是等待各国诸侯援军的帮助,则需要半年以上的时间,这样势必是等不及的。依靠弱国解救,忘记强秦的祸患,这就是我为大王担心的事情。

"大王曾与吴国交战,打了五场胜了三场,阵中的将士已经死得差不多了;为了守住新占领的城池,活下来的百姓实在是够辛苦的。我听说功业大的人容易遭受危难,老百姓疲苦必然会埋怨君主。守着容易遭受危难的功业而违背强秦的心意,我私下里替大王感到担忧啊。

"秦国之所以在这十五年里不派兵出函谷关去攻打齐、赵两国,是因为秦国暗中计划想一举吞并天下。楚国曾与秦国产生摩擦,双方战于汉中,楚国不能取得胜利,列侯、执珪战死了七十多人,丢掉了汉中之地。楚王十分生气,出兵袭击秦国,双方交战于蓝田。这就是所说的两虎相搏啊。秦、楚相互消耗力量,韩、魏则以完整无损的力量从后面钳制楚国,情势没有比这更危险的了。但愿大王您能仔细谋划一下。

"秦国派兵攻打卫都和阳晋,这样势必会锁住天下的胸膛。大王调集所有军队攻打宋国,用不了几个月秦国就可以得到宋国,得到宋国后再向东方进发,那么泗水之畔的十二国诸侯就可以尽数归大王所有了。

"呼吁天下诸侯以合纵相互信守盟约的人是苏秦,他获封武安君的称号,做了燕相之后,就暗地里和燕王图谋讨伐齐国以瓜分它的土地。苏秦假装得罪燕王而逃到齐国,齐王收留他,还让他做齐相。两年之后苏秦的图谋被识破,齐王十分生气,以车裂之刑将苏秦处死在市集。倚仗一个狡诈虚伪的苏秦,想要经营天下,统一各国诸侯,这不可能成功已经是很明了的道理了。

"如今秦国与楚国边界相接,原本就是地缘亲近的国家。大王若是真能听取我的建议,我就请求秦国派秦国太子到楚国做人质,楚国太子也要去秦国做人质,还请求秦王把女儿献给大王做妻子,奉献出拥有万户居民的大城邑作为汤沐邑,两国永久地结为兄弟之国,永远不要相互攻伐。我认为没有比这个更好的计策了。"

这时楚王已经得到了张仪,但是又对献出黔中之地给秦国这件事犯难,所以便想答应张仪的建议。屈原说:"以前大王被张仪欺骗,这次张仪来到楚国,我本以为大王会把他煮了吃;现在不仅不杀他,还听信他的邪说,您不能再被他欺骗了。"怀王说:"我答应张仪的建议而保留住黔中之地;这是大大的好事。(先答应他)现在又要背弃他,这是不可以的。"于是答应张仪的劝告,与秦国亲善。

【原文】

犀首者,魏之阴晋人也,名衍,姓公孙氏。与张仪不善。

张仪为秦之魏,魏王相张仪。犀首弗利,故令人谓韩公叔曰:"张仪已合秦、魏矣,其言曰:'魏攻南阳,秦攻三川。'魏王所以贵张子者①,欲得韩地也。且韩之南阳已举矣,子何不少委焉以为衍功,则秦、魏之交可错矣②。然则魏必图秦而弃仪③,收韩而相衍。"公叔以为便,因委之犀首以为功。果相魏。张仪去。

义渠君朝于魏。犀首闻张仪复相秦,害之。犀首乃谓义渠君曰:"道远不得复过④,请谒事情⑤。"曰:"中国无事⑥,秦得烧掇焚杅君之国⑦;有事,秦将轻使重币事君之国。"其后五国伐秦。会陈轸谓秦王曰⑧:"义渠君者,蛮夷之贤君也,不如赂之以抚其志。"秦王曰:"善。"乃以文绣千纯⑨,妇女百人遗义渠君⑩。义渠君致群臣而谋曰:"此公孙衍所谓邪?"乃起兵袭秦,大败秦人李伯之下。

张仪已卒之后,犀首入相秦。尝佩五国之相印,为约长。

【注释】

①贵：器重，重视。②错：中断，停止。③图：图谋，谋取。④过：访问，探望。⑤谒：陈述，告诉。⑥中国：中原各诸侯国（关东六国）。无事：指各国不攻打秦国。下文"有事"即攻打秦国。⑦烧掇：焚烧而侵掠。焚杅：焚烧蹂躏，从而牵制。⑧会：适逢，正赶上。⑨文绣：饰以彩色花纹的丝织物。纯（tún）：匹。⑩遗：赠予。

【译文】

犀首，是魏国阴晋人。名叫衍，姓公孙。和张仪关系不好。

张仪为了秦国到魏国去，魏王任用张仪做宰相。犀首认为对自己不利，所以他使人对韩国公叔说："张仪已经让秦、魏联合了，他扬言说：'魏国进攻南阳，秦国进攻三川。'魏王器重张仪的原因，是想获得韩国的土地。况且韩国的南阳已经被占领，先生为什么不稍微把一些政事委托给公孙衍，让他到魏王面前请功，那么秦、魏两国的交往就会停止了。既然如此，那么魏国一定谋取秦国而抛弃张仪，结交韩国而让公孙衍出任宰相。"公叔认为有利，因此就把政事委托给犀首，让他献功。犀首果然做了魏国宰相。张仪离开魏国。

义渠君前来朝拜魏王。犀首听说张仪又出任秦国宰相，迫害义渠君。犀首就对义渠君说："贵国道路遥远，今日分别，不容易再来访问，请允许我告诉你一件事情。"他继续说："中原各国不联合起来讨伐秦国，秦国才会焚烧掠夺您的国家，中原各国一致讨伐秦国，秦国就会派遣轻装的使臣带着贵重的礼物侍奉您的国家。"此后，楚、魏、齐、韩、赵五国共同讨伐秦国，正赶上陈轸对秦王说："义渠君是蛮夷各国中的贤明君主，不如赠送财物用来安抚他的心志。"秦王说："好。"就把一千匹锦绣和一百名美女赠送给义渠君，义渠君把群臣招来商量说："这就是公孙衍告诉我的情形吗？"于是就起兵袭击秦国，在李伯城下大败秦军。

张仪死了以后，犀首到秦国出任宰相。张仪曾经佩带过五个国家的相印，做了联盟的领袖。

【原文】

　　太史公曰：三晋多权变之士①，夫言从衡强秦者大抵皆三晋之人也。夫张仪之行事甚于苏秦，然世恶苏秦者，以其先死,而仪振暴其短以扶其说②,成其衡道。要之,此两人真倾危之士哉!

【注释】

①三晋:由原晋国分化而立的韩、赵、魏三国。权变:权宜机变。②振暴:张扬暴露。扶:支持,附和。

【译文】

　　太史公说:三晋出了很多权宜机变的人物,那些主张合纵、连横使秦国强大的,大多是三晋人。张仪的作为比苏秦有过之,可是社会上厌恶苏秦的原因,是因为他先死了而张仪张扬暴露了他合纵政策的短处,用来附会自己的主张,促成连横政策。总而言之,这两个人是真正险诈的人。

白起王翦列传

【导读】

本篇是战国末期秦国将领白起和王翦的合传。白起和王翦在秦灭六国过程中起着很大作用:白起夺取韩、赵、魏、楚大片领土,攻克楚都郢,后来在长平之战中大败赵军,坑杀俘虏四十余万。王翦是秦始皇的一员宿将,他和儿子王贲先后灭掉六国。在这篇合传中,司马迁既肯定他们的赫赫战功,又指出他们各有所短:白起"不能救患于应侯",死于非命;王翦则"不能辅秦建德",殃及后代。

"不能救患于应侯"的白起

【原文】

白起者,郿人也。善用兵,事秦昭王。昭王十三年①,而白起为左庶长,将而击韩之新城②。是岁,穰侯相秦③,举任鄙以为汉中守。其明年,白起为左更,攻韩、魏于伊阙,斩首二十四万,又虏其将公孙喜,拔五城。起迁为国尉。涉河取韩安邑以东,到乾河。明年,白起为大良造。攻魏,拔之,取城小大六十一。明年,起与客卿错攻垣城,拔之。后五年,白起攻赵,拔光狼城。后七年,白起攻楚,拔鄢、邓五城。其明年,攻楚,拔郢,烧夷陵④,遂东至竟陵。楚王亡去郢⑤,东走徙陈。秦以郢为南郡。白起迁为武安君。武安君因取楚,定巫、黔中郡。昭王三十四年⑥,白起攻魏,拔华阳,走芒卯⑦,而虏三晋将⑧,斩首十三万。

与赵将贾偃战，沉其卒二万人于河中。昭王四十三年⑨，白起攻韩陉城，拔五城，斩首五万。四十四年，白起攻南阳太行道，绝之⑩。

【注释】

①昭王十三年：即公元前294年。梁玉绳《史记志疑》谓"十三年"当为"十五年"。②将：带兵。③穰侯：秦相魏冉的称号。④夷陵：楚国先王的墓地。⑤亡：逃亡。去：离开。⑥昭王三十四年：即公元前273年。⑦走芒卯：使芒卯战败而逃。走，使败逃。⑧三晋将：这里指赵、魏两国的将领。三晋，春秋末晋国被韩、赵、魏三家瓜分并各立为国，故称"三晋"，有时也称其中的国家为"三晋"。⑨昭王四十三年：即前公元前264年。⑩绝：断绝，截断。

【译文】

　　白起，是郿地人。擅长用兵，侍奉秦昭王。昭王十三年，白起担任左庶长，率领秦兵攻打韩国的新城。这年，穰侯成了秦国的丞相，任命任鄙为汉中郡守。第二年，白起被任命为左更，在伊阙与韩、魏两国军队交战，斩杀敌人二十四万人，又俘虏了他们的将军公孙喜，夺取了五座城池。白起升为国尉。白起率兵渡过黄河，攻取了韩国安邑以东的地区，直到达乾河。又过了一年，白起升任大良造。攻打魏国，把魏军杀得大败，夺取大大小小的城池六十一座。又过一年，白起与一个名叫错的客卿进攻垣城，很快攻了下来。其后五年，白起攻打赵国，夺取光狼城。七年之后，白起攻伐楚国，夺得鄢、邓等五座城邑。第二年，再次攻打楚国，拿下了楚国都城郢，焚烧楚国祖先的坟墓——夷陵，一直向东打到竟陵。楚王逃离郢都，向东逃亡把都城迁到陈。秦国以郢为南郡。白起升为武安君，武安君趁势攻占了楚国，平定巫、黔中两郡。昭王三十四年，白起攻打魏国，夺得华阳，使芒卯败逃而去，俘获了三晋将领，斩杀士兵十三万人。白起与赵将贾偃激战，将赵军两万士兵沉到黄河之中。昭王四十三年，白起攻打韩国的陉城，占领五座城池，斩杀敌军五万之众。四十四年，白起进攻韩国的南阳太行道，断绝了这条通道。

【原文】

　　四十五年①，伐韩之野王。野王降秦，上党道绝。其守冯亭与民谋曰："郑道已绝，韩必不可得为民②。秦兵日进，韩不能应，不如以上党归赵。赵若受我，秦怒，必攻赵。赵被兵③，必亲韩。韩、赵为一，则可以当秦④。"因使人报赵。赵孝成王与平阳君、平原君计之⑤。平阳君曰："不如勿受。受之，祸大于所得。"平原君曰："无故得一郡，受之便⑥。"赵受之，因封冯亭为华阳君。

四十六年，秦攻韩缑氏、蔺，拔之。

四十七年，秦使左庶长王龁攻韩，取上党。上党民走赵。赵军长平⑦，以按据上党民⑧。四月，龁因攻赵。赵使廉颇将。赵军士卒犯秦斥兵⑨，秦斥兵斩赵裨将茄⑩。六月，陷赵军，取二鄣四尉⑪。七月，赵军筑垒壁而守之。秦又攻其垒，取二尉，败其阵，夺西垒壁。廉颇坚壁以待秦，秦数挑战⑫，赵兵不出。赵王数以为让⑬。而秦相应侯又使人行千金于赵为反间⑭，曰："秦之所恶⑮，独畏马服子赵括将耳⑯，廉颇易与⑰，且降矣⑱。"赵王既怒廉颇军多失亡，军数败，又反坚壁不敢战，而又闻秦反间之言，因使赵括代廉颇将以击秦。秦闻马服子将，乃阴使武安君白起为上将军⑲，而王龁为尉裨将，令军中有敢泄武安君将者斩。赵括至，则出兵击秦军。秦军详败而走⑳，张二奇兵以劫之㉑。赵军逐胜㉒，追造秦壁㉓。壁坚拒不得入，而秦奇兵二万五千人绝赵军后，又一军五千骑绝赵壁间，赵军分而为二，粮道绝。而秦出轻兵击之。赵战不利，因筑壁坚守，以待救至。秦王闻赵食道绝，王自之河内㉔，赐民爵各一级，发年十五以上悉诣长平㉕，遮绝赵救及粮食。

【注释】

① 四十五年：即秦昭王四十五年（前262）。②"韩必不可"句：韩国必定不可能管我们臣民了。③ 被：遭受。④ 当：挡住。⑤ 平阳君：赵豹的封号。平原君：赵胜的封号。⑥ 便：有利。⑦ 军：屯兵。⑧ 按据：按兵据援。⑨ 斥兵：侦察兵。⑩ 裨将：副将。⑪ 障：城堡。⑫ 数：多次，屡次。⑬ 让：责备。⑭ 应侯：即范雎。反间：指在敌人内部制造矛盾、纠纷。⑮ 恶：忧患。⑯ 马服：指马服君赵奢。将：任为将军。⑰ 与：对付。⑱ 且：将要，就要。⑲ 阴：暗地里。⑳ 详：通"佯"。假装。㉑ 张：布置。㉒ 逐胜：乘胜追击。㉓ 造：到。㉔ 之：往，到。㉕ 发：征召。诣：到。

【译文】

　　昭王四十五年，攻打韩国的野王城。野王城投降秦军，韩国通往上党郡的道路被截断了。上党郡守冯亭与百姓商议说："通往都城郑的道路已经断绝，韩国肯定不能把我们看作臣民了。秦国军队一天天逼近，韩国不能救援，不如将上党归附赵国。赵国如果接受我们，秦国恼怒，必定攻打赵国。赵国遭受兵事，必定亲近韩国。韩、赵两国联合起来，就可以抵挡秦国。"于是便派人报告赵国。赵孝成王跟平阳君、平原君一起商讨这件事，平阳君说："不如不接受。接受它，带来的灾祸要远远大于得到的好处。"平原君说："平白无故得到一郡，接受它有利。"结果赵王接受了上党，就封冯亭为华阳君。

　　昭王四十六年，秦国攻打韩国的缑氏和蔺邑，占领了它们。

　　昭王四十七年，秦国派左庶长王龁攻打韩国，夺取了上党。上党的百姓纷纷逃往赵国。赵国驻兵长平，以接应上党的百姓。四月，王龁以此为借口进攻赵国。赵国派廉颇率军迎战。赵军士兵侵犯了秦军侦察兵，秦军侦察兵又杀害了赵军副将茄。六月，秦军攻陷赵军阵地，夺取了两个要塞，俘虏了四个尉官。七月，赵军高筑围墙进行防守。秦军又攻赵军营垒，俘虏了两个尉官，攻破赵军阵地，夺取了西边的营垒。廉颇固守营垒以待秦军，秦军多次挑战，赵兵坚守不出。赵王多次指责廉颇。秦国丞相应侯又派人花费千金到赵国施行反间计，大肆宣扬说："秦国所忧虑的，只是畏惧马服君赵奢的儿子赵括担任将领而已，廉颇容易对付，他就要投降了。"赵王早已恼怒廉颇军队伤亡太多，军队多次战败，却反而坚守营垒不敢出战，再加上听到秦国的反间之言，于是就派赵括代替廉颇率兵攻击秦军，秦国得知马服君的儿子担任将领，就暗地里派武安君白起任上将军，让王龁担任尉官副将，并命令军队中有敢泄露白起为军队最高将领的一律斩首。赵括一到，就发兵进攻秦军。秦军假装战败而逃，同时安排两支突袭部队攻击赵军。赵军乘胜追击，直追到秦军营垒。秦军营垒防守坚固，不能攻入，而秦军的一支突袭部队两万五千人已经切断了赵军的后路，另一支五千骑兵的部队切入赵军的营垒之间，把赵军分割为二，运粮通道也被堵住。这时秦军派出轻装精兵攻击赵军，赵军战事失利，于是构筑壁垒坚守，以等待援兵的到来。秦王闻知赵国运粮通道已绝断，便亲自到河内，赐给百姓爵位各一级，征调年纪十五岁以上的青壮年到了长平战场，拦截赵国的救兵，阻绝赵国的援兵和粮食。

【原文】

至九月，赵卒不得食四十六日，皆内阴相杀食①。来攻秦垒，欲出②。为四队，四五复之③，不能出。其将军赵括出锐卒自搏战，秦军射杀赵括。括军败，卒四十万人降武安君。武安君计曰："前秦已拔上党，上党民不乐为秦而归赵，赵卒反覆④。非尽杀之，恐为乱。"乃挟诈而尽坑杀之⑤，遗其小者二百四十人归赵。前后斩首虏四十五万人⑥。赵人大震。

四十八年十月，秦复定上党郡。秦分军为二：王龁攻皮牢，拔之；司马梗定太原。韩、赵恐，使苏代厚币说秦相应侯曰⑦："武安君禽马服子乎⑧？"曰："然。"又曰："即围邯郸乎？"曰："然。""赵亡则秦王王矣⑨，武安君为三公⑩。武安君所为秦战胜攻取者七十馀城，南定鄢、郢、汉中，北禽赵括之军，虽周、召、吕望之功不益于此矣⑪。今赵亡⑫，秦王王，则武安君必为三公，君能为之下乎？虽无欲为之下，固不得已矣。秦尝攻韩，围邢丘，困上党，上党之民皆反为赵，天下不乐为秦民之日久矣。今亡赵，北地入燕，东地入齐，南地入韩、魏，则君之所得民亡几何人⑬。故不如因而割之⑭，无以为武安君功也⑮。"于是应侯言于秦王曰："秦兵劳，请许韩、赵之割地以和，且休士卒。"王听之，割韩垣雍、赵六城以和。正月，皆罢兵。武安君闻之，由是与应侯有隙⑯。

【注释】

①内：指内部。②出：指冲出敌围。③四五复之：连续四五次反复冲击。④反覆：变化无常。⑤挟诈：暗用欺骗诡计。坑杀：使人陷入坑中，将其杀掉，即活埋。⑥首：首级。虏：俘虏。⑦说（shuì）：劝说，说服。⑧禽：同"擒"，捕捉。⑨秦王王：后一"王"字意为称王，统治天下。⑩三公：指辅佐国君掌握军政大权的最高长官。周代三公，说法不一，或谓太师、太傅、太保，或谓"天子之相"。⑪周：指周公旦。召：指召公奭。⑫今：如果。⑬亡：通"无"。⑭因而割之：趁机让它们割让土地。⑮"无以为"句：不要拿（攻占韩、赵土地）给武安君去建立功勋。⑯隙：嫌隙，怨恨。

【译文】

到了九月，赵国士兵断粮已经四十六天了，军内士兵们暗中相互残杀以人肉充饥。赵军攻击秦军营垒，打算突围而逃。他们分编四队，轮番进攻了四五次，依旧不能冲出去。他们的将领赵括派出精锐士兵亲自上阵与秦军搏杀，秦军射死了赵括。赵括的军队大败，士兵四十万人向武安君投降。武安君思量道："先前秦军攻下上党，上党的百姓不愿意臣服于秦而归附赵国，赵国士兵变化无常。不全部杀掉他们，恐怕要出乱子。"于是使用欺骗手段将赵兵全部活埋了。留下年纪还小的二百四十人放回赵国。此战前后杀掉赵兵四十五万人。赵人大为震惊。

昭王四十八年十月，秦军再次平定上党郡。之后，秦军兵分两路：王龁攻打皮牢，拿下了它；司马梗平定太原。韩、赵两国十分惊恐，就派苏代以丰厚的财物游说丞相应侯，苏代说："武安君擒杀马服君的儿子了吗？"应侯回答说："是的。"苏代又问："就要围攻邯郸了吗？"应侯回答说："是的。""赵国灭亡，秦王就要称王于天下了，武安君当封为三公。武安君为秦国攻占夺取的城邑有七十多座，南边平定了鄢、郢及汉中地区，北边将赵括军队尽数俘获，即使历史上赫赫有名的周公、召公和吕望的功劳也不会超过这些了。如果赵国灭亡，秦王称王于天下，那么武安君必定位居三公，您能屈居于他的下位吗？即使不想屈居于武安君的下位，也不能不如此了。秦军曾攻打韩国，围攻邢丘，困住上党，上党的百姓都转而归附赵国，天下百姓不愿意做秦国臣民已经很久了。如果今天灭掉赵国，它的北边土地将归入燕国，东边土地将归入齐国，南边土地将归入韩国、魏国，那么您所得到的百姓就没有多少了。因此不如趁此机会割得韩、赵的土地，不要再让武安君建立更大的功勋了。"于是应侯向秦王进言道："秦兵已经很疲乏了，请您应允韩国、赵国割地讲和的请求，暂且让士兵们休整一下。"秦王听从了应侯的意见，割取了韩国的垣雍和赵国的六座城邑便讲和了。正月，双方停止交战。武安君得知停战消息，从此与应侯有了嫌隙。

【原文】

其九月，秦复发兵，使五大夫王陵攻赵邯郸。是时武安君病，不任行①。四十九年正月，陵攻邯郸，少利，秦益发兵佐陵。陵兵亡五校②。武安君病愈，秦王欲使武安君代陵将。武安君言曰："邯郸实未易攻也。且诸侯救日至③，彼诸侯怨秦之日久矣。今秦虽破长平军，而秦卒死者过半，国内空。远绝河山而争人国都④，赵应其内，诸侯攻其外，破秦军必矣。不可。"秦王自命，不行；乃使应侯请之，武安君终辞不肯行，遂称病。

秦王使王龁代陵将，八、九月围邯郸，不能拔。楚使春申君及魏公子将兵数十万攻秦军⑤，秦军多失亡。武安君言曰："秦不听臣计，今如何矣！"秦王闻之，怒，强起武安君⑥，武安君遂称病笃⑦。应侯请之，不起。于是免武安君为士伍⑧，迁之阴密。武安君病，未能行。居三月，诸侯攻秦军急，秦军数却，使者日至。秦王乃使人遣白起，不得留咸阳中。武安君既行，出咸阳西门十里，至杜邮。秦昭王与应侯群臣议曰："白起之迁，其意尚怏怏不服⑨，有余言⑩。"

秦王乃使使者赐之剑，自裁⑪。武安君引剑将自刭，曰："我何罪于天而至此哉？"良久，曰："我固当死。长平之战，赵卒降者数十万人，我诈而尽坑之，是足以死。"遂自杀。武安君之死也，以秦昭王五十年十一月。死而非其罪，秦人怜之，乡邑皆祭祀焉。

【注释】

① 任：堪，能够。② 亡：损失。校：军营。③ 日：每天，天天地。④ 绝：渡过，越过。⑤ 春申君：即黄歇。魏公子：即信陵君魏无忌。⑥ 强起：强迫任职。⑦ 笃：重。⑧ 免武安君为士伍：免掉武安君的官爵，令其与士卒为伍。⑨ 怏怏：不满意，不服气。⑩ 馀言：多余的话，指怨言。⑪ 自裁：自杀。

【译文】

　　同年九月，秦国再次出兵，命五大夫王陵攻打赵国邯郸。当时武安君有病，未能出征。昭王四十九年正月，王陵进攻邯郸，收获很少，秦国加派军队帮助王陵。结果王陵损失了五个军营。武安君病好了，秦王想派武安君代替王陵统率秦军。武安君进言道："邯郸确实不容易攻下。而且诸侯国的救兵每天都有到达的，各诸侯国怨恨秦国已经很久了。现在秦国虽然攻破了长平的赵军，可是秦国士兵死亡的人数也超过了一半，国内兵力空虚。不远千里越过河山去争夺他人国都，赵军在城内应战，诸侯军在城外攻击，战败秦军是必定的。这个仗不能打。"秦王亲自任命，武安君不去赴任；于是就派应侯去请他，但武安君终于推辞不肯出发，并称病不起。

　　秦王只好改派王龁代替王陵统率军队，八、九月围攻邯郸，没能攻下。楚国派春申君同魏公子信陵君带兵数十万攻击秦军，秦军损失、伤亡很多。武安君说："秦国不听我的计策，现在怎么样！"秦王听到这话，大怒，强令武安君就职，武安君就称病情严重。应侯请他，仍卧床不起。于是就免去武安君的官爵降为士兵，将他迁到阴密。武安君有病，未能动身。过了三个月，诸侯联军攻击秦军非常紧迫，秦军多次后退，使者每天都回来。秦王就派人驱逐白起，不准让他留在咸阳城里。武安君已经上路，走出咸阳西门十里路，到了杜邮。秦昭王与应侯以及群僚议论说："白起遭到迁谪，他看上去还郁都不乐,似有怨言。"秦王于是派遣使者赐给他一把剑,令他自杀。武安君拿着剑就要自刎时叹道:"我对上天有什么罪过竟落得这个结果?"过了好一会儿,说:"我本来就该死。长平之战,赵国士兵投降的有几十万人,我用欺诈之术把他们全都活埋了,这足够叫我死了。"随即自杀。武安君死于秦昭王五十年十一月。武安君无罪而死,秦国人都同情他,城乡的百姓都祭祀他。

"不能辅秦建德"的王翦

【原文】

王翦者,频阳东乡人也。少而好兵,事秦始皇。始皇十一年①,翦将攻赵阏与,破之,拔九城。十八年,翦将攻赵。岁馀,遂拔赵,赵王降,尽定赵地为郡。明年,燕使荆轲为贼于秦②,秦王使王翦攻燕。燕王喜走辽东,翦遂定燕蓟而还。秦使翦子王贲击荆③,荆兵败。还击魏④,魏王降,遂定魏地。

【注释】

①始皇十一年:即公元前236年。②贼:谋杀,杀害。③荆:楚国的别称。秦始皇父庄襄王名子楚,为避讳"楚"字,所以称楚国为"荆"。④还:返回。

【译文】

王翦,是频阳东乡人。年少时就喜好军事,后来侍奉秦始皇。始皇十一年,王翦带兵攻打赵国的阏与,大破赵军,攻下九座城邑。始皇十八年,王翦率兵攻打赵国。一年多就攻下了赵国,赵王投降,全部平定了赵国的土地,并设赵为郡。第二年,燕国派荆轲到秦国谋杀秦王,秦王派王翦攻打燕国。燕王喜逃到辽东,王翦便平定了燕国都城蓟都胜利返回。秦王派王翦之子王贲攻打楚国,楚兵战败。转过头来又攻击魏国,魏王投降,于是平定了魏国。

【原文】

　　秦始皇既灭三晋，走燕王，而数破荆师。秦将李信者，年少壮勇，尝以兵数千逐燕太子丹至于衍水中，卒破得丹，始皇以为贤勇。于是始皇问李信："吾欲攻取荆，于将军度用几何人而足①？"李信曰："不过用二十万人。"始皇问王翦，王翦曰："非六十万人不可。"始皇曰："王将军老矣，何怯也！李将军果势壮勇②，其言是也。"遂使李信及蒙恬将二十万南伐荆。王翦言不用，因谢病③，归老于频阳。李信攻平与，蒙恬攻寝，大破荆军。信又攻鄢郢，破之，于是引兵而西，与蒙恬会城父。荆人因随之，三日三夜不顿舍④，大破李信军，入两壁⑤，杀七都尉，秦军走。

　　始皇闻之，大怒，自驰如频阳⑥，见谢王翦曰⑦："寡人以不用将军计，李信果辱秦军。今闻荆兵日进而西，将军虽病，独忍弃寡人乎！"王翦谢曰⑧："老臣罢病悖乱⑨，唯大王更择贤将⑩。"始皇谢曰："已矣，将军勿复言！"王翦曰："大王必不得已用臣，非六十万人不可。"始皇曰："为听将军计耳。"于是王翦将兵六十万人，始皇自送至灞上。王翦行，请美田宅园池甚众⑪。始皇曰："将军行矣，何忧贫乎？"王翦曰："为大王将，有功终不得封侯，故及大王之向臣⑫，臣亦及时以请园池为子孙业耳⑬。"始皇大笑。王翦既至关，使使还请善田者五辈⑭。或曰："将军之乞贷⑮，亦已甚矣。"王翦曰："不然。夫秦王怚而不信人⑯。今空秦国甲士而专委于我⑰，我不多请田宅为子孙业以自坚⑱，顾令秦王坐而疑我邪⑲？"

【注释】

①"于将军……而足"句：将军估计需要调用多少士兵才够用呢？度，估计，推测。②果势：果断。③谢病：推脱有病。④顿舍：停留，止息。⑤壁：军营。⑥如：往，到。⑦谢：道歉。⑧谢：推辞。⑨罢（pí）：通"疲"。疲乏，软弱。悖乱：糊涂，昏乱。⑩唯：这里是表示希望的意思。⑪请：请求（赐予）。甚众：很多。⑫及：趁着。向：偏爱，器重。⑬业：置家业。⑭使使：前一"使"字意为派遣，后一"使"字意为使者。辈：次。⑮乞贷：请求借贷。这里指请求赐予家产。⑯怛：粗暴。⑰专：专门，特地。⑱自坚：自己表示坚定不移。⑲顾：反而，却。坐：凭空，徒然。

【译文】

秦始皇灭掉了韩、赵、魏三国，赶跑了燕王喜，同时多次打败楚军。秦国将领李信，年轻力壮，曾带着士兵几千人追逐燕太子丹到衍水，最后打败燕军捉到太子丹，秦始皇认为李信贤能勇敢。一天，秦始皇问李信："我打算攻打楚国，将军估算调用多少士兵才够用呢？"李信说："不过用二十万人。"秦始皇又问王翦，王翦回答说："非得六十万人不可。"秦始皇说："王将军老啦，多么胆怯呀！李将军真是果敢壮勇，他的话是对的。"于是就派李信及蒙恬率领二十万军队向南讨伐楚国。王翦的话不被采纳，就推托有病，回到频阳家乡养老。李信攻打平与，蒙恬攻打寝邑，大败楚军。李信接着进攻鄢郢，又攻了下来，于是带领部队向西前进，要与蒙恬在城父会师。楚军趁此跟踪他们，三天三夜不停息，结果大败李信的军队，攻下两个军营，杀死七个都尉，秦军溃逃。

秦始皇听到这个消息，大怒，亲自乘车奔往频阳，见到王翦道歉说："我由于没采纳您的计策，李信果然使秦军蒙受了耻辱。现在听说楚军一天天向西逼近，将军虽然有病，难道忍心抛弃我吗？"王翦推辞说："老臣病弱疲乏，昏聩无能，希望大王另选良将。"秦始皇又谢过说道："好啦，将军不要再说什么了！"王翦说："大王一定不得已而起用我，非得六十万人不可。"秦始皇答应道："就采纳将军的计策了。"于是王翦率领六十万大军出发了，秦始皇亲自送到灞上。王翦临出发时，请求赐予许多良田、美宅、园林、池苑等。秦始皇说："将军尽管上路好了，何必担忧家里日子不好过呢？"王翦说："作为大王的将领，即使有功劳也终究难以封侯，所以趁着大王亲近我的时候，就及时请求大王赐予园林池苑来给子孙后代置办产业。"秦始皇听了大笑。王翦到了函谷关，又连着五次派遣使者回去请求赐予良田。有人说："将军请求赐予田宅，也太过分了吧。"王翦说："这么说不对。那秦王性情粗暴而多疑。现在调集全国的武士专门委托给我，我不多多请求赏赐田宅给子孙置办家产，以表示效忠秦王的决心，难道反而让秦王平白无故地怀疑我吗？"

【原文】

王翦果代李信击荆。荆闻王翦益军而来①，乃悉国中兵以拒秦②。王翦至，坚壁而守之，不肯战。荆兵数出挑战，终不出。王翦日休士洗沐③，而善饮食抚循之④，亲与士卒同食。久之，王翦使人问："军中戏乎？"对曰："方投石超距⑤。"于是王翦曰："士卒可用矣。"荆数挑战而秦不出，乃引而东。翦因举兵追之，令壮士击，大破荆军。至蕲南，杀其将军项燕，荆兵遂败走。秦因乘胜略定荆地城邑⑥。岁余，虏荆王负刍，竟平荆地为郡县⑦。因南征百越之君。而王翦子王贲，与李信破定燕、齐地。

秦始皇二十六年⑧，尽并天下，王氏、蒙氏功为多，名施于后世⑨。

【注释】

① 益军：增兵。② 悉：竭尽。③ 休士洗沐：让士兵休整洗浴。洗，指洗脚；沐，指洗头。④ 抚循：安抚，安顿抚慰。⑤ 投石超距：指军事游戏。⑥ 略定：占领、平定。⑦ 竟：终于。⑧ 秦始皇二十六年：即公元前221年。⑨ 施（yì）：延续。

【译文】

王翦果然代替李信攻击楚国。楚国听说王翦增加了兵士来作战，就发动全国军队抗拒秦兵。王翦一到达，秦军便构筑坚固的营垒采取守势，不肯出兵交战。楚军多次主动挑战，王翦始终不出来迎战。王翦让士兵们天天休息洗浴，供给丰盛的饭菜抚慰他们，亲自与士兵一同饮酒用餐。过了一段时间，王翦派人问："军中在玩游戏吗？"回报说："正在玩投石子和跳跃的游戏。"于是王翦说："士兵们可以用了。"楚军多次挑战，而秦军不肯应战，因此就率兵朝东去了。王翦趁机发兵追击他们，派健壮的士兵向前突击，大败楚军。追到蕲南，杀了他们的将军项燕，楚军最终战败而逃。秦军乘胜追击，占领并平定了楚国城邑。一年多以后，俘虏了楚王负刍，最后平定了楚国并在那里设置郡县。又乘势向南征伐百越。与此同时，王翦的儿子王贲，与李信平定了燕国和齐国。

秦始皇二十六年，完全兼并天下，王氏和蒙氏的功劳最多，名声流传于后世。

【原文】

秦二世之时，王翦及其子贲皆已死，而又灭蒙氏。陈胜之反秦，秦使王翦之孙王离击赵①，围赵王及张耳钜鹿城②。或曰："王离，秦之名将也。今将强秦之兵，攻新造之赵③，举之必矣。"客曰："不然。夫为将三世者必败。必败者何也？必其所杀伐多矣，其后受其不祥。今王离已三世将矣。"居无何，项羽救赵，击秦军，果虏王离，王离军遂降诸侯。

【注释】

①赵：秦汉之际的诸侯国。②赵王：指赵歇。③造：建立。

【译文】

秦二世的时候，王翦和他的儿子王贲都已死去，且二世又诛灭了蒙氏。陈胜反抗秦朝时，二世派王翦的孙子王离攻打赵国，将赵王和张耳围困在钜鹿城。当时有个人说："王离是秦朝的名将。现在他率领强大的秦军攻打刚刚建立的赵国，攻克钜鹿是必然的。"有门客说："不是这样的。做将军做到第三代必定要失败。为什么必败呢？一定是他家杀戮的人太多了，他家的后代就要承受他们的恶报。如今王离已是第三代将领了。"不久，项羽驰援赵国，攻打秦军，果然俘虏了王离，王离的军队就投降了诸侯军。

【原文】

太史公曰：鄙语云："尺有所短，寸有所长①。"白起料敌合变②，出奇无穷，声震天下，然不能救患于应侯③。王翦为秦将，夷六国④，当是时，翦为宿将⑤，始皇师之，然不能辅秦建德，固其根本，偷合取容⑥，以至殁身⑦。及孙王离为项羽所虏，不亦宜乎！彼各有所短也。

【注释】

①鄙语：俗话。尺有所短，寸有所长：语出屈原《卜居》："夫尺有所短，寸有所长。"意思是尺虽比寸长，但度量长物也有短的时候，寸虽比尺短，但度量短物也有长的时候。这里喻指白起、王翦各有其长处，也各有其短处。②料敌：算计敌人。合变：符合变化，随机应变。③然不能救患于应侯：然而不能防止应侯制造的祸患。救：止。④夷：平定。⑤宿将：老将。⑥偷合：苟全迎合。取容：取悦于人主。⑦殁：死亡。

【译文】

太史公说：俗话说"尺有短的时候，寸有长的时候"。白起预料敌人能根据实际情况制定出作战方案，所以奇计不断，名震天下，然而却不能应对应侯给他留下的祸患。王翦作为秦国的将领，平定六国，在当时他是经验丰富的老将，秦始皇尊其为师，可是他不能辅佐秦始皇建立德政，巩固国家根基，却苟且迎合以取得容身之地，以至终老。后来他的孙子王离被项羽俘虏，不也是理所当然的吗？他们各有自己的短处啊。

孟子荀卿列传

【导读】

　　这篇列传重点介绍了四个人物：孟子、驺衍、淳于髡、荀卿，还简单介绍了驺忌、慎到、驺奭、公孙龙、墨翟等人。

　　孟子是战国时期驺人，曾拜子思为师。学成之后，游说诸侯。孟子的言论不切实情、远离实际，因此不能受到诸侯的重用。孟子就与弟子万章等人整理经典，著成《孟子》一书。在司马迁笔下，孟子"生于大自在者，无所牵挂，精于孔子之道，而又有其进也"，他遵守古代礼仪，有自己的主见，处事旷达，令人尊敬。

　　驺衍学术的核心是"五德终始"说。驺衍认为，人的世界是依照五德转移的次序进行循环的，而五德转移的依据是金、木、水、火、土相生相克的道理。这种学说后来在朝代更迭的时候得以借用，如《史记·封禅书》中记载说，秦始皇统一天下后，接受齐人的建议，以"五德终始"的学说治理国家。

　　淳于髡先后两次参见梁惠王，但梁惠王被声色犬马羁绊，没有理睬他。第三次拜见，淳于髡什么话都没说，惠王感到奇怪，忙质问淳于髡。淳于髡说明理由，惠王幡然醒悟。所以司马迁说"与淳于髡相处久了，可以常常听到有益的言论"。

　　荀子先是做齐国稷下学宫的领袖，后来到了楚国，做过兰陵令。后罢官，推究儒、墨、道三家的学术，写成一部儒家经典《荀子》。

孟　子

【原文】

　　太史公曰：余读《孟子》书①，至梁惠王问"何以利吾国②"，未尝不废书而叹也③。曰：嗟乎，利诚乱之始也！夫子罕言利者④，常防其原也⑤。故曰"放于利而行⑥，多怨"。自天子至于庶人，好利之弊何以异哉！

【注释】

①《孟子》：儒家经典之一。据说是孟子和他的学生所作。②梁惠王：即魏惠王，公元前370年至公元前335年在位。③废：放下。④夫子：孔子。⑤原：源头。⑥放：依据。

【译文】

太史公说：我读《孟子》一书，读到梁惠王问孟子"怎样有利于我国"一句，免不了要丢下书感慨一番了。我说：唉，功利的确是祸乱的开端啊！孔夫子之所以很少谈论功利，就是想从根本上去防止它。所以说："如果做什么事情都要把利益放在前面，那是一定会招致许多怨恨的。"从天子直至平民百姓，追求功利的弊病又有什么差别呢！

【原文】

孟轲，驺人也①。受业子思之门人②。道既通，游事齐宣王③，宣王不能用。适梁④，梁惠王不果所言⑤，则见以为迂远而阔于事情⑥。当是之时，秦用商君⑦，富国强兵；楚、魏用吴起⑧，战胜弱敌；齐威王、宣王用孙子、田忌之徒⑨，而诸侯东面朝齐⑩。天下方务于合从连衡⑪，以攻伐为贤⑫，而孟轲乃述唐、虞、三代之德⑬，是以所如者不合⑭。退而与万章之徒序《诗》《书》⑮，述仲尼之意，作《孟子》七篇。其后有驺子之属⑯。

【注释】

①孟轲：字子舆，儒家的重要代表人物。驺：国名。在今山东驺县一带。②受业：跟随老师学习。子思：孔子之孙。门人：弟子。③游事：游说服事。齐宣王：田辟疆，公元前342年至公元前324年在位。④适：到。⑤果：赞同，信。⑥阔：远。事情：事实。⑦秦：国名，战国七

雄之一。商君：商鞅。⑧楚：国名，战国七雄之一。魏：国名，战国七雄之一。吴起：卫国人。曾任魏将，后任楚令尹。⑨齐威王：田因齐，公元前378年至公元前343年在位。孙子：孙膑，齐国人，曾任齐威王军师。田忌：齐国的将领。⑩东面：面向东方。朝齐：朝拜齐国国君。⑪合从：指六国联合抗秦的策略。连衡：指秦国联合几个国家共同攻打其他国家的策略。⑫贤：高明。⑬唐：陶唐氏，传说中的远古部落名，领袖为尧。虞：有虞氏，传说中的远古部落名，领袖为舜。三代：夏、商、周。⑭如：去，到。⑮万章：孟子的学生。序：依次整理。《诗》：《诗经》。《书》：《尚书》。⑯驺子：同"邹"，姓。属：辈，类。

【译文】

孟轲，驺国人，是子思弟子的学生。学问有成之后，孟子游说齐宣王，宣王没有重用他。又到了魏国，梁惠王也不赞成孟子的言论，反而认为他的话迂回曲折，不切实际。就在这时，秦国任用商鞅，实现了富国强兵；楚国和魏国任用吴起，战胜了弱敌；齐威王、宣王任用孙膑和田忌等人，各国诸侯都到东方的齐国来朝贡。在天下致力于合纵与连横的时候，各国都把战争作为至高无上的事情。而孟轲却称述尧、舜及三代的德政，自然不合时宜，不受重用。于是，孟子退回故国与弟子万章等人整理《诗经》和《书经》，阐述孔子的学说，写了《孟子》七篇。孟子之后又有驺子等人。

齐有三驺

【原文】

齐有三驺子。其前驺忌①，以鼓琴干威王②，因及国政③，封为成侯而受相印，先孟子④。

其次驺衍⑤，后孟子。驺衍睹有国者益淫侈，不能尚德⑥，若大雅整之于身⑦，施及黎庶矣⑧。乃深观阴阳消息而作怪迂之变⑨，《终始》《大圣》之篇十余万言。其语闳大不经⑩，必先验小物，推而大之，至于无垠。先序今以上至黄帝⑪，学者所共术⑫,大并世盛衰⑬,因载其机祥度制⑭,推而远之,至天地未生,窈冥不可考而原也⑮。先列中国名山大川,通谷禽兽⑯,水土所殖⑰,物类所珍⑱,因而推之,及海外人之所不能睹。称引天地剖判以来⑲,五德转移⑳,治各有宜,而符应若兹㉑。以为儒者所谓中国者㉒,于天下乃八十一分居其一分耳。中国名曰赤县神州。赤县神州内自有九州,禹之序九州是也㉓,不得为州数。中国外如赤县神州者九,乃所谓九州也。于是有裨海环之㉔,人民禽兽莫能相通者,如一区中者,乃为一州。如此者九,乃有大瀛海环其外㉕,天地之际焉。其术皆此类也,然要其归㉖,必止乎仁义节俭,君臣上下六亲之施㉗。始也,滥耳㉘,王公大人初见其术,惧然顾化㉙,其后不能行之。

【注释】

①驺忌:曾任齐国相。②鼓:弹奏。干:求见。③及:参与。④先:先于,前于。⑤驺衍:齐国人。⑥尚:推崇。⑦若:如果。人雅:才德高尚。整之于身:约束自身。⑧施:推及。黎庶:百姓。⑨阴阳:原指日光的向背,向日为阳,背日为阴。后来有些古代哲学家用阴阳这个概念来解释自然界两种对立和相互消长的物质势力。消息:消亡和增长。息,滋生。怪迂:怪异迂远。⑩闳:宏大。不经:荒诞不合常理。⑪黄帝:传说之中中原各族的祖先。⑫术:叙述、述说。⑬并:通"傍",依随。⑭机祥:求神赐福去灾。度制:制度。⑮窈冥:深幽,奥妙。原:推究根源。⑯通谷:深谷。⑰殖:生殖繁衍。⑱珍:认为珍贵。⑲剖判:分开。⑳五德转移:驺衍的学说。指用金、木、水、火、土五种物质德性相生相克的循环变化,来解释王朝兴废的原因。㉑符应:把天降祥瑞与人事相应称为"符应"。兹:此。㉒儒者:即儒家。㉓禹:夏禹。夏后氏部落领袖,后被舜选为继承人。序:划。㉔裨:细小。㉕瀛海:大海。㉖要:探究。归:归旨。㉗六亲:说法不一,一般指父、母、兄、弟、夫、妇。㉘滥:泛滥。㉙惧然:惊异。顾化:内心思谋,用于教化。

【译文】

　　齐国有三个驺子,最早的那个是驺忌,他利用弹琴的机会求见齐威王,因而得以参与政事,被封为成侯还接受了相印,他活动的时代比孟子要早一些。

　　其次是驺衍,他活动的时代晚于孟子。驺衍亲眼目睹掌权者日趋荒淫,无法崇尚道德,他想如果能用大中至正的道德约束自己,就能将道德普及百姓之中。于是他深入观察阴阳之变化,记述各种迂阔怪异的变幻,《终始》《大圣》诸篇有十余万字。他的学说言辞宽阔远大,不合常理,往往先验证细小的事物,然后再推而广之,引申到广大的事物之上,以至推及无边无际。这册书先从现在追溯到黄帝时代,叙述学者们共同称述的学术,大体上随着时代的盛衰变化,所以记载下了消灾求福、祈神求福的制度,由此推及很久远的时候,以至天地还没有形成的时代,可说是奥秘深远而无法考究追溯。这书先记述中国的名山大川,深谷里的飞禽野兽,水中地面所生长的,动物中珍贵的,进而推广到遥远的异域人们所看不到的事物。又称述自开天辟地以来,金、木、水、火、土五行之德相生相克,周而复始地循环,这些对治理国家各有适合的次序,天命与人事互相感应就像这个样子。驺衍认为儒家所说的中国,只是全天下八十一分中的一分。中国名叫赤县神州。赤县神州之内有九州,也就是大禹划分的九州,但这种州还不是驺衍所说的"州"。除了中国以外,像赤县神州的还有九个,这才是所谓的九州。这九个州都有小海环绕着,各州的百姓以至飞禽野兽都不能彼此相通,像处在一个区域中似的,这就是一州。这样的州有九个,还有大海环绕在州的外面,那正是天地的边际。驺衍的学说都属于这一类。然而考究他学说的要旨,必定要归结于仁义节俭的德行,要在君臣上下以及六亲之间施行。只是在开始时,引论过于空泛罢了,王公大臣最初看到他的理论,无不惊慌失措,予以重视,想要照着做,但之后却又不能施行。

【原文】

　　是以驺子重于齐①。适梁,惠王郊迎②,执宾主之礼③。适赵,平原君侧行撇席④。如燕⑤,昭王拥彗先驱⑥,请列弟子之座而受业,筑碣石宫⑦,身亲往师之。作《主运》。

其游诸侯见尊礼如此⑧,岂与仲尼菜色陈、蔡⑨,孟轲困于齐、梁同乎哉!故武王以仁义伐纣而王⑩,伯夷饿不食周粟⑪;卫灵公问陈⑫,而孔子不答;梁惠王谋欲攻赵,孟轲称大王去邠⑬。此岂有意阿世俗苟合而已哉!持方枘欲内圜凿⑭,其能入乎?或曰,伊尹负鼎而勉汤以王⑮,百里奚饭牛车下而缪公用霸⑯,作先合⑰,然后引之大道。驺衍其言虽不轨⑱,傥亦有牛鼎之意乎⑲?

自驺衍与齐之稷下先生⑳,如淳于髡、慎到、环渊、接子、田骈、驺奭之徒,各著书言治乱之事,以干世主,岂可胜道哉㉑!

【注释】

①重:被看重。②郊迎:到郊外迎接。③执:行。④平原君:赵胜。侧行:侧着身子走。表示谦让。撇:拂,轻擦。⑤燕:燕国,战国七雄之一。⑥彗:扫帚。先驱:走到前面。⑦碣石宫:官名。⑧见:被。⑨菜色,饥饿时的脸色。这里是挨饿的意思。陈、蔡:陈国和蔡国。⑩武王:周武王姬发。纣:商代最后一个君主。王:称王,统治天下。⑪伯夷:商末孤竹君长子。武王灭商后,伯夷逃避到首阳山,不食周粟而死。⑫卫灵公:姬元,公元前534年至公元前492年在位。陈:通"阵"。交战时的战斗队列。⑬大王:大,通"太"。指周文王的祖父古公亶父。去邠:离开邠地,出自《孟子·梁惠王下》。孟子回答滕文公"齐人将筑薛"的问题时说:"昔者大王居邠,狄人侵之,去之岐山之下居焉。"⑭枘:榫头。内:通"纳",放进。圜:通"圆",圆形。凿:榫眼。⑮伊尹:商朝大臣,名伊,尹是官名。负:背。鼎:古代烹煮的器物。勉:勉励。汤:商汤,商朝开国之君。⑯饭牛:喂牛。缪公:秦缪公。用:因。霸:称霸。⑰作先合:行为先要投合人主的意愿。⑱不轨:越出常理。⑲傥:或者。⑳稷下:地名。稷下先生:指战国时齐宣王在国都临淄稷门一带设置学宫所招揽的诸多文学游说之士。㉑胜:尽。

【译文】

　　因此驺衍在齐国很受重视。驺衍到了魏国,梁惠王亲自到郊外欢迎,行宾主之礼。又到了赵国,平原君侧着身子陪同走路,并亲自为他拂拭坐席,以示尊敬。到了燕国,燕昭王拿着扫帚在前边清扫道路迎接他,为其引路,还请求自己坐在学生的座位上接受学业,还为他修建了碣石宫,亲自前去向他学习行拜师礼。驺衍此时写了一篇《主运》。他游说各国受到的尊敬到达如此程度,怎么可以跟孔子在陈国、蔡国遭受饥饿,孟轲受困于齐国、魏国同日而语呢!所以周武王凭借仁义讨伐商纣而成就王业,建立周朝,而伯夷却宁愿饿死也不食周朝粮食;卫灵公向孔子询问作战的阵势,而孔丘却拒不回答;梁惠王图谋攻打赵国,而孟轲却称颂周太王为避夷狄而离开邠地的事迹。这些人难道有为了讨好世俗而苟且求合吗?手执方形的隼头而想把它放到圆形的卯眼里,这能放得进去吗?有人说,伊尹背着烹饪用的鼎去勉励商汤成就王业,百里奚在车下喂牛而帮助秦缪公成就霸业,他们先是迎合君主,然后再引导君主走上正道。尽管驺衍的理论不合常轨,只怕也有百里奚喂牛、伊尹负鼎的用意吧!

　　自驺衍一直到齐国稷下学宫的诸位学者,如淳于髡、慎到、环渊、接子、田骈、驺奭等人,他们各自写书论述治乱之事,以求得到君主的赏识,这些怎么能记述得完呢!

淳于髡

【原文】

　　淳于髡,齐人也。博闻强记①,学无所主。其谏说②,慕晏婴之为人也③,然而承意观色为务。客有见髡于梁惠王④,惠王屏左右⑤,独坐而再见之,终无言也。惠王怪之,以让客曰⑥:"子之称淳于先生,管、晏不及⑦,及见寡人,寡人未有得也。岂寡人不足为言邪?何故哉?"客以谓髡。髡曰:"固也。吾前见王,王志在驱逐⑧;后复见王,王志在音声⑨;吾是以默然。"客具以报王⑩,王大骇⑪,曰:"嗟乎，淳于先生诚圣人也！前淳于先生之来，人有献善马者，寡人未及视，会先生至。后先生之来，人有献讴者⑫，未及试，亦会先生来。寡人虽屏人，然私心在彼，有之。"后淳于髡见，壹语连三日三夜无倦⑬。惠王欲以卿相位待之，髡因谢去⑭。于是送以安车驾驷⑮，束帛加璧⑯，黄金百镒⑰。终身不仕。

慎到，赵人。田骈、接子，齐人。环渊，楚人。皆学黄老道德之术⑱，因发明序其指意⑲。故慎到著十二论，环渊著上、下篇，而田骈、接子皆有所论焉。

驺奭者，齐诸驺子⑳，亦颇采驺衍之术以纪文㉑。

于是齐王嘉之㉒，自如淳于髡以下㉓，皆命曰列大夫，为开第康庄之衢㉔，高门大屋，尊宠之。览天下诸侯宾客㉕，言齐能致天下贤士也㉖。

【注释】

①博闻强记：见闻广博，强于记忆。②谏说：规劝、说服君王。③慕：羡慕。晏婴：春秋时齐国大臣。④见：引见。⑤屏：使退避。⑥让：责备。⑦管：管仲。春秋时齐国大臣。晏：晏婴。⑧驱逐：指策马奔驰追逐。⑨音声：音乐女色。⑩具：通"俱"，全。⑪骇：惊惧。⑫讴：歌唱。⑬壹：通"一"。⑭谢：辞让。⑮安车：古代一种可以坐乘的小车。驾驷：一辆车套着四匹马。⑯束帛：古代帛五匹为一束。⑰镒：古代重量单位，二十两为一镒，一说二十四两为一镒。⑱黄老道德之术：指道家学派的学术。黄：黄帝。老：老子。⑲序：阐发。指意：意旨。⑳诸驺子：指驺奭是诸驺子之一。㉑颇：大多。纪文：著文。㉒齐王：指齐宣王。㉓自如：这里是"从""由"的意思。㉔开第：建造住宅。第，大住宅。康庄：宽阔平坦。衢：四通八达的路。㉕览：通"揽"，招揽。㉖致：招致。

【译文】

淳于髡，齐国人。学问广博，记忆力强，学术上并没有专注于哪一家。他向君王进谏,仰慕晏婴的为人,然而却致力于察言观色。有宾客把淳于髡引见到梁惠王的面前,惠王斥退两旁的侍从,单独接见了他,可是淳于髡一直没有说话。梁惠王觉得奇怪,责怪宾客道:"你称赞这位淳于先生,说就连管仲、晏婴都比不上他,等他见到我后,我却一点收获都没有。难道我不足以跟他谈话吗?这是为什么呢?"客人把惠王所说的话告诉淳于髡。淳于髡说:"的确如此。我前一次见到大王的时候,大王想骑马打猎;后来我又见到大王,他心里却想着声色。所以我沉默不言。"宾客将淳于髡的话转告给惠王,惠王大惊,说道:"唉,淳于先生真是圣人啊!前次淳于先生来的时候,刚好有人献来一匹好马,我还没顾得上看这匹马,正好淳于先生就来了。后一次先生来,适逢有人献给我歌伎,我还没来得及看一下,又正好赶上先生来。我虽然斥退了两旁的人,但心里依然想念着声色犬马的事,这事的确有。"后来淳于髡再去拜见梁惠王,一连聊了三天三夜也没有倦意。惠王想授予淳于髡卿相之位,淳于髡辞让而去。梁惠王又送给他一辆四匹马驾的坐车,一束配以玉璧的帛,黄金一百镒。淳于髡一生都没有做官。

慎到,赵国人。田骈、接子,齐国人。环渊,楚国人。他们都研究黄老之术,进而发挥阐释黄老之学的旨意。所以慎到写了十二论,环渊写了上、下两篇,田骈、接子也有一些论述。

驺奭,齐国诸驺子之一,他也较多地采纳了驺衍的学术理论来写文章。

齐宣王很赏识这些人,从淳于髡以下诸人,都任命为列大夫,给他们在宽阔平坦、交通发达的地方修建高门大屋的住宅,以示尊重和宠信。又招揽天下的宾客,以表明齐国能招徕天下的贤士。

荀 子

【原文】

　　荀卿,赵人。年五十始来游学于齐。驺衍之术迂大而闳辩;奭也文具难施①;淳于髡久与处,时有得善言。故齐人颂曰:"谈天衍②,雕龙奭③,炙毂过髡④。"田骈之属皆已死。齐襄王时⑤，而荀卿最为老师⑥。齐尚修列大夫之缺⑦，而荀卿三为祭酒焉⑧。齐人或谗荀卿，荀卿乃适楚，而春申君以为兰陵令⑨。春申君死而荀卿废，因家兰陵。李斯尝为弟子⑩，已而相秦。荀卿嫉浊世之政，亡国乱君相属⑪，不遂大道而营于巫祝⑫，信机祥，鄙儒小拘⑬，如庄周等又猾稽乱俗⑭，于是推儒、墨、道德之行事兴坏⑮，序列著数万言而卒⑯。因葬兰陵。

【注释】

①具：完备。②谈天：善于谈论。③雕龙：修饰文字。④过：通"锅"。炙毂过：烘烤润车油的器皿。这里比喻智慧不尽，议论不绝。⑤齐襄王：田法章，公元前283年至前265年在位。⑥最为老师：最是年老资深的学者。⑦修：整备，补充。⑧祭酒：古代飨宴酬酒祭神的长者。后把位尊或年长者称为祭酒。⑨春申君：黄歇，楚国贵族。⑩李斯：楚国人，曾任秦始皇的丞相。⑪属：接连。⑫遂：遵循。大道：正大的道理。营：通"荧"，迷惑。巫祝：古代称事鬼神者为巫，祭主赞词者为祝。⑬鄙儒：见识浅陋的儒生。小拘：拘泥于小节。⑭猾稽乱俗：能言善辩，干乱时俗。⑮墨：墨家。创始人墨翟。⑯列：按次序整理。

【译文】

荀卿，赵国人。五十岁之时才到齐国游学。驺衍的理论迂回曲折，气势磅礴而富有雄辩色彩；驺奭的理论很完备但难以实施；（至于）淳于髡，如果跟他相处久了，可以时常听到一些有益的言论。所以齐国人称颂说："驺衍擅长谈天说地，驺奭擅长修饰文字，淳于髡有着无穷的智慧。"田骈等人都已故去。齐襄王时，荀卿已成为学问最高的老师。齐国仍在补充列大夫的空缺，荀卿前后三次担当列大夫们的领袖。齐国有人说荀卿的坏话，荀卿就去了楚国，春申君让他做了兰陵令。春申君死了之后荀卿被免职，于是就在兰陵安了家。李斯曾经是他的学生，后来成了秦相。荀卿痛恨乱世的政治，亡国的昏君一个又一个，不行正道反而受惑于装神弄鬼的巫祝，迷信吉凶之事，鄙陋的儒者拘泥小节，像庄周等这样的人能言善辩却又不合世俗，故而荀卿推究儒、墨、道三家所做之事的成与败，写成数万文字，不久就去世了。最终葬于兰陵。

其馀诸子

【原文】

　　而赵亦有公孙龙为坚白同异之辩①，剧子之言②；魏有李悝，尽地力之教③；楚有尸子、长卢④；阿之吁子焉⑤。自如孟子至于吁子，世多有其书，故不论其传云⑥。

　　盖墨翟⑦，宋之大夫⑧，善守御⑨，为节用。或曰并孔子时⑩，或曰在其后。

【注释】

①赵：国名。公孙龙：名家的代表人物。坚白同异之辩：指战国时公孙龙学派的"离坚白"和惠施学派的"合同异"的名实论辩。②剧子：先秦学者。③李悝：曾任魏国丞相。尽地力之教：指李悝提倡耕作，鼓励开荒，以尽地力的经济改革主张。④尸子：尸佼，杂家。长卢：道家。⑤阿：齐国邑名。吁子：吁婴。⑥传：解说的文章。⑦墨翟：宋国人，墨家学派创始人。⑧宋：国名。⑨守御：守卫和防御。⑩并：同。

【译文】

　　赵国也有位公孙龙对"离坚白"与"合同异"进行了辩论，又有剧子的理论学说出现。魏国有个李悝，对地尽其力、扩大生产的政策竭力宣传。楚国有尸佼、长卢；阿邑有吁子。自孟轲到吁子，世间多流传着他们的著作，所以就不论说他们的文章了。

　　墨翟，宋国的大夫，擅长战事防御，提倡节俭。有人说他与孔子处于同一时代，也有人说他所处的时代在孔子之后。

孟尝君列传

【导读】

孟尝君，姓田名文，战国四公子之一（其馀三个是：信陵君魏无忌、春申君黄歇、平原君赵胜）。袭其父田婴的封爵，封于薛，称薛公，号孟尝君。孟尝君在薛时，广泛招纳宾客，有宾客三千人。冯骥是孟尝君三千门客中较著名的一个。本篇讲的就是冯骥辅佐孟尝君的事迹。

冯骥弹铗

【原文】

初，冯骥闻孟尝君好客①，蹑跷而见之②。孟尝君曰："先生远辱③，何以教文也？"冯骥曰："闻君好士，以贫身归于君。"孟尝君置传舍十日④，孟尝君问传舍长曰："客何所为？"答曰："冯先生甚贫，犹有一剑耳，又蒯缑⑤。弹其剑而歌曰：'长铗归来乎⑥，食无鱼。'"孟尝君迁之幸舍⑦，食有鱼矣。五日，又问传舍长。答曰："客复弹剑而歌曰：'长铗归来乎，出无舆⑧。'"孟尝君迁之代舍⑨，出入乘舆车矣。五日，孟尝君复问传舍长。舍长答曰："先生又尝弹剑而歌曰：'长铗归来乎，无以为家。'"孟尝君不悦。

【注释】

①冯骥：也作"冯煖（xuān）"，孟尝君门客。②蹑（niè）跷（jué）：穿着草鞋。这里指远行。跷，通"屩（jué）"，指草鞋。③远辱：远道辱临；意同"惠临"。是谦敬之词。④传（zhuàn）舍：供宾客休息、

住宿的处所。⑤蒯(kuǎi)缑(gōu):用草绳缠着剑柄。蒯,草名。缑,缠在剑柄上的绳索。⑥铗(jiá):剑或剑柄。⑦幸舍:中等客房的名称。⑧舆:本指车箱,引申指车。⑨代舍:上等客房的名称。

【译文】

早先,冯驩听到孟尝君爱好宾客,穿着草鞋来见他。孟尝君说:"先生远道惠临,有什么指教我呢?"冯驩说:"听说您喜爱士人,我想把贫贱之身归附于您。"孟尝君把他安顿在招待所的普通客馆里,过了十天,孟尝君问招待所长道:"那个新客人干了些什么?"所长回答道:"冯先生很穷,只有一把剑罢了,又用草绳缠着剑把。他弹着他的剑唱道:'长剑回去吧,吃饭没有鱼。'"孟尝君让他搬到中等客馆里,吃饭有鱼了。过了五天,孟尝君又问招待所长。所长回答道:"那个客人又弹着剑唱道:'长剑回去吧,出门没有车子。'"孟尝君让他搬到上等客馆里,出出进进坐车子了。又过了五天,孟尝君再问招待所长。所长回答道:"先生又曾经弹着剑唱道:'长剑回去吧,没有东西用来养家。'"孟尝君听了很不高兴。

薛地烧债券

【原文】

居期年①,冯驩无所言。孟尝君时相齐,封万户于薛②。其食客三千人,邑入不足以奉客,使人出钱于薛③。岁馀不入④,贷钱者多不能与其息,客奉将不给⑤。孟尝君忧之,问左右⑥:"何人可使收债于薛者?"传舍长曰:"代舍客冯公形容状貌甚辩,长者⑦,无他伎能⑧,宜可令收债。"孟尝君乃进冯驩而请之曰⑨:"宾客不知文不肖,幸临文者三千馀人,邑入不足以奉宾客,故出息钱于薛⑩。薛岁不入,民颇不与其息。今客食恐不给,愿先生责之。"冯驩曰:"诺⑪。"辞行,至薛,召取孟尝君钱者皆会,得息钱十万。乃多酿酒,买肥牛,召诸取钱者,能与息者皆来,不能与息者亦来，皆持取钱之券书合之⑫。齐为会⑬，日杀牛置酒⑭。酒酣，乃持券如前，合之，能与息者，与为期⑮；贫不能与息者，取其券而烧之。曰："孟尝君所以贷钱者，为民之无者以为本业也⑯；所以求息者，为无以奉客也。今富给者以要期，贫穷者燔券书以捐之⑰。诸君强饮食。有君如此，岂可负哉！"坐者皆起，再拜。

【注释】

①期（jī）年：一周年。②封万户：赏赐一万户农民归他统治，主要是供他收租税。③出钱：放债。④岁馀不入：年成不好，没有收入。岁，一年的农事收成。"馀"字当是衍文，下文田文就是说的"薛岁不入"，没用"馀"字。⑤奉：指生活费用，名词。⑥左右：在身边侍候的人。⑦长（zhǎng）者：年纪大、辈分高的人，或是有德行、忠厚的人。⑧伎（jì）：通"技"。⑨进：召进；请进。使动用法。请：告诉。⑩息钱：可以从它获得利息的钱，指放债的本钱。下文的"息钱"则是指放债所得的利钱。⑪诺（nuò）：答应的声音，相当于"嗯"。⑫券书：契据，这里指借据。古代的券常分为左右两联，双方各执一联（行使权利的人执左联、履行义务的人执右联）作为凭证，类似现在的合同。⑬为会：举行或参加集会。⑭日：当日，此日。⑮为期：规定期限。⑯无者：穷乏的人；没有资金的人。本业：古代称农业为本业，称手工业为末业。⑰燔（fán）：焚烧。

【译文】

过了整一年，冯骥没有再说什么。孟尝君当时担任齐国的宰相，在薛邑受封一万户。他的食客有三千人，封邑的收入不够用来供养食客，派人到薛邑放债。年岁没有收成，借钱的人多数不能偿付他们的利息，食客的供养将会难以维持。孟尝君忧虑这件事，问在跟前侍候的人道："哪位可以差遣到薛邑去要账？"招待所长说："上等客馆里的客人冯先生的形状相貌很像有口才，是个老成忠厚的人，年纪大没有别的技能，应当让他去要账。"孟尝君于是把冯骥请进来并请求他道："宾客不知道我无德无能，荣幸地来到我这儿的有三千多人，封邑的收入不够用来供养宾客，所以在薛邑放了些债。薛邑年岁没有收成,人民很多不付利息。如今宾客的食用恐怕不够维持了,希望先生去讨账。"冯骧说:"行。"他告别孟尝君走了,到了薛邑,把借了孟尝君的钱的人都召来集会,收到十万息钱。他于是多酿些酒,购买肥牛,叫所有借了钱的和能够偿付利息的都来,不能够偿付利息的也来,都拿着借据的契约来核对。到了之后大家一起集会,这天,杀牛摆酒。酒正喝得畅快时,冯骧拿着契约到席前加以核对,能够偿付利息的,跟他们约定期限;贫穷不能够偿付利息的,收缴他们的契约,而后烧毁了它们。他说道:"孟尝君所以放债的目的,在于帮助没有资金的人去进行农业生产,其所以索取利息的缘故,是因为没有钱财去供养宾客。如今,对富裕的人约定期限;对贫穷的人烧毁契约,废除这些债务,各位先生努力加餐。你们有这样好的主人,大家能够对不起他吗?"在座的人都站起身来,一拜再拜。

【原文】

孟尝君闻冯骧烧券书,怒而使使召谖。骧至,孟尝君曰:"文食客三千人,故贷钱于薛。文奉邑少①,而民尚多不以时与其息②,客食恐不足,故请先生收责之。闻先生得钱,即以多具牛酒而烧券书,何?"冯骧曰:"然。不多具牛酒即不能毕会③,无以知其有馀不足。有馀者,为要期。不足者,虽守而责之十年,息愈多,急,即以逃亡自捐之。若急,终无以偿,上则为君好利不爱士民④,下则有离上抵负之名⑤,非所以厉士民彰君声也⑥。焚无用虚债之券⑦,捐不可得之虚计⑧,令薛民亲君而彰君之善声也⑨,君有何疑焉!"孟尝君乃拊手而谢之⑩。

【注释】

① 奉邑:也称"食邑""采(cài)邑"。古代帝王、诸侯赏赐卿、大夫作为俸禄而可以世代继承的田邑(包括土地和劳动者),封君在封邑内享有统治权力。这里指薛邑。② 以时:按时。③ 毕:尽,全。④ 上:指齐湣王和朝廷大臣。为:谓,认为。⑤ 下:指薛邑人民,主要是无力偿还的债务人。抵负:触犯,背弃。⑥ 厉:通"励",劝勉,勉励。

⑦虚债：无法获得偿还的债权。⑧虚计：空头帐目。⑨善声：仁爱的名声。⑩拊（fǔ）手：拍手，鼓掌。

【译文】

　　孟尝君听到冯骓烧毁了契约，生气地派使者把冯骓召回。冯骓来到了，孟尝君说："我的食客有三千人，所以在薛邑放债。我的俸禄田地少，而人民还有很多不按时偿付利息，宾客的食用恐怕不够，所以请先生去收讨那些债务。听说先生得了钱就用来多多备办牛酒，又烧毁了契约，怎么回事？"冯骓说："是的。不多备办牛酒就不能把人全都集合起来，无从了解他们的有馀或者不足。有馀的人，给他们约定了期限。不足的人，即便坐守、催讨他们十年，利息越来越多，他们情急了，就会用逃亡的办法来摆脱这些债务。逼得再急，终究没有东西来偿还，上面会认为您贪财好利，不爱惜士人和人民，下面会落得背离和触犯长上的罪名，这不是勉励士人和人民显扬您的仁德名声的做法。烧毁无用的空头债权，放弃不可能收到的空头账目，让薛邑人民拥护您，从而显扬您仁爱的名声，您对此还有什么怀疑呢！"孟尝君于是拊手向他道歉。

西游秦国，保全孟尝君

【原文】

　　齐王惑于秦、楚之毁①，以为孟尝君名高其主而擅齐国之权，遂废孟尝君。诸客见孟尝君废，皆去。冯骓曰："借臣车一乘可以入秦者②，必令君重于国而奉邑益广，可乎？"孟尝君乃约车币而遣之③。冯骓乃西说秦王曰④："天下之游士凭轼结靷西入秦者⑤，无不欲强秦而弱齐⑥；凭轼结靷东入齐者，无不欲强齐而弱秦。此雄雌之国也⑦，势不两立为雄，雄者得天下矣。"秦王跽而问之曰⑧："何以使秦无为雌而可⑨？"冯骓曰："王亦知齐之废孟尝君乎？"秦王曰："闻之。"冯骓曰："使齐重于天下者，孟尝君也。今齐王以毁废之，其心怨，必背齐；背齐入秦，则齐国之情⑩，人事之诚⑪，尽委之秦⑫，齐地可得也，岂直为雄也！君急使使载币阴迎孟尝君⑬，不可失时也。如有齐觉悟⑭，复用孟尝君，则雌雄之所在未可知也⑮。"秦王大悦，乃遣车十乘、黄金百镒以迎孟尝君。冯骧辞以先行，至齐，说齐王曰："天下之游士凭轼结靷东入齐者，无不欲强齐而弱秦者；凭轼结靷西入秦者，无不欲强秦而弱齐者。夫秦、齐雄雌之国，秦强则齐弱矣，此势不两雄。今臣窃闻秦遣使车十乘、载黄金百镒以迎孟尝君。孟尝君不西则已，西入相秦则天下归之，秦为雄而齐为雌，雌则临淄、即墨危矣⑯。王何不先秦使之未到⑰，复孟尝君，而益与之邑以谢之⑱？孟尝君必喜而受之。秦虽强国，岂可以请人相而迎之哉！折秦之谋，而绝其霸强之略。"齐王曰："善。"乃使人至境候秦使。秦使车适入齐境，使还驰告之，王召孟尝君而复其相位，而与其故邑之地，又益以千户。秦之使者闻孟尝君复相齐，还车而去矣。

【注释】

①惑：受骗，被蒙蔽。此处为被动用法。②借：暂时使用别人的东西，或把自己的东西暂时给别人使用。乘（shèng）：古时称一车四马为一乘，量词。③约：收集，准备。币：原指用作礼物的丝织品，后泛指礼物。④西：西行，动词。说（shuì）：用话说动别人。⑤游士：游说之士。凭（píng）轼结靷（yǐn）：驾着车马，往来奔走。凭，靠着。轼，设在车箱前面供人凭倚的横木，形状像半框。结，扎缚。靷，拉车的皮带，一端系在车轴上，一端系在马鞍上。⑥弱：削弱，使动用法。⑦雄雌：借喻胜败、高低、强弱等互相反对的情况。⑧跽（jì）：长跪。双膝着地，上身挺直。⑨无为雌而可："而可无为雌"的倒装句式。⑩情：真实情况。⑪人事：人情事理，指君臣上下的关系等。诚：真实情况。⑫委：致送；交代。⑬阴迎：秘密迎接。⑭有齐：齐国。有，语首助词，常用在名词前面，特别多用在朝代名、国名前面。⑮雌雄：

同"雄雌"。现代汉语只用"雌雄"。⑯临淄：齐都城，在今山东淄博市东北。即墨：齐邑名。当时为齐国重要城邑，在今山东省平度县东南。⑰先（xiàn）：先于，前于。⑱益与：多给。

【译文】

　　齐湣王为秦国、楚国散布的流言飞语所蒙蔽，认为孟尝君的声名盖过了自己而且独揽了齐国的政权，于是罢免了孟尝君。众宾客看见孟尝君被罢免，都离开了。冯驩说："给我一辆可以进入秦国的车子，一定使您受齐国重视而且更加增广您的封地，行吗？"孟尝君便准备车辆和礼物请他去活动。冯驩便西行游说秦昭王道："天下的游说之士驾着车马奔忙西行来到秦国的，没有谁不想加强秦国而削弱齐国；驾着车马奔忙东行去到齐国的，没有谁不想加强齐国而削弱秦国。这两个国家是必须一决雄雌胜负的国家，形势发展是不可能两国并列称雄的，谁是雄国就能统一天下。"秦昭王长跪着问他道："用什么办法才可以使秦国不做雌国呢？"冯驩说："大王也知道齐国罢免孟尝君的事吗？"秦昭王说："听到了。"冯驩说："使得齐国被各国重视的，是孟尝君。如今齐王由于听信毁谤罢免了他，他心里怨恨，一定背弃齐国。如果他背弃齐国，来到秦国，那么齐国的真实情况，君臣上下的内幕，会全部泄露给秦国，齐国的土地将为秦国所有，难道只是称雄吗？您可迅速派遣使者装着礼物去秘密迎接孟尝君，不可失去时机呀。如果齐国觉悟了，再任用孟尝君，那么谁是雄国谁是雌国，还不可预料呢！"秦昭王十分高兴，便派遣十辆车子带着百镒黄金去迎接孟尝君。冯驩告别秦昭王先走了，回到齐国，劝说齐湣王道："天下的游说之士驾着车马奔忙东行来到齐国的，没有不想加强齐国而削弱秦国的；驾着车马奔忙西行到秦国的，没有不想加强秦国而削弱齐国的。秦国和齐国是必须一决雄雌胜负的国家，秦国强些那么齐国就弱些了，这种形势是不能并列称雄的。现在微臣私下听到秦国派遣十辆车子装着百镒黄金来迎接孟尝君。孟尝君不西行就罢了，如果西行去担任秦国的宰相，那么各国就会归附秦国，秦国成为了雄国而齐国成为了雌国，那么临淄和即墨就危险啦！大王何不抢在秦国使者没有到达的前头，恢复孟尝君的职位，并多给他封地去向他道歉？孟尝君一定会高兴地接受的。秦国虽然是个强国，难道可以请去人家的丞相吗？我们应当挫败秦国的阴谋，粉碎它称霸图强的策略。"齐湣王说："好。"便派人到边境伺察秦国的使者。秦国使者的车子刚好进入齐国边境，齐湣王的使者回转车马飞快地告诉他，齐湣王召回孟尝君并恢复他的丞相职位，并归还他原有的封邑田地，又增加了一千户。秦国的使者听到孟尝君又担任了齐国的丞相，只好掉转车子回去了。

【原文】

自齐王毁废孟尝君①，诸客皆去。后召而复之，冯驩迎之。未到②，孟尝君太息叹曰③："文常好客，遇客无所敢失，食客三千有馀人，先生所知也。客见文一日废④，皆背文而去，莫顾文者。今赖先生得复其位，客亦有何面目复见文乎⑤？如复见文者⑥，必唾其面而大辱之⑦。"冯驩结辔下拜⑧。孟尝君下车接之，曰："先生为客谢乎？"冯驩曰："非为客谢也，为君之言失。夫物有必至⑨，事有固然⑩，君知之乎？"孟尝君曰："愚不知所谓也。"曰："生者必有死，物之必至也；富贵多士，贫贱寡友，事之固然也。君独不见夫趣市朝者乎⑪？明旦⑫，侧肩争门而入⑬；日暮之后，过市朝者掉臂而不顾⑭。非好朝而恶暮，所期物忘其中⑮。今君失位，宾客皆去，不足以怨士而徒绝宾客之路。愿君遇客如故。"孟尝君再拜曰："敬从命矣。闻先生之言，敢不奉教焉。"

【注释】

①毁废：因毁而废。毁，作状语用。②未到：还没有到齐都城。③太息：大声叹气；深深地叹气。④一日：一旦，一朝。表示所经历的时间还不长。⑤面目：颜面，脸面。⑥如：如有。⑦唾（tuò）：吐唾沫。表示鄙弃的意思。辱：侮辱，羞侮。⑧结辔（pèi）下拜：冯驩驻马停车，郑重行礼，是为了表示严肃地提出批评意见，以引起田文的重视。辔，缰绳。⑨物有必至：事物发展有它的必然结果。⑩事有固然：人情世态有它的本来面貌。⑪趣（qū）：通"趋"。奔赴；赶往。市朝：市街，集市。⑫明旦：天亮，早晨。⑬侧肩争门：偏斜着肩膀争夺入口，努力往里挤。⑭掉臂：甩着胳膊走。形容不顾而去。⑮所期物忘其中：所希望得到的东西，其中已经没有了。期，期望，希望。忘，无。

【译文】

　　自从齐湣王听信毁谤而罢免了孟尝君,众宾客都离开了。后来齐湣王召回并恢复了孟尝君的官爵,冯驩去迎接他。还没有到达齐国都城,孟尝君深深地叹了一口气,说道:"我一直爱好宾客,对待宾客不敢有一点差错,食客有三千多人,这是先生所知道的。宾客看到我一旦被罢免,都背弃我离开了,没有怜惜我的。如今我凭仗着先生才能恢复自己的职位,宾客还有什么脸面再见我呢?如果有再来见我的,一定要对着他的面吐他一口唾沫,大大地侮辱他一顿。"冯驩驻马停车,向孟尝君跪拜行礼。孟尝君下车扶住他,说道:"先生是代替宾客道歉吗?"冯驩说:"不是代替宾客道歉,而是为着您的话说错了。事物发展有它的必然结果,人情世态有它的本来面貌,您懂得这些道理吗?"孟尝君说:"我不懂您的意思。"冯驩说:"有生命的东西一定会死亡,这是事物发展的必然结局;富贵者有很多门客,贫贱者很少有朋友,这是人情世态的本来面貌。您难道没有看见那些赶集市的人吗?早晨偏斜着肩膀争夺入口挤进去;太阳下落之后,经过集市的人们,甩着胳膊走过去,看也不看一眼。他们不是爱好早晨厌恶傍晚,而是所希望得到的东西在那里已经没有了。如今您失去了职位,宾客都离开,不值得因此埋怨士人,从而徒然断绝了宾客的来路。希望您照过去那样对待宾客。"孟尝君一拜再拜说道:"我恭敬地听从指教照办啦。听到先生的这些话,怎敢不接受教益?"

平原君虞卿列传

【导读】

　　平原君是赵国公子，曾三次担任赵相。他善于养"士"，门下有数千名宾客。本篇所选由两个故事构成：一个是杀美人留宾客，一个是毛遂自荐。平原君家的美人嘲笑"躄者"，躄者告诉平原君，平原君置之不顾，结果宾客散去一半。杀掉美人后，散去的宾客都返回了。此事为下面的毛遂自荐做铺垫。毛遂执意要跟着大伙去楚国，平原君只好带上他。司马迁在这里抓住毛遂与平原君的冲突，巧妙地安排对话，把二人的神态和心理的不同表现出来。毛遂见平原君游说楚王不成，就"按剑而前"，理直气壮地斥责楚王，楚王连声称"诺"，这就把毛遂大义凛然、智勇双全的特点刻画得形神毕肖。

　　第二个人物是虞卿。虞卿通过游说赵王而被任为上卿。长平之战前，他主张联合楚、魏迫使秦国与赵国议和。邯郸解围后，他斥责赵郝和楼缓的降秦政策，主张联合齐国和魏国共同抗击秦国，赵王终究听从了他的意见。后来，虞卿为了拯救魏相魏齐，离开赵国到了大梁，并在那里著书终老。

毛遂自荐

【原文】

　　平原君赵胜者，赵之诸公子也①。诸子中胜最贤，喜宾客，宾客盖至者数千人②。平原君相赵惠文王及孝成王，三去相，三复位，封于东武城。

　　平原君家楼临民家③。民家有躄者④，槃散行汲⑤。平原君美人居楼上，临见，大笑之。明日，躄者至平原君门，请曰："臣闻君之喜士，士不远千里而至者，以君能贵士而贱妾也。臣不幸有罢癃之病⑥，而君之后宫临而笑臣⑦，臣愿得笑臣者头。"平原君笑应曰："诺。"躄者去，平原君笑曰："观此竖子⑧，乃欲以一笑之故杀吾美人，不亦甚乎！"终不杀。居岁馀，宾客门下舍人稍稍引去者过半⑨。平原君怪之，曰："胜所以待诸君者未尝敢失礼，而去者何多也？"门下一人前对曰："以君之不杀笑躄者，以君为爱色而贱士，士即去耳。"于是平原君乃斩笑躄者美人头，自造门进躄者⑩，因谢焉。其后门下乃复稍稍来。是时齐有孟尝⑪，魏有信陵⑫，楚有春申⑬，故争相倾以待士⑭。

【注释】

①诸公子：众公子。公子，古时称诸侯国君的儿女或兄弟叫"公子"。赵胜是赵武灵王之子，赵惠文王之弟，故称之。②盖：大概。③临：居于高处朝向低处。④躄者：两腿瘸的人，即跛子。⑤槃散：行走时一瘸一拐的样子，也作"蹒跚"。行汲：出外取水。⑥罢癃：身体残疾。罢，通"疲"，废置。癃，体弱多病。⑦后宫：宫中妃嫔居处，代指姬妾。⑧竖子：蔑称，即"小子""家伙"。⑨门下舍人：指寄食门下的食客。稍稍：逐渐地。引去：离去。⑩造门：登门。进：献。谢：谢罪，道歉。⑪孟尝：孟尝君田文。⑫信陵：信陵君魏无忌。⑬春申：春申君黄歇。⑭倾：超越。待：款待，礼遇。

【译文】

平原君赵胜，是赵国的诸公子。诸公子中以赵胜最贤，喜欢宾客，宾客有数千人之多。平原君在赵惠文王和孝成王时期担任相国，三次罢相，三次复位，封在东武城。

平原君家的高楼临近百姓的住宅。这里的民户有个瘸子，走路一瘸一拐地去打水。平原君家中有个美人住在楼上，向下看见那人，就大笑起来。第二天，瘸子来到平原君的家门口，申诉说："我听说您爱惜士人，士人不远千里来投奔您，这是因为您能尊重士人而轻视妻妾啊。我不幸是个残废,而您的后宫中有在楼上讥笑我的人,我希望能得到讥笑我的人的脑袋。"平原君笑着回答说:"好的。"瘸子离去,平原君讥笑说:"看这个小子,竟然因为一笑,就想杀掉我的美人,这简直是过分!"终究没有杀掉。一年之后,门下的宾客和食客渐渐离去的过半。平原君觉得奇怪,说:"我招待诸位不曾失过礼数,为什么离去的这么多呢?"门下有一人回答说:"因为您没有斩掉嘲笑瘸子的美人的脑袋,他们都认为您看重美色而轻视士人,所以离开了。"于是平原君斩掉讥笑瘸子的那个美人的脑袋,亲自登门献给瘸子,顺便向他谢罪。之后门下宾客又渐渐回来了。当时齐国有孟尝君,魏国有信陵君,楚国有春申君,他们都竭尽全力延揽士人。

【原文】

秦之围邯郸,赵使平原君求救,合从于楚①,约与食客门下有勇力文武备具者二十人偕②。平原君曰:"使文能取胜③,则善矣。文不能取胜,则歃血于华屋之下④,必得定从而还⑤。士不外索⑥,取于食客门下足矣。"得十九人,馀无可取者,无以满二十人。门下有毛遂者,前⑦,自赞于平原君曰⑧:"遂闻君将合从于楚,约与食客门下二十人偕,不外索。今少一人,愿君即以遂备员而行矣⑨。"平原君曰:"先生处胜之门下几年于此矣?"毛遂曰:"三年于此矣。"平原君曰:"夫贤士之处世也,譬若锥之处囊中,其末立见⑩。今先生处胜之门下三年于此矣,左右未有所称诵⑪,胜未有所闻,是先生无所有也。先生不能,先生留。"毛遂曰:"臣乃今日请处囊中耳。使遂蚤得处囊中⑫,乃颖脱而出⑬,非特其末见而已。"平原君竟与毛遂偕。十九人相与目笑之而未废也⑭。

毛遂比至楚⑮,与十九人论议,十九人皆服。平原君与楚合从,言其利害,日出而言之,日中不决。十九人谓毛遂曰："先生上⑯。"毛遂按剑历阶而上⑰，谓平原君曰："从之利害，两言而决耳。今日出而言从，日中不决，何也？"楚王谓平原君曰："客何为者也？"平原君曰："是胜之舍人也⑱。"楚王叱曰："胡不下！吾乃与而君言⑲，汝何为者也！"毛遂按剑而前曰："王之所以叱遂者，以楚国之众也。今十步之内，王不得恃楚国之众也⑳，王之命悬于遂手㉑。吾君在前，叱者何也？且遂闻汤以七十里之地王天下㉒，文王以百里之壤而臣诸侯㉓，岂其士卒众多哉，诚能据其势而奋其威㉔。今楚地方五千里，持戟百万㉕，此霸王之资也㉖。以楚之强，天下弗能当㉗。白起，小竖子耳，率数万之众，兴师以与楚战，一战而举鄢郢㉘，再战而烧夷陵㉙，三战而辱王之先人㉚。此百世之怨而赵之所羞，而王弗知恶焉㉛。合从者为楚，非为赵也。吾君在前，叱者何也？"楚王曰："唯唯㉜，诚若先生之言，谨奉社稷而以从㉝。"毛遂曰："从定乎？"楚王曰："定矣。"毛遂谓楚王之左右曰："取鸡狗马之血来㉞。"毛遂奉铜槃而跪进之楚王曰㉟："王当歃血而定从，次者吾君，次者遂。"遂定从于殿上。毛遂左手持槃血而右手招十九人曰："公相与歃此血于堂下。公等录录㊱，所谓因人成事者也。㊲"

平原君已定从而归，归至于赵，曰："胜不敢复相士㊳。胜相士多者千人，寡者百数，自以为不失天下之士，今乃于毛先生而失之也。毛先生一至楚，而使赵重于九鼎大吕㊴。毛先生以三寸之舌，强于百万之师。胜不敢复相士。"遂以为上客㊵。

【注释】

①合从：战国时期诸侯订合纵盟约以联兵抗秦。从，同"纵"。②约：

约定。偕：一起。③使：假使。文：指客气地谈判。胜：成功。④歃血：古代举行盟会时，以口微吸盘中牲畜之血，以表示诚意。华屋：豪华的厅堂，这里指盟会、议事的地方。⑤定从：确定合纵盟约。⑥士不外索：随从之士不必到外面去找。索，寻找，索求。⑦前：径自走到前面。⑧自赞：自我推荐。⑨备员：充数，凑数。⑩锥之处囊中：锥子放在口袋中。其末立见：锥子的锋尖立即就能露出来。末，锥尖；见，同"现"，显露。比喻有才能的人终会显露头角，不会长久被埋没。⑪称诵：称赞荐举。称，称赞；诵，述说、宣扬。⑫蚤：通"早"。⑬颖脱而出：指整个锥锋都脱露出来。颖，原指禾穗的芒，这里指锥锋。⑭目笑之：用眼光示意，暗笑毛遂。废：当作"发"，发声。⑮比：及，等到。⑯上：登堂。⑰按剑：握紧剑柄，做出刺杀的姿势。历阶：不停足地连续登阶，形容急速。⑱舍人：王公贵官的亲近侍从。⑲而：你的。⑳恃：倚仗。㉑悬：系缚，控制。㉒王天下：称王于天下。㉓臣诸侯：使诸侯宾服。㉔据：依据。奋：振作，发扬。方：纵横长度相等的面积。㉕持戟：指武装的士兵。戟，古代的一种兵器。㉖霸王之资：争霸称王所倚靠的资本。资，凭借。㉗当：挡住，抵挡。㉘一战而举鄢、郢：指公元前279年秦将白起攻下楚国鄢、邓五城以及公元前278年攻取郢都。㉙夷陵：楚国先王的墓地。㉚辱王之先人：指楚国屡次被秦国打败，祖先陵庙被毁，又被迫迁都等。㉛恶：羞愧。㉜唯唯：表示应答的声音。相当于"是是"。㉝谨奉社稷而以从：一定倾尽全国的力量来履行合纵盟约。谨，严；奉，献出，倾尽全力。㉞鸡狗马之血：古代举行盟会歃血所用的牲畜之血。㉟奉：双手捧着。槃：通"盘"。㊱碌碌：通"碌碌"，指庸碌无为。㊲因人成事：依赖他人的力量来完成任务。㊳相士：观察、识别人才。㊴九鼎大吕：极贵重的宝物。九鼎，相传为禹所铸，象征九州，商、周把它作为传国之宝；大吕，《正义》谓："周庙大钟。"㊵上客：上等宾客。

【译文】

秦国围困邯郸，赵国派平原君去向诸侯求救，与楚国联合抗秦，打算带着门下食客之中有勇力、文武兼备者二十个人一起前去。平原君说："倘若能以和平方式完成任务，那就最好了。倘若用和平方式不能成功，那就只好在华丽宏伟的宫殿之上要挟楚王歃血为盟，一定要等缔结合纵之后才肯回来。士子不用在外面找，只从门下的食客中挑选就足够了。"找出十九个人,剩下的没有可用的了,无法凑齐二十个人。门下有个叫毛遂的,走上前去,在平原君面前自荐道:"我听说您将要与楚国缔结合纵,准备召集二十个人一同前去,不去外面寻找了。现在少一个人,希望您让我凑足这个名额一同去楚国吧。"平原君说:"先生在我的门下有多长时间了?"毛遂说:"已经有三年了。"平原君说:"圣贤之士活在世上,就好像锥子放到口袋里一样,它尖锐的地方立刻就能显露出来。现在先生在我的门下已经三年之久了,左右没有称赞你的,我也从来没听说过你,这说明先生没有什么才能。先生没有才能,还是留下来吧。"毛遂说:"我是今日才请求放到口袋里的。倘若把我早早地放在口袋之中,早就脱颖而出了,不仅仅是锥子尖锐处显露出来而已。"平原君便答应毛遂一同前往。那十九个人相互对视着取笑毛遂,但没有排斥他。

  后来毛遂到了楚国,与十九个人讨论,那十九个人都很佩服他。平原君与楚国缔结合纵,陈说合纵抗秦的利处以及不合纵的害处,从太阳刚出来就开始谈,一直到太阳当空还没有决定下来。这十九个人对毛遂说:"先生上吧。"毛遂按着剑,一个台阶接着一个台阶快步走上去,对平原君说:"合纵的利害关系,两句话就可以决定了。现在从太阳一出来就谈合纵,到太阳当空还无法决定,这是为何呢?"楚王对平原君说:"此人是谁?"平原君说:"这是我的舍人。"楚王呵斥道:"还不下去,我正与你家主人商谈,你来做什么!"毛遂按着剑迎上前去说:"大王之所以呵斥我,是凭着楚国的人多。现在于十步之内,大王不能倚仗楚国的人多,大王的生命悬在我的手里。我家主人在这里,您呵斥什么?况且我听说商汤凭借七十里土地而称霸天下,文王凭借百里土地使诸侯臣服,难道这是因为他们士卒多的关系吗?实在是他们能够依照当时的形势而振作威势啊。现在楚国方圆五千里,有士卒百万,这是称霸天下的资本。凭着楚国的强大,天下谁能抵挡呢?白起,不过是个小子罢了,率领数万军士,发兵与楚国交战,一战而攻下了鄢郢,再战纵火烧毁了夷陵,三战侮辱了楚国的先人。这是百世的仇怨,也是赵国所羞耻的啊,然而大王却不知道羞愧。合纵抗秦是为了楚国,并不是为了赵国。我家主人在这里,您又呵斥什么呢?"楚王说:"是,是。的确如先生所说的那样,我愿意以整个楚国来合纵抗秦。"毛遂说:"合纵之事就这样确定了吗?"楚王说:"确定了。"毛遂对楚王左右侍从说:"取来鸡、狗、马的鲜血。"毛遂举着铜盘,跪着进献给楚王说:"大王应当率先歃血为盟,缔结盟约,接下来是我家主人,再接下来是我。"于是在宫殿之上缔结合纵,毛遂左手拿着盛有鲜血的铜盘,右手招呼十九位门客说:"诸位一起在堂下歃血为盟。诸位庸碌无能,这就是所说的依靠别人而成就事业啊!"

平原君与楚王订立盟约后,回到赵国,说:"我不敢再观察识别人才了。我观察人才多则千人,少则几百人,自以为没有漏掉天下的士人,现在却把毛先生遗漏掉了。毛先生一到楚国,就使赵国的地位比九鼎和大吕还要尊贵。毛先生凭借三寸不烂之舌,胜过楚国百万军队。我不敢再观察人才了。"便把毛遂奉为上客。

虞卿说赵王合纵

【原文】

虞卿者,游说之士也①,蹑蹻檐簦说赵孝成王②。一见,赐黄金百镒,白璧一双;再见,为赵上卿,故号为虞卿。

秦、赵战于长平,赵不胜,亡一都尉。赵王召楼昌与虞卿曰:"军战不胜,尉复死,寡人使束甲而趋之③,何如?"楼昌曰:"无益也,不如发重使为媾④。"虞卿曰:"昌言媾者,以为不媾军必破也。而制媾者在秦⑤。且王之论秦也⑥,欲破赵之军乎,不邪⑦?"王曰:"秦不遗馀力矣⑧,必且欲破赵军⑨。"虞卿曰:"王听臣,发使出重宝以附楚、魏,楚、魏欲得王之重宝,必内吾使⑩。赵使入楚、魏,秦必疑天下之合从,且必恐。如此,则媾乃可为也。"赵王不听,与平阳君为媾⑪,发郑朱入秦。秦内之。赵王召虞卿曰:"寡人使平阳君为媾于秦,秦已内郑朱矣,卿以为奚如?"虞卿对曰:"王不得媾,军必破矣。天下贺战胜者皆在秦矣。郑朱,贵人也⑫,入秦,秦王与应侯必显重以示天下⑬。楚、魏以赵为媾，必不救王。秦知天下不救王，则媾不可得成也。"应侯果显郑朱以示天下贺战胜者，终不肯媾。长平大败，遂围邯郸，为天下笑。

【注释】

①游说之士：战国时，周游列国、凭口才劝说君主接受其治国主张以取得官禄的策士。②蹑跷（jué）檐簦：脚踏草鞋，肩搭雨伞。指远行。跷，通"屩"，草鞋。檐，通"担"，肩荷。簦，古代有柄的笠，即伞。③束甲：卷甲，以示决战。④重使：重要使臣。媾：求和，讲和。⑤制媾者：掌握讲和主动的一方。⑥论：推测，估计。⑦不：相当于"否"。⑧不遗余力：竭尽全力。⑨且：将。⑩内：通"纳"，接纳。⑪平阳君：即赵豹。⑫贵人：显贵之人。⑬应侯：即范雎。必显重以示天下：一定把赵国重臣在秦国这件事大肆宣扬而给天下诸侯看。显，显扬。

【译文】

虞卿是一位擅长游说的策士。穿着草鞋、撑着雨伞，去游说赵孝成王。第一次见面，孝成王就赏赐给他黄金百镒、白璧一双；第二次见面，又任命他为上卿，所以称他为虞卿。

秦国和赵国在长平交战，赵国不能取胜，阵亡了一名都尉。赵王召见楼昌和虞卿说："这次打仗不胜，都尉战死，我打算派军队卷甲而奔袭敌军，怎么样？"楼昌说："这没有好处，不如派遣重要的使者去议和。"虞卿说："楼昌说应该议和，认为不议和我军必败。然而掌握议和主动的是秦国。况且大王您分析一下，秦国一直想灭掉赵国的军队，不是吗？"赵王说："秦国不遗余力，势必要灭掉赵国的军队。"虞卿说："大王不如听我的建议，派人携带贵重的礼物献给楚国和魏国，楚国、魏国想得到大王的珍贵礼物，一定会接纳我们的使臣。一旦赵国使臣进入楚国和魏国，秦国势必怀疑天下诸侯合纵抗秦，一定会恐慌的。这样一来，议和就可以进行了。"赵王不听，与平阳君决定议和，派郑朱到秦国，秦王接受了郑朱。赵王召见虞卿说："我派平阳君到秦国去讲和，秦国已经接待郑朱了，您认为怎么样呢？"虞卿回答说："大王的议和不会成功的，赵国的军队一定会被灭掉。天下诸侯祝贺胜利的都会在秦国。郑朱，那是个重要人物，入了秦国，秦王和应侯范雎一定会大肆宣扬,向天下炫耀自己的威势。楚国、魏国因为赵国求和,一定不援救大王。秦国知道天下诸侯不救助大王,那么和平就不可能实现。"应侯果然炫耀郑朱,展示给各国派到秦国祝贺胜利的使者看,终究不肯讲和。赵国在长平大败,于是邯郸被围,被天下耻笑。

【原文】

秦既解邯郸围,而赵王入朝①,使赵郝约事于秦②,割六县而媾③。虞卿谓赵王曰:"秦之攻王也,倦而归乎④?王以其力尚能进,爱王而弗攻乎?"王曰:"秦之攻我也,不遗馀力矣,必以倦而归也。"虞卿曰:"秦以其力攻其所不能取,倦而归,王又以其力之所不能取以送之,是助秦自攻也⑤。来年秦复攻王,王无救矣。"王以虞卿之言告赵郝。赵郝曰:"虞卿诚能尽秦力之所至乎⑥?诚知秦力之所不能进,此弹丸之地弗予,令秦来年复攻王,王得无割其内而媾乎⑦?"王曰:"请听子割矣,子能必使来年秦之不复攻我乎?"赵郝对曰:"此非臣之所敢任也⑧。他日三晋之交于秦⑨,相善也。今秦善韩、魏而攻王,王之所以事秦必不如韩、魏也。今臣为足下解负亲之攻⑩,开关通币⑪,齐交韩、魏⑫,至来年而王独取攻于秦,此王之所以事秦必在韩、魏之后也。此非臣之所敢任也。"

王以告虞卿。虞卿对曰:"郝言'不媾,来年秦复攻王,王得无割其内而媾乎'。今媾,郝又以不能必秦之不复攻也。今虽割六城,何益!来年复攻,又割其力之所不能取而媾,此自尽之术也⑬,不如无媾。秦虽善攻,不能取六县;赵虽不能守,终不失六城。秦倦而归,兵必罢⑭。我以六城收天下以攻罢秦,是我失之于天下而取偿于秦也。吾国尚利,孰与坐而割地⑮,自弱以强秦哉?今郝曰'秦善韩、魏而攻赵者,必王之事秦不如韩、魏也',是使王岁以六城事秦也⑯,即坐而城尽。来年秦复求割地,王将与之乎?弗与,是弃前功而挑秦祸也;与之,则无地而给之。语曰'强者善攻,弱者不能守'。今坐而听秦,秦兵不弊而多得地,是强秦而弱赵也。以益强之秦而割愈弱之赵,其计故不止矣⑰。且王之地有尽而秦之求无已⑱,以有尽之地而给无已之求,其势必无赵矣。"

【注释】

①赵王入朝:指赵王惧怕强秦而去拜访秦王。入朝,拜访。②约事于秦:到秦国订约结交。③媾:媾和,议和。④倦:疲顿。⑤助秦自攻:帮助秦国进攻自己。⑥虞卿诚能尽秦力之所至乎:虞卿真的能全部搞清秦国兵力的底细吗?⑦内:内地,腹地。⑧任:担当,承担。⑨他日:往昔。三晋:指韩、赵、魏三国。春秋末年,晋国被韩、赵、魏三卿瓜分,各立为国,故称"三晋"。事:奉事。⑩解负亲之攻:解除因背弃与秦的亲善关系而招致的进攻。⑪开关通币:开启关卡,互通贸易。币,财物、货币。⑫齐:相等。⑬自尽之术:自取灭亡的办法。⑭罢:通"疲",疲惫。⑮孰与坐而割地:这与白白地割让土地相比如何?坐,空,白白地。⑯岁:每年。⑰计:算计,谋划。⑱无已:没有止境。

【译文】

秦国解除了对邯郸的包围,赵王去拜访秦王,派赵郝到秦国订约,割让六座县城给秦国来议和。虞卿对赵王说:"秦国攻打大王,大王觉得秦国是因为疲倦而主动撤回呢?还是认为它的力量还能继续进兵,只是因为爱护大王才停止进攻呢?"赵王说:"秦国攻击我国,一点剩馀的力量也不留下,必定是因为疲倦才撤军的。"虞卿说:"秦国倾尽它的全部力量进攻不能夺取的地方,疲倦了才撤军,大王却把秦国倾尽全力也不能得到的地方送给秦国,这是帮助秦国攻打自己啊。来年秦国再攻打大王,大王一定没法自救了。"赵王把虞卿的话说给赵郝听,赵郝说:"虞卿果真了解秦国军队最大限度所能到达的地方吗?即便确实知道秦国军队所不能到达的地方,这块弹丸之地不送给它,假使秦国来年再次攻打大王,大王难道要割让腹地议和吗?"赵王说:"我就听取您割地的建议,您能使来年秦国不再攻打我吗?"赵郝回答说:"这不是我所能担保的事情。以往,三晋与秦国结交,彼此相处得很好。现在秦国与韩国、魏国友善,却唯独攻打大王,这是因为大王侍奉秦国一定不如韩国、魏国周到。现在我为您解除因为背弃与秦国的亲善关系而招致的进攻,开启关卡,互通贸易,与韩国、魏国平等往来。到来年的时候,如果大王单独遭到秦国的进攻,这一定是大王侍奉秦国落在韩国、魏国的后面了。这不是我所能承担的。"

赵王把赵郝的话告诉虞卿。虞卿说道:"赵郝说'不议和,来年秦国再次攻打大王,大王难道要割让腹地的土地去议和吗'。现在讲和,赵郝又不能确定秦国不再攻打赵国。现在虽然割让六座县城,又有什么益处呢!来年再来进攻,又割让秦国力量不能得到的地方送给秦国来议和。这是自取灭亡的策略啊,还不如不讲和呢。秦国纵然擅长进攻,但也不能夺取六县;赵国纵然守不住,也终究不会丢掉六城。秦国疲倦而撤军,兵士必定是疲惫不堪了。我们用这六座县城拉拢天下诸侯,一起攻打疲惫的秦军,这样我们纵然在诸侯面前失掉六个城池,却能在秦国那里得到补偿。我国还能得到好处,这与平白无故地割让土地,削弱自己使秦国强大相比,哪一个更好呢?现在赵郝说'秦国与韩国、魏国交善却唯独攻打赵国,一定是大王侍奉秦国不如韩国、魏国周到',这是让大王每年以六座城池侍奉秦国,也就是平白无故地使城池丧失殆尽啊。来年秦国再要求割地,大王还能献给它什么呢?不给它,则是舍弃前功而挑起秦国进攻赵国的祸患啊;给它的话,就没有地可以给了。俗语说'强者长于进攻,弱者不能守住'。现在白白地听秦国的话,秦兵不疲困还能多得土地,这是使秦国强大而削弱赵国啊,让日益强大的秦国来削弱日益衰弱的赵国,它的念头是不会停止下来的。况且大王的国土有限而秦国的欲望没有止境啊,以有限的土地供给无止境的欲望,形势必定是使赵国灭亡呀。"

【原文】

赵王计未定,楼缓从秦来,赵王与楼缓计之,曰:"予秦地如毋予①,孰吉②?"缓辞让曰③:"此非臣之所能知也。"王曰："虽然，试言公之私④。"楼缓对曰："王亦闻夫公甫文伯母乎⑤？公甫文伯仕于鲁，病死，女子为自杀于房中者二人⑥。其母闻之，弗哭也。其相室曰⑦：'焉有子死而弗哭者乎？'其母曰：'孔子，贤人也，逐于鲁，而是人不随也⑧。今死而妇人为之自杀者二人，若是者必其于长者薄而于妇人厚也⑨。'故从母言之⑩，是为贤母；从妻言之，是必不免为妒妻。故其言一也，言者异则人心变矣⑪。今臣新从秦来而言勿予，则非计也；言予之，恐王以臣为为秦也：故不敢对。使臣得为大王计，不如予之。"王曰："诺。"

虞卿闻之，入见王曰："此饰说也⑫，王慎勿予⑬！"楼缓闻之，往见王。王又以虞卿之言告楼缓。楼缓对曰："不然。虞卿得其一，不得其二。夫秦、赵构难而天下皆说，何也？曰'吾且因强而乘弱矣'⑭。今赵兵困于秦，天下之贺战胜者则必尽在于秦矣。故不如亟割地为和⑮，以疑天下而慰秦之心。不然，天下将因秦之怒，乘赵之弊⑯，瓜分之。赵且亡，何秦之图乎⑰？故曰虞卿得其一，不得其二。愿王以此决之，勿复计也。"

【注释】

①予秦地如毋予：给秦国土地与不给。②孰吉：哪种做法好。③辞让：谨虚地推让。④私：个人看法。⑤公甫文伯母：指鲁定公时大夫公甫文伯的母亲。《礼记·檀弓》："文伯之丧，敬姜据其床而不哭，曰：'昔者吾有斯子也，吾以将为贤人也，吾未尝以就公室。今及其死也，朋友诸臣未有涕者，而内人皆行哭失声。斯子也，必多旷于礼矣夫！'"⑥女子：指妻妾。⑦相室：古代保育贵族子女的老年人。⑧是人：这个人，指公甫文伯。⑨薄：指情义淡薄。厚：指情义深厚。⑩从母言之：由母亲来说这样的话。⑪人心：指说话人的用心。⑫饰说：虚伪、粉饰的言辞。⑬慎：表示告诫，相当于"千万"。⑭且：将。

因强而乘弱：借助强国来欺侮弱国。乘，欺压、侵凌。⑮亟：急，赶快。⑯乘：趁着。⑰图：图谋，算计。

【译文】

赵王还没拿定主意，楼缓从秦国归来，赵王与楼缓商量说："给秦国土地和不给秦国土地，哪一个好呢？"楼缓推辞说："这不是我能知道的。"赵王说："纵然这样，也可以试着说说你的个人意见。"楼缓回答说："大王您听说过公甫文伯母亲的事迹吗？公甫文伯在鲁国做官，生病而死，婢妾为他在房中自杀的有两个人。他的母亲听说后，并没有哭。帮忙料理家务的人说：'怎么会有儿子死了却不哭泣的人呢？'他的母亲说：'孔子，是圣贤之人，被鲁国驱逐，他（公甫文伯）这个人却不追随。现在他死了却有两个妇人为他自杀，像这样他一定是对有德之人薄情而对妇人感情深厚了。'所以从他母亲的话里，可以看出他的母亲是位贤良的母亲；但如果是他妻子说这些话来看，这不免是个嫉妒的妻子。她们所说的话一样，但由于说话的人不同，那么说话人的用心也就变了。现在我刚从秦国回来而说不给秦国土地，这不是好的策略；如果我说给秦国土地，害怕大王认为我帮助秦国，所以不敢回答。倘若让我为大王盘算，不如把土地送给秦国。"赵王说："好的。"

虞卿听说之后，进来求见赵王说："这是虚伪、粉饰的言论，大王切莫采纳！"楼缓听说之后，前来求见赵王。赵王又把虞卿所说的话告诉楼缓。楼缓对赵王说："不是这样。虞卿只知其一，不知其二。秦国和赵国互为仇敌，这是天下诸侯都高兴的事情，为什么这么说呢？他们说'我将依靠强国来欺凌弱国'。现在赵军被秦军围困，诸侯祝贺战胜一方的一定都站在秦国那一方。所以不如立刻割地求和，以使天下怀疑秦、赵两国已经和好，而且还能讨秦国的欢心。不这样的话，天下诸侯将利用秦国对赵国的愤怒，趁着赵国受困，瓜分赵国。赵国将要灭亡，还怎么能算计秦国呢？所以说虞卿只知其一不知其二啊。希望大王就这样决定吧，不要再考虑了。"

【原文】

虞卿闻之，往见王曰："危哉，楼子之所以为秦者，是愈疑天下，而何慰秦之心哉？独不言其示天下弱乎①？且臣言勿予者，非固勿予而已也②。秦索六城于王，而王以六城赂齐③。齐，秦之深仇也④，得王之六城，并力西击秦，齐之听王，不待辞之毕也⑤。则是王失之于齐而取偿于秦也。而齐、赵之深仇可以报矣，而示天下有能为也⑥。王以此发声⑦，兵未窥于境⑧，臣见秦之重赂至赵而反媾于王也⑨。从秦为媾，韩、魏闻之，必尽重王⑩；重王，必出重宝以先于王⑪。则是王一举而结三国之亲⑫，而与秦易道也⑬。"赵王曰："善。"则使虞卿东见齐王，与之谋秦。虞卿未返，秦使者已在赵矣。楼缓闻之，亡去。赵于是封虞卿以一城。

居顷之，而魏请为从⑭。赵孝成王召虞卿谋。过平原君⑮，平原君曰："愿卿之论从也⑯。"虞卿入见王。王曰："魏请为从。"对曰："魏过⑰。"王曰："寡人固未之许⑱。"对曰："王过。"王曰："魏请从，卿曰魏过，寡人未之许，又曰寡人过，然则从终不可乎？"对曰："臣闻小国之与大国从事也⑲，有利则大国受其福，有败则小国受其祸。今魏以小国请其祸，而王以大国辞其福⑳，臣故曰王过，魏亦过。窃以为从便㉑。"王曰："善。"乃合魏为从。

【注释】

① 独不言其示天下弱乎：偏偏不说这样做就是拿赵国的软弱给天下诸侯们看呢？② 固：坚决。③ 赂：奉送。④ 仇：仇敌。⑤ 不待辞之毕：不等把话说完。⑥ 有能为：有作为。⑦ 发声：发表。⑧ 窥：观察。⑨ 反媾于王：反而向大王求和。⑩ 从：顺从，听从。重：尊重，敬重。⑪ 先：争先致意。⑫ 结三国之亲：与韩、魏、齐三国亲善。⑬ 易道：改换了处事的位置。⑭ 从：通"纵"，指合纵。⑮ 过：拜访。⑯ 论从：论述合纵之道。⑰ 过：过错。⑱ 固：本来。未之许：没有答应请求。⑲ 从事：处理事情。⑳ 辞：辞却。㉑ 便：有利。

【译文】

　　虞卿听说之后，又前去参见赵王说："危险了，楼缓一心想割让土地给秦国,他这样做是让天下诸侯更加怀疑秦、赵之间的关系,又怎能讨秦国的欢心呢?怎么唯独不说这样做将会把赵国的弱点暴露给天下诸侯呢?况且我所说的不给秦国土地,并不是仅仅不给就算了。秦国向大王索要六座城池,那么大王就把这六座城池奉送给齐国。齐国是秦国的大敌,得到大王的六座城池,联合起来向西进攻秦国,齐王听从大王的话,不等您开口就会答应的。这就是大王失掉送给齐国的土地,而从秦国那里得到补偿呀。而齐国和赵国的大仇也可以得报了,还能向天下诸侯展示赵国有能力、有作为。大王把齐赵联合的消息散布出去,齐赵两国的军队不必到秦国的边境上窥伺,秦国就会拿着贵重的礼物送给赵国,反过来向赵国讲和。答应秦国的求和,韩国和魏国听说以后,一定会尊重大王;尊重大王,必定会拿出贵重礼物争先朝见大王。这样大王一下子就与齐国、韩国、魏国三国亲善了,也就与秦国交换了主动与被动的地位。"赵王说:"很好。"于是派虞卿向东拜见齐王,与齐国共谋抗秦大计。虞卿还没有回来,秦国的使者就到了赵国。楼缓听说以后,逃离赵国。赵王于是封给虞卿一座城邑。

不久,魏国请求与赵国缔结合纵。赵孝成王召见虞卿,与他一起商量。拜访平原君,平原君说:"希望你论述一下合纵的好处。"虞卿入宫进见赵王。赵王说:"魏国请求合纵。"虞卿说:"魏国做错了。"赵王说:"我暂时还没答应它。"虞卿说:"大王也做错了。"赵王说:"魏国请求合纵,你说魏国做错了,我没答应魏国,你又说我做错了,这样的话,那么合纵终究不能实现了?"虞卿回答说:"我听说小国与大国交往,成功的话大国就会得到福祉,失败的话小国就会遭受祸殃。现在魏国以小国的身份愿意接受祸患,赵国以大国的身份推辞福祉,所以我说大王做错了,魏国也做错了。我私下里认为合纵对赵国是有益处的。"赵王说:"好。"便与魏国缔结合纵。

【原文】

虞卿既以魏齐之故①,不重万户侯卿相之印,与魏齐间行②,卒去赵,困于梁。魏齐已死,不得意,乃著书,上采《春秋》,下观近世,曰《节义》《称号》《揣摩》《政谋》,凡八篇,以刺讥国家得失,世传之曰《虞氏春秋》③。

【注释】

①以魏齐之故：因为魏齐的缘故。《索隐》:"魏齐，魏相，与应侯（指秦相范雎）有仇，秦求之急，乃抵虞卿。卿弃相印，乃与（魏）齐间行亡归梁，以托信陵君。信陵君疑未决，（魏）齐自杀。"②间行：从小路走。③《虞氏春秋》:《汉书·艺文志》著录《虞氏春秋》十五篇，今佚，有清马国翰辑本。

【译文】

虞卿因为魏齐的缘故，不看重万户侯的封爵以及卿相的印信，与魏齐一起悄悄地从小路逃跑，终于离开赵国，受困于大梁。魏齐死了之后，虞卿不得志，就著书立说，上采《春秋》，下观近世，写成《节义》《称号》《揣摩》《政谋》等篇，共有八篇，通过这种方式论述国家政事的得失，后世将它留传下来，称为《虞氏春秋》。

魏公子列传

【导读】

　　魏公子无忌是魏昭王的幼子，他礼贤下士、节行仁义，所以当平原君求助于魏国的时候，他能得到侯嬴、如姬和朱亥等人的帮助，偷走虎符，杀死晋鄙，率领军队解除了赵国之围。本篇分为两部分：一部分写信陵君的屈尊礼贤，一部分写信陵君的大义凛然。信陵君的节义与侯嬴、朱亥"士为知己者死"的精神相互烘托，相得益彰。

夷门求侯嬴

【原文】

　　魏公子无忌者，魏昭王少子而魏安釐王异母弟也。昭王薨，安釐王即位，封公子为信陵君。是时范雎亡魏相秦，以怨魏齐故①，秦兵围大梁，破魏华阳下军②，走芒卯。魏王及公子患之。

　　公子为人仁而下士③，士无贤不肖皆谦而礼交之，不敢以其富贵骄士。士以此方数千里争往归之，致食客三千人④。当是时，诸侯以公子贤，多客，不敢加兵谋魏十馀年⑤。

【注释】

①以怨魏齐故：因为怨恨魏相魏齐的缘故。魏齐曾屈打范雎几乎致死。后来范雎逃到秦国，化名张禄，得到秦昭王的信任，做了相国。②华阳下军：指魏国驻扎在华阳的军队。华阳：山名，在今河南密县境内。③下：降低自己的身份，谦恭地与人交往。④致：招来，

延揽。食客：宾客，因其依附贵族而生活，故称为食客。⑤加兵：用兵侵犯。谋：作侵犯的打算。

【译文】

　　魏公子无忌，是魏昭王的小儿子，魏安釐王的异母兄弟。魏昭王去世后，安釐王即位，封公子无忌为信陵君。此时范雎逃离魏国去秦国做了丞相，因为怨恨魏齐的缘故，让秦兵围困大梁，大败魏国华阳的驻军，赶走了芒卯。魏王和公子都很担心这件事。

　　公子为人仁厚而礼贤下士，士不论贤能与否，无忌都能谦卑而有礼地与他们结交，不敢因为自己身份显贵而对士有所骄慢。方圆几千里之内的士人都因为这个原因，争先恐后地归附他，招致的门客有三千多人。这个时候，诸侯都认为公子贤能，门客多，十几年的时间里不敢派兵侵略魏国。

【原文】

　　魏有隐士曰侯嬴，年七十，家贫，为大梁夷门监者①。公子闻之，往请，欲厚遗之②。不肯受，曰："臣修身洁行数十年，终不以监门困故而受公子财。"公子于是乃置酒大会宾客。坐定，公子从车骑，虚左③，自迎夷门侯生④。侯生摄敝衣冠⑤，直上载公子上坐，不让，欲以观公子，公子执辔愈恭⑥。侯生又谓公子曰："臣有客在市屠中，愿枉车骑过之⑦。"公子引车入市，侯生下见其客朱亥，俾倪，故久立⑧与其客语，微察公子⑨，公子颜色愈和。当是时，魏将相宗室宾客满堂，待公子举酒⑩。市人皆观公子执辔，从骑皆窃骂侯生⑪。侯生视公子色终不变，乃谢客就车。至家，公子引侯生坐上坐，遍赞宾客⑫，宾客皆惊。酒酣，公子起，为寿侯生前。侯生因谓公子曰："今日嬴之为公子亦足矣⑬。嬴乃夷门抱关者也⑭，而公子亲枉车骑，自迎嬴于众人广坐之中，不宜有所过⑮，今公子故过之⑯。然嬴欲就公子之名，故久立公子车骑市中，过客以观公子，公子愈恭。市人皆以嬴为小人，而以公子为长者能下士也。"于是罢酒，侯生遂为上客。

侯生谓公子曰："臣所过屠者朱亥，此子贤者，世莫能知，故隐屠间耳。"公子往数请之，朱亥故不复谢⑰，公子怪之。

【注释】

① 夷门：大梁城的东门名。监者：看守城门的人。② 厚：丰厚。遗（wèi）：赠送，送给。③ 虚左：空出左方的座位。古代乘车以左位为尊位。信陵君自己坐在右边赶车，而留出左边的客座，以示恭敬。④ 侯生：即侯嬴。⑤ 摄：整理。敝：破旧。⑥ 执辔：握着驾车的马缰绳。⑦ 枉：委屈。过：拜访、探望。⑧ 俾倪：同"睥睨"，斜着眼睛看，含有高傲之意。⑨ 微：暗暗地。⑩ 举酒：即举酒开宴之意。⑪ 从骑：指随从人员。⑫ 遍赞宾客：向侯生周遍地介绍宾客。赞，引见，进见。⑬ 为：难为，使人为难。⑭ 抱关者：抱门插关的人。关，门闩。⑮ 有所过：有拜访朋友的事。指拜访朱亥。⑯ 故：乃，竟然。⑰ 复谢：答谢。

【译文】

魏国有个隐士名叫侯嬴，年龄已经七十岁了，家境贫寒，担任大梁城东门的守门官。公子听说之后，前去问候他，打算重重地赠给他礼物。侯嬴不肯接受，说："我修养身心、砥砺品行好几十年，终究不能因为守门贫困的缘故而接受公子的钱财。"公子于是置备酒席大宴宾客。客人都坐定之后，公子带着跟随的车马，空着左边的座位，亲自去迎接看守夷门的侯嬴。侯嬴整理了一下破旧的衣服和帽子，径自走上车子，在上首坐了下来，一点也不辞让，打算借此考验一下公子的诚意。公子握着驾车的缰绳，态度更加谦恭。侯嬴又对公子说："我有个朋友在市井之中屠宰牲畜，希望委屈一下您的车马，允许我去拜访他。"公子引导车马去了市集，侯嬴走下车子去拜访朋友朱亥，斜着眼睛看公子，故意站了很久，和他的朋友一起聊天，暗中观察公子，公子的脸色更加温和。在这个时候，魏国的将相、宗室以及宾客都坐满了，等待公子回来开宴。市集上的人都看见公子握着缰绳。跟随的人都暗地里骂侯嬴。侯嬴观察到公子的脸色始终没有改变，就辞别朋友上了车。到了公子府中，公子领着侯嬴坐在上座，把侯嬴周边的宾客一一介绍给他，宾客都十分吃惊。酒喝到畅快的时候，公子站起来，到侯嬴面前向他敬酒祝福。侯嬴于是对公子说："今天我侯嬴为难公子也够多了。侯嬴只不过是看守夷门的守城官，然而公子却委屈车马，亲自在大庭广众之下迎接我，我本不应该去拜访朋友，却让您特意陪我去访问他。但是我打算成就公子的名声，所以长时间地使您的车马停在市集上，去拜访朋友以此暗中观察公子，而公子的态度更加谦恭。市集上的人都认为我是小人，而认为公子是有德行的人，能够礼贤下士。"于是宴会散了之后，侯嬴就成了公子无忌的上宾。

侯嬴对公子说："我所拜访的屠户朱亥，这人是个贤能的人，世上没有人能了解他，所以隐居在市井之中屠宰牲畜。"公子多次去拜访他，朱亥却故意不回拜，公子对此感到很奇怪。

窃符求赵

【原文】

魏安釐王二十年，秦昭王已破赵长平军①，又进兵围邯郸。公子姊为赵惠文王弟平原君夫人②，数遗魏王及公子书，请救于魏。魏王使将军晋鄙将十万众救赵。秦王使使者告魏王曰："吾攻赵旦暮且下，而诸侯敢救者，已拔赵，必移兵先击之。"魏王恐，使人止晋鄙，留军壁邺③，名为救赵，实持两端以观望④。平原君使者冠盖相属于魏⑤，让魏公子曰："胜所以自附为婚姻者⑥，以公子之高义，为能急人之困。今邯郸旦暮降秦而魏救不至，安在公子能急人之困也！且公子纵轻胜，弃之降秦，独不怜公子姊邪？"公子患之，数请魏王，及宾客辩士说王万端⑦。魏王畏秦，终不听公子。公子自度终不能得之于王，计不独生而令赵亡，乃请宾客，约车骑百馀乘⑧，欲以客往赴秦军，与赵俱死。

【注释】

① 破赵长平军：指公元前260年秦将白起在长平围攻赵军，射杀赵将赵括，赵兵四十万人投降，尽被坑杀。② 平原君：即赵公子赵胜。③ 壁：扎营驻守。④ 持两端：采取动摇不定的两面倒的策略。⑤ 冠盖相属：形容使臣连续不断地到来。冠盖，古时官员的冠服和他们车乘的篷盖。属，连续。⑥ 自附：自愿依托。⑦ 万端：各个方面，各种办法。⑧ 约：凑集，备办。

【译文】

　　魏安釐王二十年，秦昭王在长平大败赵军之后，接着进兵围攻邯郸。公子的姐姐是赵惠文王弟弟平原君的夫人，多次给魏王和公子送来书信，请求魏国援救赵国。魏王派将军晋鄙率领十万军队去救赵国。秦王派使者对魏王说："我国攻打赵国，一早一晚的工夫就能把它拿下，诸侯有谁敢救援赵国的，秦国灭掉赵国后，必定调动军队先攻击它。"魏王十分害怕，派人去阻止晋鄙，把军队留驻在邺地，名义上是救赵，其实是左右摇摆、从旁观望。平原君的使者连续不断地来到魏国，责备魏公子说："我之所以高攀您，和您结为姻亲，是因为公子的行为高尚，能够及时解救别人于困境中。现在邯郸一早一晚的工夫就要投降秦国，而魏国的救兵一直没有赶来，公子及时解除别人困境的高义在哪里呢？况且公子就算是轻视我赵胜，抛弃我让我投降秦国，难道不可怜一下自己的姐姐吗？"公子很担心，多次请魏王营救赵国，并让自己的宾客和能言善辩之士不停地劝说魏王。魏王畏惧秦国，终究不听公子的话。公子自己思量终究不能得到魏王的允许，打算不独活在世上而使赵国灭亡，就请求宾客备办一百多辆车马，打算率领宾客一起去迎击秦军，和赵国共存亡。

【原文】

　　行过夷门，见侯生，具告所以欲死秦军状。辞决而行，侯生曰："公子勉之矣，老臣不能从。"公子行数里，心不快，曰："吾所以待侯生者备矣，天下莫不闻，今吾且死而侯生曾无一言半辞送我①，我岂有所失哉？"复引车还，问侯生。侯生笑曰："臣固知公子之还也。"曰："公子喜士，名闻天下。今有难，无他端而欲赴秦军②，譬若以肉投馁虎③，何功之有哉？尚安事客④？然公子遇臣厚，公子往而臣不送，以是知公子恨之复返也。"公子再拜，因问。侯生乃屏人间语⑤，曰："嬴闻晋鄙之兵符常在王卧内⑥，而如姬最幸，出入王卧内，力能窃之。嬴闻如姬父为人所杀，如姬资之三年，自王以下欲求报其父仇，莫能得。如姬为公子泣⑦，公子使客斩其仇头，敬进如姬。如姬之欲为公子死，无所辞，顾未有路耳⑧。公子诚一开口请如姬，如姬必许诺，则得虎符夺晋鄙军，北救赵而西却秦，此五霸之伐也⑨。"公子从其计，请如姬。如姬果盗晋鄙兵符与公子。

公子行，侯生曰："将在外，主令有所不受，以便国家。公子即合符，而晋鄙不授公子兵而复请之⑩，事必危矣。臣客屠者朱亥可与俱，此人力士。晋鄙听，大善；不听，可使击之。"于是公子泣。侯生曰："公子畏死邪？何泣也？"公子曰："晋鄙嚄唶宿将⑪，往恐不听，必当杀之，是以泣耳，岂畏死哉？"于是公子请朱亥。朱亥笑曰："臣乃市井鼓刀屠者，而公子亲数存之，所以不报谢者，以为小礼无所用。今公子有急，此乃臣效命之秋也⑫。"遂与公子俱。公子过谢侯生⑬。侯生曰："臣宜从，老不能。请数公子行日，以至晋鄙军之日，北向自刭⑭，以送公子。"公子遂行。

至邺，矫魏王令代晋鄙⑮。晋鄙合符，疑之，举手视公子曰："今吾拥十万之众，屯于境上，国之重任，今单车来代之⑯，何如哉？"欲无听。朱亥袖四十斤铁椎⑰，椎杀晋鄙，公子遂将晋鄙军。勒兵⑱，下令军中曰："父子俱在军中，父归；兄弟俱在军中，兄归；独子无兄弟，归养⑲。"得选兵八万人[20]，进兵击秦军。秦军解去，遂救邯郸，存赵。赵王及平原君自迎公子于界，平原君负韊矢为公子先引[21]。赵王再拜曰："自古贤人未有及公子者也。"当此之时，平原君不敢自比于人。公子与侯生决，至军，侯生果北向自刭。

【注释】

①曾：竟，却。②他端：其他办法。③饿虎：饥饿的老虎。④尚安事客：还要宾客干什么用？⑤屏：使退避。间语：秘密地谈话。间，私。⑥兵符：古代调发军队的凭证。卧内：卧室。⑦为：对、向。⑧顾：只是。路：指行动的机会。⑨五霸：春秋时在诸侯中势力强大、称霸一时的五个诸侯盟主。其说不一，通行的说法是指齐桓公、晋文公、秦缪公、宋襄公、楚庄王。伐：功劳、功绩。⑩复请之：再向魏王请示。⑪嚄唶（zè）宿将：勇猛强悍、富有经验的老将。嚄唶，形容气概豪迈，无所顾忌。⑫效命之秋：贡献生命的时候。⑬过谢侯生：去向侯生告辞。⑭北乡自刭：面向北方刎颈自杀。乡，通"向"，面向。刭，用刀割脖子。⑮矫：假传（命令）。⑯单车：指只有所乘车辆而无随护的兵车。⑰袖：藏在袖中。⑱勒：约束、整顿。⑲归养：回家奉养父母。⑳选兵：选出的精兵。㉑负韊矢：背着盛满箭支的囊袋。韊，盛箭的囊袋。

【译文】

　　（公子）路过夷门，看见侯生（即侯嬴），将自己打算以死抵抗秦军的情况全都告诉了他。辞别要上路时，侯生说："公子好好努力吧，老臣不能跟随您了。"公子走了好几里路，心里不痛快，说："我对待侯生的礼数已经很周到了，天下没有人不知道，现在我将要死去，侯生竟然没有一言半语送给我，我难道有什么过失吗？"又调车回去，询问侯生。侯生笑着说："我本来就知道公子要回来的。"又说："公子喜欢士，名闻天下。现在遇上难事，没有其他的办法，就准备和秦军拼命，这就好比把肉扔给饥饿的老虎，又能有什么功效呢？还有什么地方用得着这些宾客呢？然而公子对待我很是优厚，公子前去而我没有送行，这是因为我知道您怨恨我，又会返回的。"公子接连向他拜了两拜，趁机请教。侯生于是屏退旁人，悄悄地对公子说："我听说晋鄙的兵符常常放在大王的卧房之内，而如姬最得魏王宠幸，经常出入大王的卧房，一定能够把它偷到手。我听说如姬的父亲被人杀害，如姬含恨了三年，从大王以下，都想替她报杀父之仇，没有人能办得到。如姬为此向公子哭泣，公子派门客斩掉仇人的脑袋，敬献给如姬。如姬正想以死报答您呢，没有什么可推脱的，只是还没有找到机会罢了。公子倘若开一次口请求如姬，如姬一定会答应您的，那么就能得到兵符，夺了晋鄙的兵权，向北解救赵国，向西击退秦国，这是五霸的功业啊！"公子听从他的计谋，请如姬帮忙。如姬果然偷到晋鄙的兵符交给公子。

公子将要出发，侯生说："将军在外，对于主上的命令有时可以不必接受，以求便利于国家。公子即便合了兵符，但晋鄙倘若不交给公子兵权而还要向魏王请示，那么事情就危险了。我的朋友朱亥可以和您一起去，他这个人是个大力士。晋鄙要是听从您，那最好不过；要是不听的话，可以让朱亥杀了他。"听了这话，公子流下泪。侯生说："公子怕死吗？为什么哭泣呢？"公子说："晋鄙威风凛凛，是魏国的老将，我怕去了之后他不听从，到那时一定要杀了他，所以哭泣呀，怎么会因为怕死而哭泣呢？"接着公子请来朱亥。朱亥笑着说："我只是市井之中操刀屠宰牲畜的屠户，然而公子您多次亲自前来体恤慰问，我之所以不向您答谢，是因为那只是小的礼数，没有什么实际用处。现在公子遇上危急的事情，这是到了我效命于您的时候了！"便与公子一同前去。公子向侯生辞行。侯生说："我应当跟随您同去，但是我老了，去不了了。我希望估计一下公子的行程，等公子到达晋鄙军中的那一天，我就面朝北引颈自杀，以此报答公子。"公子就出发了。

到达邺地，假传魏王的命令代替晋鄙。晋鄙合了兵符，有所怀疑，举起手来看看公子说："现在我拥有十万之众的军队，驻守在边境上，这是国家的重任，现在您带着少数随从来代替我，这是怎么一回事呢？"打算不听命令。朱亥从袖子中投掷出四十斤重的铁椎，击杀了晋鄙，公子便统率了晋鄙的军队，整饬兵士，向兵士下令说："父子二人都在军中的，父亲回去；兄和弟都在军中的，兄长回去；没有兄弟的独生子，可以回家奉养父母了。"从中选出八万精兵，进兵攻打秦军。秦军解围退去，于是解救了邯郸，保全了赵国。赵王和平原君亲自在边境迎接公子，平原君背着箭袋在前面为公子指引道路。赵王接连拜了两拜说："自古以来的圣贤之人，没有能比得上公子的。"在那个时候，平原君不敢把自己跟信陵君相比。公子与侯生诀别后，到达晋鄙军中之时，侯生果然朝北引颈自杀了。

范雎蔡泽列传

【导读】

范雎（？～前255），字叔，战国时魏国人，秦昭王宰相。因其封地在应城（在今河南鲁山以东），所以又称"应侯"。战国中后期，秦国为统一天下，招揽了不少名士，范雎就是其中之一。范雎本是魏国的大臣，魏相魏齐因误听谗言，把他抓了起来，以严刑折磨他。范雎逃出魏国，来到秦国，秦昭王听说他是个贤士，就亲自恭迎他，之后还任命他为秦相。本篇节录的是范雎未到秦国之前遭受屈辱，以及担任秦相后与昔日仇人须贾相遇的故事。

蒙难受辱

【原文】

范雎者，魏人也，字叔。游说诸侯①，欲事魏王，家贫无以自资②，乃先事魏中大夫须贾。

须贾为魏昭王使于齐，范雎从。留数月，未得报③。齐襄王闻雎辩口④，乃使人赐雎金十斤及牛酒，雎辞谢不敢受。须贾知之，大怒，以为雎持魏国阴事告齐⑤，故得此馈⑥，令雎受其牛酒，还其金。既归，心怒雎，以告魏相。魏相，魏之诸公子，曰魏齐。魏齐大怒，使舍人笞击雎⑦，折胁摺齿⑧。雎详死，即卷以箦⑨，置厕中。宾客饮者醉，更溺雎⑩，故僇辱以惩后⑪，令无妄言者。雎从箦中谓守者曰："公能出我，我必厚谢公。"守者乃请出弃箦中死人。魏齐醉，曰："可矣。"范雎得出。后魏齐悔，复召求之。魏人郑安平闻之，乃遂操范雎亡⑫，伏匿，更名姓曰张禄。

【注释】

① 游说：古时策士奔走各国，凭口才劝说君主接受其政治主张。说，劝说。② 自资：自己筹集费用。③ 报：回报，结果。④ 辩口：有口才。⑤ 阴事：秘密的事情。⑥ 馈：赠送的礼物。⑦ 笞：用竹板、荆条抽打。⑧ 摺（lā）：折断，毁掉。⑨ 箦（zé）：竹席。⑩ 溺：通"尿"。⑪ 僇：羞辱。⑫ 操：携带。

【译文】

　　范雎，魏国人，字叔。到诸侯间去游说，打算侍奉魏王，家里贫穷没有办法自己筹集费用，就先去侍奉魏国的中大夫须贾。

　　须贾奉魏昭王之命出使齐国，范雎跟随。逗留了几个月，一直没有得到答复。齐襄王听说范雎口才好，就派人赐给他黄金十斤和牛酒，范雎推辞不敢接受。须贾知道了，很生气，认为范雎把魏国的秘密告诉了齐王，所以才得到这么多礼物，命令范雎接受牛酒，归还黄金。回去之后，须贾心里怨恨范雎，把这件事告诉了魏相。魏相，魏国的诸公子，名叫魏齐。魏齐很生气，派舍人用竹板抽打范雎，折断了他的肋骨，打落了他的牙齿。范雎假装死了，舍人就把他用竹席卷起来，扔到厕所之中。宾客喝酒喝醉了，接连把小便尿在他的身上，故意侮辱他，以警诫以后的人，让他们不要胡乱说话。范雎从席子中对看守的人说："您如果能放我走，我一定会重重地报答您。"看守就向魏齐请示，允许他把席子中的死人扔掉。魏齐喝醉了，说："可以。"范雎得以逃脱。后来魏齐后悔，又派人四处寻找。魏人郑安平听说了这件事，就带着范雎逃亡，藏匿起来，（范雎）改名叫做张禄。

【原文】

　　当此时，秦昭王使谒者王稽于魏。郑安平诈为卒①，侍王稽。王稽问："魏有贤人可与俱西游者乎？"郑安平曰："臣里中有张禄先生，欲见君言天下事。其人有仇，不敢昼见。"王稽曰："夜与俱来。"郑安平夜与张禄见王稽。语未究②，王稽知范雎贤，谓曰："先生待我于三亭之南③。"

与私约而去。

【注释】

①诈：假装。卒：差役。②究：到底，完了。③三亭之南：三亭冈的南边。三亭，冈名。

【译文】

　　这个时候，秦昭王派谒者王稽到了魏国。郑安平装成差役，侍奉王稽。王稽问道："魏国有贤明之人可以和我一同去西方游历的吗？"郑安平说："我的家中有张禄先生，想拜见您和您交谈天下之事。他有仇家，不敢白天前来见您。"王稽说："晚上你和他一起来。"郑安平在晚上和张禄一起拜见王稽。话还没有交谈完毕，王稽知道范雎贤明，对他说："先生在三亭冈的南边等我。"跟他暗中约定好就离开了。

须贾请罪

【原文】

　　范雎既相秦，秦号曰张禄，而魏不知，以为范雎已死久矣。魏闻秦且东伐韩、魏，魏使须贾于秦。范雎闻之，为微行①，敝衣闲步之邸②，见须贾。须贾见之而惊曰："范叔固无恙乎！"范雎曰："然。"须贾笑曰："范叔有说于秦邪？"曰："不也。雎前日得过于魏相，故亡逃至此，安敢说乎！"须贾曰："今叔何事？"范雎曰："臣为人庸赁③。"须贾意哀之，留与坐饮食，曰："范叔一寒如此哉！"乃取其一绨袍以赐之④。须贾因问曰："秦相张君，公知之乎？吾闻幸于王，天下之事皆决于相君。今吾事之去留在张君⑤。孺子岂有客习于相君者哉？"范雎曰："主人翁习知之。唯雎亦得谒，雎请为见君于张君。"须贾曰："吾马病，车轴折，非大车驷马，吾固不出。"范雎曰："愿为君借大车驷马于主人翁。"

【注释】

① 微行：隐蔽尊贵的身份改装出行。② 闲步：从小路走。③ 庸赁：受雇用的差役。④ 绨袍：厚绸做的袍子。⑤ 去留：留下或离去，指成功或失败。

【译文】

范雎当上秦相之后，秦国称他为"张禄"，魏国不知道，认为范雎已经死了很长时间了。魏王听说秦国将要向东征伐韩国和魏国，就派须贾出使秦国。范雎听说之后，就微服出行，穿着破旧的衣服从小路走到接待宾客的馆舍，拜见须贾。须贾见到他后，很吃惊地说："范叔您原来没有遭受灾祸啊！"范雎说："对。"须贾笑着说："范叔到秦国之后游说秦王了吗？"范雎回答说："没有。我以前得罪了魏相，所以逃亡到这里，怎么敢再游说呢！"须贾问："现在您从事什么工作？"范雎说："我现在受雇给别人做工。"须贾怜悯范雎，把他留下来坐下一起喝酒吃饭，还说道："范叔竟然贫困到这步田地了啊！"便取出一件厚绸做的袍子给他。须贾趁机问他道："秦相张君，您知道他吗？我听说他很受秦王宠幸，天下的大事都由这位相国决断。现在我是成功还是失败完全取决于张君。你小子的朋友中有跟张君熟悉的吗？"范雎说："我家主人和张君很熟悉。即使我范雎也能拜见他，我愿意把您介绍给张君。"须贾说："我的马病了，车轴也断了，不是四匹马驾的大车，我是不能出门的。"范雎说："我愿意为您向我的主人借四匹马驾的大车。"

【原文】

范雎归取大车驷马，为须贾御之，入秦相府。府中望见，有识者皆避匿，须贾怪之。至相舍门①，谓须贾曰："待我，我为君先入通于相君。"须贾待门下，持车良久，问门下曰："范叔不出，何也？"门下曰："无范叔。"须贾曰："向者与我载而入者。"门下曰："乃吾相张君也。"须贾大惊，自知见卖，乃肉袒膝行，因门下人谢罪。于是范雎盛帷帐②，侍者甚众，见之。须贾顿首言死罪，曰："贾不意君能自致于青云之上③，贾不敢复读天下之书，不敢复与天下之事。贾有汤镬之罪④,请自屏于胡貉之地,唯君死生之!"范雎曰:"汝罪有几?"曰:"擢贾之发以续贾之罪,尚未足。"范雎曰:"汝罪有三耳。昔者楚昭王时而申包胥为楚却吴军,楚王封之以荆五千户,包胥辞不受,为丘墓之寄于荆也。今雎之先人丘墓亦在魏,公前以雎为有外心于齐而恶雎于魏齐⑤,公之罪一也。当魏齐辱我于厕中,公不止,罪二也。更醉而溺我,公其何忍乎?罪三矣。然公之所以得无死者,以绨袍恋恋⑥,有故人之意,故释公。"乃谢罢。入言之昭王,罢归须贾⑦。

须贾辞于范雎,范雎大供具⑧,尽请诸侯使,与坐堂上,食饮甚设⑨。而坐须贾于堂下,置莝豆其前⑩,令两黥徒夹而马食之⑪。数曰⑫:"为我告魏王,急持魏齐头来!不然者,我且屠大梁。"须贾归,以告魏齐。魏齐恐,亡走赵,匿平原君所⑬。

【注释】

①相舍门:相国办公地方的门口。②盛帷帐:挂上盛大的帐幕。③自致:靠自己的能力达到。青云之上:比喻极高的官位。④汤镬:古代的酷刑,用以煮杀人。镬,大锅,用作刑具。⑤恶:说别人坏话。⑥恋恋:形容留恋之情。⑦罢归:指不接受来使,令其回国。⑧大供具:大摆宴席。供具:供设酒器食具,引申摆宴席。⑨甚设:摆设丰盛。⑩莝豆:铡碎的草和豆子拌在一起的饲料。⑪黥徒:受过墨刑的犯人。黥:古代一种肉刑,用刀刺面并涂上墨。⑫数:指责。⑬平原君:即赵胜。

【译文】

范雎回去之后,取来四匹马驾的大车,亲自为须贾驾车,进入秦国相府。府中有人看见范雎,有认识他的,都向旁边避开,须贾觉得奇怪。走到秦相办公之处的门口,范雎对须贾说:"请在这里等我一下,我先进去替您向丞相通报一声。"须贾在门口等着,在车旁等了很久,问相府的下人说:"范叔怎么还不出来?"下人说:"这里没有范叔。"须贾说："就是刚才和我一块坐车进来的那个人啊。"下人说："他就是我们的相国张君啊。"须贾十分吃惊，知道自己被欺骗了，就裸露上身，跪着向前行走，通过下人向范雎请罪。范雎挂上华丽的帷帐，在旁侍奉的人很多，与须贾相见。须贾叩头直说自己犯了死罪，说："我须贾没有想到您靠着自己的能力达到青云之上，我不敢再读天下的书籍了，不敢再参与天下的大事了。我犯了应处以扔到滚汤中煮死的罪行，请您把我放逐到北方的胡貉之地，是死是活，任凭您的处置！"范雎说："你有多少罪呢？"须贾回答说："就算把我的头发全拔下来作为筹码，也不够计算我的罪过啊。"范雎又说："你的罪行有三个。当初楚昭王的时候，申包胥为楚国打败了吴国军队，楚王封给他荆地五千户，申包胥推辞不接受，因为他的祖宗埋葬在荆地。现在我祖先的坟墓也在魏国，你之前认为我把魏国出卖给齐国，就在魏齐的面前中伤我，这是你的第一条罪行。当魏齐把我抛弃到厕所中侮辱我的时候，你不制止，这是第二条罪行。等到喝醉后又在我的身上撒尿，你怎么忍心呢？这是第三条罪行。然而你今天之所以得以不死，是因为你赠给我一件粗绸袍子，算是还顾念以前的交情，所以释放你。"说完就让他离开相府。范雎进宫告诉了昭王，把须贾打发回去。

须贾向范雎告辞，范雎大摆筵席，请来所有诸侯的使节，和他们一起坐在大堂之上，准备了丰盛的酒肴。唯独让须贾坐在堂下，在他面前放了一些干草拌豆子的马料，让两个受过黥刑的囚徒夹着饲料，像喂马一样喂给须贾吃。范雎指责须贾道："替我告诉魏王，赶快把魏齐的脑袋拿过来！不然的话，我就血洗大梁！"须贾回去，把这番话告诉魏齐。魏齐很害怕，逃到赵国，藏在平原君那里。

廉颇蔺相如列传

【导读】

　　战国后期，秦国统一天下的趋势日趋明朗，不过六国之中仍有与秦国抗衡的强国，赵国就是其中的一个。赵国在经历武灵王"胡服骑射"之后，军事实力增强，扮演着阻击秦国的角色。秦国为了对付赵国，采取政治、外交和军事手段，以图削弱对方。而赵国在与秦国的斗争中，也涌现出一些英雄人物，这些人物中著名的有廉颇、蔺相如、李牧等。本篇节录的是廉颇、蔺相如及李牧的事迹。

完璧归赵

【原文】

　　廉颇者，赵之良将也。赵惠文王十六年，廉颇为赵将伐齐，大破之，取阳晋，拜为上卿①，以勇气闻于诸侯。蔺相如者，赵人也，为赵宦者令缪贤舍人。

　　赵惠文王时，得楚和氏璧②。秦昭王闻之，使人遗赵王书③，愿以十五城请易璧。赵王与大将军廉颇诸大臣谋：欲予秦，秦城恐不可得，徒见欺④；欲勿予，即患秦兵之来⑤。计未定，求人可使报秦者，未得。宦者令缪贤曰："臣舍人蔺相如可使。"王问："何以知之？"对曰："臣尝有罪，窃计欲亡走燕，臣舍人相如止臣，曰：'君何以知燕王？'臣语曰：'臣尝从大王与燕王会境上，燕王私握臣手，曰"愿结友"。以此知之，故欲往。'相如谓臣曰：'夫赵强而燕弱，而君幸于赵王,故燕王欲结于君。今君乃亡赵走燕,燕畏赵,其势必不敢留君,而束君归赵矣⑥。君不如肉袒伏斧质请罪,则幸得脱矣。'臣从其计,大王亦幸赦臣。臣窃以为其人勇士,有智谋,宜可使。"于是王召见,问蔺相如曰:"秦王以十五城请易寡人之璧,可予不⑦?"相如曰:"秦强而赵弱,不可不许。"王曰:"取吾璧,不予我城,奈何?"相如曰:"秦以城求璧而赵不许,曲在赵。赵予璧而秦不予赵城,曲在秦。均之二策⑧,宁许以负秦曲⑨。"王曰:"谁可使者?"相如曰:"王必无人,臣愿奉璧往使⑩。城入赵而璧留秦;城不入,臣请完璧归赵。"赵王于是遂遣相如奉璧西入秦。

【注释】

① 拜:授予官职。② 和氏璧:据《韩非子·和氏篇》记载,楚人卞和在山中得到璞,献给楚厉王,厉王派玉匠鉴别,说是石块。厉王下令砍断卞和的左足。楚武王即位,卞和又献璞,玉匠仍说是石块。武王又砍断他的右足。楚文王即位,卞和抱璞在山中大哭。文王令匠人把璞剖开,里边果然是一块宝玉,于是命名为和氏之璧。③ 遗:送。④ 徒:白白地。⑤ 患:担心,害怕。⑥ 束:捆绑。肉袒:脱去上衣,露出上体。斧质:古代杀人刑具。质,同"锧",铁砧板,人伏其上等待砍头。⑦ 不:通"否"。⑧ 均:衡量。⑨ 负秦曲:使秦国承担理屈的责任。⑩ 奉:恭敬地捧着。

【译文】

廉颇,赵国的良将。赵惠文王十六年,廉颇担任赵将讨伐齐国,大败齐军,夺取阳晋,被封为上卿,凭借勇气闻名于诸侯。蔺相如,赵国人,是赵国的宦官令缪贤的宾客。

赵惠文王的时候,得到楚地的和氏璧。秦昭王听说之后,派人给赵王送信,说愿意用十五座城池交换和氏璧。赵王与大将军廉颇以及诸位大臣商量说:"倘若给秦国,秦国的城池恐怕得不到,白白被欺负;倘若不给,又担心秦国派兵前来。"对策还没有定下来,寻找能够答复秦王的使者,但没有找到。宦官令缪贤说:"臣的宾客蔺相如可以出使。"赵王问道："你怎么知道他可以呢？"回答说："臣曾经有罪，私底下谋划想逃到燕国，宾客蔺相如阻止了臣，说：'您凭什么了解燕王呢？'我回答说：'我曾经跟随大王与燕王在边境上会盟，燕王私下里与我握手，说"愿意结交"。我凭此知道燕王会收留我，所以想前往。'相如对我说：'赵国强大而燕国弱小，您受赵王的宠爱，所以燕王想与您结交。现在您逃离赵国前往燕国，燕国畏惧赵国，依照形势看来，他一定不敢收留你，会把你绑起来送回赵国。您不如裸露上身，露出肩膀，然后伏在刑具上，向大王请罪，或许能够免罪。'臣听从了他的办法，大王也赦免了臣的罪行。我私底下认为蔺相如是个勇士，有智谋，应当可以出使。"于是赵王召见相如，问蔺相如道："秦王用十五座城池与我交换和氏璧，可不可以给他呢？"蔺相如说："秦国强大而赵国弱小，不能不答应。"大王说："拿走我的和氏璧，不给我城池，那该怎么办？"相如说："秦国用城池求取和氏璧，如果赵国不答应，理亏的是赵国。赵献出和氏璧而秦国不送给赵国城池，理亏的是秦国。衡量这两种情况，宁愿答应秦国的要求而让秦国担负理亏的罪名。"赵王说："谁有能力出使呢？"相如说："大王一定没有适合的人，我愿意拿着和氏璧出使到秦国。倘若城池送给了赵国，那么和氏璧就留给秦国；倘若城池不送给赵国，我就负责把和氏璧完完整整地带回赵国。"赵王便派相如拿着和氏璧向西到了秦国。

【原文】

秦王坐章台见相如①，相如奉璧奏秦王②。秦王大喜，传以示美人及左右③，左右皆呼万岁。相如视秦王无意偿赵城，乃前曰："璧有瑕④，请指示王。"王授璧，相如因持璧却立⑤，倚柱，怒发上冲冠，谓秦王曰："大王欲得璧，使人发书至赵王，赵王悉召群臣议，皆曰'秦贪，负其强⑥，以空言求璧，偿城恐不可得'。议不欲予秦璧。臣以为布衣之交尚不相欺⑦，况大国乎！且以一璧之故逆强秦之欢⑧，不可。于是赵王乃斋戒五日⑨，使臣奉璧，拜送书于庭。何者？严大国之威以修敬也⑩。今臣至，大王见臣列观，礼节甚倨⑪；得璧，传之美人，以戏弄臣。臣观大王无意偿赵王城邑，故臣复取璧。大王必欲急臣⑫，臣头今与璧俱碎于柱矣！"相如持其璧睨柱⑬，欲以击柱。秦王恐其破璧，乃辞谢固请，召有司案图⑭，指从此以往十五都予赵。相如度秦王特以诈详为予赵城⑮，实不可得，乃谓秦王曰："和氏璧，天下所共传宝也⑯，赵王恐，不敢不献。赵王送璧时，斋戒五日，今大王亦宜斋戒五日，设九宾于廷，臣乃敢上璧。"秦王度之，终不可强夺，遂许斋五日，舍相如广成传⑰。相如度秦王虽斋，决负约不偿城，乃使其从者衣褐⑱，怀其璧，从径道亡⑲，归璧于赵。

【注释】

①章台：战国时秦国渭南离宫内的一座台观名。②奏：进献。③美人：指妃嫔、姬妾。左右：指秦王近侍。④瑕：玉上的赤色小斑点。⑤却：退。⑥负：倚仗。⑦布衣之交：平民交友。⑧逆：违背，触犯。⑨斋戒：古人在祭祀之前几天要沐浴更衣，戒酒，戒荤，戒女色，以表示对神的虔诚。⑩严：尊重，修敬：致敬。⑪倨：傲慢。⑫急：逼迫。⑬睨：斜视。⑭有司：主管某方面事务的长官。⑮特：不过。详：通"佯"，假装。⑯共传：公认。⑰舍：安置住宿。传：传舍，宾馆。⑱褐：粗麻布短衣。⑲径道：小路。

【译文】

秦王坐在章台上召见相如，相如双手捧着和氏璧献给秦王。秦王十分高兴，传递给美人和左右的近臣欣赏，近臣们都高呼"万岁"。相如看秦王没有诚意把城池给赵国，就上前说道："这块璧有小斑点，请让我指给大王看。"秦王把璧交给他，相如拿着和氏璧，后退几步倚着柱子站立，怒发冲冠，他对秦王说："大王想得到和氏璧，派人送信给赵王，赵王召集所有大臣一起商量，都说'秦国贪婪，仰仗着强大的国力，用虚假的言语求取和氏璧，给我们的城池恐怕不能得到'。商量着不打算给秦国和氏璧。我认为布衣之间的交往尚且不能相互欺骗，更何况是大国之间呢！于是赵王斋戒五天，派我双手捧着和氏璧，在大殿之上拜呈国书，这是为什么呢？无非是为了尊重大国的威严，表示敬意啊！现在我到了秦国，大王只是在一般的馆舍接见我，待客的态度傲慢无礼；拿到玉璧后，传递给美人看，存心戏弄微臣。我看大王无意给赵国城池，所以我又取回和氏璧。大王一定要逼迫我，那么我的脑袋今天就跟这块璧一起撞碎在柱子上！"蔺相如拿着和氏璧，斜视殿内的柱子，将要向柱子上撞去。秦王担心他撞碎和氏璧，就向蔺相如道歉，请他千万不要撞碎这块璧，召来主事的官吏查看地图，指着从这里到那里的十五座城池都送给赵国。相如估量秦王这是假装送给赵国城池，实际上根本得不到，便对秦王说："和氏璧，那是名闻天下的瑰宝，赵王害怕，不敢不献出来。赵王送和氏璧的时候，斋戒了五天，现在大王也应该斋戒五天，在宫廷之上以隆重的九宾大典迎接我，我才敢献上和氏璧。"秦王想了想，终究不能用强力夺取，所以答应斋戒五天，安置相如住进广成传舍。相如估量秦王即便斋戒，也一定会违背约定不补偿城池，就派他的随从穿上粗布衣，怀里藏着和氏璧，从小路逃走，把和氏璧送回赵国。

【原文】

秦王斋五日后，乃设九宾礼于廷，引赵使者蔺相如。相如至，谓秦王曰："秦自缪公以来二十馀君①，未尝有坚明约束者也②。臣诚恐见欺于王而负赵，故令人持璧归，间至赵矣③。且秦强而赵弱，大王遣一介之使至赵，赵立奉璧来。今以秦之强而先割十五都予赵，赵岂敢留璧而得罪于大王乎？臣知欺大王之罪当诛，臣请就汤镬④，唯大王与群臣孰计议之⑤。"秦王与群臣相视而嘻⑥。左右或欲引相如去，秦王因曰："今杀相如，终不能得璧也，而绝秦赵之欢，不如因而厚遇之⑦，使归赵，赵王岂以一璧之故欺秦邪！"卒廷见相如，毕礼而归之。

【注释】

① 缪公：即秦缪公。缪，通"穆"。② 坚明：坚决明确地遵守。约束：信约，盟约。③ 间：小路。④ 汤镬：开水锅。古代有一种酷刑为烹刑，即把人置入开水锅中煮死。⑤ 孰：同"熟"。仔细。⑥ 嘻：惊怪之声。⑦ 遇：款待。

【译文】

　　秦王斋戒五天之后，就在宫廷之上设九宾之礼，引见赵国使者蔺相如。相如到了宫殿，对秦王说："秦国自缪公以来的二十多位君主，不曾有切实遵守盟约的。我实在担心被大王欺骗而辜负赵王，所以派人拿着玉璧回去，这时候已经到赵国了。况且秦国强大而赵国弱小，大王差遣一个使臣到赵国，赵王将立刻派人捧着玉璧前来。现在凭借秦国的强大，先把十五座城池给赵国，赵国怎敢私留玉璧而得罪大王呢？我知道欺骗大王论罪当诛，我愿意接受烹刑，还是请大王和群臣们仔细斟酌一下。"秦王和群臣相互对视发出惊呼声。左右近臣有人想把相如拉下去杀掉，秦王阻止说："现在杀掉相如，终究不能得到玉璧，反而断绝了秦赵之间的交往，不如趁机好好款待他，让他回到赵国，赵王怎会因为一块玉璧的缘故而欺骗侮辱秦国呢！"秦王在宫廷之上召见相如，接见大礼完毕后，让他回了赵国。

【原文】

　　其后秦伐赵，拔石城①。明年，复攻赵，杀二万人。

　　秦王使使者告赵王，欲与王为好会于西河外渑池②。赵王畏秦，欲毋行。廉颇、蔺相如计曰："王不行，示赵弱且怯也。"赵王遂行，相如从。廉颇送至境，与王诀曰③："王行，度道里会遇之礼毕④，还，不过三十日。三十日不还，则请立太子为王，以绝秦望。"王许之，遂与秦王会渑池。秦王饮酒酣，曰："寡人窃闻赵王好音，请奏瑟。"赵王鼓瑟。秦御史前书曰"某年月日，秦王与赵王会饮，令赵王鼓瑟"。蔺相如前曰："赵王窃闻秦王善为秦声，请奏盆缻秦王⑤，以相娱乐。"秦王怒，不许。于是相如前进缻⑥，因跪请秦王。秦王不肯击缻。相如曰："五步之内，相如请得以颈血溅大王矣！"左右欲刃相如，相如张目叱之⑦，左右皆靡⑧。于是秦王不怿⑨，为一击缻。相如顾召赵御史书曰"某年月日，秦王为赵王击缻"。秦之群臣曰："请以赵十五城为秦王寿⑩。"

蔺相如亦曰："请以秦之咸阳为赵王寿。"

【注释】

①拔：攻克。②西河：黄河以西。在今天的陕西省东南部黄河以西一带。③诀：将远离而互相告别。又解为死别，廉颇担心赵王遇险不能返赵，故而作诀别之语。④道里：路程。⑤奏：献。缶（fǒu）：盛酒浆的瓦器，同"缶"。⑥进：进献。⑦叱：喝骂。⑧靡：倒退，溃退。⑨怿：欢乐，兴奋。⑩寿：献礼祝寿。

【译文】

之后秦国讨伐赵国，攻下石城。第二年，再次攻打赵国，杀死两万人。

秦王派使者告诉赵王，想和赵王在黄河西边的渑池会盟和好。赵王害怕秦国，打算不前往。廉颇、蔺相如说："大王不去，就表示赵国弱小而且胆怯。"赵王去了，相如跟随前往。廉颇送到边境处，与赵王诀别说："大王此行，估计来回的路程加上会期，不会超过三十天。三十天回不来，就请立太子为王，以断绝秦国要挟您的企图。"赵王答应了，便和秦王在渑池相会。秦王喝酒喝得微醺的时候，说："寡人私下里听说赵王喜好音乐，请为我演奏一下瑟吧。"赵王为秦王弹瑟。秦国史官上前记下来："某年某月某日，秦王与赵王一起饮酒，让赵王弹瑟。"蔺相如上前说："赵王私底下听说秦王擅长演奏秦地乐曲，请秦王敲打瓦缶，以相互娱乐。"秦王大怒，不答应。相如就走上去奉献瓦缶，接着跪在秦王面前请秦王演奏。秦王不肯敲击瓦缶。相如说："我将在五步之内，以我脖颈里的鲜血溅到大王的身上！"秦王侍卫想杀掉相如，相如睁大眼睛大声呵斥，侍卫都退了下来。秦王感到很不高兴，为赵王敲击了一下瓦缶。相如回过头召唤赵国史官记下："某年某月某日，秦王为赵王敲击瓦缶。"秦国的群臣说："请赵王献出赵国十五座城池向秦王献礼。"蔺相如也说："请秦王献出秦国的咸阳向赵王献礼。"

将相和

【原文】

既罢归国，以相如功大，拜为上卿，位在廉颇之右①。

廉颇曰："我为赵将，有攻城野战之大功，而蔺相如徒以口舌为劳，而位居我上，且相如素贱人，吾羞，不忍为之下。"宣言曰②："我见相如，必辱之。"相如闻，不肯与会。相如每朝时，常称病，不欲与廉颇争列。已而相如出，望见廉颇，相如引车避匿③。于是舍人相与谏曰："臣所以去亲戚而事君者，徒慕君之高义也。今君与廉颇同列，廉君宣恶言而君畏匿之，恐惧殊甚，且庸人尚羞之，况于将相乎！臣等不肖，请辞去。"蔺相如固止之，曰："公之视廉将军孰与秦王④？"曰："不若也。"相如曰："夫以秦王之威，而相如廷叱之，辱其群臣，相如虽驽⑤，独畏廉将军哉？顾吾念之，强秦之所以不敢加兵于赵者，徒以吾两人在也。今两虎共斗，其势不俱生。吾所以为此者，以先国家之急而后私仇也。"廉颇闻之，肉袒负荆，因宾客至蔺相如门谢罪。曰："鄙贱之人，不知将军宽之至此也。"卒相与欢，为刎颈之交。

【注释】

①右：秦汉以前以右为上、以左为下。②宣言：扬言。③引车：把车掉转方向。引：退。④孰与：何如。⑤驽：劣马。

【译文】

宴会结束，回到赵国，赵王认为相如功劳很大，任命他为上卿，地位在廉颇之上。廉颇说："我身为赵国的大将，有攻城野战、保疆卫土的功劳，而蔺相如仅仅以口舌之功，地位居于我的上面；况且相如一直是个没有地位的人，我很羞愧，无法容忍位居他的下面。"扬言说："倘若我见到相如，一定当众侮辱他。"相如听说后，不肯跟廉颇碰头。相如每次上朝，都称病不去，不想与廉颇争列次。有一次相如出门，老远看见廉颇，相如把车子调转方向躲避。宾客争相向他进谏说："臣之所以离开亲人侍奉您，只是仰慕您的崇高行为罢了。现在您与廉颇地位平等，廉颇口出恶言而您却畏惧他躲避他，害怕极了，普通人尚且感到羞愧，更何况将相呢！臣等不肖，请让我们离开吧。"蔺相如再三劝阻他们，说："你们看廉将军比起秦王来哪一个厉害？"宾客说："廉将军不如秦王。"相如说："秦王那么威严，我相如都能在朝堂上呵斥他，侮辱他的群臣，相如虽然愚笨无能，难道单单畏惧廉将军吗？不过我想的是，强大的秦国之所以不敢出兵攻打赵国，只是因为赵国有我们二人啊。现在两虎相争，势必不会共存。我之所以这么做，是以国家之事为先，而以个人私怨为后啊。"廉颇听到这些话，赤裸上身背上荆棘，通过宾客的引导来到蔺相如家门口请罪。说："我是个粗鄙卑贱之人，不知道将军您的胸怀是如此宽广啊！"于是两人和好，成为同生死共患难的朋友。

屈原贾生列传

【导读】

　　屈原是楚国名臣,他正直敢谏,主张合纵抗秦。但因遭谗臣陷害,为楚王所疏远,且屡遭排挤,多次被流放到荒僻之地。最终,屈原投汨罗江自杀。

　　屈原同时也是一位浪漫主义诗人,他创立了"楚辞"这种文体,也开创了"香草美人"为喻的传统。《离骚》《九章》《九歌》《天问》是屈原最主要的代表作,其中《离骚》是我国最长的抒情诗。后世所见屈原作品,皆出自西汉刘向辑集的《楚辞》。

才德出众受谗害

【原文】

　　屈原者①,名平,楚之同姓也②。为楚怀王左徒③。博闻强志,明于治乱④,娴于辞令。入则与王图议国事,以出号令;出则接遇宾客,应对诸侯。王甚任之。

　　上官大夫与之同列⑤,争宠而心害其能。怀王使屈原造为宪令,屈平属草稿未定⑥。上官大夫见而欲夺之,屈平不与,因谗之曰:"王使屈平为令,众莫不知,每一令出,平伐其功⑦,以为'非我莫能为'也。"王怒而疏屈平。

【注释】

①屈原(约前340~前278):又名正则,字灵均。任左徒时,主张联齐抗秦。遭靳尚等人诬陷,被放逐。顷襄王时再遭贬谪,见楚国政

治腐败，无力挽救，于五月五日投汨罗江而死。所写《离骚》《九歌》《天问》《九章》《远游》《卜居》《渔父》(后三篇后人多疑非屈原所作)等诗篇，对后世文学发展有巨大影响。②楚：古国名。芈(mǐ)姓。始祖鬻(yù)熊。西周时立国于荆山一带，建都丹阳(今湖北秭归东南)。周人称为荆蛮。熊渠为国君时，疆土扩大到长江中游。后迁都于郢(今湖北江陵)。春秋时期兼并周围小国，国势日强，楚庄王曾为五霸之一。战国时疆域又有扩大，就国土而言，为战国七雄之首。从楚怀王起，多次被秦国打败，公元前223年为秦所灭。③楚怀王：熊槐。公元前328年至公元前299年在位。左徒：楚官名。参与政事，起草诏令，职位相当重要。④治乱：指政治安定清明和动荡混乱，即国家的兴亡盛衰。⑤上官大夫：即靳(jìn)尚。一说上官是复姓，和靳尚不是一人。同列：同位，官阶相等。⑥属(zhǔ)：写作。⑦伐：自我夸耀。

【译文】

　　屈原，名平，是楚王的同族人。他担任楚怀王的左徒。见闻广博，记忆力强，通晓国家盛衰兴亡的道理，擅长应酬交际和谈判、奏对的辞令。在朝就和国王讨论国家大事，制定政令；对外就接待宾客，应对各国诸侯的事务。楚怀王对他十分信任。

　　上官大夫和屈原地位相等，为了在国王面前争宠，而妒忌屈原的才能。有一次，怀王让屈原制订法令，屈原写好了草稿，还没有最后定稿呈上。上官大夫想夺为己有，屈原不肯给他。他就向楚怀王进谗言说："大王让屈平制订法令，无人不知，每颁布一项法令，屈平就夸耀自己的功劳，说是除了我谁也写不出来呢。"怀王听了很生气，就和屈平疏远了。

【原文】

　　屈平疾王听之不聪也，谗谄之蔽明也①，邪曲之害公也②，方正之不容也，故忧愁幽思而作《离骚》③。离骚者④，犹离忧也。夫天者，人之始也⑤；父母者，人之本也⑥。人穷则反本⑦，故劳苦倦极⑧，未尝不呼天也；疾痛惨怛⑨，未尝不呼父母也。屈平正道直行，竭忠尽智以事其君，谗人间之，可谓穷矣。信而见疑，忠而被谤，能无怨乎？屈平之作《离骚》，盖自怨生也⑩。《国风》好色而不淫⑪，《小雅》怨诽而不乱⑫。若《离骚》者，可谓兼之矣。上称帝喾⑬，下道齐桓⑭，中述汤武⑮，以刺世事。明道德之广崇，治乱之条贯，靡不毕见。其文约⑯，其辞微⑰，其志洁，其行廉⑱，其称文小而其指极大⑲，举类迩而见义远。其志洁，故其称物芳⑳。其行廉，故死而不容。自疏㉑濯淖污泥之中㉒，蝉蜕于浊秽，以浮游尘埃之外，不获世之滋垢㉓，皭然泥而不滓者也㉔。推此志也，虽与日月争光可也。

【注释】

① 谗谄：谗是说人坏话，谄是巴结奉承。② 邪曲：邪和曲同义。这里指邪恶、不正直的人。③ 幽思：内心苦闷深思。④ 离：通"罹(lí)"，遭受。骚，忧。⑤ 天者，人之始：古人认为天地是造物主，人类是天帝创造的，所以说天是人类的原始。⑥ 父母者，人之本：人由父母所生，所以说父母是人的根本。⑦ 穷：无路可走，遭遇艰苦。反本：追念根本。反，通"返"。⑧ 极：疲困。⑨ 惨怛(dá)：内心悲伤。⑩ 盖：推原之词。⑪《国风》：《诗经》的组成部分之一。采自各地民间歌谣，有十五国的民歌，一百六十篇。好色而不淫：《国风》里的篇章，多写男女爱情，但并不过分。淫，邪，过分。⑫《小雅》：《诗经》组成部分之一。大部分是西周后期及东周前期贵族宴会的乐歌，小部分是批评当时朝政过失抒发忧愤的诗篇。这里是指后者而言。诽(fěi)：诽谤。乱：越轨。⑬ 上：和下面提到的"中""下"，分指远古、中古、近古年代。称：和下面的"道""述"，都是谈到的意思。帝喾(kù)：传说中的古代部落首领。相传是皇帝的曾孙，号高辛氏。⑭ 齐桓：齐桓公，名姜小白。春秋初期齐国的君主，任用管仲为相，进行改革，使齐国富强起来，成为"五霸"之首。⑮ 汤：又称成汤。原为商族领袖，起兵伐桀，灭夏，建立商朝。建都亳（在今河南省商丘南）。武：周武王，名姬发。起兵伐纣，灭殷，建立周王朝，分封诸侯。建都镐（今陕西省西安市西）。⑯ 约：简要。⑰ 微：幽深，精妙。⑱ 廉：品行

方正。⑲称文小：指《离骚》里的文词多称述花鸟草木的细小事物。指：通"旨"，意义。⑳称物芳：指《离骚》多用香草作比喻。㉑自疏：自己疏远（楚国）。㉒濯（zhuó）：洗涤。淖（nào）、污、泥，三字同义，污秽。㉓滋：黑，浊。㉔皭（jiào）然：洁白的样子。泥而不滓（zǐ）：身处秽浊不受污染。滓，污秽。

【译文】

屈平痛心怀王听闻这样闭塞，谗谄人的蒙蔽使他见事不明，邪恶小人这样陷害好人，正直的人这样不能容身，所以忧愁沉思写成了《离骚》。离骚就是遭受忧患的意思。上天是人的起始；父母是人的根本。人们受苦受难达到尽头时就回返到根本，所以劳苦疲倦达到极点时，没有不呼喊上天的，极度伤痛时，没有不呼喊爹娘的。屈平坚持正确的原则，正直地处理问题，竭尽忠诚和智能侍奉君主，却遭到谗人的离间，可说是困窘到尽头了。诚信反受猜疑，忠直反遭毁谤，怎能没有怨恨呢？屈平所写的《离骚》，就是在这种怨恨的心情下产生的。《国风》里的诗歌虽有对美色的爱慕，可不涉及淫乱；《小雅》里的篇章虽流露怨恨讥讽，但不主张越轨乱政。像《离骚》这首长诗，可说是兼而有之了。这诗对上古提到了帝喾，对近谈到了齐桓公，对中古说及了商汤、周武王，用历史事迹来批评时政。阐明道德内容的崇高博大，政治治乱的法则规律，无不详尽体现。它的文字精约，它的语辞含蓄，它的志向高尚，它的品行廉正，它的文句写的虽是花鸟草木等细小事物，而它的意旨极其恢宏博大；列举的比喻多是眼前近事，而体现的思想意义却很深远。他意志纯洁，所以提到的都是芳香的事物。他品行廉正，所以到死也不为奸邪势力所容。他独自远离污泥浊水之中，像蝉脱壳于浊秽泥土，而浮游于尘埃之外，不被世俗的污浊所玷辱，清白高洁出污泥而不染。若是把他的这种志趣加以推广，即使与日月争比光明，也是可以的。

【原文】

屈平既绌①，其后秦欲伐齐②，齐与楚从亲③，惠王患之④，乃令张仪佯去秦⑤，厚币委质事楚⑥，曰："秦甚憎齐，齐与楚从亲，楚诚能绝齐，秦愿献商、於之地六百里⑦。"楚怀王贪而信张仪，遂绝齐，使使如秦受地⑧。张仪诈之曰：

"仪与王约六里，不闻六百里。"楚使怒去，归告怀王。怀王怒，大兴师伐秦。秦发兵击之，大破楚师于丹、淅⑨，斩首八万，虏楚将屈匄⑩，遂取楚之汉中地⑪。怀王乃悉发国中兵以深入击秦，战于蓝田⑫。魏闻之⑬，袭楚至邓⑭。楚兵惧，自秦归。而齐竟怒不救楚，楚大困。

明年，秦割汉中地与楚以和。楚王曰："不愿得地，愿得张仪而甘心焉⑮。"张仪闻，乃曰："以一仪而当汉中地，臣请往如楚。"如楚，又因厚币用事者臣靳尚⑯，而设诡辩于怀王之宠姬郑袖⑰。怀王竟听郑袖，复释去张仪。是时屈平既疏，不复在位，使于齐，顾反，谏怀王曰："何不杀张仪？"怀王悔，追张仪不及。

其后诸侯共击楚⑱，大破之，杀其将唐昧⑲。

时秦昭王与楚婚⑳，欲与怀王会。怀王欲行，屈平曰："秦虎狼之国，不可信，不如毋行。"怀王稚子子兰劝王行："奈何绝秦欢！"怀王卒行。入武关㉑，秦伏兵绝其后，因留怀王，以求割地。怀王怒，不听。亡走赵，赵不内㉒。复之秦，竟死于秦而归葬。

长子顷襄王立㉓，以其弟子兰为令尹㉔。楚人既咎子兰以劝怀王入秦而不反也。

【注释】

① 绌（chù）：通"黜"。降职，贬退。② 秦：古代国名。嬴（yíng）姓。齐：公元前11世纪周分封的诸侯国。姜姓。开国君主吕尚。后被大夫田氏取代。③ 从（zòng）亲：合从相亲。从：通"纵"。战国时，山东（崤山以东）诸侯国联合抗秦，称为"合纵"。④ 惠王：秦惠王。嬴驷。公元前337年至公元前311年在位。患之：以……为忧。以动用法。⑤ 张仪：魏国人。倡"连衡"之说，游说六国事奉秦

国,得到秦王的信任。后死在魏国。⑥厚币:丰厚的财货。古时帛、皮、珠、璧玉、钱币等统称币。委质:古时臣子向君王献礼,表示献身。质,通"贽",进见的礼物。⑦商、於(wū):地名。今陕西省商县至河南省内乡一带地区。⑧使使:前使字,读(shǐ),派遣。后使字,读(shì),使臣。⑨丹、淅(xī):二水名。丹水源出陕西省商县西北,淅水是它的支流。楚怀王十七年,秦、楚在丹水之北、淅水之南交战。⑩屈匄(gài):楚将。屈为楚王族三大姓(屈、景、昭)之一。匄,通"丐"。⑪汉中:地区名。在今湖北省西北部、陕西省东南部地带。⑫蓝田:县名,在今陕西省蓝田县西。⑬魏:国名。开国君主魏斯,原是晋国的大夫,和韩虔、赵籍三家分晋。公元前403年被周威烈王承认为诸侯。⑭邓:邑名。在今河南郾城东南。⑮甘心:快意。⑯用事者:当权的人。⑰郑袖:亦名南后。楚怀王的爱妃。诡辩:诡计阴谋。⑱诸侯共击楚:事在楚怀王二十八年(前301)。⑲唐眛(mò):人名。⑳秦昭王:嬴稷。公元前306年至公元前251年在位。㉑武关:在今陕西商南西北,战国时秦国的南关。㉒内(nà):通"纳"。㉓顷襄王:熊横。公元前298年至公元前263年在位。㉔令尹:楚国的最高官职,地位如他国的宰相。

【译文】

屈平遭贬黜后,秦国准备攻打齐国,当时齐国和楚国是订立了合纵联盟的关系,秦惠王很忧虑,就派张仪假装脱离秦国,备了大量礼物来投靠楚国,说道:"秦国很憎恨齐国,齐国与楚国纵亲,楚国如果能和齐国绝交,秦国愿意献出商、於一带六百里的土地给楚国。"楚怀王很贪心而听信了张仪的话,就宣布和齐国断交,并派使者到秦国去接受土地。张仪欺骗楚使者道:"我和楚王约的是六里,没听说过什么六百里。"楚国使者生气地离开秦国,回来禀报怀王。怀王大怒,就大规模起兵攻打秦国。秦国派兵迎击,在丹水、淅水地带大败楚军,斩杀八万人,俘虏了楚将军屈匄,乘胜夺取了楚国的汉中一带地区。楚怀王于是动员了全国兵力,深入秦国境内,在蓝田大战秦军。魏国知道了,发兵偷袭楚国,一直打到邓地。楚军恐惧,就从秦国撤退。这时齐国恼恨怀王,特地不来援救楚国,楚国陷入困境。

第二年,秦国要割让出汉中地与楚媾和。楚怀王说:"不想得到土地,只要得到张仪就甘心了。"张仪听到这话,就说:"以我一个张仪而抵得上汉中之地,请让我去楚国。"他一到楚国,就用丰厚的礼物送给楚国当权大臣靳尚，继而施逞诡辩欺骗怀王的爱姬郑袖。怀王竟然听信了郑袖的话，放走了张仪。这时屈平已被疏远，不再担任官职，到齐国去做使者，等到回来的时候，他向怀王进谏说："怎么不杀掉张仪？"怀王后悔，派人追赶张仪，没有赶上。

此后各诸侯国联合攻打楚国，大败楚军，杀死了楚国的将军唐昧。

这时秦昭王和楚怀王结为姻亲，要求和怀王会晤。怀王想要去，屈平说："秦国是虎狼一样凶暴的国家，是不能信任的，不如不去。"怀王的小儿子子兰劝怀王前去："为什么要断绝秦王的欢心！"怀王终于去了。入武关，秦国的伏兵截断其归路，因而扣留怀王，要求割让土地。怀王发怒，不肯答应。逃跑到赵国，赵国不肯收留。又回到秦国，终于死在秦国而遗体归葬楚国。

怀王长子顷襄王继位，用他的弟弟子兰担任令尹。楚人都责备子兰因劝怀王误入秦国而不得生还。

【原文】

屈平既嫉之，虽放流，眷顾楚国，系心怀王，不忘欲反，冀幸君之一悟①，俗之一改也。其存君兴国而欲反覆之，一篇之中三致志焉②。然终无可奈何，故不可以反，卒以此见怀王之终不悟也。人君无愚智贤不肖，莫不欲求忠以自为，举贤以自佐，然亡国破家相随属，而圣君治国累世而不见者，其所谓忠者不忠而所谓贤者不贤也。怀王以不知忠臣之分③，故内惑于郑袖，外欺于张仪，疏屈平而信上官大夫、令尹子兰。兵挫地削，亡其六郡④，身客死于秦，为天下笑。此不知人之祸也。《易》曰⑤："井泄不食⑥，为我心恻⑦，可以汲。王明，并受其福。"王之不明，岂足福哉！

令尹子兰闻之大怒，卒使上官大夫短屈原于顷襄王⑧，顷襄王怒而迁之。

【注释】

①冀幸：希望。②三：再三。致：表达。③分（fèn）：本分，职

分。④六郡：指汉中一带地区。⑤《易》：即《周易》，也叫《易经》。我国古代具有哲学思想的占卜书。下面几句，引自《易经·井卦》的爻辞。⑥泄（xiè）：通"渫"。淘去污泥。⑦为：使。恻：内心伤痛。⑧短：说人坏话。

【译文】

　　屈平既已痛恨这件事，虽然身遭放逐，但还是眷恋楚国，系念着楚怀王，总惦记着想回到他身边，希望怀王能悔悟过来，社会习俗也能得到改正。他渴望保全君主，振兴国家，想扭转楚国衰弱的局势，他的作品中再三流露出这种心情。然而终究无可奈何，所以不可能重回朝中。由此看出怀王是始终不能觉悟的。做国君的不管他是愚蠢的、明智的、贤能的还是不中用的，没有谁不想寻求忠臣来保卫自己，选拔贤才来辅佐自己，然而弄得国亡家破的相继出现，而那圣明的君主，大治的国家却好多世代都见不到，原因就在于他们所认为的忠臣并不是忠臣，所认为的贤才并不是贤才啊。怀王因为不识忠臣的本质，所以在内被郑袖迷惑，在外受到张仪的欺骗，疏远屈平，信任上官大夫、令尹子兰，结果军队吃败仗，国土被削割，丧失了六郡土地，自己也客死在秦国，为天下人所耻笑。这就是不识人的好坏所造成的祸害啊。《易经》上说："井已经淘治干净了，却不来喝，使我很难过，这是可以汲用的啊。君主如果贤明，大家都得到幸福。"怀王这样昏暗，哪能算得上有福呢？

　　令尹子兰听到这个情况后大怒，终于让上官大夫向顷襄王说屈原的坏话，顷襄王发怒，把屈原放逐到更远的江南。

屈原投江

【原文】

　　屈原至于江滨，被发行吟泽畔①。颜色憔悴，形容枯槁。渔父见而问之曰②："子非三闾大夫欤③？何故而至此？"屈原曰："举世混浊而我独清，众人皆醉而我独醒，是以见放。"渔父曰："夫圣人者不凝滞于物而能与世推移④。举世混浊,何不随其流而扬其波?众人皆醉,何不铺其糟而啜其醨⑤?何故怀瑾握瑜而自令见放为⑥?"屈原曰:"吾闻之,新沐者必弹冠,新浴者必振衣,人又谁能以身之察察⑦,受物之汶汶者乎⑧!宁赴常流而葬乎江鱼腹中耳⑨,又安能以皓皓之白而蒙世俗之温蠖乎⑩!"

乃作《怀沙》之赋⑪。

于是怀石遂自沉汨罗以死⑫。

【注释】

①被:通"披"。②父(fǔ):对老年人的尊称。③三闾(lǘ)大夫:楚国官职名。掌管楚王族昭、屈、景三姓事务的官。④凝滞:固执。推移:顺随世俗环境而变化。⑤铺(bǔ):吃。糟:酒渣。啜(chuò):喝。醨(lí):薄酒。随流扬波,则清浊难分;铺糟啜醨,则醉醒莫辨。两句互文见义,意指随波逐流于世俗。⑥怀瑾握瑜:比喻坚持操守,具有纯洁的美德。瑾、瑜均为美玉。为:表疑问的语尾助词。⑦察察:洁白的样子。⑧汶汶(mén):昏暗的样子。⑨常流:同"长流"。指流水。⑩皓皓:洁白,光明。温蠖(huò):尘秽重积的样子。一释为情愤,昏暗的样子。⑪《怀沙》:屈原写的《九章》里的一篇。怀沙,有二说:旧说是屈原写的绝命词,指怀抱沙石自沉。近人有人认为,"沙"指长沙。长沙是楚国祖先熊绎的封地。屈原自杀前曾到长沙。《怀沙》是他将到长沙时所作。⑫汨(mì)罗:即汨罗江。流经湖南省东北部入湘江。

【译文】

屈原来到江边,披头散发缓步吟诗于泽边。面容憔悴,形状枯槁。一位渔翁看见了,问道:"您不就是三闾大夫吗?怎么落得这般地步?"屈原道:"世人都是混浊的而唯独我是干净的;大家都是昏醉的而唯独我是清醒的,因此遭到放逐。"渔翁说:"圣明的人不固执地对待事物而能与世推移。既然世人都是污浊的,何不也随其流而推其波?既然大家都昏醉了,何不也跟着吃糟喝酒呢?为什么怀抱着手握着美玉般的德操,而自己讨个被放逐呢?"屈原说:"我听说过,刚洗了头的人一定要弹弹帽子,才洗了澡的人一定要抖抖衣服,人们又有谁肯让自己的清白之身,去受外物的污垢呢!我宁可投身常流的江水中,而葬身江鱼腹中了,又怎么能让洁白的身躯去接受世俗的昏暗呢?"

于是写了一篇《怀沙》赋。

最终怀抱石头就自沉于汨罗江而死。

吕不韦列传

【导读】

　　吕不韦是韩国人,擅长经商,家里积累起千金私财。吕不韦游说秦国王室,拥立公子子楚为嫡嗣,又把自己的一个妾(赵姬)献给子楚,这都是"奇货可居"利益驱使的缘故。赵姬嫁给子楚后,产下一名男婴,取名为嬴政。嬴政做了秦王之后,吕不韦担任相国,太后"时时窃私通吕不韦"。吕不韦担心嬴政知道后杀了他,就找来嫪毒代替自己。这件事还是没有瞒过嬴政。吕不韦先是被罢免相位,接着又受逼迫而死。

　　这篇反映了秦朝内部的争权夺利以及宫廷中的淫乱生活。司马迁成功塑造了吕不韦唯利是图、深谋远虑的形象。

助子楚取得王位

【原文】

　　吕不韦者,阳翟大贾人也①。往来贩贱卖贵,家累千金②。秦昭王四十年,太子死。其四十二年,以其次子安国君为太子。安国君有子二十馀人。安国君有所甚爱姬,立以为正夫人,号曰华阳夫人。华阳夫人无子。安国君中男名子楚③,子楚母曰夏姬,毋爱④。子楚为秦质子于赵⑤。秦数攻赵,赵不甚礼子楚⑥。

【注释】

①贾人:商人。②累:积聚。③中男:次子。④毋:无。⑤质子:人质,古代被派往别国去做人质的人,多为王子、世子,所以称为质

子。⑥礼：用如动词，指以礼相待。

【译文】

吕不韦，阳翟的大商人。他往返于各地，购买便宜的物品，然后高价卖出，所以积累起千金的家产。

秦昭王四十年，太子去世。四十二年，秦国立昭王次子安国君为太子。安国君的儿子有二十多个，安国君有一个特别受宠爱的姬妾，被立为正夫人，称为华阳夫人。华阳夫人没有儿子。安国君的儿子中有个叫子楚的，子楚的母亲名叫夏姬，不受宠爱。子楚作为人质去了赵国。秦国多次攻打赵国，赵国对子楚并不是很讲礼数。

【原文】

子楚，秦诸庶孽孙①，质于诸侯，车乘进用不饶②，居处困，不得意。吕不韦贾邯郸，见而怜之，曰："此奇货可居③。"乃往见子楚，说曰："吾能大子之门。"子楚笑曰："且自大君之门，而乃大吾门！"吕不韦曰："子不知也，吾门待子门而大。"子楚心知所谓，乃引与坐，深语④。吕不韦曰："秦王老矣，安国君得为太子。窃闻安国君爱幸华阳夫人，华阳夫人无子，能立適嗣者⑤独华阳夫人耳。今子兄弟二十馀人，子又居中，不甚见幸，久质诸侯。即大王薨⑥，安国君立为王，则子毋几得与长子及诸子旦暮在前者争为太子矣⑦。"子楚曰："然。为之奈何？"吕不韦曰："子贫，客于此，非有以奉献于亲及结宾客也。不韦虽贫，请以千金为子西游，事安国君及华阳夫人，立子为適嗣。"子楚乃顿首曰："必如君策，请得分秦国与君共之。"

吕不韦乃以五百金与子楚，为进用，结宾客；而复以五百金买奇物玩好，自奉而西游秦，求见华阳夫人姊，而皆以其物献华阳夫人。因言子楚贤智，结诸侯宾客遍天下，常曰："楚也以夫人为天⑧，日夜泣思太子及夫人。"夫人大喜。

不韦因使其姊说夫人曰："吾闻之，以色事人者，色衰而爱弛。今夫人事太子，甚爱而无子，不以此时蚤自结于诸子中贤孝者⑨，举立以为適而子之，夫在则重尊，夫百岁之后，所子者为王，终不失势，此所谓一言而万世之利也。不以繁华时树本⑩，即色衰爱弛后，虽欲开一语，尚可得乎？今子楚贤，而自知中男也，次不得为適，其母又不得幸，自附夫人，夫人诚以此时拔以为適，夫人则竟世有宠于秦矣。"华阳夫人以为然，承太子闲，从容言子楚质于赵者绝贤，来往者皆称誉之。乃因涕泣曰："妾幸得充后宫，不幸无子，愿得子楚立以为適嗣，以托妾身。"安国君许之，乃与夫人刻玉符⑪，约以为適嗣。安国君及夫人因厚馈遗子楚⑫，而请吕不韦傅之，子楚以此名誉益盛于诸侯。

【注释】

①庶孽孙：姬妾所生的子孙。②进用：财用。进，通"赆"，指收入的钱财。③奇货可居：指珍奇的货物可以囤积起来以待高价。④深语：推心置腹地深谈。⑤適嗣：正妻所生的长子。適，通"嫡"。⑥即：倘若，假使。⑦毋几：没有希望。旦暮：早晚。⑧天：仰赖以为生存者称之为天。⑨蚤：通"早"。⑩繁华：花盛，比喻人之盛年。⑪玉符：古代朝廷的一种凭证。⑫馈遗：赠送礼品、财物等。

【译文】

子楚，秦国的姬妾所生的子孙，送到诸侯那里去做人质，乘坐的车马、日常的财用都不够宽裕，生活窘困，很不得意。吕不韦到邯郸做生意，知道子楚的遭遇后，说："这是稀有的物品，值得囤积起来，以待高价售出。"就前去拜见子楚，说道："我能光大你的门庭。"子楚笑着说："你姑且先光大自己的门庭吧，然后再来光大我的门庭！"吕不韦说："您不知道，我的门庭依靠您的门庭而光大啊。"子楚明白吕不韦所说的意思，便与他坐下来交谈，所谈的话题十分深入。吕不韦说："秦王已经老了，安国君成为太子。我私底下听说安国君宠幸华阳夫人，华阳夫人没有儿子，能够选立嫡子的就只有华阳夫人了。现在您的兄弟有二十多人，您又列在中间，并不是很受宠爱，长时间被留在诸侯国当人质。如果大王死了，安国君成为秦王，那么您也没有机会和长子或是其他的儿子早晚在大王面前争夺太子之位啊。"子楚说："是啊，那么该怎么办呢？"吕不韦说："您十分贫穷，在这里做客，没有什么可以奉献给亲戚或是用来结交宾客的。不韦虽然贫穷，但还是愿意拿出千金为您西去秦国游说，侍奉安国君和华阳夫人，立您为王位继承者。"子楚立即叩头拜谢说："如果您的策略成功了，甘愿将秦国的土地与您分享。"

吕不韦于是赠给子楚五百金，作为生活以及结交宾客的费用；又拿出五百金购买珍奇玩物，自己带着向西去游说秦国，求见华阳夫人的姐姐，把所有的珍奇玩物都进献给华阳夫人。趁机说子楚贤能且有才智，结交的诸侯和宾客遍及天下，还经常说："子楚把夫人当做终身唯一的依靠，日夜哭泣思念太子和夫人。"华阳夫人听了很高兴。吕不韦让华阳夫人的姐姐劝华阳夫人说道："我听说，依靠美色侍奉别人的人，美色衰退，宠爱也就跟着远离了。现在夫人侍奉太子，十分受宠爱，但没有生子，不在这个时候趁早结交诸位公子中贤能且孝顺的，推举并拥立为嫡嗣，认他做自己的儿子，那么丈夫在的时候你更加尊贵，丈夫死了之后，所认的儿子继位为王，你终究不会失势，这就是所说的一句话就能得到万世的好处啊。不在身份显贵时树立根本，等到容色衰退宠爱失去之后，即便想和太子说一句话，难道还有可能吗？现在子楚贤明，他知道自己排在诸公子的中间，按照惯例是不能立为嫡嗣的，他的母亲又不受宠幸，所以自己依附夫人，夫人实在应当在这个时候提拔他为嫡嗣，那样夫人就能终身在秦国受尊崇了。"华阳夫人认为有道理，趁着太子有空的时候，委婉地说起在赵国做人质的子楚很贤明，来来往往的人都称赞他。接着就哭哭啼啼地说："我庆幸能够列位后宫，但不幸没有生子，希望大王立子楚为嫡嗣，使我能够有所寄托。"安国君答应了，为华阳夫人刻了玉符以作凭证，约定立子楚为嫡嗣。安国君和夫人都送好多礼物给子楚，又请吕不韦做子楚的老师，子楚的名声在诸侯之间越来越大。

【原文】

吕不韦取邯郸诸姬绝好善舞者与居①，知有身②。子楚从不韦饮，见而说之③，因起为寿④，请之⑤。吕不韦怒，念业已破家为子楚，欲以钓奇⑥，乃遂献其姬。姬自匿有身，至大期时⑦，生子政。子楚遂立姬为夫人。

秦昭王五十年，使王齮围邯郸，急，赵欲杀子楚。子楚与吕不韦谋，行金六百斤予守者吏⑧，得脱，亡赴秦军，遂以得归。赵欲杀子楚妻子，子楚夫人赵豪家女也，得匿，以故母子竟得活。秦昭王五十六年，薨，太子安国君立为王，华阳夫人为王后，子楚为太子。赵亦奉子楚夫人及子政归秦。

秦王立一年，薨，谥为孝文王。太子子楚代立，是为庄襄王⑨。庄襄王所母华阳后为华阳太后⑩，真母夏姬尊以为夏太后。庄襄王元年，以吕不韦为丞相，封为文信侯，食河南雒阳十万户⑪。

【注释】

①绝好：特别漂亮。②有身：怀孕。③说：通"悦"。④寿：祝酒。⑤请：想得到。⑥钓奇：指想得到巨大利益。含有前"奇货可居"之意。⑦大期：十二个月。⑧予：给予。⑨是：代词，这。⑩所母：所拜认的母亲。真母：亲生母亲。⑪食：即食邑。

【译文】

吕不韦选出邯郸城中最擅长跳舞的女子，和她一起同居，知道她有了身孕。子楚在吕不韦家中饮酒，见到那名女子，十分喜欢，就起身向吕不韦敬酒，希望能得到她。吕不韦很生气，但又一想已经为子楚破费了不少家财，想钓到奇货，于是把那名姬妾献给子楚。姬妾隐瞒已经怀有身孕，到这年十二月的时候，生下儿子政。子楚就立她做了夫人。

秦昭王五十年，派王齮围攻邯郸，情势很危急，赵王想杀死子楚。子楚与吕不韦商量，送六百金给了看守城门的官吏，得以逃脱，逃到秦军之中，最终回到秦国。赵国想杀死子楚的妻子和儿子，子楚的夫人是赵国豪绅之家的女儿，躲藏起来，所以母子二人竟然得以活命。秦昭王五十六年，昭王去世，太子安国君继位，华阳夫人为王后，子楚为太子。赵国也把子楚夫人和儿子嬴政送回秦国。

秦王继位一年就死了，谥号为孝文王。太子子楚继位，这就是庄襄王。庄襄王所认的母亲华阳夫人被尊为华阳太后，生身母亲夏姬被尊为夏太后。庄襄王元年，任命吕不韦为丞相，封他为文信侯，以河南洛阳十万户作为他的食邑。

骄横恣肆，被逼自尽

【原文】

庄襄王即位三年，薨，太子政立为王，尊吕不韦为相国，号称"仲父"①。秦王年少②，太后时时窃私通吕不韦。不韦家僮万人。

当是时，魏有信陵君，楚有春申君，赵有平原君，齐有孟尝君，皆下士喜宾客以相倾③。吕不韦以秦之强，羞不如，亦招致士，厚遇之，至食客三千人。是时诸侯多辩士，如荀卿之徒，著书布天下。吕不韦乃使其客人人著所闻，集论以为八览、六论、十二纪、二十余万言。以为备天地万物古今之事，号曰《吕氏春秋》。布咸阳市门，悬千金其上，延诸侯游士宾客有能增损一字者予千金。

【注释】

①仲父：亚父，仅次于父。②秦王年少：始皇时年十三岁。③下士：谦恭有礼地对待士人。倾：超越，压倒。

【译文】

庄襄王继位三年就死了，太子嬴政继位，尊奉吕不韦为相国，号称"仲父"。秦王年纪尚小，太后经常偷偷地与吕不韦私通。吕不韦的家中有僮仆一万人。

这个时候，魏国有信陵君，楚国有春申君，赵国有平原君，齐国有孟尝君，都礼贤下士，喜欢结交宾客，凭此来相互竞争。吕不韦认为秦国很强大，羞愧比不上四公子，也招揽士子，厚重地对待他们，食客达到三千人。此时，诸侯身旁有众多能言善辩之士，例如荀卿等人，他们著书立说，遍布天下。吕不韦就让他的食客把各自的见闻记下来，汇集在一起，编成八览、六论、十二纪等，共有二十多万字。自认为囊括了天地万物以及古今所有的事理，名为《吕氏春秋》。把它张布到咸阳的城门上，还在上面悬挂千金，各国诸侯的游士和宾客有能增加或删减一个字的，赏赐千金。

【原文】

始皇帝益壮，太后淫不止。吕不韦恐觉祸及己，乃私求大阴人嫪毐以为舍人，时纵倡乐，使毐以其阴关桐轮而行①，令太后闻之，以啗太后②。太后闻，果欲私得之。吕不韦乃进嫪毐，诈令人以腐罪告之③。不韦又阴谓太后曰："可事诈腐，则得给事中。"太后乃阴厚赐主腐者吏，诈论之，拔其须眉为宦者，遂得侍太后。太后私与通，绝爱之。有身，太后恐人知之，诈卜当避时④，徙宫居雍。嫪毐常从，赏赐甚厚，事皆决于嫪毐。嫪毐家僮数千人，诸客求宦为嫪毐舍人千馀人⑤。

始皇七年，庄襄王母夏太后薨。孝文王后曰华阳太后，与孝文王会葬寿陵。夏太后子庄襄王葬芷阳，故夏太后独别葬杜东，曰："东望吾子，西望吾夫。后百年，旁当有万家邑。"

【注释】

①关：贯穿。桐轮：桐木车轮。②啗（dàn）：同啖。给……吃，引申义指引诱的意思。③腐罪：判处腐刑（即宫刑）的罪。④避时：改变一下住所，以避灾祸。⑤求宦：求为官。

【译文】

始皇帝越长越大，太后淫乱没有停止。吕不韦担心事情被发觉，灾祸降临到自己头上，便暗地里找到一个生殖器很大、名叫嫪毐的人作为自己的门客，时常让倡人取乐，让嫪毐用生殖器贯穿到桐木所做的车轮之中行走，以此引诱太后。太后听说之后，果然想得到他。吕不韦就把嫪毐进献给太后，假装让人告发嫪毐犯了应当接受宫刑的罪。吕不韦又暗中对太后说："可以让他假装接受腐刑，那就可以在宫中供职了。"太后偷偷地重赏执行腐刑的官吏，假装定嫪毐的罪，拔掉嫪毐的胡须变成宦官的样子，使嫪毐得以侍奉太后。太后与嫪毐私通，十分喜欢他。有了身孕，太后怕人发觉，假装卜了一卦，声称必须改变一下生活环境，才能避免祸患，就搬到雍宫之中居住。嫪毐常常跟随太后，获得的赏赐很厚重，很多事都交由嫪毐决定。嫪毐家中的僮仆有数千人之多，那些想到嫪毐家中谋求官职的人有一千多个。

秦始皇七年，庄襄王的母亲夏太后死去。孝文王的王后尊为华阳太后，与孝文王一起合葬在寿陵。夏太后的儿子庄襄王葬在芷阳，所以夏太后独自葬在杜邑的东面，她曾说过："我埋葬在此处，向东可以望见我的儿子，向西可以望见我的丈夫。一百年之后，旁边一定会有万户的城邑。"

【原文】

始皇九年，有告嫪毐实非宦者，常与太后私乱，生子二人，皆匿之。与太后谋曰"王即薨，以子为后"。于是秦王下吏治①，具得情实②，事连相国吕不韦。九月，夷嫪毐三族③，杀太后所生两子，而遂迁太后于雍。诸嫪毐舍人皆没其家而迁之蜀④。王欲诛相国，为其奉先王功大，及宾客辩士为游说者众，王不忍致法⑤。

秦王十年十月，免相国吕不韦。及齐人茅焦说秦王，秦王乃迎太后于雍，归复咸阳，而出文信侯就国河南。

岁馀，诸侯宾客使者相望于道，请文信侯⑥。秦王恐其为变，乃赐文信侯书曰："君何功于秦？秦封君河南，食十万户。君何亲于秦？号称仲父。其与家属徙处蜀⑦！"吕不韦自度稍侵，恐诛，乃饮鸩而死⑧。秦王所加怒吕不韦、嫪毐皆已死,乃皆复归嫪毐舍人迁蜀者。始皇十九年,太后薨,谥为帝太后,与庄襄王会葬茝阳⑨。

【注释】

①下吏:交法官去审讯。②具:通"俱"。全,都。③夷:诛灭。三族:指父族、母族和妻族。④没:没入,即没收其财产充官。家:指家产。⑤致法:予以法律制裁。⑥请:问候。⑦徙:迁,移。⑧酖(zhèn):通"鸩"。毒酒。⑨茝阳:即"芷阳"。

【译文】

秦始皇九年,有人告发嫪毐其实不是宦官,时常和太后私通淫乱,生了两个儿子,都藏了起来。嫪毐还和太后谋划说"大王假若死了,就立儿子为王"。秦王下令让法官处理此事,后来知道了事情的全部真相,这件事牵连到相国吕不韦。九月,灭掉嫪毐三族,杀了太后所生的两个儿子,还把太后迁移到雍。嫪毐的门客都被抄家,迁徙到蜀地,秦王还想杀掉相国,因为他侍奉先王有很大的功劳,以及很多宾客辩士为他说情游说,秦王没有忍心杀他。

秦王十年十月,罢免相国吕不韦的职位。后来齐国人茅焦游说秦王,秦王这才到雍地去迎接太后,把她接回咸阳,把文信侯吕不韦遣发到封国河南。

一年之后,诸侯的宾客使者络绎不绝,前来问候文信侯。秦王害怕吕不韦叛乱,就写了一封信给他,上面说:"您对秦国有什么功劳呢?秦国封给您河南之地,食邑十万户。您跟秦国有什么亲属关系呢?竟然号称'仲父'。您和您的家属一起迁徙到蜀地吧!"吕不韦忖度自己的处境,已经逐渐地受到逼迫,便喝毒酒自杀而死。秦王所怨恨的吕不韦和嫪毐都已经死了,就把那些迁徙到蜀地的嫪毐的宾客召回。秦始皇十九年,太后死,谥号为帝太后,和庄襄王合葬在茝阳。

【原文】

太史公曰:不韦及嫪毐贵①,封号文信侯。人之告嫪毐,毐闻之。秦王验左右②,未发。上之雍郊③,毐恐祸起,乃与党谋,矫太后玺发卒以反蕲年宫④。发吏攻毐,毐败亡走,追斩之好畤,遂灭其宗。而吕不韦由此绌矣⑤。孔子之所谓"闻"者⑥,其吕子乎?

【注释】

①及:连及。②验:验证。③郊:古代祭天的礼节。④矫:假托,诈称。⑤绌:通"黜"。罢黜。⑥孔子之所谓"闻"者:《论语·颜渊》云:"夫闻者也,色取仁而行违,居之不疑,在邦必闻,在家必闻。"这里指言行表里不一的人的表现。闻,骗取名望。

【译文】

太史公说:吕不韦连带着嫪毐显贵起来,受封为文信侯。有人告发嫪毐,嫪毐知道了。秦王向左右的近臣验证,没有公开揭发此事。秦王到雍地的郊外祭祀,嫪毐害怕遭受灾祸,就与同党密谋造反,假造太后的印信征调士兵在蕲年宫反叛。秦王派遣军队攻击嫪毐,嫪毐失败逃走,一直追击到好畤这个地方才把他斩杀,继而灭掉他的亲族。而吕不韦也受牵连被罢黜。孔子所说的"骗取名望",大概就是指吕不韦这类的人吧?

李斯列传

【导读】

　　李斯是秦始皇和秦二世时的丞相，是秦朝至关重要的政治人物。整个秦王朝的兴衰，都与李斯有着很大关系。他曾向秦始皇上了一篇《谏逐客书》，请求秦国尊重各国人才；他规范小篆，统一六国文字；他追随秦始皇巡游南北，刻石颂功……这些都是他的贡献。但是，李斯也参与了赵高、胡亥篡夺权位的阴谋，伪造诏书，害死公子扶苏和大将蒙恬。秦二世登基后，赵高为争夺相位，于是陷害李斯，并最终将其处死。

妥协求荣，假造遗诏

【原义】

　　始皇三十七年十月，行出游会稽，并海上，北抵琅邪。丞相斯、中车府令赵高兼行符玺令事①，皆从。始皇有二十馀子，长子扶苏以数直谏上，上使监兵上郡，蒙恬为将。少子胡亥爱，请从，上许之。馀子莫从。

　　其年七月②，始皇帝至沙丘，病甚，令赵高为书赐公子扶苏曰："以兵属蒙恬，与丧会咸阳而葬。"书已封，未授使者，始皇崩。书及玺皆在赵高所，独子胡亥、丞相李斯、赵高及幸宦者五六人知始皇崩，馀群臣皆莫知也。李斯以为上在外崩，无真太子③，故秘之。置始皇居辒辌车中④，百官奏事上食如故，宦者辄从辒辌车中可诸奏事。

【注释】

①行：暂时代理。②其年七月：由于当时以十月为岁首，所以十月在前，七月在后。③真太子：正式确立的太子。④辒辌车：古代一种既能保温又能通风的卧车。

【译文】

　　秦始皇三十七年十月，始皇巡游至会稽山，沿着海岸北上，抵达琅邪山。丞相李斯和兼代符玺令的中车府令赵高一起跟随。始皇有二十多个儿子，长子扶苏因为多次直言敢谏，所以始皇贬他到上郡任监军，蒙恬为将军。小儿子胡亥受到宠爱，请求跟随出游，始皇答应了。其余的儿子都没有跟随。

　　这年七月，始皇帝到达沙丘，病得很厉害，命令赵高写诏书给公子扶苏说："把军队交托给蒙恬，赶快参与丧事，与灵柩到咸阳会合，然后安葬。"诏书封好以后，没有交给传信的人，始皇就驾崩了。诏书和御印都搁在赵高的住所，只有胡亥、丞相李斯、赵高以及受宠的五六个人知道始皇驾崩的消息，其他的大臣都不知道。李斯认为皇上在外面驾崩，没有正式确定的太子，所以才封锁消息，把始皇的尸体放到一辆既保暖又通风凉爽的卧车里，百官照常向车子里的始皇奏事并进献食物，宦官就在车中假托皇帝的命令批复百官报告的事情。

【原文】

　　赵高因留所赐扶苏玺书①，而谓公子胡亥曰："上崩，无诏封王诸子而独赐长子书。长子至，即立为皇帝，而子无尺寸之地，为之奈何？"胡亥曰："固也。吾闻之，明君知臣，明父知子。父捐命②，不封诸子，何可言者！"赵高曰："不然。方今天下之权，存亡在子与高及丞相耳，愿子图之。且夫臣人与见臣于人③，制人与见制于人，岂可同日道哉！"胡亥曰："废兄而立弟，是不义也；不奉父诏而畏死，是不孝也；能薄而材谫④，强因人之功，是不能也。三者逆德，天下不服，身殆倾危⑤，社稷不血食⑥。"高曰："臣闻汤、武杀其主，天下称义焉，不为不忠。卫君杀其父，而卫国载其德,孔子著之,不为不孝。夫大行不小谨,盛德不辞让,乡曲各有宜而百官不同功⑦。故顾小而忘大,后必有害;狐疑犹豫,后必有悔。断而敢行,鬼神避之,后有成功。愿子遂之!"胡亥喟然叹曰:"今大行未发⑧,丧礼未终,岂宜以此事干丞相哉⑨!"赵高曰:"时乎时乎,间不及谋⑩!赢粮跃马⑪,唯恐后时!"

【注释】

①玺书:盖过皇帝印玺的文书。②捐命:舍弃生命,临终。③臣人:驾驭群臣。④谫:浅陋。⑤殆:差不多。倾危:倒覆,即被杀。⑥社稷:土神和谷神,国家政权的象征。血食:享受祭祀。因为祭祀时要杀牛、羊、猪三牲,所以叫血食。⑦乡曲:乡下,后引申为乡里。⑧大行:一去不返。臣下因讳言皇帝死亡,所以用大行来作比喻。⑨干:求,麻烦。⑩间:空隙,形容时间之紧迫。⑪赢:携带,背负。

【译文】

赵高于是扣留了始皇写给扶苏的诏书,对公子胡亥说:"皇上驾崩,没有下诏封诸子为王,而只是写给长子扶苏一封诏书。扶苏来了,就会被立为皇帝,而您连一尺一寸的土地都没有,这该怎么办呢?"胡亥说:"本来就是这样。我听说,贤明的君主了解臣子,贤明的父亲了解儿子。做父亲的临终之时不封赏诸子,有什么话可说呢!"赵高说:"不是这样的。现在全天下的权力,天下人的生死存亡都在您和我还有丞相的手里,希望您好好考虑一下。况且使别人向自己称臣和向别人称臣,控制别人和被别人控制,难道可以同日而语、相提并论吗?"胡亥说:"废掉兄长而拥立弟弟,这是不义;不遵从父亲的诏书而害怕被杀,这是不孝;才能浅薄,勉强依靠别人的功劳而登上皇位,这是无能。这三种做法都是违背道德的,天下人不会心服的,而自身也将招致祸殃,社稷也不能永享祭祀了。"赵高说:"我听说商汤、周武王杀了他们的君主,天下人称这是义行,不认为它是不忠的行为。卫君杀了自己的父亲,而卫国人却称颂他的功德,孔子还记录过这件事,这不是不守孝道。做大事的人可以不拘泥小节,道德高尚的人不必计较琐碎的礼让,穷乡僻壤有自己的风俗习惯,百官的职责也各有不同。所以顾念小节而忘记大体，一定会留下祸患；迟疑犹豫，一定会抱憾终生。果断而勇敢，连鬼神也会畏惧躲避，一定会取得成功。希望您就这样做！"胡亥感叹一声说："现在皇帝刚死，还没有发丧，丧事还没有结束，怎么能拿这件事去要求丞相呢！"赵高说："时间很紧迫啊，稍有迟疑就不允许谋算了。好像带着干粮骑马赶路一样，就怕耽误时机啊！"

【原文】

胡亥既然高之言①，高曰："不与丞相谋，恐事不能成，臣请为子与丞相谋之。"高乃谓丞相斯曰："上崩，赐长子书，与丧会咸阳而立为嗣②。书未行，今上崩，未有知者也。所赐长子书及符玺皆在胡亥所，定太子在君侯与高之口耳③。事将何如？"斯曰："安得亡国之言！此非人臣所当议也！"高曰："君侯自料能孰与蒙恬④？功高孰与蒙恬？谋远不失孰与蒙恬？无怨于天下孰与蒙恬？长子旧而信之孰与蒙恬？"斯曰："此五者皆不及蒙恬，而君责之何深也？"高曰："高固内官之厮役也⑤，幸得以刀笔之文进入秦宫⑥，管事二十馀年，未尝见秦免罢丞相功臣有封及二世者也，卒皆以诛亡。皇帝二十馀子，皆君之所知。长子刚毅而武勇，信人而奋士⑦，即位必用蒙恬为丞相，君侯终不怀通侯之印归于乡里，明矣。高受诏教习胡亥，使学以法事数年矣⑧，未尝见过失。慈仁笃厚⑨，轻财重士，辩于心而讷于口⑩，尽礼敬士，秦之诸子未有及此者，可以为嗣。君计而定之。"斯曰："君其反位⑪！斯奉主之诏，听天之命，何虑之可定也？"高曰："安可危也，危可安也。安危不定，何以贵圣？"斯曰："斯，上蔡闾巷布衣也，上幸擢为丞相，封为通侯，子孙皆至尊位重禄者，故将以存亡安危属臣也。岂可负哉！夫忠臣不避死而庶几⑫，孝子不勤劳而见危，人臣各守其职而已矣。君其勿复言，将令斯得罪。"高曰："盖闻圣人迁徙无常⑬，就变而从时⑭，见末而知本，观指而睹归。物固有之，安得常法哉！方今天下之权命悬于胡亥，高能得志焉⑮。且夫从外制中谓之惑，从下制上谓之贼。故秋霜降者草花落，水摇动者万物作⑯，此必然之效也。君何见之晚？"斯曰："吾闻晋易太子⑰，三世不安；齐桓兄弟争位⑱，身死为戮；纣杀亲戚⑲，不听谏者，国为丘墟，遂危社稷；三者逆天，宗庙不血食。斯其犹人哉，安足为谋！"高曰："上下合同，可以长久；中外若一，事无表里。君听臣之计，即长有封侯，世世称孤，必有乔、松之寿⑳，孔、墨之智㉑。今释此而不从，祸及子孙，足以为寒心。善者因祸为福，君何处焉？"斯乃仰天而叹，垂泪太息曰㉒："嗟乎！独遭乱世，既以不能死㉓，安托命哉㉔！"于是斯乃听高。高乃报胡亥曰："臣请奉太子之明命以报丞相，丞相斯敢不奉令！"

【注释】

①然：同意，赞成。②嗣：继承人。③君侯：古时对列侯的称呼。④孰与：与……比怎么样。⑤内官：宦官。厮役：奴仆。⑥刀笔之文：刑法文书。⑦信人：待人真诚。奋士：激励部下，使之为自己效忠。⑧法事：有关法律之事。⑨笃厚：老实厚道。⑩辩：通"辨"，明辨是非。讪：言语迟顿。⑪反位：回到原来的职位上。反，通"返"。⑫庶几：差不多。这里指苟且从事。⑬迁徙：迁移。引申为善变。⑭就变：服从变化。从时：顺应潮流。⑮得志：揣测心思。⑯水摇动：春天冰雪消融。万物作：万物生长。⑰晋易太子：春秋时晋献公宠爱妃子骊姬，迫使太子申生自杀，改立骊姬子奚为太子。⑱齐桓兄弟争位：春秋时齐桓公和公子纠争位，桓公掌权后，迫使鲁国杀死公子纠。⑲纣杀亲戚：指商纣杀死其叔父比干。⑳乔、松：指王子乔、赤松子。二人都是古代传说中的仙人。㉑孔、墨：指孔丘、墨翟。㉒太息：叹息。㉓以：

通"已"。㉔托命：委身，托付。

【译文】

胡亥同意赵高的意见之后，赵高说："不和丞相一起谋划，恐怕大事就不能取得成功，请让我为您和丞相一起谋划一下吧。"赵高于是与丞相李斯商量说："皇上驾崩，留给长子扶苏一份诏书，让他到咸阳与我们会和，办理丧事，而且还立他为继承人。诏书还没有送出去，现在皇上驾崩，没有知道这件事的了。写给长子扶苏的诏书和御玺都在胡亥那里，决定太子的归属就在于君侯和我赵高的一句话了。这件事该怎么办呢？"李斯说："你怎么能说出这种亡国的话呢！这不是臣子应该议论的事情！"赵高说："君侯自己想想：您的才能和蒙恬比起来如何？您和蒙恬谁的功劳大？在深谋远虑和不失算方面您和蒙恬谁更厉害？不与天下人结怨这一方面您比得上蒙恬吗？与长子有旧交情和深得信任这方面能比得上蒙恬吗？"李斯说："这五个方面我都比不上蒙恬，但是你怎么能够这么苛求责备呢？"赵高说："我赵高本来就是宦官之中的一个小仆役，幸亏能够凭着熟悉刑法文书而进入秦宫，在里面掌管事务二十多年，从来没有看到过秦王罢黜的丞相和功臣有连续两代封爵的，这些人最后都被诛杀。皇帝有二十多个儿子，这些您都知道。长子扶苏刚毅而勇武，肯信任人，又善于鼓励士人，他即位之后一定会任用蒙恬为丞相，君侯您终究不会带着通侯的印信回归乡里，这是很明白的事情。我赵高受命教胡亥学习，让他学习法令已经好几年了，从没见他犯过什么过失。胡亥仁慈宽厚，轻视财物而看重士子，内心很聪明但是不善于从口中表达出来，又礼贤下士，秦朝的诸位王子中没有能比得上他的，可以让他继承王位。希望您考虑一下，做出决定。"李斯说："你最好回到你的本位考虑自己的事情吧，我遵从主上的诏令，听从上天的安排，还有什么可以考虑决定的呢？"赵高说："您认为现在自己的处境很安全，但说不定还很危险呢！倘若您参与我的计划，或许您认为处境是危险的，但说不定是很安全的。如果一个人无法掌握自己命运的安危，怎么能称得上是聪明之人呢？"李斯说："我李斯，原本是上蔡闾巷里的一个老百姓，承蒙皇上宠幸而提拔为丞相，封为通侯，子孙都得到尊贵的地位和优厚的俸禄，所以把国家的生死安危托付给我，我怎能辜负呢？忠臣不因为怕死而存侥幸心理，孝子不因为过分勤劳而使自己身体受损，人臣各自守住自己的职责就可以了。您不要再对我说了，不然的话就会让我李斯获罪了。"赵高说:"我听说圣人处事灵活多变,善于抓住时机变化以顺应潮流,看到事情发展的苗头就能知道它根本的方向,看到事物发展的动向就能知道它的结果。事物的发展规律本来就是这样,怎么会有永恒不变的准则呢?现在天下的权威和命运掌握在胡亥手中,我赵高能够揣摩出他的意向。况且由外部控制内部,这就是谋逆造反;由下面控制上面,这就是犯上作乱。所以秋天降下寒霜,花草树木就会凋落;春天冰水融化,万物就开始生长,这是必然的结果。您怎么不知道这个道理呢?"李斯说:"我听说晋国更换太子,连续三代都不安宁;齐桓公兄弟两人争夺君位,公子纠最终被杀戮;殷纣王杀死自己的亲人,不听劝谏,国家变为废墟,社稷危亡。这三个故事都是违逆天理的,宗庙不能延续祭祀。他们逆天而行遭受灾祸,我怎能谋逆造反呢?"赵高说:"上下如果同心协力,富贵就能保持得长久;内外相呼应和,事情就能自然顺手,不会参差不一致。您要是听我的计谋,就可以长久享受封爵,世世代代称王称侯,必定会像王子乔、赤松子那样长寿,也一定像孔子、墨翟那样聪慧。现在舍弃这些不听从我的建议,那你的子孙也不能免除灾祸,足以让我替你担惊受怕的了。聪明的人能够把祸患转化为福祉,您打算如何安置自己呢?"李斯于是仰天长叹,落泪叹息说:"唉!我偏偏不幸生在这个乱世里,既然不能以死报答皇帝,怎么能够寄托自己的命运呢!"李斯听从了赵高的安排。赵高禀告胡亥说:"我请求奉了太子(指胡亥)的公开命令去通知丞相,丞相敢不从命么!"

【原文】

于是乃相与谋,诈为受始皇诏丞相,立子胡亥为太子。更为书赐长子扶苏曰:"朕巡天下①,祷祠名山诸神以延寿命②。今扶苏与将军蒙恬将师数十万以屯边③,十有馀年矣,不能进而前,士卒多耗,无尺寸之功,乃反数上书直言诽谤我所为,以不得罢归为太子,日夜怨望④。扶苏为人子不孝,其赐剑以自裁!将军恬与扶苏居外,不匡正,宜知其谋。为人臣不忠,其赐死,以兵属裨将王离⑤。"封其书以皇帝玺,遣胡亥客奉书赐扶苏于上郡。

使者至，发书，扶苏泣，入内舍，欲自杀。蒙恬止扶苏曰："陛下居外，未立太子，使臣将三十万众守边，公子为监，此天下重任也。今一使者来，即自杀，安知其非诈？请复请，复请而后死，未暮也⑥。"使者数趣之⑦。扶苏为人仁，谓蒙恬曰："父而赐子死，尚安复请！"即自杀。

【注释】

① 朕：古人的自称，从秦始皇起，专门用作皇帝自称。② 祷祠：祈祷祭祠。③ 将师：率领军队。将，用作动词，率领。屯边：驻守在边关之上。④ 怨望：怨恨不满。⑤ 裨将：副将，偏将。⑥ 暮：晚。⑦ 趣：催促，督促。

【译文】

　　李斯和赵高一起谋划，伪造了始皇给丞相的诏书，立小儿子胡亥为太子。更改写给长子扶苏的诏书，上面说："我巡游天下，祈祷祭祀名山的神明，希望能够延长寿命。现在扶苏和将军蒙恬率领数十万军队驻守边关，已经有十多年了，没有能够扩展疆土，士兵损失惨重，功劳一点儿都没有，竟然反过来多次上书指责诽谤我的所作所为，只因为不能解除监军的职位回朝做太子，日夜不停地怨恨我。扶苏身为人子不守孝道，现在赐你一把剑自杀吧！将军蒙恬和扶苏在外面，不匡扶正义，应该知道扶苏的阴谋。身为人臣却不知效忠，现在赐你一死，把兵权交给副将王离。"在诏书的封口盖上皇帝玉玺大印，派胡亥的门客送到上郡交给扶苏。

　　使者到了上郡，扶苏打开诏书看，看完后哭泣着进入内宅，打算自杀。蒙恬制止扶苏说："陛下在外面，没有立太子，让我率领三十万军队驻守边关，公子出任监军，这是天下的重任啊。现在来了一个使者，您就自杀，怎么知道这不是诈术呢？请您重新请示一下，请示完了之后再死也不迟啊。"使者在旁多次催促他。扶苏为人仁厚，对蒙恬说："做父亲的让儿子死，怎么敢再请示呢！"于是自杀。

下狱灭族

【原文】

赵高案治李斯。李斯拘执束缚①,居囹圄中②,仰天而叹曰:"嗟乎,悲夫!不道之君,何可为计哉!昔者桀杀关龙逢,纣杀王子比干,吴王夫差杀伍子胥。此三臣者,岂不忠哉,然而不免于死,身死而所忠者非也。今吾智不及三子,而二世之无道过于桀、纣、夫差,吾以忠死,宜矣。且二世之治岂不乱哉!日者夷其兄弟而自立也③,杀忠臣而贵贱人,作为阿房之宫,赋敛天下。吾非不谏也,而不吾听也④。凡古圣王,饮食有节,车器有数,宫室有度,出令造事,加费而无益于民利者禁,故能长久治安。今行逆于昆弟⑤,不顾其咎⑥;侵杀忠臣,不思其殃;大为宫室,厚赋天下,不爱其费:三者已行,天下不听。今反者已有天下之半矣,而心尚未寤也⑦,而以赵高为佐,吾必见寇至咸阳,麋鹿游于朝也。"

【注释】

①拘执束缚:被捕后戴上刑具。②囹圄:监狱。③日者:刚刚,不久以前。④不吾听:即"不听吾"。⑤行逆:倒行逆施。昆弟:兄弟。⑥咎:祸患,灾祸。⑦寤:通"悟",觉悟,醒悟。

【译文】

赵高审讯李斯。李斯被抓起来,身上套上刑具,关押到监狱里,仰天长叹说:"唉,真是悲哀啊!无道的君主,怎么能为他谋虑打算呢!当初夏桀杀死关龙逢,纣王杀死王子比干,吴王夫差杀死伍子胥。这三个臣子,不都很忠诚么,然而都不免一死,他们虽然尽忠而死,但是所效忠的人不是得道之君啊。现在我的聪明才智比不上这三个人,而二世的暴虐无道又比夏桀、商纣和夫差更加厉害,我因为尽忠而死,那是应当的。况且二世不是胡乱治理天下吗?往日他杀掉自己的兄弟,自立为皇帝,杀戮功臣而重用卑贱的人,营建阿房宫,在天下征收重税。我不是不劝谏,而是他听不进我的话。凡是古代的圣王,饮食都有一定节制,车子和器物的数量也有限制,宫室的规模也有一定的限度,颁布命令和兴办事业,只要是徒增浪费和不利于人民的,一律禁止,所以国家能长治久安。现在胡亥倒行逆施,对自己的兄弟施以暴行,不考虑灾祸;枉杀忠臣,不顾忌祸殃;广修宫殿,向天下横征暴敛,不爱惜钱财:这三种行为做出来以后,天下人都不服从。现在造反的人已经占据了天下的一半,然而二世还没有醒悟过来,还用赵高辅佐,我一定能看到反贼攻入咸阳,只剩下麋鹿在废墟上来来往往。"

【原文】

于是二世乃使高案丞相狱,治罪,责斯与子由谋反状,皆收捕宗族宾客。赵高治斯,榜掠千馀①,不胜痛,自诬服②。斯所以不死者,自负其辩,有功,实无反心,幸得上书自陈,幸二世之悟而赦之。李斯乃从狱中上书曰:"臣为丞相,治民三十馀年矣。逮秦地之狭隘③。先王之时秦地不过千里,兵数十万。臣尽薄材,谨奉法令,阴行谋臣④,资之金玉,使游说诸侯,阴修甲兵,饰政教,官斗士⑤,尊功臣,盛其爵禄,故终以胁韩弱魏,破燕、赵,夷齐、楚,卒兼六国,虏其王,立秦为天子。罪一矣。地非不广,又北逐胡、貉⑥,南定百越,以见秦之强。罪二矣。尊大臣,盛其爵位,以固其亲。罪三矣。立社稷,修宗庙,以明主之贤。罪四矣。更克画⑦,平斗斛度量⑧,文章布之天下⑨,以树秦之名。罪五矣。治驰道,兴游观,以见主之得意。罪六矣。缓刑罚,薄赋敛,以遂主得众之心,万民戴主,死而不忘。罪七矣。若斯之为臣者,罪足以死固久矣。上幸尽其能力,乃得至今,愿陛下察之!"书上,赵高使吏弃去不奏,曰:"囚安得上书!"

【注释】

①榜掠:严刑拷打。②诬服:因受虐待而冤屈地认罪。③逮:及,正赶上。④行:派遣,派出。⑤官:用作动词,授予……官职。⑥貉:通"貊",古代称东北方的民族。⑦克画:在尺度和衡器上刻下的标志。克,通"刻"。⑧平:统一。斛(hú):量器,一斛为十斗。⑨文章:即文字。

【译文】

　　二世派赵高审理李斯的案件,定了他的罪,责问李斯和儿子李由谋反的情形,逮捕了李斯所有的亲戚和宾客。赵高审讯李斯,笞打了他一千多下,李斯容忍不了疼痛,最终冤屈地招认了罪行。李斯之所以不自杀,是因为他自负口才好,有功劳,确实没有谋反之心,希望能够上书为自己辩解,又希望二世能够醒悟过来赦免自己。李斯在监狱中上书说:"我身为丞相治理百姓,已经有三十多年了。我来到秦国的时候,秦国的土地还很狭小。先王在位之时,秦国的土地不过千里,士兵也只有几十万。我竭尽自己微薄的才能,谨慎地奉守法律,暗中派遣谋臣,带着金银珠宝去游说诸侯,暗中修缮武器装备,修明政令,重用勇敢善斗的战士,尊重有功之臣,提升他们的爵位,增加他们的俸禄,终于能够逼迫韩国,削弱魏国,打败燕国、赵国,灭掉齐国、赵国,最终兼并六国,俘虏他们的君王,立秦王为天子。这是我的第一桩罪行。这个时候,土地并非不广了,又向北驱逐匈奴,向南平定百越,以炫耀秦国的强大。这是我的第二桩罪行。尊重大臣,提高他们的爵位,以巩固君臣之间的关系。这是我的第三桩罪行。建立社稷,修缮宗庙,以彰显君主的贤明。这是我的第四桩罪行。更改书写符号,统一度量衡和文字,并颁布天下,以树立秦王的威名。这是我的第五桩罪行。治理驰道,建议周游天下,以显示君王的志得意满。这是我的第六桩罪行。减轻刑罚,减少赋税,使君主得到民心,让百姓拥戴君主,至死不忘君主的美德。这是我的第七桩罪行。像我李斯这样做臣子的,罪行足以至死本来就很久了。幸而皇上准许我竭尽所能,这才活到今天,希望陛下明察!"书信呈递上去,赵高让狱吏丢弃掉,说道:"囚犯怎么能上书呢!"

【原文】

　　赵高使其客十馀辈诈为御史、谒者、侍中,更往覆讯斯①。斯更以其实对，辄使人复榜之。后二世使人验斯，斯以为如前，终不敢更言，辞服②。奏当上，二世喜曰："微赵君③，几为丞相所卖④。"及二世所使案三川之守至，则项梁已击杀之。使者来，会丞相下吏，赵高皆妄为反辞。

二世二年七月，具斯五刑⑤，论腰斩咸阳市。斯出狱，与其中子俱执，顾谓其中子曰⑥："吾欲与若复牵黄犬俱出上蔡东门逐狡兔！岂可得乎！"遂父子相哭，而夷三族⑦。

【注释】

①更：更替，轮流。②辞服：认罪。③微：没有。④几：近，几乎。⑤五刑：古代的五种轻重不等的刑罚，即墨刑（在脸上刺字涂墨）、劓刑（割鼻）、剕刑（剁脚）、宫刑（男子割除生殖器，女子幽闭）、大辟（砍头）。⑥中子：次子。⑦三族：指父族、母族及妻族。

【译文】

赵高派他的门客十余人伪装成御史、谒者和侍中，轮番审讯李斯。李斯更改口供，把实情告诉这些人，赵高就让这几个人再拷问他。后来二世派人去验证李斯的口供，李斯以为跟平时的审讯一样，终究没敢更改口供，招供认罪。供词呈上去，二世大喜道："没有赵君，我几乎就被丞相欺骗了。"等到二世所派遣的调查三川郡守的人到达三川时，项梁已经把他杀了。使者回来，正好赶上丞相被狱吏看管着，赵高就篡改了使者调查的真相，诬陷李由造反。

二世二年七月，李斯被判处五刑，在咸阳的市集上腰斩。李斯走出监狱，和他的次子一同押解，他回过头来对次子说："我想和你再次牵着黄狗一起出去到蔡东门追逐狡兔！现在还能做得到吗？"父子两人相互哭泣，胡亥诛灭了他的三族。

蒙恬列传

【导读】

　　这篇列传记述了蒙恬及其兄弟蒙毅的事迹。蒙恬是秦朝名将，他扫荡六国，并率领三十万大军北逐戎狄，收复黄河以南土地，修筑长城一万馀里，驻守上郡十多年，深受秦始皇的推重和信任。蒙毅官拜上卿，亦深得秦始皇宠幸。后来，蒙毅审理中车府令赵高犯罪一案，因判决严厉而与赵高结下冤仇。秦二世登基后，赵高深得胡亥宠幸，于是趁机捏造罪名，日夜毁谤蒙氏，终于把蒙氏兄弟处死。此文笔法简练，蒙氏之"忠"与赵高之"奸"，一正一反，相互映衬，人物形象十分鲜明。

扫荡六国，北逐戎狄

【原文】

　　蒙恬者，其先齐人也①。恬大父蒙骜②，自齐事秦昭王，官至上卿。秦庄襄王元年，蒙骜为秦将，伐韩，取成皋、荥阳，作置三川郡③。二年，蒙骜攻赵，取三十七城。始皇三年，蒙骜攻韩，取十三城。五年，蒙骜攻魏，取二十城，作置东郡。始皇七年，蒙骜卒。骜子曰武，武子曰恬。恬尝书狱典文学④。始皇二十三年，蒙武为秦裨将军⑤，与王翦攻楚，大破之，杀项燕。二十四年，蒙武攻楚，虏楚王。蒙恬弟毅。

【注释】

① 先：祖先。② 大父：祖父。③ 作置：设置。④ 书狱：指在审理案件时做记录工作，犹现在审理案件时的书记员工作。书，这里是做记录的意思。狱，官司，诉讼。典文学：指负责管理有关文件和狱讼档案等项工作。这种工作实际是文书工作。典，主管，执掌。文学，文献典籍。联系"书狱"，这里的"文学"显然不是泛指，应该是指与法律、刑狱有关的文件和材料。⑤ 裨将军：副将，偏将。裨，辅助。

【译文】

蒙恬，他的祖先是齐国人。蒙恬的祖父蒙骜，从齐国来到秦国服侍秦昭王，做官做到上卿之职。秦庄襄王元年，蒙骜担任秦国的将领，攻打韩国，占领了成皋、荥阳，设置了三川郡。庄襄王二年，蒙骜攻打赵国，夺取了三十七座城池。秦始皇三年，蒙骜攻打韩国，攻占了十三座城池。始皇五年，蒙骜攻打魏国，夺取了二十座城池，设置了东郡。始皇七年，蒙骜去世。蒙骜的儿子叫蒙武，蒙武的儿子叫蒙恬。蒙恬曾学习过刑法，负责掌管狱讼档案。秦始皇二十三年，蒙武担任秦国的副将，和王翦一同攻打楚国，大败楚军，杀死了项燕。始皇二十四年，蒙武又攻打楚国，俘虏了楚王。蒙恬的弟弟叫蒙毅。

【原文】

始皇二十六年，蒙恬因家世得为秦将，攻齐，大破之，拜为内史①。秦已并天下，乃使蒙恬将三十万众北逐戎狄②，收河南。筑长城，因地形，用制险塞③，起临洮，至辽东，延袤万馀里④。于是渡河，据阳山，逶蛇而北⑤。暴师于外十馀年⑥，居上郡。是时蒙恬威振匈奴⑦。始皇甚尊宠蒙氏，信任贤之⑧。而亲近蒙毅，位至上卿，出则参乘⑨，入则御前。恬任外事而毅常为内谋，名为忠信，故虽诸将相莫敢与之争焉。

【注释】

① 拜：授予官职。② 戎狄：泛指我国西部、北部少数民族。③ 用：以。制：设立。险塞：犹"要塞"，形势险要的设防要地。④ 延袤（mào）：

绵延不断。袤,长,长度。⑤逶蛇(yí):即"逶迤"。弯曲而延续不断的样子。⑥暴(pù)师:指军队遭受风雨日晒。暴同"曝",日晒。⑦振:通"震",震动、威慑。⑧贤之:认为蒙氏贤良。⑨参乘:陪乘的人。

【译文】

秦始皇二十六年,蒙恬由于出身将门而做了秦国的将军,带兵攻打齐国,大败齐军,任命他为内史。秦国兼并天下后,就派蒙恬率领三十万大军,北上驱逐戎狄,收复黄河以南的土地。修筑长城,根据地理形势,设置要塞,西起临洮,东到辽东,绵延达一万馀里。于是渡过黄河,凭靠阳山,曲曲折折向北延伸。在外屯军十馀年,驻守上郡。这时,蒙恬的声名威震匈奴。秦始皇特别尊重宠信蒙氏,信任并认为他们很有才能。故而亲近蒙毅,蒙毅官位到了上卿,外出就陪同始皇同乘一辆车,回到朝廷就侍奉秦始皇左右。蒙恬在外担负军事重任而蒙毅经常在朝内出谋划策,他们被誉为忠信大臣。因此,即使是其他的将相也不敢与他们争宠。

蒙氏遭诛

【原文】

赵高者,诸赵疏远属也①。赵高昆弟数人②,皆生隐宫③,其母被刑僇④,世世卑贱。秦王闻高强力⑤,通于狱法,举以为中车府令⑥。高即私事公子胡亥,喻之决狱⑦。高有大罪,秦王令蒙毅法治之⑧。毅不敢阿法⑨,当高罪死⑩,除其宦籍。帝以高之敦于事也⑪,赦之,复其官爵。

【注释】

①诸赵:指赵氏王族的各支派。疏远属:远房的亲族。②昆弟:同母兄弟。③隐宫:即宫刑。因受宫刑而被阉割的人需一百日隐于荫室养伤,所以称隐宫。④刑僇(lù):即"刑戮",犯法受刑罚或处死。僇,通"戮"。⑤强力:指办事能力强。⑥举:提拔。⑦喻:教、教习。

决狱：审理、判决狱讼。⑧法治：依法审理。⑨阿（ē）法：不按法律办理。阿，这里有歪曲、违背的意思。⑩当：依法判处。⑪敦：勉，尽力。

【译文】

　　赵高，是被赵国王族疏远的亲属。他们兄弟几人在出生时就被阉割了，他的母亲也受到过刑罚，世世代代地位卑贱。秦王听说赵高办事能力很强，精通刑狱法令，便提拔他担任了中车府令。赵高私下侍奉公子胡亥，教导胡亥审判诉讼案件。赵高犯了大罪，秦王让蒙毅依照法令惩处他。蒙毅不敢违背法令，依法应当判处赵高死刑，开除他的宦官官籍。秦始皇因为赵高办事认真努力，赦免了他。恢复了他原来的官职。

【原文】

　　始皇欲游天下，道九原①，直抵甘泉，乃使蒙恬通道，自九原抵甘泉，堑山堙谷②，千八百里。道未就③。

　　始皇三十七年冬，行出游会稽，并海上④，北走琅邪。道病，使蒙毅还祷山川⑤，未反⑥。

【注释】

　　①道：路经，经由。②堙：填，堵塞。③未就：没有完工。就，完成。④并：依傍，沿着。⑤祷山川：祭祀山川，祈求保佑。祷，向神灵祝告祈福。⑥反：同"返"，返回。

【译文】

　　始皇打算巡游天下，经过九原郡，直达甘泉宫。于是派蒙恬为他开路，从九原到甘泉，挖掘山脉，填塞深谷，全长一千八百里。通道没能完成。

　　始皇三十七年冬天，起驾外出巡游会稽，依傍大海，向北直奔琅邪。半路上得了重病，派蒙毅转回祷告山川神灵，没有返回。

【原文】

　　始皇至沙丘崩，秘之，群臣莫知。是时丞相李斯、公子胡亥、中车府令赵高常从。高雅得幸于胡亥①，欲立之，又怨蒙毅法治之而不为己也，因有贼心②，乃与丞相李斯、公子胡亥阴谋③，立胡亥为太子。太子已立，遣使者以罪赐公子扶苏、蒙恬死。扶苏已死，蒙恬疑而复请之。使者以蒙恬属吏④，更置⑤。胡亥以李斯舍人为护军⑥。使者还报，胡亥已闻扶苏死，即欲释蒙恬。赵高恐蒙氏复贵而用事⑦，怨之。

【注释】

① 雅：平素，一向。幸：宠爱。② 贼心：杀害人的恶毒之心。③ 阴谋：暗中策划。④ 属吏：交给主管官吏处理。⑤ 更置：易换，代替。⑥ 舍人：任有职务的门客。⑦ 用事：当权，执政。

【译文】

　　秦始皇走到沙丘就病逝了。秦始皇逝世的消息没有公开，文武百官都不知道。这时丞相李斯、公子胡亥、中车府令赵高跟随在秦始皇身边。赵高平常就得到胡亥的宠幸，打算立胡亥为皇帝，又怨恨蒙毅依法惩处他而没有救助他，便对他起了杀害之心。于是和丞相李斯、公子胡亥暗中策划，拥立胡亥为太子。太子定立之后，派遣使者捏造罪名定公子扶苏和蒙恬死罪。扶苏自杀后，蒙恬心生怀疑再次请求申诉。使者就把蒙恬交付给执法官吏处理，并派人接替他的职务。胡亥用李斯的家臣担任护军。使者回来报告时，胡亥已经听到扶苏的死讯，就打算释放蒙恬。赵高害怕蒙氏再次显贵当权执政，更加怨恨他们。

【原文】

　　毅还至，赵高因为胡亥忠计，欲以灭蒙氏，乃言曰："臣闻先帝欲举贤立太子久矣①，而毅谏曰'不可'。若知贤而俞弗立②，则是不忠而惑主也③。以臣愚意，不若诛之。"胡亥听而系蒙毅于代④。前已囚蒙恬于阳周。丧至咸阳⑤，已葬，太子立为二世皇帝，而赵高亲近，日夜毁恶蒙氏，求其罪过⑥，举劾之⑦。

【注释】

① 先帝：指始皇。② 俞：通"愈"，越，更加。③ 惑：迷惑、蛊惑。④ 系：

拘禁。⑤丧：丧车，灵柩。⑥求：搜罗，寻求。⑦举劾：列举罪过而弹劾之。劾，揭发罪状。

【译文】

蒙毅祈祷山川神灵后回来，赵高趁机装作替胡亥尽忠献策，想要铲除蒙氏兄弟，就对胡亥说："我听说先帝早就想选用贤能册立您为太子，而蒙毅劝阻说：'不可以。'若是知道您贤明有才能而久久拖延不让册立，就是不忠且蛊惑先帝了。依我愚见，不如杀掉他。"胡亥听信了赵高的话，将蒙毅囚禁在代郡。在此以前，已经将蒙恬囚禁于阳周。秦始皇的灵柩回到咸阳，安葬完毕，太子就被立为二世皇帝，而赵高最为亲近，日夜毁谤蒙氏，搜罗他们的罪过，检举弹劾他们。

【原文】

子婴进谏曰："臣闻故赵王迁杀其良臣李牧而用颜聚①，燕王喜阴用荆轲之谋而倍秦之约②，齐王建杀其故世忠臣而用后胜之议③。此三君者，皆各以变古者失其国而殃及其身④。今蒙氏，秦之大臣谋士也，而主欲一旦弃去之，臣窃以为不可。臣闻轻虑者不可以治国⑤，独智者不可以存君⑥。诛杀忠臣而立无节行之人⑦，是内使群臣不相信而外使斗士之意离也，臣窃以为不可。"

【注释】

①"臣闻故赵王迁"句：赵王迁中了秦国的反间之计，使赵葱、颜聚取代李牧，李牧不受命，被杀。②"燕王喜"句：此句指燕太子丹派荆轲以献秦王仇人樊於期人头和燕地督亢地图的名义刺杀秦王政事。阴，暗地里。倍，通"背"，背弃。秦之约，指燕与秦互不相欺之约。③"齐王建杀其故世忠臣"句：指公元前221年，秦伐齐，齐王建听信国相后胜的意见，向秦国投降。故世忠臣，指前代忠臣。④变古：改革陈规、旧制。殃及：遭受祸害。殃，祸害。⑤轻虑：草率地考虑问题。⑥独智：刚愎自用，自以为是。⑦节行：节操、品行。

【译文】

子婴进言劝谏说："我听说过去赵王迁杀死他的贤臣李牧而起用颜

聚，燕王喜暗中采用荆轲的计谋而违背和秦国订立的盟约，齐王建杀死他前代的忠臣而采纳后胜的建议。这三位国君，都是各自因为改变旧规导致国家灭亡并殃及他们自身的。如今蒙氏兄弟是秦国的大臣谋士，而国君打算一下子就抛弃他们，我私下认为这是不可以的，我听说考虑问题轻率的人不可以治理国家，独断专行、自以为是的人不可以用来保全国君之位。诛杀忠良臣子而起用没有品行节操的人，对内会使大臣们失去信任而对外使战士们斗志涣散，我私下认为是不可以的。"

【原文】

胡亥不听。而遣御史曲宫乘传之代①，令蒙毅曰："先主欲立太子而卿难之②。今丞相以卿为不忠，罪及其宗。朕不忍，乃赐卿死，亦甚幸矣。卿其图之③！"毅对曰："以臣不能得先主之意，则臣少宦，顺幸没世④，可谓知意矣。以臣不知太子之能，则太子独从，周旋天下，去诸公子绝远，臣无所疑矣。夫先主之举用太子，数年之积也，臣乃何言之敢谏，何虑之敢谋！非敢饰辞以避死也⑤，为羞累先主之名⑥，愿大夫为虑焉，使臣得死情实。且夫顺成全者，道之所贵也⑦；刑杀者，道之所卒也。昔者秦穆公杀三良而死⑧，罪百里奚而非其罪也⑨，故立号曰'缪'⑩。昭襄王杀武安君白起⑪，楚平王杀伍奢⑫，吴王夫差杀伍子胥⑬，此四君者，皆为大失，而天下非之，以其君为不明，以是籍于诸侯⑭。故曰'用道治者不杀无罪，而罚不加于无辜'。唯大夫留心！"使者知胡亥之意，不听蒙毅之言，遂杀之。

【注释】

①乘：乘坐。传：驿车，传达命令的马车。②难：责怪，非难。③图：考虑。④顺幸：遂顺心意，获得宠幸。没世：死，一直到死。⑤饰词：粉饰言辞。⑥羞累：以牵连先主的名誉为羞耻。⑦贵：推崇，崇尚。⑧杀三良：以三位良臣为秦缪公殉葬而死。三良，指子车奄息、

仲行、鍼虎。⑨罪百里奚：百里奚原是秦缪公用五张黑公羊皮从捉住他的楚人那里赎回来并"授之国政"的，其获罪为秦缪公所杀事，不见于史，但《风俗通·皇霸篇》有载。⑩立号曰"缪"：谥号叫"缪"。"缪"作为谥号，有二音二义。一是音、义均同"穆"，为美谥；二是音、义均同"缪"，为恶谥，有缪误的意思。蒙毅认为是恶谥。⑪"昭襄王"句：因攻邯郸事，白起与秦王意见不合，被赐死。⑫"楚平王"句：太子少傅费无忌因为不受太子宠信，常谗恶太子，后又诬陷太子谋反，楚平王召太子太傅伍奢责问，伍奢劝平王不要听信谗言而疏远骨肉之亲。费无忌又进谗言，谓不杀伍奢父子终为国患，平王遂杀伍奢及其子伍尚。⑬"吴王"句：吴王夫差与伍子胥政见不合，太宰伯嚭日夜在吴王面前谗言蛊惑，伍子胥被赐死。⑭籍：通"藉"，狼藉。引申为名声很坏。

【译文】

胡亥不听，派遣御史曲宫乘坐驿车前往代县，命令蒙毅说："先主要册立太子而你却加以非难，如今丞相认为你不忠，罪过牵连到你的家族，我不忍心，就赐你一人自杀，也算是很幸运了。你好好考虑吧！"蒙毅回答说："要是说我不懂得先主的心意，那么，我年轻时做官，顺意得宠直到先主仙逝，可以说是能顺应先主的心意了吧。要是认为我不了解太子的才能，那么只有太子能陪侍先主周游天下，与其他的公子相比超出很远了，我还有什么怀疑的。先主选立太子，是多年深思积虑的结果，我还有什么话敢进谏、还有什么计策敢谋划呢？不是我托辞粉饰来逃避死罪，只怕羞辱连累了先主的名誉，希望大夫对此加以考虑，让我死于应有的罪名。况且顺理成全，是道义所崇尚的；严刑杀戮，是道义所不容。从前秦穆公杀死车氏三良为他殉葬，判处百里奚以不应得的罪名，因此，他死后给予评定为'缪'的谥号。昭襄王杀死武安君白起，楚平王杀死伍奢，吴王夫差杀了伍子胥。这四位国君，都犯了重大过失，而遭到天下人的非议，认为他们的国君不贤明。因此，在各诸侯国中声名狼藉。所以说：'用道义治理国家的人，不杀害没罪的臣民，而刑罚不施加于无辜之人。'希望大夫认真地考虑！"使者知道胡亥的意图，不听蒙毅的申诉，就把他杀了。

【原文】

　　二世又遣使者之阳周，令蒙恬曰："君之过多矣①，而卿弟毅有大罪，法及内史②。"恬曰："自吾先人，及至子孙，积功信于秦三世矣③。今臣将兵三十馀万，身虽囚系，其势足以倍畔④，然自知必死而守义者⑤，不敢辱先人之教，以不忘先主也。昔周成王初立，未离襁褓⑥，周公旦负王以朝，卒定天下。及成王有病甚殆⑦，公旦自剪其爪以沉于河⑧，曰：'王未有识，是旦执事⑨。有罪殃，旦受其不祥⑩。'乃书而藏之记府⑪，可谓信矣。及王能治国，有贼臣言：'周公旦欲为乱久矣，王若不备，必有大事⑫。'王乃大怒，周公旦走而奔于楚⑬。成王观于记府，得周公旦沉书，乃流涕曰：'孰谓周公旦欲为乱乎！'杀言之者而反周公旦。故《周书》曰'必参而伍之'⑭。今恬之宗，世无二心，而事卒如此，是必孽臣逆乱⑮，内陵之道也⑯。夫成王失而复振则卒昌；桀杀关龙逄⑰，纣杀王子比干而不悔⑱，身死则国亡。臣故曰过可振而谏可觉也。察于参伍，上圣之法也。凡臣之言，非以求免于咎也⑲，将以谏而死，愿陛下为万民思从道也。"使者曰："臣受诏行法于将军⑳，不敢以将军言闻于上也。"蒙恬喟然太息曰㉑："我何罪于天，无过而死乎？"良久，徐曰："恬罪固当死矣。起临洮属之辽东㉒，城堑万馀里㉓，此其中不能无绝地脉哉？此乃恬之罪也。"乃吞药自杀。

【注释】

①君：古代对男子敬称。②法及：按法律牵连到，株连。③功信：功劳，忠信。④倍畔：即背叛。倍，通"背"。畔，通"叛"。⑤义：此指君臣大义。⑥襁褓：包裹婴儿的小被。⑦殆：危险。⑧剪：剪下，剪断。爪：手足的指甲。⑨执事：指掌管国家大事。⑩不祥：罪殃。⑪记府：收藏文书史册的地方。⑫大事：此指叛乱。⑬"周公旦"句：周公旦奔楚，《鲁周公世家》载有此事，而先秦典籍则无此记载。⑭《周

书》：即《逸周书》，旧题《汲冢周书》。必参而伍之：一定要参错互交地多方询问、反复审察。⑮ 孽臣：作孽、谋乱之臣，暗指赵高。⑯ 内陵：内部自相残害。陵，欺侮，侵犯。⑰ 桀杀关龙逢：桀是夏末暴君，造酒池糟丘，通夜饮酒，关龙逢劝谏不听，被杀。⑱ 纣杀王子比干：殷纣王荒淫暴虐，比干屡谏，被纣王剖心而死。⑲ 咎：罪责。⑳ 诏：皇帝的命令文告。㉑ 喟然：叹息的样子。太息：叹息。㉒ 属：连接。㉓ 城：护城壕沟。

【译文】

二世皇帝又派遣使者前往阳周，命令蒙恬说："您的罪过够多了，而您的弟弟蒙毅又犯有重罪，依法牵连了内史。"蒙恬说："从我的祖先，一直到后世子孙，为秦国累积大功，建立威信，已经三代了。如今我带兵三十多万，纵然现在身遭囚禁，我的势力也足够叛乱了。然而我知道自己必死却坚守节义，是不敢辱没祖先的教诲，不忘先主的恩宠。以前周成王刚刚即位时，还是个幼儿，周公姬旦背着成王上朝，终于平定了天下。到成王病危时，周公旦剪下自己的指甲沉入黄河，祈祷说：'国君年幼无知，是我掌管国事，若有罪过祸患，我愿意承担灾祸。'就把祷词记录下来，收藏在档案馆里，这可以说是竭忠尽力了。到了成王能亲自治理国家时，有奸臣说：'周公旦想要作乱已经很久了，大王若不戒备，一定要发生大的变故。'成王听了大怒，周公旦逃亡到楚国。成王到档案馆查阅档案，发现周公旦沉入黄河的祷告书副本，就流着眼泪说：'谁说周公旦想要作乱呢！'于是杀了造谣的那个大臣，迎回了周公旦。所以《周书》上说：'一定要多方询问，反复审察。'如今我蒙氏宗族，世世代代忠于朝廷没有二心，而事情最终落到了这步田地，一定是奸臣贼子忤逆捣乱、欺君罔上的缘故。周成王犯了过失而能重新振作改过，终于使周王朝兴旺昌盛；夏桀杀死关龙逢，商纣杀死王子比干而不知悔改，最终落个身死国亡。所以我说犯有过失可以改正振作，听人规劝可以察觉警醒，有事询问众臣百官，是圣君治国的原则。我所说的这些话，不是用以开脱罪责，而是准备为忠心规劝而牺牲，希望陛下替黎民百姓找到应遵循的正确道路。"使者说："我奉召对将军施以刑法，不敢把将军的话转报给皇上听。"蒙恬喟然长叹道："我怎么得罪了上天，没有罪而要被处死呢？"很久，才慢慢地说："我所犯下的罪过很大，本来就该死啊。

从临洮起接连到辽东，筑长城、挖壕沟一万馀里，这中间能没有截断大地脉络的地方吗？这就是我的罪过了。"于是吞下毒药自杀了。

【原文】

太史公曰：吾适北边，自直道归，行观蒙恬所为秦筑长城亭障①，堑山堙谷，通直道，固轻百姓力矣。夫秦之初灭诸侯，天下之心未定，痍伤者未瘳②，而恬为名将，不以此时强谏，振百姓之急，养老存孤③，务修众庶之和④，而阿意兴功⑤，此其兄弟遇诛，不亦宜乎！何乃罪地脉哉⑥？

【注释】

①亭障：边塞堡垒。②痍伤：创伤。未瘳：尚未痊愈。③存孤：慰问孤弱。④务修众庶之和：致力于百姓安居乐业。⑤阿意：迎合君主心意。阿：曲从，迎合。⑥"何乃"句：哪里是因为断绝地脉的罪过啊？

【译文】

太史公说：我去往北方边境，从直道返回，沿途看到蒙恬替秦修筑的长城和堡垒，挖山填谷，连通直道，本来就是滥用百姓的人力物力。秦国刚刚灭掉其他诸侯，天下人心未定，创伤还未痊愈，而蒙恬身为名将，不在这时候强力进谏，赈救百姓的急难，抚恤老人，养育孤儿，致力于维护百姓生活的和平，反而迎合秦始皇心意，大规模地修筑长城。由此看来，他们兄弟遭到杀身之祸，不也是应当的吗？为什么归罪到挖断地脉上呢？

淮阴侯列传

【导读】

韩信（？～前196），淮阴人，历任大将军、左丞相、相国等职，封齐王、楚王、淮阴侯。西汉开国功臣，初属项羽，后归刘邦。韩信素有谋略，被后世奉为"兵仙""战神"。但他也因其军事才能引起汉高祖刘邦的猜忌。刘邦战胜主要对手项羽后，韩信的势力被一再削弱。最后，韩信由于被控谋反，被吕后及萧何诱入宫内，处死于长乐宫钟室。本传记载了韩信一生的事迹，突出了他的军事才能和累累战功。韩信功高于世，却落个夷灭宗族的下场，此篇倾注了司马迁对他无限的同情和感慨。

胯下之辱

【原文】

淮阴侯韩信者①，淮阴人也。始为布衣时，贫，无行②，不得推择为吏③，又不能治生商贾④，常从人寄食饮⑤，人多厌之者。常数从其下乡南昌亭长寄食⑥，数月，亭长妻患之⑦，乃晨炊蓐食⑧。食时信往，不为具食⑨。信亦知其意，怒，竟绝去。

【注释】

①淮阴：县名。在今江苏省淮阴市西南。淮阴侯：韩信最后的封爵。②无行：没有好的表现。③推择：推选。④治生：谋生。商贾（gǔ）：运货贩卖的叫"商"，囤积营利的叫"贾"。"商贾"本是商人的统称，这里用作动词，即做买卖。治生商贾，即"以商贾治生"。⑤从

人:到人家那里去。寄:依附。⑥常:通"尝",曾经。下乡:淮阴县的一个乡。南昌亭长:乡官。南昌,下乡的亭名,在淮阴东南,今淮安县西南。⑦患:嫌恶,讨厌。⑧蓐(rù)食:端到床上吃掉。蓐,草席。⑨具食:准备饭食。

【译文】

　　淮阴侯韩信,是淮阴人。当初还是平民的时候,贫穷,没有好的表现,不能被推选去做官;又不会做买卖谋生,经常投靠人家吃闲饭,人们大都讨厌他。他曾经多次投靠下乡南昌亭亭长,一连几个月寄食在他家,亭长的妻子厌烦他。一天大清早,她把饭做好,在床上吃掉。到了开饭的时候,韩信去了,没有给他准备饭食。韩信也懂得他们的用意,非常恼火,就跟他们断绝关系,离开了。

【原文】

　　信钓于城下,诸母漂①,有一母见信饥,饭信②,竟漂数十日。信喜,谓漂母曰:"吾必有以重报母③。"母怒曰:"大丈夫不能自食④,吾哀王孙而进食⑤,岂望报乎!"

【注释】

①母:古代对年老妇女的尊称。漂:在水里洗丝绵。②饭:用作动词,给……饭吃。③有以:"有所以"的省略。以,用。④大丈夫:泛指有大志、有作为、有气节的男子。自食(sì):自己养活自己。食,使动用法。⑤王孙:类似"公子",是古代时贵族子弟的通称,也是对青年人的敬称。

【译文】

　　韩信在城下钓鱼,有几位老大娘在漂洗丝绵。有位老大娘看见韩信饿了,把饭分给他吃,一连几十天都是这样,直到漂洗完毕。韩信高兴,对那老大娘说:"我一定重重地报答您老人家。"老大娘生气地说:"男子汉不能养活自己,我是可怜你这位公子才给你饭吃,难道是希望报答吗?"

【原文】

　　淮阴屠中少年有侮信者①,曰:"若虽长大,好带刀剑,中情怯耳②。"众辱之曰③:"信能死④,刺我;不能死,出我袴下⑤。"于是信孰视之⑥，俯出袴下，蒲伏⑦。一市人皆笑信，以为怯。

【注释】

①屠：屠夫，指宰杀牲畜的人。②中情：内心。怯（qiè）：怯懦，胆小。③众辱之：当众侮辱他（指韩信）。④信：有两解：一指韩信，为人名；一指诚然、果真，为副词。⑤袴：有两解：一是通"胯（kuà）"，指两腿间，后文"召辱己之少年令出胯下者"正用"胯"；一是同"裤"。⑥孰：通"熟"，仔细。⑦蒲伏：同"匍匐"，在地上用手脚爬行。

【译文】

淮阴屠户中有个侮辱韩信的年轻人，说："你虽然个子高大，喜欢佩带刀剑，内心却是胆怯的。"当众侮辱他说："你当真不怕死，就刺我；如果怕死，就从我胯下爬过去。"于是韩信仔细地打量那年轻人，就弯着身子，趴在地上，从他胯下爬过去。满街的人都嘲笑韩信，认为他胆小怕事。

【原文】

及项梁渡淮①，信杖剑从之②，居麾下③，无所知名。项梁败，又属项羽④，羽以为郎中⑤。数以策干项羽⑥，羽不用。汉王之入蜀⑦。信亡楚归汉⑧，未得知名，为连敖⑨。坐法当斩⑩，其辈十三人皆已斩⑪，次至信⑫，信乃仰视，适见滕公⑬，曰："上不欲就天下乎⑭？何为斩壮士！"滕公奇其言⑮，壮其貌，释而不斩。与语，大说之。言于上，上拜以为治粟都尉⑯，上未之奇也⑰。

【注释】

①项梁（？~前208）：秦末起义将领之一。下相人，楚将项燕的儿子。秦二世元年（前209），陈胜、吴广起义后，他和侄儿项羽杀了会稽郡守殷通，在吴（会稽郡治，今江苏省苏州市）起兵反秦，有精兵八千人。后任张楚上柱国，率兵渡江西进。陈胜失败后，他拥立楚怀

王的孙子熊心为王,仍称楚怀王,自号武信君。后在定陶(今山东省定陶西北)战死。②杖:用作动词,持,执。③麾下:部下。④项羽(前232～前202):名籍,自立为西楚霸王。后被刘邦打败,从垓下(今安徽省灵璧东南)突围到乌江自杀。⑤郎中:官名,负责警卫的武官。⑥干:求。⑦汉王:即汉高祖刘邦。汉元年(前206)二月,项羽大封诸侯,封刘邦为汉王,领有巴、蜀、汉中三郡。蜀:郡名,辖境包括今四川省西部。⑧亡楚:即"亡于楚",从楚军逃出。⑨连敖:即典客,指接待宾客的官员。⑩坐法:因犯法而获罪。坐,特指办罪的因由。⑪其辈:指韩信的同案犯人。⑫次:按次序。⑬滕公:即夏侯婴,刘邦的同乡好友。因他做过滕县(今山东省滕州西南)县令,楚人称令为公,所以又称滕公。⑭上:秦、汉以来对皇帝的通称,这里指汉王。就:成就,得到。⑮奇:以动用法,以……为奇。⑯治粟都尉:管理粮饷的军官。⑰未之奇:即"未奇之",意谓没有重视他。

【译文】

等到项梁渡淮北上,韩信带着宝剑投奔他,留在麾下,默默无闻。项梁失败后,韩信又归属项羽,项羽让他做了郎中。他多次向项羽献计献策,想求得重用,项羽没有理会。汉王入蜀时,韩信从楚军逃出来归顺了汉王,依然默默无闻,做了个接待宾客的小官。后来犯法判处斩刑,同案的十三个人都已被斩,轮到韩信,韩信就抬头仰视,恰好看见滕公,说:"汉王不想成就天下的大业吗?为什么要斩好汉!"滕公认为他的话语不同凡响,又见他相貌堂堂,就放了他不斩。和韩信交谈,滕公十分高兴,便把韩信的情况报告汉王。汉王让他行治粟都尉,但还是没有重用他。

韩信拜将

【原文】

信数与萧何语①,何奇之。至南郑②,诸将行道亡者数十人③,信度何等已数言上,上不我用④,即亡。何闻信亡,不及以闻⑤,自追之。人有言上曰:"丞相何亡。"上大怒,如失左右手。居一二日⑥,何来谒上,上且怒且喜,骂何曰:"若亡,何也?"何曰:"臣不敢亡也,臣追亡者。"上曰:"若所追者谁?"何曰:"韩信也。"上复骂曰:"诸将亡者以十数,公无所追;追信,诈也。"何曰:"诸将易得耳。至如信者,国士无双⑦。王必欲长王汉中⑧,无所事信⑨;必欲争天下,非信无所与计事者。顾王策安所决耳⑩。"王曰:"吾亦欲东耳,安能郁郁久居此乎?"何曰:"王计必欲东,能用信,信即留;不能用,信终亡耳。"王曰:"吾为公以为将⑪。"何曰:"虽为将,信必不留。"王曰:"以为大将。"何曰:"幸甚。"于是王欲召信拜之。何曰:"王素慢无礼,今拜大将如呼小儿耳,此乃信所以去也。王必欲拜之,择良日,斋戒⑫,设坛场⑬,具礼⑭,乃可耳。"王许之。诸将皆喜,人人各自以为得大将。至拜大将,乃韩信也,一军皆惊。

【注释】

① 萧何(?~前183):刘邦的重要谋臣,西汉王朝第一任丞相,封郿(cuó)侯。② 南郑:县名。当时为汉的都城,位于今陕西省汉中市。③ 行(háng):等,辈。道亡者:半路逃跑的。刘邦被项羽封为汉王,建都南郑,诸将及士兵多思东归,所以中途逃跑的很多。④ 不我用:即"不用我"。⑤ 闻:让人闻知。使动用法。⑥ 居:停留,过。⑦ 国士:一国之中的杰出人物。⑧ 汉中:郡名,辖境在陕西秦岭以南一带及湖北西北部。⑨ 事:用。⑩ 顾:但。策:指"长王汉中"和"争天下"两种计划。⑪ 为公:看在您的分上。⑫ 斋戒:古代在祭祀或举行典礼前,沐浴更衣、独宿、不饮酒、不吃荤,清心洁身,表示诚敬。⑬ 坛场:指拜将的场所。坛,土台。场,广场。⑭ 具礼:准备仪式。

【译文】

　　韩信多次和萧何谈话,萧何听后十分赏识他。到达南郑,将领们半路逃跑的有好几十人,韩信估计萧何等人已多次向汉王推荐过自己,但是汉王不重用自己,因此他也逃走了。萧何听说韩信逃走了,来不及将情况报告汉王,就亲自去追赶他。有人向汉王报告说:"丞相萧何逃跑了。"汉王大怒,如同失去了左右手。过了一两天,萧何来晋见汉王,汉王又是生气又是高兴,骂萧何道:"你逃跑,这是怎么回事?"萧何说:"我不敢逃跑啊!我是去追逃跑的人。"汉王说:"你追赶的人是谁?"萧何说:"韩信呐!"汉王又骂道:"将领们逃跑的多得要用十数来计算,你都没有去追;追韩信,那是扯谎。"萧何说:"那些将领容易得到,至于像韩信这样的杰出人物,普天下找不出第二个。大王如果只想长期在汉中称王,那自然没有地方用得着韩信;如果一定要争夺天下,除了韩信,就再没有和您商量大事的人了。就看大王怎样决策罢了。"汉王说:"我也想要向东方发展呢,怎么能够闷闷不乐地停留在这里呢?"萧何说:"如果大王决计向东方发展,能够任用韩信,韩信就会留下来;如果不能任用,韩信终究要跑掉的。"汉王说:"我看在您的分上,让他做将吧。"萧何说:"即使做将,韩信也肯定不会留下来的。"汉王说:"让他做大将。"萧何说:"太好了!"于是汉王就想把韩信召来任命他。萧何说:"大王向来傲慢不讲礼节,如今任命大将就像呼唤小孩子一样,这就是韩信要离开的原因啊。如果大王决心要任命他,就选个吉祥日子,亲自斋戒,设置拜将坛,举行任命大将的完备仪式,那才行啊。"汉王答应了萧何的请求。将领们听到要拜大将都高兴,人人都以为自己会被拜为大将了。等到任命大将时,竟是韩信,全军都十分惊讶。

【原文】

信拜礼毕,上坐①。王曰:"丞相数言将军,将军何以教寡人计策?"信谢,因问王曰:"今东向争权天下②,岂非项王邪?"汉王曰:"然。"曰:"大王自料勇悍仁强孰与项王③?"汉王默然良久,曰:"不如也。"信再拜贺曰④:"惟信亦为大王不如也。然臣尝事之,请言项王之为人也。项王喑噁叱咤⑤,千人皆废⑥,然不能任属贤将⑦,此特匹夫之勇耳⑧。项王见人恭敬慈爱,言语呕呕⑨,人有疾病,涕泣分食饮,至使人有功当封爵者⑩,印刓敝⑪,忍不能予⑫,此所谓妇人之仁也⑬。项王虽霸天下而臣诸侯⑭,不居关中而都彭城⑮。有背义帝之约⑯，而以亲爱王，诸侯不平。诸侯之见项王迁逐义帝置江南⑰，亦皆归逐其主而自王善地。项王所过无不残灭者，天下多怨，百姓不亲附，特劫于威强耳。名虽为霸，实失天下心。故曰其强易弱。今大王诚能反其道，任天下武勇，何所不诛！以天下城邑封功臣，何所不服！以义兵从思东归之士⑱，何所不散！且三秦王为秦将⑲，将秦子弟数岁矣，所杀亡不可胜计⑳，又欺其众降诸侯㉑，至新安㉒，项王诈坑秦降卒二十馀万㉓，唯独邯、欣、翳得脱，秦父兄怨此三人，痛入骨髓。今楚强以威王此三人，秦民莫爱也。大王之入武关㉔，秋豪无所害㉕，除秦苛法，与秦民约，法三章耳㉖，秦民无不欲得大王王秦者。于诸侯之约㉗，大王当王关中，关中民咸知之。大王失职入汉中㉘，秦民无不恨者。今大王举而东，三秦可传檄而定也㉙。"于是汉王大喜，自以为得信晚。遂听信计，部署诸将所击。

【注释】

①上：指汉王。②东乡（xiàng）：向东方。乡，通"向"。③仁强：威望高且实力强大。孰：谁。④贺：赞许。⑤喑（yìn）噁（wù）叱（chì）咤（zhà）：厉声怒喝。喑噁，怀怒气；叱咤，发怒声。⑥废：俯伏，不敢动弹，形容受惊吓的样子。⑦任属：委任。⑧匹夫之勇：指不用智谋，单凭个人的血气之勇。匹夫，本指一个男子，引申为极平常的人。⑨呕（xū）呕（xū）：温和的样子。⑩使人：所任用的人。爵：爵位、贵族、功臣的封位。⑪刓（wán）敝：亦作"刓弊"，在手里磨损的意思。刓，通"玩"。⑫忍：有舍不得的意思。⑬妇人之仁：意思是说，不能明大局、识大体，只懂得婆婆妈妈的小恩小惠。⑭臣：使之臣服。⑮关中：古地区名。一般指函谷关以西、散关以东为关中。都：建都。彭城：县名，即今江苏省徐州市。⑯有（yòu）：通"又"。义帝（？～前205）：战国时楚怀王的孙子，名熊心。秦时，流落民间为人牧羊。陈胜战死后，项梁拥立他为楚怀王，项梁战死后，他乘机

到彭城,夺取项羽、吕臣兵权,改用宋义为上将军。后来项羽杀死宋义,夺回兵权。公元前206年,项羽自立为西楚霸王,表面上尊他为义帝,却暗中命黥布等在途中追杀他。诸将入关前,楚怀王曾与他们约定:"先入关中者王之。"后来刘邦先破关入咸阳,项羽却把关中一带分封给秦降将章邯等,所以说"有背义帝之约"。⑰江南:秦、汉时一般指今湖北省南部和湖南省、江西省一带。⑱思东归之士:指刘邦的将士。因刘邦的将士大多是东方人,都希望向东方发展。⑲三秦王:指章邯、司马欣、董翳。他们原来都是秦将,后投降项羽。项羽封刘邦为汉王时,害怕他夺取关中,因此将秦关中分为三部分,分别封章邯等三秦将为王,所以称"三秦王"。⑳胜(shēng):尽。㉑降诸侯:指向项羽投降。㉒新安:县名,在今河南省渑池东。㉓"项王"句:章邯等投降项羽时,手下有秦兵二十万。投降后,项羽等诸侯军虐待秦兵,秦兵有怨言。项羽担心他们不服,就把他们全部活埋在新安城南。坑:活埋。㉔武关:古代通往关中的重要关口,在今陕西商南东南的丹江上。㉕秋豪:通"秋毫"。鸟兽在秋天新长出来的细毛,比喻极细微的东西。㉖法三章:刘邦进驻咸阳后,废除秦朝的苛法,与关中父老约法三章,即"杀人者死,伤人及盗抵罪"。㉗于诸侯之约:指"先入关中者王之"的约言。㉘失职:失去应得的封地和爵位。按照楚怀王原先的约定,刘邦先入咸阳,应封为关中王,项羽却封他为汉王。㉙传檄(xí)而定:指不必用兵,只要下一道文书就可以平定。传,从驿站递送。檄,古代官府晓喻或声讨的文书。

【译文】

　　韩信接受拜将的仪式结束之后,汉王坐了下来。汉王说:"丞相多次谈起将军,将军拿什么谋略教我呢?"韩信谦让一番,接着问汉王道:"如今向东去争夺天下,难道对手不就是项王吗?"汉王说:"是的。"韩信说:"大王自己认为,在勇敢、威望影响和兵力之强各方面,跟项王比如何?"汉王沉默了好久,说:"不如项王。"韩信拜了两拜,赞同地说:"我韩信也认为大王不如他。不过,我曾经侍奉过他,请让我谈谈项王的为人吧。项王厉声怒喝时,成百上千人都不敢动弹,但不能任用有才能的将领,这只不过是一般人的血气之勇罢了。项王待人仁慈有礼,言语温和,有人生了病,会同情流泪,把自己的饮食分给他,但到了所任用的人立了功,应当加封爵位时,却把刻好了的印信拿在手里,玩弄得磨损了还舍不得给人家,这就是所谓的妇人的仁慈啊。项王虽然称霸天下,使诸侯臣服,不占据关中却定都彭城。又违背义帝的约言,把自己亲信、喜爱的人分封在关中为王,诸侯愤愤不平。诸侯看见项王驱逐义帝,并把义帝放逐到江南,也都回去驱逐自己的国君,占据好地方自立为王了。项王所到之处,没有不遭受摧残毁灭的,天下的人都怨恨,老百姓也不愿归附,现在不过是迫于威势勉强服从罢了。名义上虽然是霸主,实际上却失去了天下人的心。所以说他的强势很容易转化为劣势。如今大王果真能够反其道而行之:任用天下英武勇敢的人才,有什么敌人不能被诛灭!把天下的城邑封给有功的大臣,有什么人会不心服呢!凭借正义之师,顺从将士东归的心愿,有什么敌人打不跑呢!况且分封在秦地的三个王都是秦朝的将领,率领秦地的子弟作战好几年了,被杀死和逃跑的多得无法计算,又欺骗他们的部下向诸侯投降。到新安,项王用诈活埋了秦军已投降的士兵二十多万,唯独章邯、司马欣和董翳得以脱险。秦地的父老兄弟怨恨这三个人,恨入骨髓。如今项羽强凭着威势,封这三个人为王,秦地的百姓并不拥护。大王进入武关,没有丝毫侵犯,废除秦朝的苛刻法令,与秦地的百姓立约,颁布了三条法令,秦地的百姓没有不想要大王在秦地做王的。按照诸侯的约定,大王理当在关中做王,关中百姓都知道这件事。大王失掉应得的爵位进入汉中,秦地的百姓没有不怨恨的。如今大王起兵东进,三秦之地只要下一道文书就可以平定。"于是汉王大喜,认为与韩信相见恨晚,便听从韩信的计策,布置众将所攻击的目标。

韩信卢绾列传

【导读】

　　这篇列传是韩王信、卢绾、陈豨三人的合传。这三个人原本都是刘邦的亲信部下，和刘邦的关系亲密。但最后他们都举旗反叛，甚至和匈奴勾结，以对抗汉朝。

　　本篇节录了韩王信的事迹。韩王信早年曾追随刘邦进入汉中，后来受反臣谋士的挑拨，投靠了匈奴，成了威胁汉朝边陲的一大隐患。于是，汉高祖派柴将军征讨韩王信，在参合将其杀死。

反复无常的韩王信

【原文】

　　韩王信者，故韩襄王孽孙也①，长八尺五寸。及项梁之立楚后怀王也②，燕、齐、赵、魏皆已前王，唯韩无有后，故立韩诸公子横阳君成为韩王③，欲以抚定韩故地。项梁败死定陶，成奔怀王。沛公引兵击阳城，使张良以韩司徒降下韩故地，得信，以为韩将，将其兵从沛公入武关。

　　沛公立为汉王，韩信从入汉中，乃说汉王曰："项王王诸将近地④，而王独远居此，此左迁也⑤。士卒皆山东人，跂而望归⑥，及其锋东向⑦，可以争天下。"汉王还定三秦，乃许信为韩王，先拜信为韩太尉，将兵略韩地。

【注释】

① 孽孙：庶出的孙子。② 楚后：楚王的后代、继承人。③ 诸公子：庶出的王子们。横阳君成：指韩成，以其曾被封为横阳君。故称。④ 王诸将：封诸将为王。⑤ 左迁：降职。⑥ 跂：通"企"，踮起脚尖。⑦ 东乡（xiàng）：向东进军。乡，通"向"。

【译文】

韩王信，原本是韩襄王的庶孙，身高八尺五寸。到项梁拥立楚王的后代怀王的时候，燕、赵、齐、魏等国之前都已经有了王，只有韩国没有立后嗣，所以拥立韩国的庶公子韩成为韩王，想借此安抚和平定韩国故地。项梁在定陶战败而死，韩成就投奔了楚怀王。沛公率兵攻击阳城，派张良以韩国司徒的身份降服了韩国故地的人，发现了韩王信，任命他为韩国将军，率领军队跟随沛公进入武关。

沛公被立为汉王，韩王信跟随他进入汉中，劝说汉王道："项王分封诸将的地方都靠近他们的家乡，却让大王独自居住在这个地方，这是降职啊。士卒都是崤山以东的人，踮着脚尖盼望着返回家乡，趁着他们有不可抵挡的锐气向东进军，可以一举夺得天下。"汉王回师灭掉三秦，打算将来立韩王信为韩王，先任命韩王信为韩太尉，率兵攻取韩国的故地。

【原文】

项籍之封诸王皆就国，韩王成以不从无功，不遣就国，更以为列侯。及闻汉遣韩信略韩地，乃令故项籍游吴时吴令郑昌为韩王以距汉。汉二年，韩信略定韩十馀城。汉王至河南，韩信急击韩王昌阳城。昌降，汉王乃立韩信为韩王，常将韩兵从。三年，汉王出荥阳，韩王信、周苛等守荥阳。及楚败荥阳，信降楚，已而得亡，复归汉，汉复立以为韩王，竟从击破项籍，天下定。五年春，遂与剖符为韩王①，王颍川。

明年春，上以韩信材武②，所王北近巩、洛，南迫宛、叶，东有淮阳，皆天下劲兵处③，乃诏徙韩王信王太原以北，备御胡，都晋阳。信上书曰："国被边，匈奴数人，晋阳去塞远，请治马邑。"上许之，信乃徙治马邑。秋，匈奴冒顿大围信，信数使使胡求和解。汉发兵救之，疑信数间使，有二心，使人责让信。信恐诛，因与匈奴约共攻汉，反，以马邑降胡，击太原。

【注释】

①剖符：古时帝王授与诸侯和功臣的凭证。剖分为二，帝王和诸侯各执其一，故称剖符。②材武：有雄才武略。③劲兵处：屯强兵的地方，即兵家必争的战略要地。

【译文】

项籍所封的各个诸侯王都到了封国，韩王成因为没有追随大军征战，未能立下战功，不让他到达封地，改封他为列侯。后来听说汉王差遣韩王信攻略韩国的故地，就任命以前项籍在吴县游历时的吴县县令郑昌为韩王，以抵御汉王的军队。汉王二年，韩王信攻取韩国十多座城池。汉王到达河南，韩王信急迫地在阳城攻击韩王郑昌的驻地。郑昌投降，汉王就立韩王信为韩王，让他率领韩军追随左右。三年，汉王离开荥阳，韩王信、周苛等人守卫荥阳。后来楚军攻下荥阳，韩王信投降楚军，不久又得以逃走，再次归顺汉王，汉王又立他为韩王，终究跟着汉王击败了项籍，天下得以平定。五年的春天，与韩王信剖符立据，正式册封他为韩王，踞有颍川郡。

第二年春天，皇上认为韩王信有雄才伟略，而且勇武，所辖地区北边靠近巩县和洛阳，南边迫近宛邑和叶城，东边有淮阳，这都是天下可以驻扎强大军队的地方，所以下诏迁调韩王信到太原以北地区，防备并抵御胡人，定都晋阳。韩王信上书说："国土覆盖着辽阔的边界，匈奴多次入侵。晋阳距离边塞遥远，请求以马邑作为国都。"皇上答应，韩王信便迁都到了马邑。秋天，匈奴冒顿大举围攻韩王信，韩王信多次派使节与匈奴和解。汉朝发兵援救韩王信，怀疑韩王信多次私派使者，有二心，就派人去责问韩王信。韩王信害怕被诛杀，于是和匈奴联合攻打汉朝，叛变，带着马邑投靠匈奴，进攻太原。

【原文】

七年冬，上自往击，破信军铜鞮，斩其将王喜。信亡走匈奴。其将白土人曼丘臣、王黄等立赵苗裔赵利为王，复收信败散兵，而与信及冒顿谋攻汉。匈奴使左右贤王将万馀骑与王黄等屯广武以南，至晋阳，与汉兵战，汉大破之，追至于离石，复破之。匈奴复聚兵楼烦西北，汉令车骑击破匈奴。匈奴常败走，汉乘胜追北，闻冒顿居代谷，高皇帝居晋阳，使人视冒顿，还报曰"可击"。上遂至平城。上出白登，匈奴骑围上，上乃使人厚遗阏氏①。阏氏乃说冒顿曰："今得汉地，犹不能居；且两主不相厄。"居七日，胡骑稍引去。时天大雾，汉使人往来，胡不觉。护军中尉陈平言上曰："胡者全兵②，请令强弩傅两矢外向③，徐行出围。"入平城，汉救兵亦到，胡骑遂解去。汉亦罢兵归。韩信为匈奴将兵往来击边。

汉十年，信令王黄等说误陈豨。十一年春，故韩王信复与胡骑入居参合，距汉。汉使柴将军击之，遗信书曰："陛下宽仁，诸侯虽有叛亡④，而复归，辄复故位号，不诛也。大王所知。今王以败亡走胡，非有大罪，急自归！"韩王信报曰："陛下擢仆起闾巷⑤，南面称孤，此仆之幸也。荥阳之事⑥，仆不能死，囚于项籍，此一罪也。及寇攻马邑，仆不能坚守，以城降之，此二罪也。今反为寇将兵，与将军争一旦之命，此三罪也。夫种、蠡无一罪⑦，身死亡；今仆有三罪于陛下，而欲求活于世，此伍子胥所以偾于吴也⑧。今仆亡匿山谷间，且暮乞贷蛮夷，仆之思归，如痿人不忘起⑨，盲者不忘视也，势不可耳。"遂战。柴将军屠参合，斩韩王信。

【注释】

① 阏氏：单于的正妻，地位等于汉之王后。② 全兵：指全用弓箭长矛

等进攻性武器。③傅:通"附"。④叛亡:背叛逃亡。⑤闾巷:街巷,代指平民百姓。⑥荥阳之事:指荥阳之战,在此战中韩信被项籍俘获投降。⑦种、蠡:指文种、范蠡。⑧偾:倒覆,僵仆。⑨痿人:瘫痪的人。

【译文】

七年的冬天,皇上亲自率领军队,在铜鞮击败韩王信,斩杀了将军王喜。韩王信败走匈奴。他的将军白土人曼丘臣以及王黄等人拥立赵国的后裔赵利为王,又收编韩王信的残兵溃勇,然后与韩王信和冒顿图谋攻打汉朝。匈奴派左右贤王率领一万多骑兵和王黄一起驻扎在广武以南的地方,到达晋阳,与汉军交战,汉军把他们打败,一直追击到离石,又击败他们。匈奴再次在楼烦西北方向聚集军队,汉朝命令战车和骑兵攻击匈奴。匈奴一次又一次地败退,汉军乘胜向北追击,听说冒顿住在代谷,高皇帝住在晋阳,派人侦察冒顿,回来禀报说"可以攻击"。皇上便去了平城。皇上在白登,匈奴骑兵包围皇上,皇上便派人拿着厚礼贿赂阏氏。阏氏劝说冒顿道:"现在就算得到汉朝的土地,也不能住下来;况且两个君主不能相互危害。"七天之后,匈奴骑兵渐渐撤走。这时天有大雾,汉朝派人往来,匈奴没有察觉。护军中尉陈平对皇上说:"匈奴想保全兵力,请下令给每张强弩搭上两支锋利的箭,朝外射去,慢慢移动以突出重围。"进入平城,汉军的援兵到了,匈奴骑兵就撤走了。汉军罢兵而回。韩王信为匈奴率领军队来来往往地袭扰边境。

汉王十年,韩王信命令王黄等人游说陈豨背叛汉朝,坑害了陈豨。十一年春天,原韩王信又和匈奴骑兵一起入侵参合,抵抗汉军。汉朝派柴将军迎击,写信给韩王信说:"陛下宽厚仁慈,诸侯纵然有叛逆逃亡的,只要能回来,就再恢复他原先的官位,不会诛杀的。这是大王所知道的。现在大王因为打败仗而逃到匈奴,并非犯了什么大罪,赶紧回来吧!"韩王信回复说:"陛下把我从闾巷之中提拔起来,南面称王,这是我的荣幸。荥阳的事情,我没有奋战到死,被项籍囚禁起来,这是我犯下的第一桩罪行。后来匈奴攻打马邑,我没能坚守住,把城池献给他们,这是我犯下的第二桩罪行。现在反过来为匈奴率领军队,和将军交战,争一朝的性命,这是我犯下的第三桩罪行。况且文种、范蠡没有一点罪行,却死的死,逃的逃;现在我对陛下犯下三条罪行,还想苟活在世上,这是伍子胥之所以在吴国遭受诛杀的缘故啊。现在我逃亡藏匿到山谷之间，日夜向蛮夷乞讨过活，我很想回去，就好像瘫痪的人不忘记起身，眼瞎的人不忘记睁眼观望一样，只是形势不容许我这么做罢了。"于是双方交战，柴将军在参合屠城，斩杀了韩王信。

后世子孙

【原文】

信之入匈奴，与太子俱①；及至颓当城，生子，因名颓当。韩太子亦生子，命曰婴。至孝文十四年，颓当及婴率其众降汉。汉封颓当为弓高侯，婴为襄城侯。吴楚军时②，弓高侯功冠诸将。传子至孙，孙无子，失侯。婴孙以不敬失侯。颓当孽孙韩嫣，贵幸，名富显于当世。其弟说，再封，数称将军，卒为案道侯。子代，岁馀坐法死。后岁馀，说孙曾拜为龙颔侯，续说后。

【注释】

①太子：指韩太子，即韩王信的儿子。俱：一道同行。②吴楚军时：指汉平定吴楚七国之乱的战争，事在景帝三年（前154）。

【译文】

韩王信进入匈奴的时候，和太子一起；到了颓当城，生下一子，取名为颓当。太子也生了个儿子，名叫婴。到孝文帝十四年，颓当和婴率领部众向汉朝归降。汉朝封颓当为弓高侯，封婴为襄城侯。吴、楚叛乱的时候，弓高侯的功劳冠于众位将领。侯爵传给儿子后又传给孙子，孙子没有后代，失去侯爵。婴的孙子因为犯了不敬之罪而失掉侯爵。颓当的庶孙韩嫣，地位尊贵，受到宠幸，名声和财富在当时十分显贵。他的弟弟韩说，再度封侯，多次被委命为将军，最终被封为案道侯。儿子接替他的侯爵，过了一年多因为犯法而被处死。又过了一年多，韩说的孙子韩曾被封为龙颔侯，延续了韩说的香火。

扁鹊仓公列传

【导读】

　　扁鹊，姓秦，名越人，春秋时期勃海郡莫州（今河北任丘）人。他学医于长桑君，有丰富的医疗实践经验，反对巫术治病。他总结前人经验，创立望、闻、问、切的四诊法。他遍游各地行医，精于内、外、妇、儿、五官等科，应用砭刺、针灸、按摩、汤液、热熨等法治疗疾病，被尊为"医祖"。后因医治秦武王病，引起秦国太医令李醯的嫉妒，派人刺杀了扁鹊。

救治虢太子

【原文】

　　扁鹊者，勃海郡郑人也，姓秦氏，名越人。少时为人舍长①。舍客长桑君过②，扁鹊独奇之，常谨遇之③。长桑君亦知扁鹊非常人也。出入十馀年，乃呼扁鹊私坐，间与语曰④："我有禁方⑤，年老，欲传与公，公毋泄。"扁鹊曰："敬诺⑥。"乃出其怀中药予扁鹊："饮是以上池之水⑦，三十日当知物矣。"乃悉取其禁方书尽与扁鹊。忽然不见，殆非人也⑧。

【注释】

①为（wéi）人舍长（zhǎng）：做人家客馆的主管人。舍，客馆，供客人食宿的地方。②长（cháng）桑：复姓。③常谨遇之：时常恭敬地接待他。谨，恭敬。④间（jiān）与语：秘密地同他谈话。间，秘

密,私下。⑤禁方:秘方,不对外公开的方子。⑥敬诺:恭敬地应诺。⑦上池之水:未直接落地的水露,如草木上的水露等。⑧殆非人也:大概他不是凡人。

【译文】

扁鹊,是勃海郡郑邑的人,姓秦,名叫越人。他年少时做人家客馆的主管人。客人长桑君经过客馆,唯独扁鹊认为他奇特不凡,经常恭敬地接待他。长桑君也知道扁鹊不是平常人。长桑君进出客馆十多年,才叫扁鹊私下坐谈,秘密地跟扁鹊说:"我有秘方,现在我已经老了,想传授给您,您不要泄漏出去。"扁鹊恭敬地应诺:"是!"长桑君于是取出自己怀中的药物交给扁鹊说:"喝这个药要用未落地的雨露调引,三十天就会洞察事物啦。"于是长桑君拿出自己全部的秘方书都交给了扁鹊。忽然间长桑君不见了,大概他不是凡人。

【原文】

其后扁鹊过虢。虢太子死,扁鹊至虢宫门下,问中庶子喜方者曰①:"太子何病,国中治穰过于众事②?"中庶子曰:"太子病血气不时,交错而不得泄,暴发于外,则为中害③。精神不能止邪气,邪气畜积而不得泄,是以阳缓而阴急,故暴蹶而死④。"扁鹊曰:"其死何如时⑤?"曰:"鸡鸣至今。"曰:"收乎⑥?"曰:"未也,其死未能半日也。""言臣齐勃海秦越人也,家在于郑,未尝得望精光侍谒于前也⑦。闻太子不幸而死,臣能生之⑧。"中庶子曰:"先生得无诞之乎⑨?何以言太子可生也!臣闻上古之时,医有俞跗⑩,治病不以汤液醴洒,镵石挢引⑪,案扤毒熨⑫,一拨见病之应,因五藏之输⑬,乃割皮解肌,诀脉结筋⑭,搦髓脑⑮,揲荒爪幕⑯,湔浣肠胃⑰,漱涤五藏,练精易形。先生之方能若是,则太子可生也;不能若是而欲生之,曾不可以告咳婴之儿。"终日,扁鹊仰天叹曰:"夫子之为方也,若以管窥天,以郄视文⑱。越人之为方也，不待切脉、望色、听声、写形，言病之所在。闻病之阳，论得其阴；闻病之阴，论得其阳。病应见于大表，不出千里，决者至众，不可曲止也。子以吾言为不诚，试入诊太子，当闻其耳鸣而鼻张，循其两股以至于阴，当尚温也。"

中庶子闻扁鹊言，目眩然而不瞚[19]，舌挢然而不下[20]，乃以扁鹊言入报虢君。虢君闻之大惊，出见扁鹊于中阙[21]，曰："窃闻高义之日久矣，然未尝得拜谒于前也。先生过小国，幸而举之，偏国寡臣幸甚。有先生则活，无先生则弃捐填沟壑，长终而不得反。"言未卒，因嘘唏服臆[22]，魂精泄横，流涕长潸，忽忽承睫[23]，悲不能自止，容貌变更。扁鹊曰："若太子病，所谓'尸蹷'者也[24]。夫以阳入阴中[25]，动胃缠缘[26]，中经维络[27]，别下于三焦、膀胱[28]，是以阳脉下遂[29]，阴脉上争，会气闭而不通[30]，阴上而阳内行[31]，下内鼓而不起[32]，上外绝而不为使[33]，上有绝阳之络[34]，下有破阴之纽[35]，破阴绝阳，色废脉乱[36]，故形静如死状。太子未死也。夫以阳入阴支兰藏者生，以阴入阳支兰藏者死[37]。凡此数事[38]，皆五藏蹷中之时暴作也。良工取之[39]，拙者疑殆[40]。"

扁鹊乃使弟子子阳厉针砥石[41]，以取外三阳五会。有间，太子苏。乃使子豹为五分之熨[42]，以八减之齐和煮之[43]，以更熨两胁下。太子起坐。更适阴阳，但服汤二旬而复故。故天下尽以扁鹊为能生死人。扁鹊曰："越人非能生死人也，此自当生者，越人能使之起耳。"

【注释】

① 中庶子：古代官名，为太子的属官，负责对太子进行教育以及管理

等。喜方：爱好医方。②国：国都，京城。治穰：举办祈祷的事情。穰，通"禳"。向鬼神祈祷消灾免难。③则为中害：却是内脏受伤害引起。④蹶（jué）：忽然昏晕，不知人事，四肢厥冷。蹶，通"厥"。⑤何如时：在什么时候。⑥收：收殓。⑦精光：神采光泽，引申为尊容。侍谒：侍奉拜见。⑧臣能生之：我能使他复生。生，意为使……生，使动用法。⑨先生得无诞之乎：先生莫不是哄骗我吧？⑩俞跗：古代医家。⑪镵（chān）石：针和砭石。挢（jiǎo）引：即导引，古代的一种医疗体操。挢，举起，翘起，指举手活动身体。引，引伸身体。⑫案扤（wú）：按摩。案，通"按"。扤，撼动。毒熨（yùn）：用烈性药物在患处熨贴。⑬输：同"腧"，指五脏六腑的腧穴。⑭诀脉：疏导血脉和经脉。诀，同"决"。结筋，结扎筋腱。⑮搦（nuò）髓脑：按治髓脑。搦，按。髓脑，脊髓和脑。⑯揲（shé）：触动，取。荒：同"肓"，心脏与横隔膜之间的部位。中医认为这是药力达不到的部位。爪：同"抓"，用手指疏理。幕：同"膜"，指横隔膜。⑰湔（jián）浣（huàn）：洗涤。⑱郄：同"隙"。⑲瞚：同"瞬"，眨眼。⑳舌挢（jiǎo）然而不下：舌头翘起来而且不能放下。形容说不出话的样子。挢：举手，此处指舌头抬起来。㉑阙：皇宫前面对称的楼台，中间有道路。㉒嘘（xū）唏（xī）服（bì）臆（yì）：嘘唏，指哭泣时抽咽的声音。服臆，指气满郁结而屏住了呼吸。㉓忽忽：泪珠流动很快的样子。承映（jié）：泪珠挂在睫毛上。映，同"睫"。㉔尸蹶：病名。昏迷假死，体态像死尸。㉕以阳入阴中：是由于阳气下陷入阴。㉖动胃缠缘：胃受绕动。缠，通"缠"。缘，绕。㉗中经维络：经脉受损伤，络脉被阻塞。中，伤害。经，经脉。维，结，阻塞。络，络脉，是由经脉分出来的呈网状的大小分支。㉘别下于三焦、膀胱：身体的阳气下陷，分别下于三焦、膀胱。三焦，一般认为它是六腑之一，是上焦、中焦、下焦的总称。横膈以上为上焦，包括心、肺等脏器，主呼吸、血脉，输布精气，温养全身肌肤、筋骨等。脘腹部相当于中焦，包括脾、胃等脏器，主要功能是消化食物。肚脐以下为下焦，包括肝、肾、大肠、小肠、膀胱等脏器，主要功能是分别清浊，排泄糟粕、水液等。三焦总司人体的气化，主诸气。本文所指的三焦，看来不是指三焦的整个部位和所包括的脏器及其功能，而是指下焦，即第三焦。㉙遂：通"坠"。㉚会气闭而不通：指阴气与阳气交会的地方闭塞不通。会，俞会，广义指脏、腑、筋、髓、血、骨、脉、气等八会,本文主要指气会等。㉛阴上而阳内行:下、内为阴,阴气反而上逆;上、外为阳,阳气却向内运行。这都是气会不通而出现的逆乱症状。㉜下内鼓而不起:阳气在身体的下部和内部鼓动,也不能够外达和上升。㉝上外绝而不为使:在上在外的阳气被隔绝,不能被阴所遣使。指阴阳失调,阳不能与阴平衡的情况。㉞上有绝阳之络:身体上部有隔绝阳气的络脉。㉟下有破阴之纽:身体下部有破坏阴气的筋纽。㊱色废脉乱:容颜失去正常气色,经脉和血脉发生紊乱。㊲以阴入阳支兰藏者死:因阴气侵入阳分而隔阻脏气的病人,是死症,难以救治。㊳凡此数事:凡是这几种情况。㊴良工:医术精良的医生。古人有时称医生为工。㊵拙者疑殆:医术拙劣的人疑惑不决。疑,怀疑,疑惑,犹豫不决。殆,与"疑"意思相同。㊶厉针砥石:磨利针石。厉,通"砺",磨。针,是金属针。石,石针,又称砭石或砭针。㊷五分之熨(yùn):五分剂量的熨药。㊸齐(jì):通"剂"。

【译文】

　　自那以后扁鹊行医到虢国。虢君的太子病死,扁鹊到虢国宫廷门前,问爱好方术的中庶子说:"太子得了什么病,都城里举办祈祷的活动超过其他所有的事情?"中庶子说:"太子的病是血气不按时运行,交错阻碍,而且不能通泄,突然发作,表现在体外,却是内脏受伤害所致。正气不能抵抗病邪,邪气聚积在体内而且不能发散,因此阳脉弛缓而阴脉拘急,所以突然昏厥不省人事。"扁鹊问:"太子在什么时辰死的?"中庶子回答说:"鸡鸣到现在。"扁鹊又问:"收殓了吗?"中庶子回答说:"没有,太子死后还不到半天。"扁鹊说:"请禀报说我是齐国勃海地方的秦越人,老家在郑邑,未曾得以仰望虢君的尊容,拜见并侍奉在他面前。听到太子不幸死去,我能使他活过来。"中庶子说:"先生该不是哄骗我吧?你凭什么说可以使太子复生呢!我听说上古的时候,有个叫俞跗的医生,治疗疾病不用汤药、酒剂、镵针、砭石、导引、按摩、药物熨贴,一进行诊察就知道疾病所在的部位,顺着人体五脏的腧穴,就切割皮肤,剖开肌肉,疏通经脉,结扎筋腱,按治髓脑,触动膏肓,疏理横膈膜,清洗肠胃,洗涤五脏,修炼精气,改变形体。先生的医术若是能像这样,那么太子可以由死复生;不能像这样,却想使太子活过来,简直不能用这样的话告诉刚会发笑的小孩。"好久,扁鹊仰头面向天感叹地说:"你的医疗方法,好像从管子中看天、从缝隙中观察斑纹。我秦越人的医疗方法，不需要等到给病人切脉、观察病人的气色神情、听病人的声音、审察病人的体态，就能说出疾病的所在部位。诊察到病人阳分的症状，就可以推知病人阴分的症状；诊察到病人阴分的症状，就可以推知病人阳分的症状。体内的病会反映在体表，据此可推断千里远的病人的吉凶，决断的方法极多，不能停止在一个角度上看问题。你觉得我的话是不真实的，请去试诊太子，会了解到他的耳朵有鸣响声而且鼻翼在搧动，顺着太子的两条腿抚摸到阴部，应当还有体温。"

中庶子听了扁鹊的话，（惊异得）两眼昏花而呆滞得不眨一下，舌头翘起来也不知道放下，于是回去把扁鹊的话向虢君报告。虢君听了以后大为惊讶，来到宫廷的中门口接见扁鹊，说："我听说您崇高的道德行为已经很久了，可是没有去您跟前拜见。先生行医到我们这个小国，幸运地救助我，偏远小国的我感到很荣幸。现在有先生在此，我的儿子才能救活；碰不到先生，我的儿子就要被抛弃填埋在沟壑中，永远死去而不能复生。"虢君的话没有说完，就哭泣抽咽起来，气满屏息，神志恍惚，长时间流着眼泪，泪珠挂在睫毛上，悲伤不能自制，容貌都变了样。扁鹊说："您太子的病，是所谓的'假死症'。是由于阳气下陷入阴，胃受绕动，经脉受损伤，络脉被阻塞，分别下于三焦、膀胱，而不能上升，因此阳脉下坠不升，阴脉上升不降，阴气阳气交会处闭塞不通，阴气上逆，阳气向内运行，阳气在下在内，鼓动不升，在上在外的阳气断绝，不为阴气所遣使，身体上部络脉的阳气已经断绝，下部枢纽的阴气已经破坏，阴气破坏，阳气断绝，容色衰败，血脉紊乱，所以身体安静像死人的形状。太子没有真死。由于阳气入侵阴分而阻隔脏气的病人还可以救活，由于阴气侵入阳分而阻隔脏气的则是死症。凡是这几种情况，都在五脏厥逆的时候突然发作。医术精良的医生能够治愈这个病，医术拙劣的医生疑惑不决。"

扁鹊就叫弟子子阳磨利针和砭石，用来刺百会穴。一会儿，太子苏醒了。于是扁鹊叫弟子子豹准备原方一半剂量的熨药，用八减之方的药物混合煎煮，拿来交替熨贴两胁下面。太子能坐起来了。再进一步调适阴阳气血，仅仅服汤药二十天就康复了。所以天下人都认为扁鹊能使死人复生。扁鹊说："越人不能起死回生，这是他本身有活过来的生机，越人不过是促使他恢复起来罢了。"

拒治齐桓侯

【原文】

扁鹊过齐，齐桓侯客之①。入朝见，曰："君有疾在腠理②，不治将深。"桓侯曰："寡人无疾。"扁鹊出，桓侯谓左右曰："医之好利也，欲以不疾者为功。"后五日，扁鹊复见，曰："君有疾在血脉，不治恐深。"桓侯曰："寡人无疾。"扁鹊出，桓侯不悦。后五日，扁鹊复见，曰："君有疾在肠胃间，不治将深。"桓侯不应。扁鹊出，桓侯不悦。后五日，扁鹊复见，望见桓侯而退走。桓侯使人问其故。扁鹊曰："疾之居腠理也，汤熨之所及也；在血脉，针石之所及也；其在肠胃，酒醪之所及也③；其在骨髓，虽司命无奈之何④。今在骨髓，臣是以无请也⑤。"

【注释】

①客：把……当做客人接待。②腠（còu）理：指皮肤的纹理与皮下肌肉之间的空隙。③醪（láo）：指药酒。④虽司命无奈之何：即使是掌管人命的神也不能对它怎么样。司命，古代传说中掌管人命的神。⑤臣是以无请：我因此不再请求给桓侯治病了。按：《史记》记载为齐桓侯，《韩非子·喻老》中记载为蔡桓公。

【译文】

扁鹊行医到齐国，齐桓侯把他当做客人招待。扁鹊进入朝廷拜见齐桓侯时说："您有小病，在皮肤和肌肉之间，不治疗将会加深。"齐桓侯说："我没有什么病。"扁鹊退出，齐桓侯对左右的人说："医生爱好功利，想在没病的人身上显本领，作为自己的功劳。"此后第五天，扁鹊又去拜见齐桓侯说："您有病在血脉中，不治疗恐怕会加深。"齐桓侯说："我没有病！"扁鹊退出，齐桓侯感到不愉快。此后第五天，扁鹊又去拜见齐桓侯说："您有病在肠胃间，不治疗将会加深。"齐桓侯不理睬。扁鹊退出，齐桓侯不高兴。此后第五天，扁鹊又去拜见齐桓侯，远远望见齐桓侯就退出跑掉了。齐桓侯派人问扁鹊跑掉的原因,扁鹊说:"发生在人腠理的小病,是汤药和熨药的效力所能达到的;病到了血脉,是针刺和砭法的效力所能达到的;病到了肠胃,是药酒的效力所能达到的;病到了骨髓,即使是掌管人死生的神灵也无可奈何了。现在桓侯的病到了骨髓,我因此不再请求给他治病。"

医术高而遭陷害

【原文】

　　使圣人预知微①,能使良医得蚤从事,则疾可已,身可活也。人之所病,病疾多;而医之所病,病道少。故病有六不治:骄恣不论于理,一不治也;轻身重财,二不治也;衣食不能适,三不治也;阴阳并,藏气不定,四不治也;形羸不能服药②,五不治也;信巫不信医,六不治也。有此一者,则重难治也③。

　　扁鹊名闻天下。过邯郸④,闻贵妇人,即为带下医⑤;过雒阳,闻周人爱老人⑥,即为耳目痹医⑦;来入咸阳,闻秦人爱小儿,即为小儿医,随俗为变。秦太医令李醯自知伎不如扁鹊也⑧,使人刺杀之。至今天下言脉者,由扁鹊也。

【注释】

①圣人:谓道德智能极高的人。微:这里指没有显露出症状的疾病。②形羸(léi):形体极度消瘦虚弱。③重(zhòng):甚,非常。④邯(hán)郸(dān):春秋时卫邑,后属晋。⑤带下医:妇科医生的古称。⑥周人:指东周洛阳一带的人。⑦耳目痹医:治耳目痹病的医生,即专治老年人的耳聋、眼花、四肢痹痛等病。⑧太医令:主管医药行政的最高长官。李醯(xī):秦武王(公元前310至公元前307年在位)时的太医令。伎:通"技"。

【译文】

　　假如是道德智能极高的人,预先知道还没有显露症状的疾病,能让医术高明的医生及早治疗，那么疾病可以治愈，身体可以存活。一般人所担忧的事情，是担忧疾病多；但医生所担忧的事情，是担忧治病的方法少。所以疾病有六种情况不好治疗：骄傲放纵不讲道理，是一不治；把身体价值看得很轻，把钱财看得很重要，是二不治；衣着饮食不能调节适当，是三不治；阴阳混乱，五脏失去正常的功能，是四不治；形体极度消瘦虚弱，不能承受方药或吃药，是五不治；迷信巫术，不相信医生，是六不治。有这其中的一种情况，就非常难治疗。

扁鹊的美名传遍天下。来到邯郸，听说那里的人重视妇女，就当妇科医生；到洛阳，听说当地人尊爱老人，就当治疗耳、目、痹病的医生；到咸阳，听说秦国人喜爱小儿，就当小儿科医生，随着各地不同的习俗而改变行医的科别。秦国的太医令李醯自知医术不如扁鹊，派人杀害了扁鹊。直到现在，社会上谈论脉学的人，都遵循扁鹊的理论和方法。

李将军列传

【导读】

李广(? ~前119),陇西成纪人,西汉名将,做过骑郎将、骁骑都尉、未央卫尉、郡太守,镇守边境,匈奴畏服,称之为"飞将军",数年不敢来犯。元狩四年(前119)漠北之战中,李广任前将军,因迷失道路,未能参战,愤愧自杀。

李广一生功名显赫,却时运不济,未得封侯,所以有"李广难封"的典故。他为人平易,忠信待人,虽然不善言谈,但很受军士拥戴,所以司马迁以"桃李不言,下自成蹊"来赞扬他。

飞将军李广

【原文】

李将军广者,陇西成纪人也①。其先曰李信②,秦时为将,逐得燕太子丹者也③。故槐里④,徙成纪。广家世世受射⑤。孝文帝十四年,匈奴大入萧关⑥,而广以良家子从军击胡⑦,用善骑射⑧,杀首虏多⑨,为汉中郎⑩。广从弟李蔡亦为郎⑪,皆为武骑常侍⑫,秩八百石⑬。尝从行⑭,有所冲陷折关及格猛兽,而文帝曰:"惜乎,子不遇时!如令子当高帝时⑮,万户侯岂足道哉!"

及孝景初立⑯,广为陇西都尉⑰,徙为骑郎将⑱。吴楚军时⑲,广为骁骑都尉⑳,从太尉亚夫击吴楚军㉑,取旗㉒,显功名昌邑下㉓。以梁王授广将军印㉔,还,赏不行。徙为上谷太守㉕，匈奴日以合战。典属国公孙昆邪为上泣曰㉖："李广才气，天下无双，自负其能㉗，数与虏敌战，恐亡之。"于是乃徙为上郡太守㉘。后广转为边郡太守，徙上郡。尝为陇西、北地、雁门、代郡、云中太守㉙，皆以力战为名。

【注释】

① 陇西：郡名，今甘肃省东部地区。成纪：县名，在今甘肃秦安北。② 李信：战国末秦将，曾与王翦一同灭燕。③ 燕：古国名，战国七雄之一。太子丹：燕王喜的儿子。④ 槐里：县名，在今陕西兴平东南。⑤ 受：接受，这里有学习的意思。⑥ 萧关：当时长安通往塞外的关口，在今宁夏回族自治区固原县东南。⑦ 良家子：指出身正当、家世清白人家的子弟。胡：古代称北方和西方的民族如匈奴等为胡。⑧ 用：因为，由于。⑨ 杀首虏：斩杀敌人首级和俘虏敌人。⑩ 中郎：官名。秦代始设，是皇帝的近侍武官，汉代沿设。⑪ 从弟：堂弟。⑫ 武骑（jì）常侍：郎官的加衔。⑬ 秩：俸禄的等级。汉代的中郎为六百石，任武骑常侍加秩二百石。⑭ 尝：通"常"。⑮ 高帝：汉高祖刘邦，西汉王朝的建立者。⑯ 孝景：即汉景帝刘启，文帝刘恒的儿子。⑰ 都尉：官名。原名郡尉，辅佐郡守并掌管全郡军事，位次于太守。景帝时改名都尉。⑱ 骑郎将：官名，统率骑郎（骑马护从皇帝车驾的郎官）的将领。⑲ 吴楚军：指西汉景帝时吴楚等七国的叛乱军队。⑳ 骁骑：轻捷矫健的骑兵，似今之轻骑兵。㉑ 太尉：官名，最高军事长官，掌管全国军事，与丞相、御史大夫并称三公。亚夫：周亚夫（？～前143），沛县（今属江苏省）人，汉初大臣周勃（？～前169）的儿子，西汉时期名将。初封条侯，做过车骑将军。文帝时，匈奴部族骚扰边郡，他以河内守为将军，驻军细柳（在今陕西省咸阳市西南），军令严整。吴楚七国叛乱时，以中尉代行太尉职务，是平定七国之乱的统帅。后任丞相，晚年被逸，下狱，绝食死。㉒ 旗：指敌军的帅旗。㉓ 昌邑：县名，当时梁国的要邑，在今山东金乡西北。㉔ 梁王：梁孝王刘武，文帝次子，景帝的同母弟。㉕ 上谷：郡名，辖境约相当于今河北省西北部及中部一部分地区。㉖ 典属国：官名，掌管附属国及外族事务的官。公孙昆（hún）邪（yé）：姓公孙，名昆邪。为：对。上：皇上。这里指汉景帝。㉗ 负：倚仗。㉘ 上郡：郡名，

辖境约相当于今天陕西省北部及内蒙古自治区西部地区。㉙北地：郡名，地在今甘肃省东北部及宁夏回族自治区部分地区。雁门：郡名，地在今山西省北部和内蒙古自治区南部地区。代郡：郡名，地在今山西省东北部和河北省西北地区。云中：郡名，地在今内蒙古自治区东南部。

【译文】

　　李将军名广，是陇西郡成纪县人。他的祖先叫李信，秦朝时担任过将军，曾追获过燕国太子丹。李家原来住在槐里县，后来迁移到成纪县。李广家世世代代学习射箭。孝文帝十四年，匈奴大举侵入萧关，李广以良家子弟的身份从军抗击匈奴，因为擅长骑马射箭，杀死、俘虏了很多敌人，当上了皇帝的近侍——中郎。李广的堂弟李蔡也当中郎，都担任武骑常侍，俸禄八百石。李广经常跟随文帝出行，有冲锋陷阵、突破险阻和格杀猛兽的表现，文帝说："可惜啊，你生不逢时！假使你生在高帝的时代，封个万户侯那算什么呢！"

　　等到孝景帝刚即位，李广担任陇西都尉，调任骑郎将。吴、楚七国起兵叛乱时，李广担任骁骑都尉，跟随太尉周亚夫攻打吴、楚军，夺得了帅旗，在昌邑城下立功显名。由于他私下接受过梁王授给他的将军印，回朝后，没有得到封赏。调任上谷太守，匈奴每天都来交战。典属国公孙昆邪流着眼泪对皇上说："李广才气，天下无双。他自恃有本领，屡次和敌人迎面作战，我担心他会阵亡。"于是汉景帝就调任他为上郡太守。后来李广历任边境各郡太守，然后调任上郡太守。其间他曾做过陇西、北地、雁门、代郡、云中各郡太守，都因奋勇作战而出名。

【原文】

　　匈奴大入上郡，天子使中贵人从广勒习兵击匈奴①。中贵人将骑数十纵，见匈奴三人，与战。三人还射，伤中贵人，杀其骑且尽。中贵人走广②。广曰："是必射雕者也③。"广乃遂从百骑往驰三人。三人亡马步行④，行数十里。广令其骑张左右翼，而广身自射彼三人者，杀其二人，生得一人，果匈奴射雕者也。已缚之上马，望匈奴有数千骑，见广,以为诱骑⑤,皆惊,上山陈⑥。广之百骑皆大恐,欲驰还走。广曰:"吾去大军数十里,今如此以百骑走,匈奴追射我立尽。今我留,匈奴必以我为大军之诱,必不敢击我。"广令诸骑曰:"前!"前未到匈奴陈二里所⑦,止,令曰:"皆下马解鞍!"其骑曰:"虏多且近,即有急,奈何?"广曰:"彼虏以我为走,今皆解鞍以示不走,用坚其意。"于是胡骑遂不敢击。有白马将出护其兵,李广上马与十馀骑奔射杀胡白马将,而复还至其骑中,解鞍,令士皆纵马卧⑧。是时会暮,胡兵终怪之,不敢击。夜半时,胡兵亦以为汉有伏军于旁欲夜取之,胡皆引兵而去。平旦⑨,李广乃归其大军。大军不知广所之⑩,故弗从。

【注释】

① 中贵人:官中皇帝亲信的宦官。勒:部勒,节制。习兵:练习军事。② 走:奔跑。③ 射雕者:射雕的能手。④ 亡(wú):通"无"。⑤ 诱骑:诱敌的骑兵。⑥ 陈(zhèn):同"阵",摆列阵势。⑦ 所:通"许",约计之辞。⑧ 纵:放开。⑨ 平旦:天明。⑩ 所之:所去的方向。之,往,动词。

【译文】

匈奴大举侵入上郡,皇帝派中贵人随李广统率亲兵抗击匈奴。中贵人带着几十名骑兵放马驰骋,遇见了三个匈奴人,就和他们打起来。三个匈奴人转身射箭,射伤了中贵人,把他带去的骑兵快要杀光了。中贵人逃到李广跟前。李广说:"这一定是射雕手。"李广于是就带领一百名骑兵追了上去。那三个人没有骑马而是徒步而行,走了几十里。李广命令他的骑兵左右散开,李广亲自射那三个人,射死二人,活捉一人,果然是匈奴的射雕手。刚捆绑那个人上马,望见匈奴有几千名骑兵,他们看见了李广,以为是引诱他们的骑兵,都吃惊了,上山摆好阵势。李广的一百名骑兵都大为惊恐,想快马往回跑。李广说:"我们离开大军几十里,现在这样凭一百名骑兵逃跑,匈奴兵追赶射击我们，我们就会立即全完蛋。现在我们停下来，匈奴一定以为我们是大军派出的诱敌者，一定不敢来攻击我们。"李广命令骑兵说："前进！"进到离匈奴阵地约二里的地方，停了下来，命令说："都下马解下马鞍！"他的骑兵说："敌人很多并且离得近，倘若有紧急情况，怎么办？"李广说："那些敌人以为我们会逃跑，现在都解下马鞍，表示不走，用这办法让敌人更加相信我们是诱敌深入。"果然匈奴的骑兵不敢来攻击。有一个骑白马的将领出阵来监护他的士兵，李广上马，与十多个骑兵奔驰过去，射死了匈奴那个骑白马的将领，然后又回到他的骑兵当中，解下马鞍，命令士兵都把马放开，躺下。这时恰好天近黄昏，匈奴兵始终捉摸不定，不敢前来攻击。夜半时，匈奴兵也以为汉军在附近有埋伏的部队要乘夜袭击他们，匈奴全部撤退了。第二天清晨，李广才带着骑兵回到大部队。大部队不知道李广去的地方，所以没有去接应。

【原文】

居久之，孝景崩，武帝立①，左右以为广名将也，于是广以上郡太守为未央卫尉②，而程不识亦为长乐卫尉③。程不识故与李广俱以边太守将军屯。及出击胡，而广行无部伍行陈④，就善水草屯，舍止，人人自便，不击刁斗以自卫⑤，莫府省约文书籍事⑥，然亦远斥候⑦，未尝遇害。程不识正部曲行伍营陈⑧，击刁斗，士吏治军簿至明，军不得休息，然亦未尝遇害。不识曰："李广军极简易，然虏卒犯之⑨，无以禁也；而其士卒亦佚乐⑩，咸乐为之死。我军虽烦扰，然虏亦不得犯我。"是时汉边郡李广、程不识皆为名将，然匈奴畏李广之略，士卒亦多乐从李广而苦程不识。程不识孝景时以数直谏为太中大夫⑪。为人廉，谨于文法。

【注释】

① 武帝：即汉武帝刘彻，汉景帝子。② 未央：汉宫名，皇帝所居。卫尉：武官名。掌管宫门警卫，统率南军（宫廷警卫部队）。③ 长乐：

汉宫名，太后所居。④部伍：即部曲，部队的编制单位。行（háng）陈：行列阵势。⑤刁（diāo）斗：刁，通"刃"，铜锅，能盛粮一斗。白天用来煮饭，夜间敲着巡逻。⑥莫府：将帅出征时驻扎的大帐幕，后来作为将帅官署的代称。莫，通幕。⑦斥候：指侦察兵。⑧部曲：部队的编制位。汉制：将军领军皆有部曲，大将军营五部，部有校尉一人；部下有曲，曲有军候一人；曲下有屯，屯有屯长一人。⑨卒（cù）：通"猝"，急遽，突然。⑩佚（yì）乐：安逸快乐。佚，通"逸"。⑪太中大夫：官名。秦代始设，汉代沿设，掌管议论政事。

【译文】

过了好久，孝景帝逝世，武帝登位。近臣认为李广是名将，于是李广由上郡太守调任未央宫的卫尉，而程不识也担任长乐宫的卫尉。程不识从前和李广都以边郡太守的身份统率军队，兼管防务。等到出兵攻打匈奴时，李广行军没有严格的编制、队列和阵势，靠近良好的水源草地驻扎下来，住宿停留，人人自便，晚上不敲刁斗巡逻来自卫，军部的文书簿籍一概从简，但是也在远处布置了侦察岗哨，没有遭遇过危险。程不识严格要求编制、队列和阵势，晚上敲刁斗巡逻，军官军士处理军事文件到天亮，军队得不到休息，可是也没有遭遇过危险。程不识说："李广的部队十分随便，然而敌人突然来袭击的时候，却无法招架；李广的士兵也安逸快乐，都乐于为他出死力。我的部队虽然紧张忙碌，但是敌人也不敢来侵犯我们。"当时，担任汉朝边郡太守的李广、程不识都是名将，但是匈奴畏惧李广的谋略，士兵们也多喜欢跟随李广而苦于跟随程不识。程不识在孝景帝时因为屡次直言劝谏做上了太中大夫。他为人廉洁，谨守法令。

【原文】

后汉以马邑城诱单于①，使大军伏马邑旁谷，而广为骁骑将军②，领属护军将军③。是时单于觉之④，去，汉军皆无功。其后四岁⑤，广以卫尉为将军，出雁门击匈奴⑥。匈奴兵多，破败广军，生得广。单于素闻广贤，令曰："得李广必生致之⑦。"胡骑得广，广时伤病，置广两马间，络而盛卧广⑧。行十馀里，广详死⑨，睨其旁有一胡儿骑善马⑩，广暂腾而上胡儿马⑪，因推堕儿，取其弓，鞭马南驰数十里，复得其余军⑫，因引而入塞⑬。匈奴捕者骑数百追之，广行取胡儿弓⑭，射杀追骑，以故得脱。于是至汉⑮，汉下广吏⑯。吏当广所失亡多⑰，为虏所生得，当斩，赎为庶人⑱。

【注释】

①马邑：县名，在今山西省朔县。单（chán）于：匈奴的最高首领。②骁骑：当时将军的冠号。③领属：受节制、从属。此次战役护军韩安国为统帅，李广为骁骑将军受韩安国的节制。④之：代词，指诱敌之计。⑤其后四岁：指武帝天光六年（前129）。⑥雁门：在山西省代县西北。⑦生：指活捉。⑧络：网络。盛（chéng）：放。⑨详（yáng）：通"佯"，假装。⑩睨（nì）：斜视。⑪暂：霎时，突然。腾：跳起。⑫复得：又遇到。⑬塞（sài）：边关要塞。⑭行取：且行且拿起。⑮至汉：指回到汉朝京城长安。⑯下广吏：把李广交给执法官吏审判。⑰当（dàng）：判决，判罪。⑱赎：汉时法律，被判死刑者可以纳金赎免（或减或免）罪刑。庶人：平民。

【译文】

后来，汉朝用马邑城引诱单于，派大军埋伏在马邑附近的山谷中，李广担任骁骑将军，受护军将军节制。当时单于发觉了这一情况，退去了，汉军都没有战功。过了四年，李广由卫尉升任将军，领兵从雁门郡出击匈奴。匈奴兵多，打败了李广的军队，活捉了李广。单于向来听说李广有才能，于是下命令说："捉得李广一定要把他活着解送来。"匈奴骑兵俘获了李广，李广当时受伤得病，他们把李广安置在两马之间，用绳索结成网兜让李广躺着。走了十多里，李广一路装死，偷眼见旁边有个匈奴少年骑着一匹好马，李广突然纵身一跃，跨上匈奴少年的马，趁势推他下马，夺了他的弓箭，赶着马向南奔驰了几十里，又会合了他的残余部队，带领他们进入边塞雁门。匈奴有几百名骑兵追赶他，李广一边跑一边拿起胡人的弓箭，射死了追来的骑兵，因此得以脱险。李广回到京师，朝廷把李广交给掌管刑狱的官吏审问。法官判决李广损失伤亡的人马众多，自己又被敌人生俘，应当斩首，用钱赎罪成了平民。

【原文】

　　顷之①，家居数岁。广家与故颍阴侯孙屏野居蓝田南山中射猎②。尝夜从一骑出③，从人田间饮。还至霸陵亭④，霸陵尉醉，呵止广。广骑曰："故李将军。"尉曰："今将军尚不得夜行，何乃故也！"止广宿亭下。居无何⑤，匈奴入杀辽西太守⑥，败韩将军⑦，后韩将军徙右北平⑧。于是天子乃召拜广为右北平太守。广即请霸陵尉与俱，至军而斩之。

【注释】

①顷之：不久，转眼之间。②颍阴侯孙：颍阴侯灌婴的孙子灌强。颍阴，今河南许昌。屏野：退居田野，退隐回乡。蓝田：县名，在今陕西蓝田西。南山：即蓝田东南的蓝田山，是当时朝贵退休游乐之地。③从：带领。出：出外。④霸陵：汉文帝陵墓，在今陕西长安东。亭：驿亭。亭长由霸陵县尉兼任，专司守陵之职。⑤居无何：过了不久。⑥辽西：郡名，大概位于今河北东北部和辽宁西部一带。⑦韩将军：即韩安国。当时驻守渔阳，地在今北京市密云县西南。⑧右北平：郡名，郡治平刚（今辽宁凌源西南）。

【译文】

　　转眼间，在家住了几年。李广经常和退隐在蓝田县的前颍阴侯孙子灌强一起到南山打猎。（李广）曾经在一天夜里，带着一个骑兵外出，跟别人在乡间饮酒。回来到达霸陵亭，霸陵亭尉喝醉了，呵斥阻止李广。李广的从骑说："这是前任李将军。"亭尉说："现任将军尚且不能夜间通过，何况是前任的呢！"扣留李广住宿在霸陵亭下。过了不久，匈奴入侵杀了辽西太守，打败了韩将军，后来韩将军调到右北平。于是天子就征调任命李广做右北平太守。李广便请求派霸陵尉跟他一起去，到达军中就杀了他。

【原文】

　　广居右北平，匈奴闻之，号曰"汉之飞将军"，避之数岁，不敢入右北平。

广出猎，见草中石，以为虎而射之，中石没镞①，视之石也。因复更射之，终不能复入石矣。广所居郡闻有虎，尝自射之。及居右北平射虎，虎腾伤广，广亦竟射杀之。

【注释】

① 镞：箭头。

【译文】

李广守右北平，匈奴听到了，称他为"汉朝的飞将军"，躲避他几年，不敢侵入右北平。

有一次，李广出外打猎，看到草丛中的石头，以为是一只老虎而发箭射去，射中石头，箭头射进了石头里，走近一看，才知道是块石头。接着又连射几箭，却始终不能再射进去了。李广所在的郡，一听说有老虎，常常亲自去射它。到他驻守右北平时，一次射老虎，老虎跳跃起来，扑伤了李广，李广最终射死了老虎。

【原文】

广廉，得赏赐辄分其麾下，饮食与士共之。终广之身，为二千石四十馀年①，家无馀财，终不言家产事。广为人长，猨臂②，其善射亦天性也，虽其子孙他人学者，莫能及广。广讷口少言，与人居则画地为军陈，射阔狭以饮③。专以射为戏，竟死④。广之将兵，乏绝之处⑤，见水，士卒不尽饮，广不近水，士卒不尽食，广不尝食。宽缓不苛⑥，士以此爱乐为用⑦。其射，见敌急，非在数十步之内，度不中不发，发即应弦而倒。用此⑧，其将兵数困辱，其射猛兽亦为所伤云。

【注释】

① 二千石：汉代官员俸禄的等级从二千石递减到百石，汉代郡守俸禄每月二千石。② 猨臂：比喻两臂像猿臂长而灵活。猨，通猿。③ 射阔狭：比赛射箭远近。④ 竟死：到死。是说李广以射为乐，到死都是这

样。⑤乏绝：指缺水断粮。⑥宽缓：指待人宽厚和缓。⑦爱乐为用：指爱戴李广，乐于为他效力。⑧用此：因此。

【译文】

　　李广为人廉洁，得到赏赐总是分给他的部下，吃喝跟士兵在一起。终李广一生，做了四十多年俸禄二千石的官，家里没有多馀的财物，始终不谈购置家产的事。李广身材高大，两只胳膊像猿臂一样长而灵活，他擅长射箭也是有天赋的，虽然他的子孙还有外人都向他学习射箭，但是没有人能赶得上他。李广口才迟钝，不多说话，和别人在一起就在地上画军阵，射箭比远近，输了的罚喝酒。（李广）专以射箭作为游戏，一直到死。李广带兵行军，遇到缺水断粮的时候，一旦找到水源，士兵们没有全部喝到水，他就不靠近水边；士兵们没有全部吃饭，他就不尝饭食。他对待士兵宽厚和缓而不苛刻，士兵因此甘愿听他调用。他的射法，看见敌人逼近，不到几十步之内，估计射不中不发箭，一发箭弓弦一响敌人就应声而倒。因此，他带兵作战，屡次遭围困受辱，他射猛兽也被猛兽扑伤过。

【原文】

　　居顷之，石建卒①，于是上召广代建为郎中令②。元朔六年③，广复为后将军④，从大将军军出定襄⑤，击匈奴。诸将多中首虏率⑥，以功为侯者，而广军无功。后二岁⑦，广以郎中令将四千骑出右北平，博望侯张骞将万骑与广俱⑧，异道⑨。行可数百里，匈奴左贤王将四万骑围广⑩，广军士皆恐，广乃使其子敢往驰之⑪。敢独与数十骑驰，直贯胡骑，出其左右而还，告广曰："胡虏易与耳⑫。"军士乃安。广为圜陈外向⑬，胡急击之，矢下如雨。汉兵死者过半，汉矢且尽。广乃令士持满毋发⑭，而广身自以大黄射其裨将⑮，杀数人，胡虏益解⑯。会日暮，吏士皆无人色⑰，而广意气自如⑱，益治军。军中自是服其勇也。明日，复力战，而博望侯军亦至，匈奴军乃解去。汉军罢⑲，弗能追。是时广军几没，罢归。汉法，博望侯留迟后期⑳，当死，赎为庶人。广军功自如㉑，无赏。

【注释】

①石建：石奋的长子，以孝谨著称，汉武帝时任郎中令。②郎中令：官名，为皇帝左右亲近的官职，掌管守卫官殿门户。汉武帝时改称光禄勋（九卿之一）。③元朔：汉武帝刘彻的年号。④后将军：官名，位次于上卿。当时有前、左、右将军称号。⑤大将军：指卫青（？～前106）。他是武帝皇后卫子夫的同母弟，曾多次伐匈奴，封爵长平侯。大将军是当时最高的军衔，位比三公。定襄：郡名，在今山西右玉北。⑥中(zhòng)：符合。首虏率(lǜ)：达到规定的杀死和俘虏敌人的标准。⑦后二岁：即元狩二年（前121）。⑧张骞(qiān)：（？～前114），汉中成固（今陕西城固）人。武帝时奉命出使西域诸国，沟通和加强了西域各国的关系，因功封博望侯。⑨异道：不同的路，即分路进兵。⑩左贤王：匈奴官名，单于手下的统帅。当时单于自领中部外，设有左、右贤王，分领东西两部，匈奴尚左，左贤王居领东方，右贤王居领西方。当时李广出右北平，恰在左贤王管辖境内。⑪敢：李广之子李敢。⑫易与：容易对付。⑬圜陈：圆形的阵势。圜：通"圆"。外向：即队伍面朝外对敌。⑭毋(wú)：勿。⑮大黄弩弓名，又名黄肩弩。因体大色黄，故名，是当时最能射远的弓弩。裨(pí)将：副将。⑯解：通"懈"。⑰无人色：指脸色不像活人。⑱意气自如：神气同平时一样自然。⑲罢(pí)：通"疲"。⑳留迟后期：指行军迟缓，在预定的会合日期没有到达。㉑军功自如：功过相抵。如：相当，均等。

【译文】

过了不久，郎中令石建去世了，于是皇上征召李广接替石建做郎中令。元朔六年，李广又调任后将军，跟随大将军的军队从定襄郡出击匈奴。各将领多有杀敌俘虏达到标准因功封侯的，而李广部队没有功劳。过后二年，李广以郎中令的身份率领四千骑兵从右北平出发，博望侯张骞率领一万骑兵和李广同行，分两路走。走了大约几百里，匈奴左贤王带领四万骑兵包围李广，李广的士兵都感到恐惧，李广就派他的儿子李敢快马冲击敌人。李敢独自带了几十名骑兵飞奔而去，直穿匈奴骑兵的包围圈，抄出敌军的左右两翼而回，报告李广说："匈奴容易对付呢。"士兵才安定下来。李广布成圆形阵势，向着四外，匈奴猛攻他们，箭下如雨。汉兵死亡的人数超过一半，汉军的箭也快用完了。李广便命令士兵把弓拉开，不要放箭，李广亲自用大黄弩弓射敌人的副将，射死了几个，匈奴士卒渐渐松懈。恰巧天色黑了下来，军官士兵都面无人色，可是李广的神气同平常一样，更加精神振奋地指挥军队。军中从此佩服他的勇气。第二天，继续奋力战斗，博望侯的军队也到了，匈奴军队才解围而去。汉军疲乏了，不能去追击。这时李广几乎全军覆没，只得收兵回去。按汉朝的法律，博望侯耽误了预定的日期，当处死刑，出钱赎罪，降为平民。李广的军功和罪责相当，没有封赏。

受辱自刎

【原文】

后二岁，大将军、骠骑将军大出击匈奴①，广数自请行。天子以为老，弗许；良久乃许之，以为前将军。是岁，元狩四年也。

广既从大将军青击匈奴，既出塞，青捕虏知单于所居，乃自以精兵走之②，而令广并于右将军军③，出东道。东道少回远④，而大军行水草少，其势不屯行。广自请曰："臣部为前将军，今大将军乃徙令臣出东道，且臣结发而与匈奴战⑤，今乃一得当单于⑥，臣愿居前，先死单于。"大将军青亦阴受上诫⑦，以为李广老，数奇⑧，毋令当单于，恐不得所欲。而是时公孙敖新失侯⑨，为中将军从大将军⑩，大将军亦欲使敖与俱当单于，故徙前将军广。广时知之，固自辞于大将军⑪。大将军不听，令长史封书与广之莫府⑫，曰："急诣部⑬，如书。"广不谢大将军而起行⑭，意甚愠怒而就部⑮,引兵与右将军食其合军出东道。军亡导⑯,或失道⑰,后大将军。大将军与单于接战,单于遁走,弗能得而还。南绝幕⑱,遇前将军、右将军。广已见大将军,还入军。大将军使长史持糒醪遗广⑲,因问广、食其失道状,青欲上书报天子军曲折⑳。广未对,大将军使长史急责广之幕府对簿㉑。广曰:"诸校尉无罪,乃我自失道。吾今自上簿。"

至莫府,广谓其麾下曰:"广结发与匈奴大小七十馀战,今幸从大将军出接单于兵,而大将军又徙广部行回远,而又迷失道,岂非天哉!且广年六十馀矣,终不能复对刀笔之吏㉒。"遂引刀自刭。广军士大夫一军皆哭㉓。百姓闻之,知与不知㉔,无老壮皆为垂涕。而右将军独下吏,当死,赎为庶人。

【注释】

① 骠骑将军:官号,地位仅次于大将军,这里指霍去病。霍去病(前140～前117),西汉名将,河东平阳(在今山西省临汾市西南)人,是卫青姐姐的儿子。武帝时多次征伐匈奴,保卫了与匈奴邻接诸郡的安定,解除了匈奴对汉王朝的威胁,有功,封冠军侯。② 走(zòu):趋,追逐。③ 右将军:指赵食(yì)其(jī)。④ 少:通"稍"。回远:迂回、绕远。⑤ 结发:古代男子二十岁束发,始可戴冠,以表成年。⑥ 当:遇。⑦ 阴受上诫:暗中得到武帝的告诫。上:指武帝。⑧ 数奇(jī):命运不好。数,命运的定数。奇,本指单数,与偶数相对称,古代占卜,偶为吉。⑨ 公孙敖:姓公孙,名敖,义渠人,与卫青友好,曾搭救过卫青的性命,随卫青出击匈奴,封合骑侯。元狩二年,击匈奴,因行军失约,临阵怯战,当斩,赎为平民。⑩ 中将军:位于前后左右将军相当。⑪ 固:坚决。辞:辞免,指拒绝徙并右将军军。⑫ 长史:官名,即大将军秘书,协助大将军处理所属部门的事务。⑬ 诣(yì):往。⑭ 谢:辞别。⑮ 愠(yùn)怒:愤怒。⑯ 亡导:没有向导。亡,通"无"。⑰ 或:通"惑",迷惑。⑱ 绝:横渡。幕:通"漠",沙漠。⑲ 糒(bèi):干粮。醪(láo):酒浆,浊酒。遗(wèi):赠,给。⑳ 曲折:详细的经过。㉑ 责:责成,查问。对簿:对质,受审。

即受审问时凭着文书对质。簿,文书,记载。㉒刀笔吏:管理文书的官员。古代在竹简上记事,笔是记事的工具,刀是削误的工具,文书官员经常使用这种东西,故称。以后引申为贬词,有舞文弄法之意。㉓士大夫:一般文武官吏的统称,这里指将士。一军:指军中的一切人。㉔知:犹"识",认识。

【译文】

过后二年,大将军和骠骑将军大举出兵攻打匈奴,李广几次自动请求前去。天子认为他老了,没有允许;过了好久,才允许他的请求,派他担任前将军。这年是元狩四年。

李广决定跟随大将军卫青出击匈奴,出了边塞,卫青捉到俘虏,得知单于住的地方,就亲自率领精锐部队突击单于,而命令李广的部队跟右将军的部队合并,从东路出击。东路稍微迂回绕远,而大部队行经水草稀少的地方,其势不能聚集行进。李广亲自请求说:"我是部队前将军,现在大将军却改让我从东路出兵,况且我从年轻时候起就和匈奴作战,今天才有一次机会得与单于敌对,我愿意担任前锋,先同单于决一死战。"大将军卫青曾暗中受到皇上嘱咐,认为李广年老了,多次遭受窘困,不要让他正面同单于对阵,恐怕不能实现他的愿望。这时候,公孙敖新近失掉侯爵,担任中将军跟随大将军出征,大将军也想要让公孙敖与自己一同与单于对阵,所以调开前将军李广。李广当时知道这种情况,坚决向大将军拒绝调动。大将军不听从,命令长史下一道文书给李广的幕府,说道:"赶快到所在军部去,照文书所说的办。"李广没有向大将军告辞就动身出发了,心里很恼怒,到达军部,带领士兵和右将军赵食其合兵一处,从东路出发。部队没有向导,迷失了道路,落在大将军的后面。大将军与单于交战,单于逃跑了,没能取得战果而回。大军向南渡过沙漠,才遇到前将军和右将军。李广会见大将军之后,回到自己军中。大将军派长史拿着酒食送给李广,顺便问了李广、赵食其迷失道路的情况,卫青要上书报告天子军中的曲折情形。李广没有回答,大将军派长史迫令李广的幕府人员前去听候审问。李广说:"各校尉无罪,是我自己迷失了道路,现在我亲自上供状,听候审问。"

回到自己的幕府,李广对他的部下说:"我从年轻的时候起,与匈奴大大小小经历了七十多次战斗,这一次有幸跟随大将军迎战单于的直属部队,可是大将军又调我的部队走迂回遥远的路,偏又迷失了路,这难道不是天意吗!况且我年纪六十多了,毕竟不能再受办案人员的侮辱了。"便拔出刀来自刎了。李广所部的军士都哭了。老百姓听到这件事,不论是认识的还是不认识的,不论是年老的还是年轻的,都为他流泪。而右将军赵食其单独被送交执法官吏,判处死刑,出钱赎罪,降为平民。

【原文】

　　太史公曰:《传》曰"其身正,不令而行;其身不正,虽令不从"①。其李将军之谓也?馀睹李将军悛悛如鄙人②,口不能道辞。及死之日,天下知与不知,皆为尽哀。彼其忠实心诚信于士大夫也③?谚曰"桃李不言,下自成蹊"。此言虽小,可以谕大也。

【注释】

①传:指《论语》。引语出于《论语·子路》篇。②悛(xún)悛(xún):通"恂恂",谦恭谨慎。鄙人:居住在郊野未见过世面的人。③其:那。

【译文】

　　太史公说:《论语》上说:"在上位的人本身行为端正,即便不下命令,人们也会遵守奉行;在上位的人本身行为不端正,即便下了命令,人们也不会遵守奉行。"这是说的李将军吧?我看到李将军诚恳质朴像个乡下人,口不善于讲话。等到他死的时候,天下认识他的和不认识他的,都为他极尽哀痛。他那种忠实的品质确实得到士大夫们的信任啊!俗话说"桃树李树不会说话,可是树下自然地被人们踩出了一条小路"。这话虽然浅近,但是可以用来说明大道理啊。

司马相如列传

【导读】

　　马相如是西汉辞赋家，原名司马长卿，因仰慕战国时蔺相如而改名"相如"。司马相如年少时喜欢读书练剑，二十多岁时做了武骑常侍，但他对此并无兴趣，故而有知音难觅的感叹。司马相如后来前往梁地，与喜欢辞赋的文士结交，写了一篇著名的《子虚赋》。离开梁地后，来到临邛，在卓王孙家中参加宴会时，以一曲《凤求凰》赢得卓王孙之女卓文君的倾慕，两人私奔而走，成为一段佳话。后来司马相如又游历西南夷。司马迁将与这些事有关的文和赋全部收录到这篇列传之中。

　　本篇节录的是司马相如弹《凤求凰》和谏武帝狩猎的故事。

凤求凰

【原文】

　　司马相如者，蜀郡成都人也，字长卿。少时好读书，学击剑①，故其亲名之曰犬子②。相如既学③，慕蔺相如之为人，更名相如。以赀为郎④，事孝景帝，为武骑常侍，非其好也⑤。会景帝不好辞赋，是时梁孝王来朝，从游说之士齐人邹阳、淮阴枚乘、吴庄忌夫子之徒⑥，相如见而说之，因病免⑦，客游梁。梁孝王令与诸生同舍⑧，相如得与诸生游士居数岁，乃著《子虚》之赋。

【注释】

①击剑：投剑击物的技术。②犬子：司马相如最初的名字，饱含着父

母对儿子的亲昵之情。③既学：完成学业。④以赀为郎：因为家中资财多而当上了郎官。以：因，凭借。赀：通"资"，钱财。郎：郎官，是汉代的宫廷宿卫侍从之官。按汉朝法律，功臣的子弟、二千石以上的显宦高官子弟，皆可凭恩荫为郎。另外家财超过四万的良家子弟，也可以被选为郎，称为"訾郎"。⑤好：喜爱。⑥夫子：先生，是一种尊称。⑦因：趁着。免：辞官。⑧诸生：指梁孝王的诸多门客。舍：住。

【译文】

　　司马相如，蜀郡成都人，字长卿。少年时代就喜欢读书，还学习击剑，所以他的双亲称他为"犬子"。相如学业完成之后，因为仰慕蔺相如的为人，所以改名为相如，凭着家中的资财做了郎官，侍奉孝景帝，出任武骑常侍，这不是他所喜好的。恰好景帝不喜欢辞赋，这个时候梁孝王前来朝见皇帝，跟随前来的游说之士有齐人邹阳、淮阴人枚乘、吴人庄忌夫子等，相如看到他们很高兴，趁着有病就辞了官职，投奔到梁国客居。梁孝王让他和儒生们居住在一起，相如得以和这些读书人交往好几年，写下一篇《子虚赋》。

【原文】

　　会梁孝王卒，相如归，而家贫，无以自业①。素与临邛令王吉相善②，吉曰："长卿久宦游不遂③，而来过我。"于是相如往，舍都亭④。临邛令缪为恭敬，日往朝相如⑤。相如初尚见之，后称病，使从者谢吉⑥，吉愈益谨肃。临邛中多富人，而卓王孙家僮八百人⑦，程郑亦数百人，二人乃相谓曰："令有贵客，为具召之⑧。"并召令。令既至，卓氏客以百数。至日中，谒司马长卿，长卿谢病不能往⑨，临邛令不敢尝食，自往迎相如。相如不得已，强往⑩，一坐尽倾⑪。酒酣，临邛令前奏琴曰⑫："窃闻长卿好之，愿以自娱。"相如辞谢，为鼓一再行⑬。是时卓王孙有女文君新寡，好音，故相如缪与令相重⑭，而以琴心挑之⑮。相如之临邛⑯，从车骑⑰，雍容闲雅甚都⑱；及饮卓氏，弄琴，文君窃从户窥之⑲,心悦而好之,恐不得当也⑳。既罢,相如乃使人重赐文君侍者通殷勤㉑。文君夜亡奔相如㉒,相如乃与驰归成都。家居徒四壁立㉓。卓王孙大怒曰:"女至不材㉔,我不忍杀,不分一钱也。"人或谓王孙,王孙终不听。文君久之不乐,曰:"长卿第俱如临邛㉕,从昆弟假贷犹足为生㉖,何至自苦如此!"相如与俱之临邛,尽卖其车骑,买一酒舍酤酒㉗,而令文君当炉㉘。相如身自著犊鼻裈㉙,与保庸杂作㉚,涤器于市中。卓王孙闻而耻之,为杜门不出㉛。昆弟诸公更谓王孙曰㉜:"有一男两女,所不足者非财也,今文君已失身于司马长卿,长卿故倦游㉝,虽贫,其人材足依也。且又令客,独奈何相辱如此!"卓王孙不得已,分予文君僮百人,钱百万,及其嫁时衣被财物。文君乃与相如归成都,买田宅,为富人。

【注释】

①自业:自谋生计。②素:向来。令:县令。相善:互相友好。③宦游:离乡在外,求官任职。遂:官运通达。④都亭:指临邛城内之亭。⑤缪:通"谬",诈,佯装。朝:拜访。⑥谢:拒绝。⑦家僮:私家奴隶。⑧为具:备办酒席。具,指饭菜。⑨谢病:以病为借口推辞。⑩强往:勉强前去。⑪一坐尽倾:在座的客人都惊羡司马相如的风采。⑫奏:进献。⑬鼓:弹奏。一再行:一两支曲子。再,第二。行,指乐曲。⑭相重:相互敬重。⑮琴心:指琴声中蕴含的感情。挑:通"诮(tiǎo)"。《说文》:"诮,相呼诱也。"此指司马相如用琴声诱发卓文君的爱慕之情。⑯之:往;到……去。⑰从车骑:车马跟随在后边。从,随。⑱雍容闲雅:仪表堂堂,文静典雅。甚都:很大方。⑲窥:从缝隙中偷看。⑳不得当:不能相配。当,匹配。㉑通:传达。殷勤:殷切诚恳之情。㉒亡奔:逃出卓家与相如私奔。亡,逃跑。奔,男女私自结合。㉓家居:家中存放之物。徒四壁立:只有空空的四面墙壁竖立在那里,指家中穷乏无物。居,放置。徒,空。㉔至:极。不

材：不成材。㉕第：但、只。俱如：一同前往。㉖从：向。昆弟：兄弟。假贷：借贷。为生：维持生活。㉗酒舍：酒店。酤（gū）酒：卖酒。㉘当炉：主事卖酒。炉，通"垆"，堆土成台，四面隆起，中置酒瓮以热酒。㉙著：穿。犊鼻裈（kūn）：形似牛犊之鼻的围裙。㉚保庸：雇工。杂作：共同操作。㉛杜门：闭门。㉜诸公：父辈们。更：交相。㉝故：本来。倦游：对宦游已厌倦。

【译文】

　　正好赶上梁孝王去世，相如返回故里，家里贫穷，没有可以用来谋生的职业。相如平素与临邛县令王吉交好，王吉对他说："长卿你长时间在外宦游却不称心如意，不如过来投奔我吧。"相如就前往临邛，住在都亭之内。临邛令假装很恭敬的样子，天天去拜见相如。相如在刚开始的时候还接待他，后来就假托有病，让随从辞谢王吉，王吉更加谨慎肃敬了。临邛城中有很多富人，其中卓王孙的家中有僮仆八百人，程郑的家中也有好几百人，两个人于是相互商议说："县令家中有位贵客，我们置备酒席招待他吧。"一块请来县令。县令到了之后，卓王孙的客人已经来了一百多人。到中午的时候，就派人去请司马相如，司马相如称病不来，临邛令竟然不敢进食，亲自前去迎接相如，相如没有办法，勉强答应前往，来了之后，在座的人都倾慕相如的风采。酒菜酣饱之时，临邛令拿着琴上前对司马相如说："私底下听说长卿喜欢奏琴，希望弹奏一曲助兴。"相如推让了一下，就弹奏了一两首曲子。当时卓王孙有个女儿，名叫卓文君，才死了丈夫不久，喜欢音乐，所以相如假装和县令相互敬重，其实是用琴音博取她的芳心。相如到了临邛，侍从和车骑成群，态度雍容娴雅，仪容大方俊秀；到了卓家赴宴，拨弄琴弦，文君偷偷地从门缝里窥看，心里很高兴，喜欢上了相如，唯恐不能配上他。酒宴结束后，相如派人重赏文君的侍者，传达自己的爱慕之心。文君夜里逃出自己的家，去投奔相如，相如就和她赶着车马返回成都。进门一看，家中空无一物，只有四面墙壁竖立着。卓王孙十分生气地说道："我女儿不成材到了极点，我不忍心杀死她，不分给她一个钱。"有的人劝说卓王孙，但他就是听不进去。文君过了很长时间感到不愉快，说："长卿啊，你只要和我一同回到临邛，向弟兄借钱就足以维持生活，哪里至于让自己这样受苦呢！"相如和她一起回到临邛，将自己的车和马都变卖了，买了一家酒店做起了卖酒的活计，他让卓文君亲自在酒垆面前酌酒，自己则穿上牛鼻围裙,和奴婢、佣役一起干杂活,在闹市之中洗涤酒器。卓王孙听说之后,认为这是耻辱,就闭门不出。兄弟和长辈都来劝卓王孙说:"你只有一个儿子、两个女儿,所缺少的不是钱财啊,现在文君既然已经失身给了司马长卿,长卿本来就厌倦宦游,虽然家贫,但确是个可以依靠的好人才,况且又是县令的客人,为什么这样看轻他呢?"卓王孙没有办法,分给文君僮仆一百人,钱一百万,还有她出嫁时的衣被和财物。文君就和相如回到成都,购买田宅,成为富人。

上书武帝

【原文】

相如口吃而善著书。常有消渴疾①。与卓氏婚,饶于财。其进仕宦,未尝肯与公卿国家之事②,称病闲居,不慕官爵。常从上至长杨猎③,是时天子方好自击熊彘,驰逐野兽,相如上疏谏之。其辞曰:

臣闻物有同类而殊能者,故力称乌获④,捷言庆忌⑤,勇期贲、育⑥。臣之愚,窃以为人诚有之,兽亦宜然。今陛下好陵阻险⑦,射猛兽,卒然遇轶材之兽⑧,骇不存之地⑨,犯属车之清尘⑩,舆不及还辕,人不暇施巧,虽有乌获、逢蒙之伎⑪,力不得用,枯木朽株尽为害矣。是胡、越起于毂下⑫,而羌、夷接轸也⑬,岂不殆哉!虽万全无患,然本非天子之所宜近也。

且夫清道而后行,中路而后驰⑭,犹时有衔橛之变⑮,而况涉乎蓬蒿,驰乎丘坟,前有利兽之乐而内无存变之意,其为祸也不亦难矣!夫轻万乘之重不以为安而乐,出于万有一危之涂以为娱,臣窃为陛下不取也。

盖明者远见于未萌,而智者避危于无形,祸固多藏于隐微而发于人之所忽者也⑯。故鄙谚曰"家累千金,坐不垂堂"⑰。此言虽小,可以喻大。臣愿陛下之留意幸察。

【注释】

①消渴疾:病名,即今之糖尿病。②与:参与。③常:通"尝",曾经。长杨:即长杨宫,在今陕西周至东南三十里。④乌获:战国时秦国大力士,能举千钧重物。⑤捷:敏捷。庆忌:春秋时吴王僚的儿子。⑥期:期望。贲:孟贲,古代勇士,颜师古《汉书注》说孟贲"水行不避蛟龙,陆行不避豺狼,发怒吐气,声响动天"。育:夏育,古代勇士。⑦陵:登。⑧卒:通"猝"。轶材:指特别强壮有力的野兽。⑨骇:马受惊。不存:毫无戒备。⑩属车:随从帝王出行的车队。清尘:尊称天子车驾所泛起的尘土,此指代天子的车驾。⑪逢蒙:夏代善于射箭者。伎:通"技",技巧。⑫毂下:辇毂之下。旧指京城。⑬羌夷:羌人与夷人,喻野兽。轸:车后横木,此指车驾。⑭中路:道路中央。⑮衔:勒马口的铁具。橛:车轴钩心。⑯忽:忘记,忽视。⑰垂堂:指房前室靠近屋檐之处。这里是说家中有钱之人不坐在垂堂之处,以防止屋瓦突然坠落致死。

【译文】

相如口吃但善于写文章。经常患有消渴病。与卓文君成婚后,资财丰饶。所以他担任官职的时候,不肯与公卿一起处理国家大事,而是称病闲居起来,不贪慕官禄和爵位。曾经跟随皇上到长杨宫去打猎,这个时候皇上正好喜欢亲自击杀熊和野猪,赶着马追逐野兽,相如上疏劝谏皇上。上面写道:

我听说有的东西种类相同但才能却不相同,所以说到力气大的就数乌获,说到敏捷的就数庆忌,说到勇猛的就数孟贲和夏育。我愚昧,但是私下认为人确实有这种情况,兽也应该是这样吧。现在陛下喜欢登临险要的地方,射击猛兽,若是突然遇上特别凶猛的野兽,在意料不到的地方使马受惊,触犯您的副车,趁着车子来不及回旋,人顾不上施展技巧,纵然有乌获的气力、逢蒙的技艺,能力不能得到施展,那么枯朽的树木都能成为祸患。这种情况就好像胡人和越人在京城起事,而羌人和夷人又跟随舆车而来,这难道不是危险吗?即使它是绝对安全的,这本来也不是天子应该接近的啊!

况且清除道路，然后再行走，选择在道路的中央奔驰，依然时常会发生马的衔口断裂、车轴的钩心脱落，更何况是在草丛之中跋涉，在丘墟之上奔驰，前面有猎取野兽的快乐，而内心却没有应变的准备，只怕灾难也不难发生。至于看轻帝王的重位，不以安居其上为乐事，而喜欢在那万一有危险的道路上娱乐，我私下里认为陛下不应该这样做。

大概明察事物的人，都能在事情还没有萌发的时候就能远远地看见；聪明的人也能在危害还没能形成之时便能躲避灾祸，灾祸多隐藏在难以察觉的地方，发生在人们疏忽大意的时刻。所以谚语说："家中积累千金，不坐在屋檐之下。"这话尽管说的是小事，但却可以晓喻大义。我请求陛下您能留意并细察我所说的话。

儒林列传

【导读】

　　本篇记叙西汉前期几位儒学大师以及他们的传承弟子的事迹，旨在反映汉武帝时期儒学兴盛的局面。由于本篇合写众多儒学之士，是一篇专题性类传，所以以"儒林"作为标题。

　　文章传前的序言是一篇出色的史论。司马迁对几百年来儒学的兴衰史生发出极大的感叹，他从历史与现实两方面，揭示了汉代儒学在武帝朝勃然兴盛的原因，即统治者的权力之争。本传部分，司马迁依照五经《诗》《书》《礼》《乐》《易》《春秋》的顺序逐一记人叙事。每个人的着墨多少不一，但是往往触及儒学内部的问题。如写董仲舒遭到主父偃和公孙弘的谗害，说明朝廷重用儒生的政策依然潜伏着一些弊病，颇有深意。

源　流

【原文】

　　太史公曰：馀读功令①，至于广厉学官之路②，未尝不废书而叹也。曰：嗟乎！夫周室衰而《关雎》作③，幽、厉微而礼乐坏④，诸侯恣行，政由强国。故孔子闵王路废而邪道兴⑤，于是论次《诗》《书》⑥，修起礼乐。适齐闻《韶》⑦，三月不知肉味。自卫返鲁，然后乐正，《雅》《颂》各得其所⑧。世以混浊莫能用，是以仲尼干七十馀君无所遇⑨，曰"苟有用我者，期月而已矣⑩"。西狩获麟⑪，曰"吾道穷矣"。故因史记作《春秋》⑫，以当王法⑬，以辞微而指博⑭，后世学者多录焉。

【注释】

①功令：朝廷考核选用学官的法规。②厉：通"励"，勉励。学官：掌管教育的朝官，这里指经学博士官。③《关雎》：《诗经·周南》中的首篇，本为民间情歌，但汉初鲁地传授《诗》的学者认为这是反映时政衰颓的讽谕诗。④幽、厉：周幽王和周厉王，都是西周末期的昏君。⑤闵：忧虑。⑥论次：整理编订。《诗》《书》：即《诗经》和《尚书》。⑦韶：相传为舜时的古乐曲名，又名《九韶》。乐曲赞颂舜的美德，孔子认为它尽善尽美。⑧《雅》《颂》：《诗经》中的雅诗和颂诗。前者是王朝京畿地区的乐歌，后者是朝廷祭祀鬼神、颂扬祖先功德的乐歌。⑨干：求取。⑩期月：一年。⑪获麟：麟是古代的祥瑞之物，鲁哀公十四年（前481），有人在鲁国西郊猎获麒麟。孔子闻知震惊，认为他救治乱世的政治理想不能实现，因而叹息"吾道穷矣"。⑫《春秋》：指由孔子修订的鲁国编年史。⑬以当王法：此句是说孔子著《春秋》，有鲜明的政治倾向和是非评判，他在叙事中暗寓褒贬，因而孟子说《春秋》是一部使"乱臣贼子惧"的书。⑭其辞微而指博：这句是说《春秋》具有语义隐蔽而且丰富宏大的特点，即专意于探寻微言大义。指：大指，意图。

【译文】

太史公说：我阅读考核、选用学官的法规，读到广泛勉励学官成长的道路，没有不把书放下来叹息的。说：唉，周室衰微而《关雎》出现，幽王、厉王时期王道式微而礼乐崩坏，诸侯横行放纵，政令由强国把持操纵。所以孔子怜悯王道废弛、邪道兴起，便整理《诗》《书》，修订礼乐。到齐国听到《韶》乐，几个月不知道吃肉是什么滋味。从卫国返回鲁国，然后音乐端正，《雅》《颂》各得其所。世道混浊不堪，没人重用他，所以仲尼游说七十多位国君，没有碰到知遇之人。说"假如有重用我的，国家一年就可以治理好"。鲁国君主到西边打猎，有人捕获一只麒麟，孔子说"我的道无法实行了啊"。所以根据鲁国编修的历史整理成一部《春秋》，以作为寄托褒贬的义法，它的文章精微而意旨博大，后世的学者纷纷引录研究。

【原文】

　　自孔子卒后，七十子之徒散游诸侯①，大者为师傅卿相②，小者友教士大夫，或隐而不见。故子路居卫，子张居陈，澹台子羽居楚，子夏居西河，子贡终于齐。如田子方、段干木、吴起、禽滑釐之属，皆受业于子夏之伦③，为王者师。是时独魏文侯好学④。后陵迟以至于始皇⑤，天下并争于战国，儒术既绌焉⑥，然齐、鲁之间，学者独不废也。于威、宣之际⑦，孟子、荀卿之列，咸遵夫子之业而润色之⑧，以学显于当世。

【注释】

① 七十子：孔子有高徒七十二人，这里是举其整数。② 师傅：教导、辅佐君王及王子的人。③ 伦：类。④ 好学：指好儒学。⑤ 陵迟：衰颓。⑥ 绌：通"黜"，贬斥，废弃。⑦ 威、宣之际：齐威王和齐宣王当政的时期。威、宣二王在国都设稷下学官，广泛延揽各家学者议论、讲学。⑧ 润色：修饰增色，即思想上的发扬出新。

【译文】

　　自从孔子去世之后，七十多位门徒分散在各地游说诸侯，成就大的担任师傅卿相，成就小的也能教导士大夫，有的徒弟隐居起来不出仕。所以子路住在卫国，子张住在陈国，澹台子羽住在楚国，子夏住在西河，子贡终老于齐国。像田子方、段干木、吴起、禽滑釐这些人，都受业于子夏等人，最终成为君王的老师。这个时候，只有魏文侯最为好学。后来逐渐衰微，一直延续到始皇，战国时天下诸侯并争，儒学受到贬斥，但是在齐国、鲁国之间，学者终究没有废弃它。在威王和宣王之际，孟子、荀卿等人，都能遵循孔子的学说并发扬光大，凭借才学扬名当世。

【原文】

　　及至秦之季世，焚《诗》《书》，坑术士①，六艺从此缺焉②。陈涉之王也，而鲁诸儒持孔氏之礼器往归陈王③。于是孔甲为陈涉博士，卒与涉俱死。陈涉起匹夫，驱瓦合适成④，旬月以王楚，不满半岁竟灭亡，其事至微浅，然而缙绅先生之徒负孔子礼器往委质为臣者⑤，何也？以秦焚其业，积怨而发愤于陈王也。

【注释】

①术士：经术之士，即儒生。②六艺：即《诗》《书》《礼》《乐》《易》《春秋》。③礼器：用青铜铸造的祭器，在祭祀、丧葬、聘礼等仪式中使用。④瓦合适成：临时凑集的被遣发远方戍守的罪人。瓦合，如破瓦相合，表面聚拢，实际不能整齐一致。适，通"谪"，意为被流放或贬职。⑤缙绅：同"搢绅"，官宦的装束。搢，指把笏板插在带间；绅，束于衣外的大带。委质：下拜时屈膝而委身于地，以示恭敬，这里指向君主称臣归顺。

【译文】

到了秦朝末年，焚烧《诗》《书》，坑杀术士，"六艺"从此有所缺失。陈涉起兵称王，鲁国的许多儒士拿着孔子的礼器去归顺陈王。孔甲成为陈涉的博士，最终和陈涉一起败亡。陈涉本是个寻常的人，率领着一帮被遣发远方戍守的乌合之众，一月之内就在楚地称王，不到半年就灭亡，他的事业十分微小，然而缙绅先生们却背着孔子的礼器向他归顺称臣，这是为什么呢？因为秦朝焚毁了儒学大业，积累下的怨愤都希望依靠陈王来发泄雪恨。

【原文】

及高皇帝诛项籍，举兵围鲁，鲁中诸儒尚讲诵习礼乐，弦歌之音不绝①，岂非圣人之遗化，好礼乐之国哉？故孔子在陈，曰："归与归与！吾党之小子狂简②，斐然成章③，不知所以裁之④。"夫齐、鲁之闲文学⑤，自古以来，其天性也。故汉兴，然后诸儒始得修其经艺⑥，讲习大射乡饮之礼⑦。叔孙通作汉礼仪，因为太常，诸生弟子共定者，咸为选首⑧，于是喟然叹兴于学。然尚有干戈，平定四海，亦未暇遑庠序之事也⑨。孝惠、吕后时，公卿皆武力有功之臣。孝文时颇征用，然孝文帝本好刑名之言。及至孝景，不任儒者，而窦太后又好黄老之术⑩，故诸博士具官待问⑪，未有进者。

【注释】

①弦歌：即以琴瑟伴奏歌唱。②党：乡党。古代的一种居民组织，五百家为一党，这里泛指乡里。小子：长辈称晚辈的称呼。狂简：志向远大而流于疏阔，行事不切实际。③斐然：有文采的样子。④裁：剪裁，喻指教导。⑤文学：当时对哲学、历史和文学的统称。⑥修：研究学习。经艺：经学。⑦大射：周代为祭祀而举行的射礼。乡饮：古代乡学，三年业成，经考核选取品德与才学兼优者举荐于君主，行前由乡大夫主持设宴饯行，此礼仪称"乡饮"。⑧选首：选用的对象。⑨未暇遑：没有时间顾及。暇遑，空闲。庠序：学校。⑩黄老之术：道家学说。道家以黄帝、老子为祖，故云。⑪具官待问：已备官员之职却得不到重用，有形同虚设的意思。

【译文】

后来高皇帝诛杀项籍，发兵围攻鲁国，鲁国的儒生们还在诵读经书、学习礼乐，所以弦歌之音没有断绝，这难道不是圣人遗留下来的教化，使鲁国成为崇尚礼乐的国度吗？所以孔子在陈国，说："回去吧，回去吧！我乡里的小子们急于进取而流于疏阔，因此做事情不切实际，文采斐然可观，只是不知道该怎么去教导他们。"齐国和鲁国之间，人们热爱文学，这是自古以来天生的。所以汉朝兴起，然后儒生们开始能够研究六艺，讲习"大射""乡饮"的礼仪。叔孙通创制了汉代的礼仪制度，所以官拜太常，儒生弟子们参与制定的，都成为朝廷优先录用的对象，所以他们都很感叹地说凭借儒学起家。然而这时还有战事，汉朝忙于平定四海，也没有空闲去关注兴学办教育的事情。孝惠帝和吕后的时候，公卿都是一些凭借武功而成为有功之臣的人。孝文帝的时候经常征用儒士，但是孝文帝在本质上喜欢刑名之术。孝景帝的时候，不重用儒者，而窦太后又喜欢黄老之术，所以诸位博士只不过是些配备的官员罢了，没有得到重用的。

【原文】

及今上即位,赵绾、王臧之属明儒学,而上亦乡之①,于是招方正贤良文学之士。自是之后,言《诗》于鲁则申培公,于齐则辕固生,于燕则韩太傅。言《尚书》自济南伏生。言《礼》自鲁高堂生②。言《易》自菑川田生③。言《春秋》于齐鲁自胡毋生,于赵自董仲舒。及窦太后崩,武安侯田蚡为丞相,绌黄老、刑名百家之言,延文学儒者数百人,而公孙弘以《春秋》白衣为天子三公④,封以平津侯。天下之学士靡然乡风矣⑤。

【注释】

①乡:通"向",倾向,趋向。②《礼》:即《仪礼》,又称《士礼》或《礼经》,是春秋战国时一部分礼制的汇编。③《易》:即《周易》,又称《易经》,古代占筮之书,相传为周人所作。④白衣:此代指平民。三公:朝中最高的三个官位,汉代指丞相、太尉和御史大夫。⑤靡然乡风:顺风倒下,喻指自然而然地向往、追求,成为一种普遍的时尚。

【译文】

等到当今皇上即位,赵绾、王臧等人深明儒学,而皇上也很向往,便招揽方正贤良的文学之士。从这以后,宣讲《诗》的在鲁国有申培公,在齐国有辕固生,在燕国有韩太傅。宣讲《尚书》的出自济南的伏生。宣讲《礼》的出自鲁国的高堂生。宣讲《易》的出自菑川的田生。宣讲《春秋》的在齐鲁之地出自胡毋生,在赵国出自董仲舒。到了窦太后去世后,武安侯田蚡出任丞相,罢黜黄老、刑名等百家之言,延揽文学儒士数百人之多,而公孙弘凭借《春秋》一书起家,从白衣平民最终做到三公,封为平津侯。天下的学士一边倒地倾向儒学。

伏 生

【原文】

　　伏生者，济南人也。故为秦博士。孝文帝时，欲求能治《尚书》者，天下无有，乃闻伏生能治，欲召之。是时伏生年九十馀，老，不能行，于是乃诏太常使掌故朝错往受之①。秦时焚书，伏生壁藏之。其后兵大起，流亡，汉定，伏生求其书，亡数十篇，独得二十九篇，即以教于齐、鲁之间。学者由是颇能言《尚书》②，诸山东大师无不涉《尚书》以教矣③。

【注释】

①朝错：即晁错。朝，通"晁"。②《尚书》：现存最早的上古典章文献汇编，也收有商和西周的一些史料，据说由孔子编选，是儒家经典之一。③山东：古时泛指崤山或华山以东的地区。

【译文】

　　伏生，济南人。以前是秦朝的博士。孝文帝时，想寻找能解说《尚书》的人，天下找不到，听说伏生能够讲授，打算征召他。这时伏生已经九十多岁了，太老，不能行走，便诏令太常派掌故晁错前往学习。秦朝时焚烧书经，伏生把《尚书》藏到墙壁之中。其后战乱四起，百姓到处流亡，汉朝平定天下后，伏生寻找到收藏在墙壁中的经书，亡佚了数十篇，只得到二十九篇，就在齐地和鲁地一带讲授。学者因此有很多能够解释《尚书》的，崤山以东的儒学大师没有不涉猎《尚书》去教授学生的。

【原文】

　　伏生教济南张生及欧阳生，欧阳生教千乘兒宽①。兒宽既通《尚书》，以文学应郡举，诣博士受业，受业孔安国。兒宽贫无资用，常为弟子都养②，及时时间行佣赁③，以给衣食。行常带经，止息则诵习之。以试第次④，补廷尉史。

是时张汤方乡学,以为奏谳掾⑤,以古法议决疑大狱⑥,而爱幸宽。宽为人温良,有廉智,自持⑦,而善著书,书奏,敏于文,口不能发明也⑧。汤以为长者⑨,数称誉之。及汤为御史大夫,以兒宽为掾,荐之天子。天子见问,说之。张汤死后六年,兒宽位至御史大夫。九年而以官卒。宽在三公位,以和良承意从容得久⑩,然无有所匡谏⑪;于官,官属易之⑫,不为尽力。张生亦为博士。而伏生孙以治《尚书》征,不能明也。

自此之后,鲁周霸、孔安国,雒阳贾嘉,颇能言《尚书》事。孔氏有古文《尚书》⑬,而安国以今文读之,因以起其家⑭。逸《书》得十馀篇⑮,盖《尚书》滋多于是矣。

【注释】

① 兒(ní):姓,同"倪"。② 都养:为众人当炊事员。③ 间行:暗中行动。佣赁:受雇做工。④ 第次:等次,排列顺序。⑤ 奏谳掾:负责呈报罪案的属官。谳,审判定案。掾,古代属官的通称。⑥ 以古法议决疑大狱:此句是说以先秦儒学经义为法,依据它来判决疑难大案。狱,讼事。⑦ 自持:自我把握。⑧ 口不能发明:意思是说兒宽口拙,不善于把事理说清楚。发明,阐发明白。⑨ 长者:品行忠厚的人。⑩ 承意:奉迎他人的旨意。从容:指善于周旋调解纠纷。⑪ 匡谏:匡正诤谏。⑫ 官属:长官的属吏。易:轻视。⑬ 古文《尚书》:秦汉以前用古文字体写成的《尚书》。与伏生所传授的用汉代时兴的隶书体写成的今文《尚书》有很多出入。相传孔子旧宅墙壁中存留的古文《尚书》,是景帝之子鲁恭王刘馀发现的,计四十五篇,比伏生讲授的二十九篇多出十六篇。⑭ 起其家:指从家中征召出来,授以官职。⑮ 逸:散失。

【译文】

伏生教授济南的张生和欧阳生,欧阳生教授千乘兒宽。兒宽精通《尚书》之后,以文学应郡国的推荐,到博士那里学习,师从孔安国。

儿宽家贫没有钱财可以资用,常常为学生们做饭,又常常悄悄地外出给人家做帮工,用这种方法供给自己吃和穿。外出时常常带上经书,休息的时候就学习。依据考试成绩的名次,补了廷尉史的官缺。这时张汤正对学术十分向往,就请儿宽做呈报案情的属官。儿宽依靠古法来判决疑难大案,因而张汤喜欢重用儿宽。儿宽为人温厚善良,清廉而有智谋,能够保持操守,善于著书,书写奏章,文思敏捷,但是嘴里却表达不出来。张汤把他看做长者,多次称赞他。等到张汤担任御史大夫,便任命儿宽为属官,推荐给天子。天子召见并询问他,十分高兴。张汤死后六年,儿宽官至御史大夫,做了九年官在任上去世了。儿宽位列三公的时候,因为谦和温良,能够奉承主上的意思,善于周旋调解纠纷,所以在位时间很久,但是对皇上没有过什么匡正和劝谏;在官位上,下属轻视他,不为他尽力效劳。张生也是博士。伏生的孙子也因为讲解《尚书》而被征召,但是对《尚书》的真义不能明白。

自此之后,鲁地周霸、孔安国,洛阳贾嘉,都能讲解《尚书》。孔氏有古文《尚书》,而孔安国用今文改写它,因此从家中被征召出来,授以官职。(孔安国)得到十多篇失传的古文《尚书》,《尚书》的篇数大概自此逐渐增加了。

董仲舒

【原文】

董仲舒,广川人也。以治《春秋》,孝景时为博士。下帷讲诵①,弟子传以久次相受业②,或莫见其面,盖三年董仲舒不观于舍园③,其精如此④。进退容止⑤,非礼不行,学士皆师尊之。今上即位,为江都相。以《春秋》灾异之变推阴阳所以错行⑥,故求雨闭诸阳,纵诸阴,其止雨反是。行之一国⑦,未尝不得所欲。中废为中大夫,居舍,著《灾异之记》⑧。是时辽东高庙灾⑨,主父偃疾之⑩,取其书奏之天子⑪。天子召诸生示其书,有刺讥⑫。董仲舒弟子吕步舒不知其师书,以为下愚⑬。于是下董仲舒吏,当死⑭,诏赦之。于是董仲舒竟不敢复言灾异。

董仲舒为人廉直。是时方外攘四夷⑮,公孙弘治《春秋》不如董仲舒,而弘希世用事⑯,位至公卿。董仲舒以弘为从谀⑰。弘疾之,乃言上曰:"独董仲舒可使相胶西王⑱。"胶西王素闻董仲舒有行,亦善待之。董仲舒恐久获罪,疾免居家。至卒,终不治产业,以修学著书为事。故汉兴至于五世之间,唯董仲舒名为明于《春秋》,其传公羊氏也⑲。

【注释】

①下帷:放下室内悬挂的帷幕,指居家教书。②以久次:根据时间先后的次序。③舍园:屋舍旁的园圃。④精:专心致志。⑤容止:形貌举动。⑥"以《春秋》灾异之变"句:根据《春秋》所记载的自然灾害和特异现象的变化来推求天道阴阳更替变化的规律。阴阳,中国古代哲学的一对范畴,表示天地万物间普遍存在的两种最基本的矛盾势力或属性。⑦一国:此指江都国。⑧《灾异之记》:《汉书·董仲舒传》记辽东高庙发生火灾后,董仲舒曾著书推求此事所显示的天意,但写出草稿后并未立即上奏。⑨高庙灾:《汉书·五行志》载此事在武帝建元六年(前135)六月,辽东高帝庙失火。⑩疾:同"嫉",嫉妒。⑪取:窃取。⑫刺讥:指责讥讽。⑬下愚:最愚蠢。⑭当:判罪。⑮攘:排除。四夷:指四方边境内外的少数民族。⑯希世:迎合世俗。⑰从谀:逢迎取容。⑱胶西王:胶西王刘端性情狠毒暴戾,屡犯国法,因此公孙弘举荐董仲舒去赴任胶西国相,这是蓄意谋害他。⑲公羊氏:战国齐人公羊高,他讲解《春秋》自成一家,即《春秋公羊传》。

【译文】

董仲舒,广川人。因为研习《春秋》,孝景帝时曾拜为博士。他放下帷幕讲读《春秋》,弟子根据入门的先后依次轮流接受学业,有的学生甚至到最后都没有见过他的面,董仲舒三年不到家中的后园游玩,专心致志到如此地步。他的进退举止,不合礼仪的绝不去做,当时的在学之士都依照老师之礼尊敬他。当今皇上即位,他出任江都相,借助《春秋》记载的自然灾害和某些特定的自然现象的演变推究出自然界阴阳交替变化的规律,所以求雨的时候关闭各种阳气,放纵各种阴气,停止下雨的方法与此相反。这种方法在江都国得以实施,没有不获得他预想效果的。他在仕途上,曾经被降职为中大夫,住在家中,写下了《灾异之记》。这时辽东高帝庙发生火灾,主父偃嫉恨他,就偷了他的书,上奏给天子。天子召集儒生们出示这本书,书里面有讥讽指责的言论。董仲舒的弟子吕步舒不知道这是老师写的书,认为作者是愚蠢至极的人,便把董仲舒投进监狱,处以死刑,又下诏赦免。董仲舒从此不敢再谈论灾异的问题了。

　　董仲舒为人廉洁正直。这个时候国家正好要排除四方异族的袭扰,公孙弘讲解《春秋》不如董仲舒,而公孙弘迎合世俗行事,位列公卿。董仲舒认为公孙弘是阿谀逢迎的小人。公孙弘嫉恨他,就对皇上进言说:"只有董仲舒可以做胶西王的国相。"胶西王平素就听说董仲舒有道德学问,也很好地对待他。董仲舒害怕时间久了会获罪,就称病辞职回家居住。直到去世,他始终不曾置办私产,以研究学问、著书立说作为终生的事业。所以从汉朝建立一直到第五世皇帝期间,只有董仲舒被认为深明《春秋》,最为著名,他师承传授的是《公羊春秋》。

游侠列传

【导读】

　　游侠是中国历史上的一个特殊群体,他们多出身闾巷,身份卑微,但做事重情义、轻生死,是伸张正义的侠士。但是,在司马迁所处的时代,游侠之风衰靡不振,这一方面是因为它不为法网所容,另一方面是因为学士的排斥。司马迁在此文中之所以对游侠赞赏有加,除了以上缘由外,还跟他的遭遇有关。司马迁因替李陵仗义执言,而遭致横祸,心中的痛楚难以抑制,所以这篇文章也流露了司马迁对游侠之风衰退的无奈和嗟叹。本篇节录的是郭解的事迹。

郭解任侠

【原文】

　　郭解,轵人也,字翁伯,善相人者许负外孙也①。解父以任侠,孝文时诛死②。解为人短小精悍,不饮酒。少时阴贼③,慨不快意④,身所杀甚众。以躯借交报仇⑤,藏命作奸剽攻⑥,休乃铸钱掘冢⑦,固不可胜数。适有天幸⑧,窘急常得脱,若遇赦⑨。及解年长,更折节为俭⑩,以德报怨,厚施而薄望⑪。然其自喜为侠益甚。既已振人之命⑫,不矜其功,其阴贼著于心⑬,卒发于睚眦如故云⑭。而少年慕其行,亦辄为报仇,不使知也。解姊子负解之势⑮,与人饮,使之嚼⑯。非其任⑰,强必灌之。人怒,拔刀刺杀解姊子,亡去。解姊怒曰:"以翁伯之义,人杀吾子,贼不得⑱。"弃其尸于道,弗葬,欲以辱解。解使人微知贼处⑲。贼窘自归，具以实告解。解曰："公杀之固当，吾儿不直[20]。"遂去其贼[21]，罪其姊子，乃收而葬之。诸公闻之，皆多解之义[22]，益附焉。

【注释】

① 相人：给人相面。② 孝文：汉文帝。③ 阴贼：内心阴险毒辣。④ 慨：愤慨。不快意：不满意。⑤ 借：助。交：朋友。⑥ 命：亡命。作奸：做坏事。剽攻：抢劫。⑦ 休：停止。掘冢：盗掘坟墓。⑧ 适：遇到。天幸：上天保佑。⑨ 若：或。⑩ 更：改。折节：改变操行。俭：通"检"，检点。⑪ 薄望：怨恨小。⑫ 振：救。⑬ 著：附着。⑭ 卒：通"猝"，突然。睚眦（zì）：怒目而视。⑮ 负：倚仗。⑯ 嚼：通"釂"，干杯。⑰ 非其任：不胜任。这里指酒量不行。⑱ 贼不得：抓不到凶手。⑲ 微知：暗中探知。⑳ 不直：理曲。㉑ 去：放走。㉒ 多：称赞。

【译文】

郭解，轵县人，字翁伯，是当时著名的相士许负的外孙。郭解的父亲以侠义自任，在孝文帝时被处死了。郭解的相貌矮小精悍，从不喝酒。少年时内心狠毒，（只要）感慨自己有不快意之处，亲手所杀的人很多。不惜牺牲生命为朋友报仇，藏匿亡命之徒犯法，掠夺财物，做完这些便私铸钱币，掘墓挖坟，这些事多得数不清。恰好他很幸运，只要遇上窘迫紧急的情况总是能够逃脱，或是遇上大赦。到郭解长大之后，开始改变行为收敛自己，以恩德报答怨恨，对别人施舍得多要求得少。但是他喜欢行侠仗义的志向更加强烈了。他救了别人的性命，却不炫耀自己的功劳，但是他的狠毒却扎根于心中，遇到小事突然行凶的特点依旧和从前一样。少年们仰慕他的行为，也总是为他报仇，而不让他本人知道。郭解姐姐的儿子倚仗着郭解的威势，与别人一起饮酒，让人干杯。别人的酒量不行，他也一定要强灌下去。那人恼怒，拔出刀子刺死了郭解姐姐的儿子，就逃跑了。郭解的姐姐愤怒地说："以我弟弟翁伯的义气，别人杀了我的儿子，却连凶手都抓不到！"就把儿子的尸首抛弃在大路上，也不埋葬，想以此羞辱郭解，使他难堪。郭解派人暗中探访到凶手的住处。凶手被追捕得窘迫，故而回来向郭解自首，把整件事的实情告诉郭解。郭解说："你杀他是应该的，是我家的孩子理屈。"于是放走了凶手，将整件事归罪于姐姐的儿子，并为他收尸安葬。很多人听说了此事，都十分敬重郭解的侠义之风，也就更加追慕他了。

【原文】

解出入，人皆避之。有一人独箕倨视之①，解遣人问其名姓。客欲杀之。解曰："居邑屋至不见敬②，是吾德不修也，彼何罪！"乃阴属尉史曰③："是人，吾所急也④，至践更时脱之⑤。"每至践更，数过⑥，吏弗求。怪之，问其故，乃解使脱之。箕踞者乃肉袒谢罪⑦。少年闻之，愈益慕解之行。

【注释】

①箕倨：叉开两腿坐着，像簸箕一样。这是一种无礼的表现。倨，通"踞"。②居邑屋：在家乡居住。邑屋，乡里。见：被。③阴：暗中。属：通"嘱"。④急：关心。⑤践更：依照汉代法律，在籍男丁每年在地方服役一个月，叫做卒更。贫苦者想得到雇更钱的，可由当出丁者出钱，每月二千钱，称践更。脱：免除。⑥数过：多次轮到。⑦肉袒：脱去上衣，露出身体的一部分。

【译文】

郭解外出或回家的时候，路上的人都躲避他。只有一个人傲慢地蹲坐望着他，他派人询问这个人的姓名。郭解的门客想杀了这个人。郭解说："居住在家乡却不被家乡的人尊敬，这是我没有修好德行啊，那人又有什么过错呢！"便暗中嘱托掌管徭役的尉史说："这个人是我所看重的，轮到他服徭役的时候可以使他免除。"每到轮值服役的时候，有好几次轮到那个人，尉史都不去找他。那人觉得奇怪，就去询问缘故，这才知道是郭解使他免除徭役的。傲慢蹲坐的那人便赤裸上身向郭解请罪。少年们闻听此事，更加仰慕郭解的行为了。

被迫迁徙，横遭祸殃

【原文】

及徙豪富茂陵也①，解家贫，不中訾②，吏恐，不敢不徙。卫将军为言"郭解家贫不中徙"③。上曰："布衣权至使将军为言④，此其家不贫。"解家遂徙。诸公送者出千馀万。

轵人杨季主子为县掾，举徙解⑤。解兄子断杨掾头。由此杨氏与郭氏为仇。

解入关，关中贤豪知与不知，闻其声，争交欢解⑥。解为人短小，不饮酒，出未尝有骑。已又杀杨季主⑦。杨季主家上书，人又杀之阙下⑧。上闻，乃下吏捕解。解亡⑨，置其母家室夏阳，身至临晋。临晋籍少公素不知解⑩，解冒⑪，因求出关⑫。籍少公已出解，解转入太原，所过辄告主人家。吏逐之，迹至籍少公⑬。少公自杀，口绝⑭。久之，乃得解。穷治所犯⑮，为解所杀，皆在赦前。轵有儒生侍使者坐，客誉郭解，生曰："郭解专以奸犯公法，何谓贤！"解客闻，杀此生，断其舌。吏以此责解，解实不知杀者。杀者亦竟绝，莫知为谁。吏奏解无罪。御史大夫公孙弘议曰："解布衣为任侠行权，以睚眦杀人，解虽弗知，此罪甚于解杀之。当大逆无道⑯。"遂族郭解翁伯⑰。

【注释】

①徙：迁移。茂陵：汉武帝的陵墓。汉武帝建元二年（前139），为扩充新修的茂陵的居民人数，"内实京师，外销奸猾"，迁移全国家财在三百万以上的人家到茂陵居住；至元朔二年（前127），又迁郡国富豪人家到茂陵居住。郭解就在这时迁居茂陵。②訾：通"资"，钱财。③卫将军：指卫青。为言：替他谈话。④权：权力。⑤举：检举。⑥交欢：结为好友。⑦已：不久。⑧阙下：官阙之下。⑨亡：逃跑。⑩籍少公：人名，姓籍，名少公。⑪冒：假称姓名。⑫因：顺便。⑬迹：追踪而来。⑭口绝：灭口。⑮穷治：深究其事，追问到底。⑯当：判处。⑰族：灭族。

【译文】

等到朝廷把富家豪绅迁徙到茂陵之地的时候，郭解家中贫穷，不够资财迁徙的等级，但是迁徙名单中有他的名字，县吏担心不能隐瞒，所以不敢不让他迁徙。卫将军替他在皇帝面前说："郭解家里贫穷，不用迁徙。"皇上说："一介布衣竟然能让将军为他说话，足见他家中并不贫穷。"所以郭解也被迁徙走了。乡里的诸公为他送行时赠送的钱财多达一千多万。轵县杨季主的儿子在县里做掾属，郭解被迁徙就是由他提的名。郭解的侄子斩掉了杨掾属的脑袋。从此杨家和郭家便结了仇。

郭解一入关，关中的贤豪之士不管是认识的还是不认识的，听到他的名声，争相与郭解交好。郭解身材短小，从不喝酒，出门没有跟随的车马。不久又有人杀死了杨季主。杨家于是向皇帝上书，有人又把告发郭解的人杀死在京城皇宫前的阙下。武帝听了之后，下令官吏逮捕郭解。郭解逃亡，并把自己的母亲和亲属安置在夏阳，自己逃到了临晋。临晋的籍少公素来不认识郭解，郭解就冒充别人，求他放自己出关。籍少公放走了郭解，郭解转而去了太原，他只要到某个地方就把名字告诉招待他的主人家。朝廷追捕郭解，追查到籍少公那里。少公被逼得自杀，追查的线索断掉了。过了很长时间，才抓住了郭解。彻底追查他所犯的罪行，发现他杀人那些事，都是发生在大赦之前。轵县有个儒生陪同朝廷派来的使者一起坐着，他听到郭解的门客夸赞郭解，便说："郭解这个人专用奸诈干坏事触犯国法，怎么能算得上贤明呢！"郭解的门客一听，立刻杀死了儒生，割掉他的舌头。审讯的官吏以此事责问郭解，郭解的确不知道杀人的是谁。杀害儒生的人也终究没能追查到，没有人知道是谁。官吏奏请皇帝判郭解无罪。御史大夫公孙弘在皇帝面前议论说："郭解一介布衣却以侠义自任，行使权势，因为小事而杀人，郭解虽然自己不知道，但他的罪过比亲自杀人还要严重。应当判他大逆不道之罪。"便将郭解满门灭族。

【原文】

太史公曰：吾视郭解，状貌不及中人，言语不足采者①。然天下无贤与不肖，知与不知，皆慕其声，言侠者皆引以为名。谚曰："人貌荣名，岂有既乎！"於戏②，惜哉！

【注释】

①不足采：不值得采取。②於戏：通"呜呼"。表感叹。

【译文】

太史公说：我看郭解，相貌不如中等人材，语言也没有可取之处。但是天下的人们，不管是贤才还是不肖之辈，不管认识他还是不认识他，都仰慕他的名声，谈论游侠的都标榜郭解以抬高自己的名声。谚语说："人可用荣耀的名声作为容貌，难道会有穷尽的时候吗？"唉，可惜呀！